Clusterbau: Hochverfügbarkeit mit pacemaker, OpenAIS, heartbeat und LVS

Clusterbau: Hochverfügbarkeit mit pacemaker, OpenAIS, heartbeat und LVS

Michael Schwartzkopff

Beijing · Cambridge · Farnham · Köln · Sebastopol · Taipei · Tokyo

Die Informationen in diesem Buch wurden mit größter Sorgfalt erarbeitet. Dennoch können Fehler nicht vollständig ausgeschlossen werden. Verlag, Autoren und Übersetzer übernehmen keine juristische Verantwortung oder irgendeine Haftung für eventuell verbliebene Fehler und deren Folgen.

Alle Warennamen werden ohne Gewährleistung der freien Verwendbarkeit benutzt und sind möglicherweise eingetragene Warenzeichen. Der Verlag richtet sich im Wesentlichen nach den Schreibweisen der Hersteller. Das Werk einschließlich aller seiner Teile ist urheberrechtlich geschützt. Alle Rechte vorbehalten einschließlich der Vervielfältigung, Übersetzung, Mikroverfilmung sowie Einspeicherung und Verarbeitung in elektronischen Systemen.

Kommentare und Fragen können Sie gerne an uns richten:
O'Reilly Verlag
Balthasarstr. 81
50670 Köln
Tel.: 0221/9731600
Fax: 0221/9731608
E-Mail: kommentar@oreilly.de

Copyright der deutschen Ausgabe:
© 2010 by O'Reilly Verlag GmbH & Co. KG
2. Auflage 2010
Die 1. Auflage erschien 2008 unter dem Titel »Clusterbau mit Linux-HA, Version 2«

Bibliografische Information Der Deutschen Bibliothek
Die Deutsche Bibliothek verzeichnet diese Publikation in der
Deutschen Nationalbibliografie; detaillierte bibliografische Daten
sind im Internet über *http://dnb.ddb.de* abrufbar.

Lektorat: Christine Haite, Köln
Fachliche Unterstützung: Lars Marowsky-Brée & Andrew Beekhof
Korrektorat: Friedericke Daenecke, Zülpich & Sybille Feldmann, Düsseldorf
Satz: G&U Language & Publishing Services GmbH, Flensburg (*www.GundU.com*)
Umschlaggestaltung: Marcia Friedman, Boston & Michael Oreal, Köln
Produktion: Andrea Miß, Köln
Belichtung, Druck und buchbinderische Verarbeitung:
Druckerei Kösel, Krugzell; *www.koeselbuch.de*

ISBN: 978-3-89721-919-9

Dieses Buch ist auf 100% chlorfrei gebleichtem Papier gedruckt.

Inhalt

	Vorwort	IX
1	**Einleitung**	**1**
	Hochverfügbarkeit	1
	Linux Virtual Server (LVS)	10
	Linux-HA	15
2	**Grundlagen**	**17**
	Theorie	17
	Linux-Cluster	22
	Änderungen an der Clusterkommunikation	25
	Fähigkeiten der Clustersoftware	27
	Ein typischer Clusteraufbau	29
	Terminologie	31
	Architektur der Software	32
	Die Pakete	36
	Gemeinsam genutzte Daten	37
	Die Zukunft der Clustersoftware	38
3	**Installation und erste Konfiguration**	**41**
	Installation unter openSUSE	42
	Installation unter Fedora	46
	Installation unter RHEL, CentOS oder SLES	47
	Installation unter Debian Lenny	48
	Installation unter Ubuntu	48
	Installation aus dem Quelltext	49
	Eine Anfangskonfiguration mit heartbeat	52

    Eine Anfangskonfiguration mit OpenAIS 57
    Eine Anfangskonfiguration mit corosync 59
    Erste Eindrücke 59
    Für die Ungeduldigen: ein Mini-Cluster 62

4 Ressourcen einrichten   65
    XML – die Sprache der CIB 65
    Die globalen Einstellungen der CIB 67
    Knoten in der CIB 72
    Einfache Ressourcen 73
    Bedingungen 80
    Ressourcen für Fortgeschrittene 86
    Bedingungen für Fortgeschrittene 93
    Systemgesundheit 106

5 Verwaltung des Clusters   109
    Die GUI 110
    Die Befehle 126
    Die Subshell zum CRM 151
    Linbits neue GUI 160

6 Planung, Aufbau und Betrieb   161
    Technische Voraussetzungen 161
    Planung 165
    Aufbau und Tests 170
    Betrieb 173
    Fehlersuche 174
    Upgrade 177
    Löschen und Austauschen von Knoten 181
    STONITH 182
    Weitere Applikationen 185
    Weitere Hilfsprogramme 189

7 Agenten   195
    init-Skripte (LSB-kompatibel) 196
    heartbeat Version 1 197
    OCF-Agenten von heartbeat 197
    OCF-Agenten von pacemaker 242
    Eigene OCF-Agenten 243
    STONITH-Agenten 245

8	**Beispielszenarien**	259
	Die Nutzung von DRBD	260
	DRBD: Konfiguration für Fortgeschrittene	269
	Anwendung: Ein hochverfügbarer NFS-Server	274
	Anwendung: iSCSI-Targets	280
	Der iSCSI-Client	283
	Virtuelle Rechner als Clusterressource	284
	Eine hochverfügbare Firewall mit VPN-Endpunkt	292
9	**Linux Virtual Server**	309
	Der LVS-Director als Ressource unter Linux-HA	309
10	**Überwachung und Sicherheit**	321
	Überwachung	321
	Sicherheit	333
	Anhang: Die Konfigurationsdateien	337
	Die Konfiguration von heartbeat in ha.cf	337
	Die Konfiguration von OpenAIS	345
	Index	351

Vorwort

Hochverfügbarkeit ist eine inzwischen ganz alltägliche und wichtige Anforderung an die IT-Abteilung oder den Dienstleister, der im Kundenauftrag ein neues System plant und aufbaut. Dieses Buch soll den Administratoren, Planern und dem Betrieb einen Leitfaden an die Hand geben, um dieser Anforderung mithilfe von Clustersoftware aus entsprechenden Projekten der Open Source-Community gerecht zu werden.

Der Leser soll nach der Lektüre dieses Buchs in der Lage sein, solche Clustersysteme so zu entwerfen, aufzubauen und zu betreiben, dass eine Verfügbarkeit von 99,99 % oder mehr kein schönes Versprechen ist, sondern eine belastbare Zahl, die in Vereinbarungen mit Kunden überprüft werden kann. Außerdem kann der Referenzteil dieses Buchs immer wieder Verwendung als Nachschlagewerk finden. Gegenüber der ersten Auflage sind mehr Beispiele hingekommen, die hoffentlich eine gute Übersicht über die Möglichkeiten von Linux-Clustern gewähren. Der Linux Virtual Server hat sogar ein eigenes Kapitel erhalten.

Viele Administratoren setzen die Version 1 von heartbeat noch heute ein und sind bisher vor der scheinbar komplexen Konfiguration von Version 2 oder pacemaker zurückgeschreckt, weil sie dort ihre einfachen Konfigurationsdateien vermissen. Diesen Administratoren soll das vorliegende Werk helfen, den ersten Schritt zu wagen und eine Konfiguration in der XML-Sprache anzulegen. Es wird sich nämlich zeigen, dass man die Einstellungen auch hier in Dateien erstellt und der Administrator somit weiterhin die volle Kontrolle über den Cluster behält. Auch soll dieses Buch dabei helfen, diverse Missverständnisse im Hinblick auf den Übergang von Linux-HA mit heartbeat zu pacemaker mit OpenAIS aus dem Weg zu räumen. In Kapitel 2 wird sich zeigen, dass sich die Verwaltung im Cluster aus dem Manager von heartbeat entwickelt hat.

Die Motivation, dieses Buch zu schreiben, ergab sich für mich aus der schieren Notwendigkeit, selbst solche Cluster zu entwerfen und zu betreiben. Ein Großteil der verfügbaren Dokumentationen und Beispielkonfigurationen im Internet bezog sich allerdings auf die Version 1 der Software, und die entsprechenden Beschreibungen für Version 2 waren noch nicht so ausgereift, wie ich mir sie gewünscht hätte. Da die Möglichkeiten, die die Software inzwischen in Version 3 bietet, aber so interessant sind, ergab sich aus der Projektdokumentation erst ein kleinerer Artikel, der sich dann zu einem ganzen Buch auswuchs. Ich hoffe, mit diesem Buch nun die durchgehende Dokumentation liefern zu können, die notwendig ist, um alle Feinheiten der Version 3 von Linux-HA zu nutzen.

Clusterbau ist eine hohe Kunst, vor allem wenn der Cluster auch in nicht vorhersehbaren kritischen Situationen seinen Dienst ohne Unterbrechung verrichten soll. Deshalb werden an den Leser keine geringen Ansprüche gestellt. Natürlich sollte er sich im Netzwerk hinreichend auskennen und mit tcpdump umgehen können, um auf dieser Ebene einen Fehler finden zu können. Zudem sollte er mit der Applikation, die sein Cluster hochverfügbar im Netz anbieten soll, gut vertraut sein. Nur ein gutes Verständnis der Applikationen bietet die Grundlage, diese Anwendung auch im Cluster zum Leben zu erwecken. Gerade bei Applikationen, die Benutzerdaten dynamisch verwalten, also bei denen diese Daten auf alle Knoten des Clusters repliziert werden müssen, ist dieser Überblick notwendig, damit es nicht zum GAU des totalen Datenverlusts kommt. Es wird jedoch natürlich nicht vorausgesetzt, dass der Leser *jede* der beschriebenen Applikationen beherrscht. Nicht zuletzt kann man auch die Kunst, ein Logfile richtig zu lesen und zu interpretieren, nicht hoch genug einschätzen.

Aufbau des Buchs

Ich habe versucht, die trockene Theorie von Ressourcen und Bedingungen mit Beispielen so weit wie möglich aufzulockern. Da diese Theorie jedoch notwendig ist, mag es mir nicht überall gelungen sein. Es lassen sich außerdem nicht alle Situationen und Probleme mit Beispielen abdecken – ich hoffe allerdings, dass ein tiefes Verständnis der vermittelten Grundlagen den Administrator schließlich befähigt, seine speziellen Aufgaben erfolgreich zu lösen.

Aus diesem Grund habe ich folgende Struktur für das Buch gewählt:

In Kapitel 1 werden die Grundlagen der Theorie von Hochverfügbarkeit dargestellt und dem Planer die Mittel an die Hand gegeben, die Verfügbarkeit eines komplexen Systems zu berechnen, indem er es in einfache Einheiten zerlegt. Am Ende des Kapitels stelle ich die zwei bekanntesten Projekte zur Hochverfügbarkeit vor.

Kapitel 2 beschreibt allgemein die Funktionsweise von Clustern und welche Probleme neu auftreten, die es bei Einzelsystemen nicht gibt. Zu nennen ist hier vor allem der eventuell notwendige Datenaustausch zwischen den Knoten eines Clusters. Dargestellt werden die Lösungen, die Linux-HA für die einzelnen Probleme bietet. Der zweite Teil des Kapitels beschreibt die interne Architektur des Programmpakets, die Bedeutung sowie das Zusammenspiel der einzelnen Server, die notwendig sind, um die hohe Verfügbarkeit zu erreichen.

In Kapitel 3 wird die Installation der Software auf den gängigsten Linux-Distributionen erklärt. Der Administrator, der die volle Kontrolle über das Programmpaket haben will, erfährt im Anschluss, wie er den Quellcode selbst übersetzen kann. Eine Anfangskonfiguration, der erste Programmstart und die Konfiguration einer Ressource bilden den Abschluss dieses Kapitels. Beim Schreiben des Abschnitts über die Konfiguration der ersten Ressource habe ich den ungeduldigen Administrator vor Augen gehabt. Deshalb erfolgt die Konfiguration an dieser Stelle ohne Erläuterung der Grundlagen. Methodisch veranlagte Leser mögen mir diesen Abschnitt bitte verzeihen und können ihn überspringen.

Kapitel 4 liefert die Grundlagen zu Ressourcen und Bedingungen. In den ersten Versionen des Buchs war dieses Kapitel relativ theoretisch gehalten, aber meine Lektorin hat mich überzeugt, den Stoff mit reichlich Beispielen aufzulockern. Diese XML-Schnipsel, die stets den gerade besprochenen Aspekt der Konfiguration noch einmal verdeutlichen, bilden jedoch keine komplette Konfiguration, die sofort ausprobiert werden könnte. Vielmehr sind diese Beispiele kleine Abschnitte, die der Leser später zur Konfiguration seines eigenen Projekts verwenden kann.

Kapitel 5 bildet die Beschreibung der verschiedenen Werkzeuge, die dem Administrator zu Verfügung stehen, angefangen bei der GUI. Nachdem der Leser im vorhergehenden Kapitel die textbasierte Konfiguration kennengelernt hat, kann er hier viele Aspekte grafisch konfigurieren. Den zweiten Abschnitt des Kapitels bilden die Werkzeuge der Kommandozeile. Mithilfe dieser Werkzeuge können die oben vorgestellten Konfigurationsschnipsel eingegeben werden – nun haben wir alles zusammen, was wir brauchen, um loslegen zu können.

Nachdem in den bisherigen Kapiteln die Grundlagen der Clustersoftware besprochen wurden, kann der Leser mit den Ratschlägen aus Kapitel 6 sein eigenes Projekt planen, umsetzen und betreiben. Hier erhält der Administrator die Mittel, seinen Aufbau zu testen und bei Problemen die Ursachen der Fehler zu suchen.

Sogenannte Agenten bilden die Schnittstelle zwischen der Clustersoftware und den eigentlichen Applikationen. In Kapitel 7 werden die einzelnen Arten detailliert besprochen. Alle Agenten, die in der Software des Projekts enthalten sind, werden einzeln behandelt.

In Kapitel 8 werden mit den bisher besprochenen Werkzeugen die Konfigurationen folgender Anwendungsfälle vollständig erklärt:

- *Distributed Redundant Block Devices* (DRBD) als Grundlage der Datenspeicherung im Cluster.
- Die DRBD finden Anwendung in einem NFSv4-Dateiserver und einen iSCSI-SAN.
- Ein Cluster als Basis für virtuelle Rechner, die im Fehlerfall als komplette Einheit auf den anderen Knoten verschoben werden.
- Eine redundant aufgebaute Firewall, die im Fehlerfall die Tabelle der bestehenden Verbindungen mit übernehmen kann und somit eine echte Hochverfügbarkeit bietet. Die zwei VPN-Lösungen, die am weitesten verbreitet sind nämlich (OpenVPN und OpenS/WAN), werden im Rahmen dieses Beispiels mit einbezogen.

Das vorletzte Kapitel 9 beschreibt die Kombination von Linux-HA mit der Software des *Linux Virtual Server* (LVS), so dass ein hochverfügbarer, hoch skalierbarer Servercluster aufgebaut werden kann. Da dieses Beispiel ein bisschen ausführlicher auf die Aspekte von LVS eingeht, habe ich hier ein eigenes Kapitel eingefügt.

Kapitel 10 beschäftigt sich abschließend mit der optimalen Überwachung des Clusters und einigen Sicherheitsaspekten, die im Betrieb zu beachten sind.

Im Anhang werden alle Optionen der zentralen Konfigurationsdatei *ha.cf* von heartbeat und der OpenAIS-Datei *openais.conf* bzw. *corosync.conf* aufgeführt und einzeln erklärt.

An dieser Stelle möchte ich den Lesern viel Vergnügen bei der Lektüre und viel Erfolg bei der Umsetzung der eigenen Projekte wünschen!

Die in diesem Buch verwendeten Konventionen

In diesem Buch werden die folgenden typografischen Konventionen verwendet:

`Nichtproportionalschrift`

Wird innerhalb der Textabschnitte für Programmelemente wie Variablen- oder Funktionsnamen und für Programmlistings benutzt. XML-Textschnipsel, die einen Teil der Konfiguration eines Clusters darstellen, werden ebenfalls in dieser Schrift dargestellt.

`Nichtproportionalschrift kursiv`

Wird verwendet, um variable Eingaben anzuzeigen. Sie sollten sie durch einen Wert Ihrer eigenen Wahl ersetzen.

Kursiv

Wird für URLs, Hostnamen, Namen von Verzeichnissen und Dateien, Unix-Befehle und -Optionen sowie gelegentlich zur Hervorhebung eingesetzt.

Befehle werden oft mit einem Prompt dargestellt, um zu erläutern, in welchem Kontext sie verwendet werden. Unix-Benutzer sind es gewohnt, diesen Prompt zu sehen. Da Sie die meisten Befehle als root-Benutzer ausführen müssen, ist der Prompt durchgängig »#«.

Dieses Icon zeigt einen Tipp, einen Vorschlag oder eine allgemeine Bemerkung an.

Dieses Icon zeigt eine Warnung oder einen Sicherheitshinweis.

Danksagung

Für die Geduld, die meine Familie während der Zeit aufgebracht hat, in der ich an diesem Buch gearbeitet habe, möchte ich mich ganz herzlich bedanken: Danke, Julia, Mark und Peter!

Die Hilfe bei Nachfragen und die Kontrolle des Textes durch Lars Marowsky-Brée und Andrew Beekhof war sehr hilfreich und hat viele Missverständnisse ausgeräumt. Deshalb an dieser Stelle auch nochmal ein herzliches Danke nicht nur für die Arbeit an der Software, sondern auch für die Hilfestellung beim Einsatz der Programme.

KAPITEL 1
Einleitung

Von der modernen Informationstechnik wird erwartet, dass alle Dienste immer verfügbar sind. Ein Reisebüro will seine Flüge 24 Stunden am Tag anbieten, und der zentrale SAP-Server der Firma muss ebenfalls stets weltweit erreichbar sein. Aber was bedeutet »immer«? Und wie definiert sich »Dienst« genau? Was hat es mit der oft zitierten Verfügbarkeit von 99,99 % auf sich?

In dieser Einleitung werden die Grundbegriffe zur Hochverfügbarkeit eingeführt und die bekanntesten Projekte unter Linux vorgestellt. Mit einfachen Berechnungsmethoden kann ein IT-Architekt die Verfügbarkeit von einfachen und zusammengesetzten, komplexen Systemen vorhersagen und ihre Schwachstellen identifizieren, bevor Fehler auftreten. Nachdem diese Fragen geklärt sind, stellt sich für den Software-, Hardware- und Netzwerkarchitekten noch das Problem, wie er die Vorgaben mit dem immer zu knappen Budget erreicht.

Hochverfügbarkeit

Lassen Sie uns mit den eingangs aufgeworfenen Fragen beginnen.

Was bedeutet »immer«?

»Immer« heißt »zu jedem Zeitpunkt«. Wenn jemand einen Dienst anbietet, dann also zu jedem einzelnen Zeitpunkt. Aber wie lange dauert der Zeitpunkt? Und wie lange will der »Kunde« den Dienst nutzen? Das hängt natürlich von der Art des Diensts und von der Vereinbarung ab, die mit dem Kunden getroffen wurde. Es ist einfach, einen Dienst für die einmalige Nutzung für eine Sekunde anzubieten. Die Wahrscheinlichkeit, dass das, was den Dienst erbringt, genau zu diesem Zeitpunkt versagt, ist relativ gering. Aber in der Informationstechnik wollen die Kunden die Dienste 24 Stunden am Tag an 7 Tagen die

Woche oder genauer gesagt an 365,2425 Tagen pro Jahr[1] nutzen. Deshalb ist es ebenso wichtig, zu vereinbaren, für welchen Zeitraum der Dienst erbracht werden soll. Üblicherweise beziehen sich die Angaben von Verfügbarkeit auf Zeiträume von einem Monat oder einem Jahr.

Am besten sieht man das, wenn man ein Beispiel durchrechnet: Der Anbieter will einen Dienst mit einer gewissen Verfügbarkeit A anbieten. Daraus kann man einfach folgende Tabelle 1-1 errechnen:

Tabelle 1-1: Verfügbarkeit und Auszeit pro Monat bzw. Jahr. Eine Verfügbarkeit von 99,99 % bedeutet zum Beispiel, dass der Dienst pro Jahr maximal knapp eine Stunde nicht verfügbar ist.

Verfügbarkeit	Auszeit pro Monat[a]	Auszeit pro Jahr
99,0 %	7,2 h	87,66 h
99,5 %	3,6 h	43,83 h
99,9 %	0,72 h	8,77 h
99,99 %	4,32 min	52,59 min
99,999 %	0,43 min	5,26 min

[a] Ein Monat wird hier der Einfachheit halber mit 30 Tagen angesetzt.

Damit ist aber noch nicht festgelegt, wann diese Auszeiten auftreten und wie lange sie maximal dauern dürfen. Bei der Angabe einer Verfügbarkeit von 99,5 % bezogen auf den Basiszeitraum »ein Jahr« kann eine einzelne Störung eben doch über 40 Stunden (also fast zwei Tage) dauern, wenn sonst keine weitere Störung in diesem Jahr auftritt. Die mittlere Zeit bis zur Störungsbehebung (engl. *Mean Time To Repair*, MTTR) ist deshalb auch eine wichtige Größe, die in einer Servicevereinbarung (*Service Level Agreement*, SLA) ebenfalls festgehalten werden sollte. Aus Kundensicht wäre allerdings eine Vereinbarung der *maximalen* Zeit zur Behebung der Störung wünschenswert.

In der folgenden Tabelle 1-2 werden Größenordnungen der MTTR für einen Ausfall der Hardware dargestellt – in Abhängigkeit vom Betriebsaufwand, mit dem man den Dienst betreibt.

Tabelle 1-2: Größenordnungen für die Wiederherstellungszeit eines Diensts beim Ausfall einer Hardwarekomponente in unterschiedlichen Betriebskonzepten. Je aufwendiger der Betrieb gestaltet wird, desto kürzer ist auch die Zeit bis zum Neustart des Diensts.

Ersatzteile	Personal	Größenordnung für die MTTR
Vor Ort	24 h/Tag	30 Minuten
Vor Ort	Rufbereitschaft	2 Stunden

---

1 365 Tage/Jahr + 0,25 Tage/Jahr (Schaltjahre) – 0,01 (Jahre, die glatt durch 100 teilbar sind, sind keine Schaltjahre) + 0,0025 Tage/Jahr (durch 400 teilbare Jahre sind doch Schaltjahre)

Tabelle 1-2: Größenordnungen für die Wiederherstellungszeit eines Diensts beim Ausfall einer Hardwarekomponente in unterschiedlichen Betriebskonzepten. Je aufwendiger der Betrieb gestaltet wird, desto kürzer ist auch die Zeit bis zum Neustart des Diensts. (Fortsetzung)

Ersatzteile	Personal	Größenordnung für die MTTR
Vor Ort	Normale Arbeitszeit	3 Tage (Wochenende!)
Kurierdienst	Rufbereitschaft	1 Woche
Kurierdienst	Techniker wird bestellt	2 Wochen

Sie zeigt, dass die Wiederherstellungszeit klar von den Kosten für den Betrieb abhängt. Dasselbe gilt für Ausfälle, die durch Softwarefehler verursacht werden: Je mehr Aufwand in den Betrieb investiert wird, desto geringer ist die mittlere Zeit bis zum Wiederanlaufen des Diensts (siehe Tabelle 1-3).

Das schnelle Wiederanlaufen des Diensts wird in Tabelle 1-3 durch automatisierte Systeme zur Erkennung des Fehlerfalls und zur Problembehebung durch einen Neustart erreicht.

Tabelle 1-3: Größenordnungen für Wiederherstellungszeit eines Diensts bei einem Fehler der Software. Nur wenn Problemdiagnose und -behebung automatisiert sind, lassen sich wirklich kurze Zeiten erreichen.

Mechanismus zur Fehlererkennung	Mechanismus für den Neustart	Größenordnung der MTTR
Monitoring-System	Automatischer Neustart von ROM-Abbild	30 Sekunden
Monitoring-System	Automatischer Neustart des Diensts ohne Neustart des Systems	30 Sekunden
Monitoring-System	Automatischer Neustart des gesamten Systems	3 Minuten
Monitoring-System	Automatischer Neustart des Systems und Wiederherstellung durch Herunterladen von einem Zentralsystem	10 Minuten
Keine automatische Fehlererkennung	Manueller Neustart	min. 30 Minuten

Noch eine wichtige Größe in diesem Zusammenhang ist die mittlere Zeit zwischen zwei Ausfällen. Im Englischen heißt diese Zeit *Mean Time Between Failures,* abgekürzt MTBF. Diese MTBF ist eine übliche Größenangabe bei Hardwarekomponenten. Bei neuen Komponenten ist hier auch die Zeit bis zum erstmaligen Ausfall gemeint (engl. *Mean Time To Failure*, MTTF). In Datenblättern von Festplatten ist sie meist mit angegeben. Ein Vergleich der MTBF-Werte zeigt beispielsweise, warum eine SCSI-Festplatte (SAS) für einen Server so viel mehr kostet als eine SATA-Festplatte für einen Desktop-Rechner.

Natürlich gelten diese Angaben der mittleren Zeiten bis zum Fehler (MTBF) immer nur für eine große Anzahl von Geräten. Von dem Ausfall einer Festplatte im Rechner zu Hause kann man nicht auf einen Fehler in der Produktion oder im Design schließen. Nur wenn sich Fehler beim Test einer ganzen Charge von Festplatten häufen, muss der Hersteller aufmerksam werden.

Die Verfügbarkeit (engl. *Availability*) errechnet sich aus den oben gegebenen Größen als Verhältnis der Zeit, in der das System funktioniert (also kein Fehler vorliegt), zur Gesamtzeit, die betrachtet wird:

$$A = \frac{MTBF}{MTBF + MTTR}$$

Die in Tabelle 1-1 angegebene Auszeit (engl. *Downtime*) – die intuitiv am besten erfassbare Größe – lässt sich leicht aus der Verfügbarkeit A ableiten:

*Auszeit = (1 - A) * Basiszeitraum*

Der Basiszeitraum ist dabei die Zeit, die im SLA vereinbart wurde, meistens ein Monat oder ein Jahr. Bei der konkreten Berechnung ist auch zu beachten, ob ein Kalendermonat als Abrechnungszeitraum oder »die letzten 30 Tage« betrachtet werden.

Was heißt »Dienst«?

Jeder versteht unter dem Begriff »Dienst« etwas anderes. Ein Provider (ISP) und sein Kunde werden in erster Linie an die Möglichkeit des Transports von IP-Paketen zwischen Hausanschluss und beliebigen anderen Hosts im Internet denken. Der Kunde, der einen Rootserver in einem Rechenzentrum gemietet hat, will dazu noch eine ausfallsichere Stromversorgung, eine funktionierende Klimaanlage und vielleicht ein Backup-System, wogegen der Webhoster sich auch noch um die entsprechende Applikation kümmern muss.

Der Internetnutzer, der bei seiner Bank nach dem Kontostand sieht oder gerade etwas ersteigert, will, dass sein Internetanschluss funktioniert, dass alle Router bei den verschiedenen Providern funktionieren, der Server der Gegenseite und die Applikation, die er gerade nutzen will, zum Beispiel der Webserver und die Datenbank, auf die dieser zurückgreift. Natürlich muss sein Rechner zu Hause auch noch laufen, damit er erfährt, dass er mit dem gerade ersteigerten Wunschtraum sein Konto endgültig in die roten Zahlen gebracht hat.

So versteht jeder Nutzer ein bisschen etwas anderes unter »Dienst«, und der Begriff wird meist erst im Kontext verständlich. Wenn das »Internet nicht geht«, kann das viele Ursachen haben, aber der Benutzer merkt nur, dass er nicht mehr surfen kann. Es kann daran liegen, dass gerade ein Bagger die Leitung vor seinem Haus durchtrennt hat oder dass der Provider ein Problem mit der Authentifizierung des Kunden hat, weil der RADIUS-Server Schwierigkeiten macht.

Im Weiteren werde ich versuchen, den Begriff »Dienst« im Sinne von »Dienst, den eine Applikation erbringt, die auf einem Rechner läuft« zu verwenden. Wenn diese Definition nicht überall durchgehalten wird, sollte zumindest der Sinn aus dem Kontext heraus klar werden.

Gekoppelte Systeme

Wie oben dargestellt wurde, müssen viele einzelne Komponenten zusammenspielen, damit ein Server einen Dienst erbringen kann und die Kommunikation zwischen Client und Server auch funktioniert.

Die Stromversorgung für den Server (oder gleich das ganze Rechenzentrum) ist ein schönes Beispiel. Die konstante Energiezufuhr ist eine der wesentlichen Voraussetzungen für das Funktionieren des Diensts. Zwar ist die Stromversorgung in Deutschland eine der sichersten der Welt, aber wie die Zahlen zeigen (siehe Tabelle Tabelle 1-4) kann man sich auch nicht zu 100 % auf sie verlassen.

Tabelle 1-4: Versorgungssicherheit im Jahr 2004 mit Strom in Deutschland. Die Zahlen stammen vom Verband der Elektrizitätswirtschaft.

	Durchschnittliche Ausfallzeit	Verfügbarkeit
Deutschland	23 Minuten	99,996 %
Frankreich	60 Minuten	99,988 %
Großbritannien	87 Minuten	99,983 %
Italien	91 Minuten	99,982 %

Wer im Durchschnitt einen Dienst mit mehr als den oben genannten Zahlen anbieten will, muss eine unterbrechungsfreie Stromversorgung mit einplanen. Grundsätzlich ist eine solche Stromversorgung auch deshalb sinnvoll, weil ein abrupteres Ausschalten noch keinem Server gut getan hat und allein die Zeit zum Überprüfen der Festplatten und Anlaufen der Dienste die Zeit der meist sehr kurzen Probleme der Stromversorgung bei Weitem übersteigt.

Aber das Beispiel Stromversorgung zeigt noch etwas anderes: Der Dienst ist vom Funktionieren vieler einzelner Komponenten abhängig. Damit eine Applikation auf einem Server laufen kann, müssen zum Beispiel die Stromversorgung, die Hardware mit Prozessor, RAM und Festplatte, das Betriebssystem und die Applikation selbst funktionieren. Damit die Daten vom Client zum Server und zurück transportiert werden können, müssen die Netzwerkschnittstellen der beteiligten Rechner, die Kabel, Switches, Router, Firewalls und alle weiteren Netzwerkkomponenten dazwischen in Ordnung sein. Kann man aus der einfachen Formel von oben jetzt die Verfügbarkeit von komplexen Systemen herleiten? Grundsätzlich: Ja! Denn man kann jedes noch so komplexe System auf einfache Bausteine zurückführen, die untereinander nur auf zwei unterschiedliche Arten verschaltet sind.

Serielle Kopplung

Beginnen wir mit einer einfachen seriellen Kopplung (siehe Abbildung 1-1):

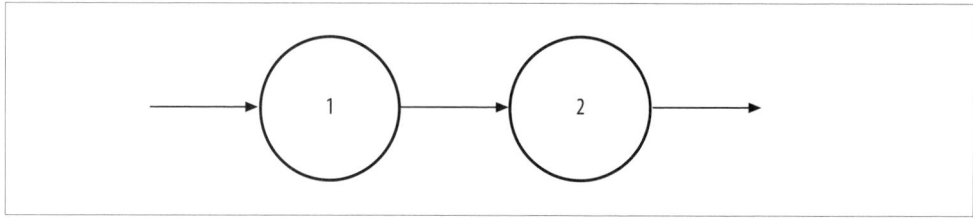

Abbildung 1-1: Serielle Kopplung zweier Teile zu einem Gesamtsystem.

Ein solches System besteht aus zwei Komponenten, und das Funktionieren des Gesamtsystems hängt vom Funktionieren beider Komponenten ab. Die Verfügbarkeit A_{ser} des Gesamtsystems berechnet sich wie folgt aus der jeweiligen Verfügbarkeit der einzelnen Komponenten:

$A_{ser} = A_1 \times A_2$

Die Verfügbarkeit ist also immer kleiner als die kleinste Verfügbarkeit der einzelnen Komponente. Wenn $A_1 = 99\,\%$ und $A_2 = 99{,}95\,\%$ ist, beträgt die gesamte Verfügbarkeit nur $A_{ser} = 98{,}95\,\%$. Sie wird hauptsächlich von A_1 bestimmt. Wenn man also die Verfügbarkeit dieses Systems verbessern will, muss man eine bessere Komponente 1 verwenden. Es nützt nichts, Komponente 2 zu verbessern. Hier drängt sich natürlich der Vergleich mit einer Kette auf: Auch sie ist immer nur so stark wie ihr schwächstes Glied.

Parallele Kopplung und Redundanz

Der andere grundlegende Fall ist die parallele Kopplung, bei der zwei Komponenten den gleichen Dienst erbringen (siehe Abbildung 1-2).

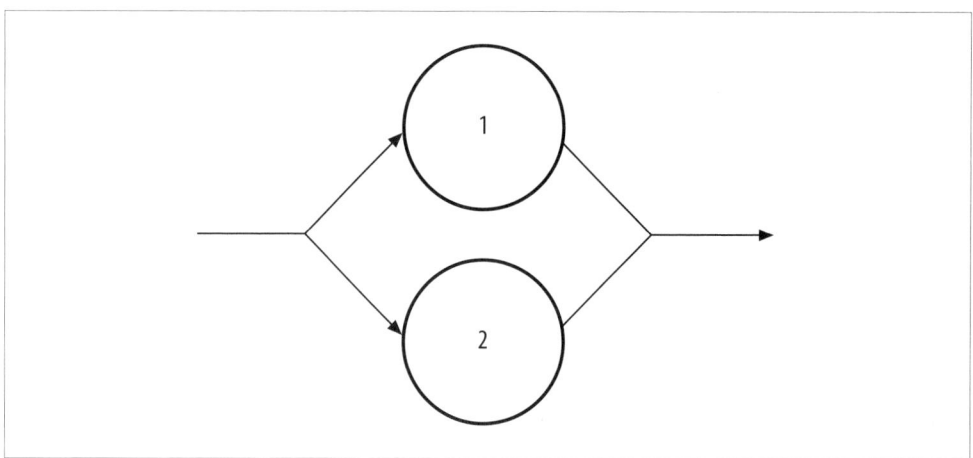

Abbildung 1-2: Parallele Kopplung zweier Teile zu einem Gesamtsystem.

Dieses System besteht ebenfalls aus zwei Komponenten, aber das Funktionieren des Gesamtsystems hängt von der Funktion *einer* der beiden Komponenten ab. Die Verfügbarkeit A_{par} des Gesamtsystems berechnet sich in diesem Fall wie folgt aus der jeweiligen Verfügbarkeit der einzelnen Komponenten:

$A_{par} = 1 - (1 - A_1)(1 - A_2)$

In dem Fall, dass beide Komponenten identisch sind, also die gleichen Verfügbarkeiten haben, reduziert sich die Formel auf:

$A_{par} = 1 - (1 - A_1)^2$

Man erkennt, dass die Verfügbarkeit des gesamten Systems in diesem Fall immer höher ist als die Verfügbarkeit der einzelnen Komponenten. Ein kleines Rechenbeispiel anhand einer Einzelkomponente mit einer Verfügbarkeit von 99 % verdeutlicht das noch besser (siehe Tabelle 1-5). Die Redundanz gibt dabei an, wie oft eine einzelne Komponente im System vorhanden ist.

Tabelle 1-5: Verfügbarkeit bei redundanter Auslegung mit identischen Komponenten. Jede einzelne Komponente ist zu 99 % verfügbar. Je öfter diese Komponente im System vorhanden ist, desto besser ist das Gesamtsystem gegen Ausfall geschützt.

Grad der Redundanz	Verfügbarkeit A_{par}	Mittlere Auszeit
1	99,0 %	87,66 h/Jahr
2	99,99 %	52,6 min/Jahr
3	99,9999 %	31,5 sek/Jahr

Aus diesem Rechenbeispiel erkennt man, dass die Grundlage aller hochverfügbaren Systeme die 3R-Regel ist:

3R-Regel für hochverfügbare Systeme:
   »Redundanz, Redundanz und noch einmal Redundanz.«

Jede einfache Komponente im System, von der die Funktion des gesamten Systems abhängt, nennt man auch *Single-Point-of-Failure* (SPoF). Die ganze Kunst der Hochverfügbarkeit ist ein Design, bei dem diese SPoF durch den Einsatz von redundanten Einzelkomponenten vermieden werden.

Ein einfaches Beispiel für den erfolgreichen Einsatz des obigen Prinzips ist das »redundante Array billiger Festplatten« (*Redundant Array of Inexpensive Disks*, RAID). Da die Festplatten immer noch eine der anfälligsten Komponenten in einem Server sind, ist der Einsatz von gespiegelten Festplattensystemen eine weit verbreitete Technik, um die Zuverlässigkeit zu erhöhen. Ein Beispiel dazu: Ein Server wird aus Kostengründen mit billigen Desktop-IDE-Festplatten ausgestattet. Zwei Festplatten sind als RAID1-System ausgelegt, bei dem die Daten auf zwei Festplatten redundant gespeichert werden. Der Hersteller gibt eine MTBF von 300.000 Stunden an, allerdings nur, wenn die Festplatten im Durchschnitt nicht länger als 330 Stunden pro Monat oder 11 Stunden pro Tag laufen. Diese Kennzahl findet sich in Datenblättern in der Rubrik *Power-on-Hours* (PoH). Aus diesem Grund kann man die tatsächliche MTBF im Betrieb als Speicher für einen Server gut mit maximal 150.000 Stunden abschätzen. Die Wahrscheinlichkeit, dass die Festplatte innerhalb der Lebensdauer des Servers von fünf Jahren ausfällt, kann man über den Umweg der *Annual Failure Rate* (AFR) berechnen. 300.000 Stunden ergeben bei einem Betrieb von 330 Stunden pro Monat 75,75 Jahre. Ein hypothetischer Fehler im Jahr ergibt dann:

*AFR = (PoH pro Jahr / MTBF) * 100 %*

In unserem Beispiel erhält man eine AFR von 1,32 %. Die Wahrscheinlichkeit, dass die Festplatte nach fünf Jahren Dauerbetrieb im Server noch immer ihren Dienst versieht, ist dann:

$p = (1-AFR)^5 = 93{,}5\ \%$

Umgekehrt (1-p) ist die Wahrscheinlichkeit für einen Ausfall mit 6,5 % also nicht zu vernachlässigen.

Nach gut 4,5 Jahren Betrieb zeigen sich die ersten Ausfallerscheinungen bei einer Festplatte, und nach 42.000 Stunden Betrieb gibt sie ganz auf. Wahrscheinlich war die Umgebungstemperatur höher, als nach der Spezifikation zugelassen.

Der Administrator, durch die Warnsignale mittels S.M.A.R.T (Linux: `smartd`) alarmiert, kann schnell eine Ersatzfestplatte einbauen. Weil IDE-Festplatten nicht Hotplug-fähig sind, hat der Server dadurch eine Auszeit von einer Stunde und 24 Minuten. Das Teilsystem »Festplatten« des Servers hat also in den ersten 4,5 Jahren eine Verfügbarkeit von 99,9967 %. Ohne RAID wäre die Zeit zur Rettung und zum Wiedereinspielen der Daten (*Time To Repair*, TTR) wesentlich länger als die 1,4 Stunden zum Einbau der neuen Festplatte und zur Wiederherstellung des funktionsfähigen RAID gewesen.

Bitte beachten Sie, dass in diesem Beispiel eine TTR angegeben ist. Eine mittlere Zeit (MTTR) kann nicht angegeben werden, da es sich bei diesem Server um ein Einzelbeispiel handelt und nicht um eine große Anzahl zur Berechnung der gemittelten Werte.

Komplexe zusammengesetzte Systeme

Ein komplexes System kann man in Einzelkomponenten zerlegen, die durch einfache serielle oder parallele Verknüpfungen untereinander verbunden sind. Anhand der obigen Regeln kann somit sukzessiv die Verfügbarkeit für das gesamte System berechnet werden. Betrachten wir noch ein Beispiel für die Berechnung eines solchen Gesamtsystems: Ein Webserver soll ans Internet angeschlossen werden. Die wesentlichen Komponenten, auf die der Planer Einfluss hat, sind das LAN im Rechenzentrum und der Server selbst. Es gelten die Annahmen aus Tabelle 1-6:

Tabelle 1-6: Annahmen für die Verfügbarkeit von Hard- und Software eines einfachen Webservers.

	MTBF (aus Datenblättern)	MTTR (aus Tabelle 1-2)	Verfügbarkeit
Applikation	-	-	99,994 % (gemessen)
Server (ideal)	50.000 h	2 h	99,996 %
Server (real)	50.000 h	48 h	99,904 %
Server + Applikation			99,90 % (seriell)
Switch	250.000 h	2 h	99,999 %
Router + Internet			99,95 % (Vertrag mit ISP)
		Gesamt	99,85 %

Wie kann der Planer jetzt mit einfachen Mitteln die Verfügbarkeit erhöhen? Es ist klar, dass die Hardware des Servers das Problem ist. Anhand der Zahlen sieht man, dass es zwei Ansätze gibt, um die Verfügbarkeit des Diensts zu erhöhen:

1. Der Planer könnte den Prozess der Sicherung und Wiederherstellung des Servers verbessern: Die 48 Stunden Zeit zur Wiederherstellung wurden für einen Administrator mit normalen Arbeitszeiten und für die Beschaffung der Hardware im Fehlerfall errechnet. Ein Vergleich mit Tabelle 1-2 zeigt, dass diese Werte schon günstig geschätzt sind. Maßnahmen zur Verbesserung könnten die Lagerung von Ersatzhardware und die Einführung eines Bereitschaftsdiensts für Administratoren sein. Ebenso ist eine automatische Sicherung der Server und die schnelle Wiederherstellung von der Sicherung wichtig. Dazu wird ein professionelles Backup-System benötigt.

2. Alternativ sollte es möglich sein, das System »Server + Applikation« redundant auszulegen. Wenn man die Ersatzhardware vor Ort hält, kann man gleich die beiden Server dazu nutzen, einen Webserver-Cluster laufen zu lassen. Für das redundante System aus Server und Applikation ergibt sich eine Verfügbarkeit von $1 - (1 - 0{,}999)^2 = 99{,}9999\,\%$, das ist wesentlich besser als die Anbindung ans Internet, dem nächsten Schwachpunkt. Somit kann der Administrator wieder in Ruhe schlafen, und ein guter Sicherungsprozess mit schneller Wiederherstellung ist aufgrund der Verfügbarkeit nicht mehr dringend notwendig. Damit ist nicht gesagt, dass ein Backup überhaupt nicht mehr notwendig wäre, aber eine so schnelle Wiederherstellung des Systems ist nicht mehr erforderlich.

Zusätzlich wird deutlich, dass eine Investition in das Netzwerk zur redundanten Auslegung des Switchs und der Kabel sowie eine doppelte Anbindung der Server ans Netz mit sogenannten *bond*-Schnittstellen auch nicht dringend erforderlich ist, wenn kein Systemheld im Rechenzentrum herumirrt, der willkürlich Kabel zieht. Eine nicht zu unterschätzende Fehlerquelle, die noch gar nicht in die Berechnung eingegangen ist, sind menschliche Fehler. Besonders jegliche Art von Fehlern, die System-, Netzwerk- oder Firewall-Administratoren machen.

Anhand dieses kleinen Rechenbeispiels erkennt man die Notwendigkeit eines redundanten Aufbaus von Servern und Applikationen schnell. Welche Möglichkeiten gibt es dazu?

Am bekanntesten sind sicherlich die Projekte »Linux Virtual Server« (LVS[2]) und »Linux-HA«[3]. Der Linux Virtual Server implementiert einen Switch auf Layer 4 des bekannten OSI-Modells (TCP bzw. UDP) als Dienst, der auf einem Server, Director genannt, läuft. Eingehende Verbindungen werden entgegengenommen und an reale Server zur Verarbeitung weitergeleitet. Der LVS fungiert hier nur als sogenannter *Director*, der die Verbindungen und die Last an die Server verteilt. Gleichzeitig wird mit einem Zusatzdienst gemessen, ob die Server noch leben oder ob keine Verbindungen mehr zu einem bestimmten Server weitergegeben werden sollen.

Das andere bekannte Projekt ist Linux-HA. Ein Heartbeat-Mechanismus überprüft die Erreichbarkeit von Servern und die Verfügbarkeit von Diensten auf diesen Servern in einem Cluster. Falls es Probleme mit der Verfügbarkeit eines Knotens im Cluster gibt, sorgt ein Cluster-Manager dafür, dass die Ressourcen, die auf diesem Knoten liefen, auf andere Knoten des Clusters verschoben werden. Somit ist ein Cluster, der mit Linux-HA aufgebaut wurde, in erster Linie dafür gedacht, eine hohe Verfügbarkeit durch redundanten Aufbau zu gewährleisten. Ein Skalieren des Aufbaus ist im Grunde nicht vorgesehen, da so ein Cluster als System ausgelegt ist, bei dem ein Knoten die Last übernimmt und der andere nur im Fehlerfall einspringt (*Hot-Standby* oder *Aktiv/Passiv-System*). Eine Lastverteilung, so dass mehrere Server die eingehenden Anfragen beantworten, findet in einem solchen Cluster normalerweise nicht statt. Mit welchen Mitteln das in bestimmten Fällen doch erreicht werden kann, wird später gezeigt (siehe Abschnitt »IPaddr2« in Kapitel 7).

Linux Virtual Server (LVS)

Der Linux Virtual Server implementiert einen Layer-4-Switch im Kernel des Betriebssystems, auf dem der LVS läuft. Über den Switch werden eingehende Verbindungen an eine Reihe von Servern verteilt, auf denen der Dienst tatsächlich läuft. Dieser sogenannte *Director* macht nichts anderes, als die eingehenden Verbindungen zu verteilen. Da der Switch auf Layer 4 (*tcp* oder *udp*) arbeitet, werden alle Pakete, die zu einer *tcp*-Verbindung gehören, an denselben Server weitergeleitet, so dass dieser die komplette Anfrage beantworten kann. Der Director kann sich aber auch um Anwendungen, die *udp*-Pakete verschicken, kümmern und sogar *icmp*-Pakete an die Server im Hintergrund verteilen.

Ein Vorteil der Verteilung auf Layer 4 ist sicherlich die hohe Geschwindigkeit, mit der der Director arbeiten kann. Es wird nur der Header des Pakets überprüft, es werden aber keine Applikationsdaten inspiziert. Das Verfahren hat natürlich den Nachteil, dass neue *tcp*-Verbindungen nicht notwendigerweise zum selben Server weitergeleitet werden und

---

2 *www.linuxvirtualserver.org*

3 *www.linux-ha.org*

somit das Problem des Datenaustauschs zwischen den Applikationen auf den einzelnen Servern besteht. Dieses Problem macht sich zum Beispiel bemerkbar, wenn Cookies eines Webservers über eine längere Zeit beibehalten werden müssen.

Dieses Problem umgeht LVS mit sogenannten *Persistent Connections*. Bei dieser Einstellung werden Verbindungen, die vom selben Client oder Netzwerk kommen, immer an denselben Server weitergeleitet. Die Granularität der Entscheidung für die Persistent Connections lässt sich einstellen.

Die Verteilung der Verbindungen

Der einfachste Verteilungsalgorithmus des Director ist Round-Robin. Die Verbindung erhält einfach der nächste in der Reihe der verfügbaren Server. Dieser Algorithmus lässt sich noch über Wichtungen der Serverleistung verfeinern. Da der Director natürlich die Anzahl der aktuell bestehenden Verbindungen zu jedem einzelnen Server im Hintergrund kennt, können mittels eines entsprechenden Algorithmus auch neue Verbindungen an denjenigen Server weitergegeben werden, der aktuell am wenigsten verarbeitet. Bei diesem Algorithmus lassen sich ebenfalls wieder Wichtungen für einen einzelnen Server konfigurieren. Es sind noch eine Reihe weiterer Algorithmen implementiert. Insgesamt können zehn verschiedene Methoden ausgewählt werden, die aber meist nur Varianten einer grundlegenden Idee sind. Am gebräuchlichsten sind sicher *(Weighted) Round-Robin* und *(Weighted) Least Connections*.

Technisch ist die Verteilung der Pakete an die tatsächlichen Server über drei verschiedene Verfahren möglich:

- Weiterleitung per NAT
- Weiterleitung durch direktes Routing
- Weiterleitung per IP-Tunnel

Weiterleitung per NAT

Im ersten Fall verhält sich der Director wie ein einfacher Router, der per NAT-Mechanismus die Zieladressen der Pakete umsetzt und diese dann weiterleitet. Die Antwortpakete der Server müssen ebenfalls über den Director geroutet werden, um die Adressen wieder richtig umzuwandeln. Dieser Mechanismus ist in Abbildung 1-3 skizziert. Er hat den Vorteil, dass er relativ einfach zu implementieren ist und die tatsächlichen Server irgendwo stehen können, solange sie nur per IP-Adresse erreichbar sind. Ebenso kann auf den Servern im Hintergrund jedes beliebige Betriebssystem laufen, solange dieses eine TCP/IP-Schnittstelle bietet. Der Nachteil der Methode ist, dass alle Pakete, also auch die meistens großen Antwortpakete, über den Director geroutet werden müssen und dieser die NAT-Tabellen pflegen muss. Somit ist diese Methode nicht allzu weit skalierbar. Üblich sind Installationen mit bis zu 20 realen Servern.

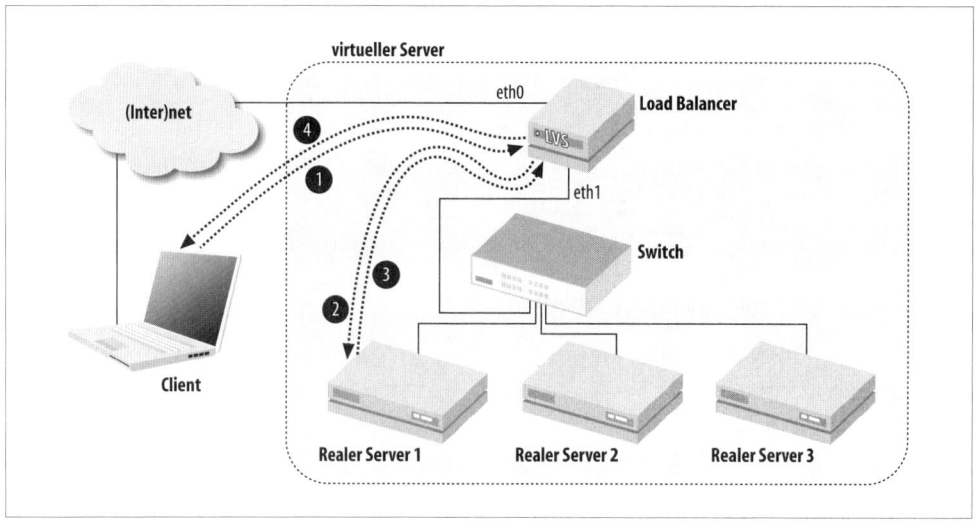

Abbildung 1-3: Beim NAT-Mechanismus schickt der Client die IP-Pakete an den Director (1), der sie mit einer neuen IP-Adresse versieht und an den zuständigen Server weiterschickt (2). Dieser schickt die Antwortpakete zurück an den Director (3), der wiederum die IP-Adresse austauscht und sie an den Client zurücksendet (4).

Weiterleitung durch direktes Routing

Bei der zweiten Methode schreibt der Director einfach nur die MAC-Adresse des Pakets um und schickt es so an den richtigen Server weiter. Diese Methode ist in Abbildung 1-4 dargestellt. Sie benötigt den geringsten Aufwand, allerdings müssen sich hierbei der Director und alle Server im selben Subnetz befinden, da die Verteilung im Prinzip auf Layer 2 des Netzwerks implementiert ist. Die Antwortpakete gehen wieder direkt an den Client. Damit dies zu keinem Chaos im angeschlossenen lokalen Netz führt, darf es nur auf Schnittstellen erfolgen, auf denen die ARP-Auflösung abgeschaltet werden kann, also keine Antworten auf ARP-Requests versendet werden.

Weiterleitung per IP-Tunnel

Um die Aufzählung zu komplettieren, sei hier auch noch die dritte Methode erwähnt. Anstatt die eingehenden Pakete mit einer neuen MAC-Adresse zu versehen und weiterzuschicken, nutzt der Director IP-Tunnel, um die Pakete an die tatsächlichen Server weiterzuleiten. Der Director tunnelt die Pakete zum Server im Hintergrund, indem er sie mit einem neuen IP-Header versieht und an den Server weiterschickt. Dieser packt den Tunnel aus und beantwortet die Anfrage. Da die tatsächliche Adresse des Clients auf dem Weg nicht verändert wurde und somit auf dem Server bekannt ist, kann dieser die Antwortpakete direkt an den Client schicken. Diese Methode ist in Abbildung 1-5 dargestellt. Das Paket muss nicht mehr über den Director zurückgeroutet werden. Somit ist diese Methode weitaus besser skalierbar als die erste Methode. Ein Fallstrick bei dieser Methode ist der

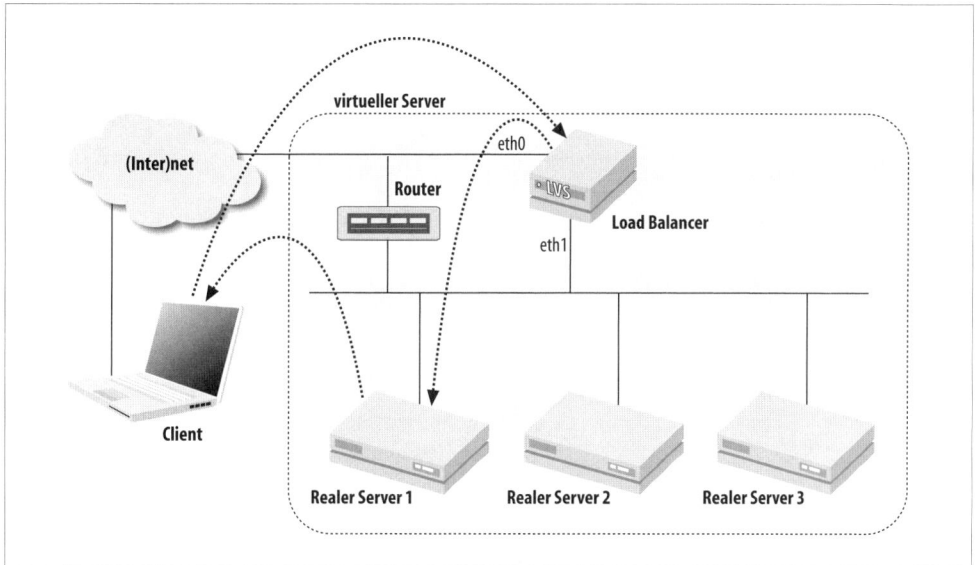

Abbildung 1-4: Im DR-Modus versieht der Director das eingehende Paket mit einer neuen MAC-Adresse und schickt es an den Server weiter. Dieser kann die Antwort wiederum direkt an der Client schicken.

Umstand, dass nicht mehr jedes beliebige Betriebssystem im Hintergrund verwendet werden kann. Die Schnittstellen müssen IP-in-IP-Tunnel beherrschen, da der Director die Pakete ja mit einem neuen IP-Header versieht. Weil die ursprüngliche Clusteradresse im weitergeleiteten Paket noch vorhanden ist, muss diese virtuelle IP-Adresse auf *allen* Servern im Hintergrund konfiguriert werden, damit sich die Server für dieses Paket zuständig fühlen.

Die realen Server müssen bei dieser Methode wiederum über eine Non-ARP-Schnittstelle verfügen. Mit den beiden letzten Methoden sind große Installationen mit Hunderten von Servern möglich.

Tabelle 1-7 fasst noch einmal die Vor- und Nachteile der einzelnen Mechanismen zur Weiterleitung der Pakete zusammen:

Tabelle 1-7: Übersicht über die Methoden zur Weiterleitung der Pakete an die realen Server im Hintergrund. Jede Methode hat ihre Vor- und Nachteile.

	NAT	Direktes Routing	Tunnel
Betriebssystem der realen Server	Beliebig	Non-ARP-Schnittstelle	IP-Tunnel notwendig, Non-ARP-Schnittstelle
Servernetz	(Private Adressen)	LAN	LAN/WAN
Anzahl realer Server	Bis zu 20	> 100	> 100
Gateway der Server	Director	Eigenes Routing	Eigenes Routing

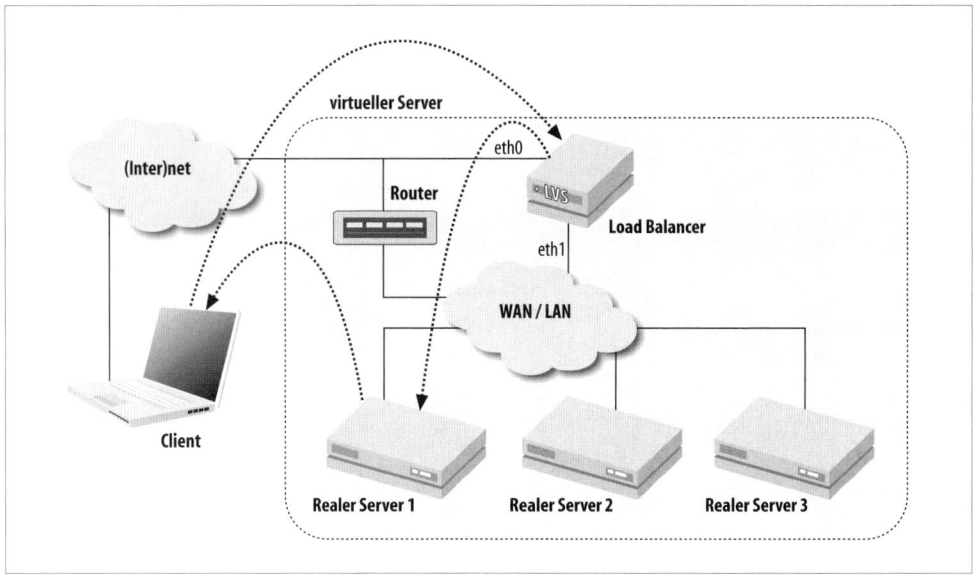

Abbildung 1-5: Beim Tunneln packt der Director alle Pakete für den Server in einen IP-in-IP-Tunnel und schickt sie so weiter. Der Server packt den Tunnel aus und kann dem Client direkt antworten, ohne den Umweg über den Director zu nehmen.

Vor- und Nachteile von LVS

Mit dem LVS-System lässt sich die Last gut auf viele Server verteilen. Allerdings verfügt das ip_vs-Kernelmodul nicht über die Fähigkeit, zu überprüfen, ob die konfigurierten Server noch leben oder nicht. Es stellt nur die Grundfunktion des Switchs auf Layer 4 zur Verfügung. Für einen kompletten Cluster ist noch ein Zusatzprozess notwendig, der die Server im Hintergrund ständig abfragt. Anhand der Antwort entscheidet dieser Daemon, ob der Server noch lebt oder aus der Konfiguration genommen werden muss und die bestehenden Verbindungen auf andere Server verteilt werden müssen. Solche Programme sind zum Beispiel ldirectord oder keepalive.

Mit einer derartigen Konfiguration können sehr hoch skalierbare Serversysteme aufgebaut werden.

Es bleibt das Problem, dass der Director selbst einen Single-Point-of-Failure darstellt, da er selbst nur einmal im System vorhanden ist und alle Verbindungen über ihn vermittelt werden. Wenn er ausfällt, steht das gesamte System. Hier kommt das Projekt Linux-HA zum Zuge. Mit dieser Software können (fast) alle beliebigen Dienste redundant angeboten werden. Über zwei separate Rechner kann auch der Director-Dienst entsprechend hochverfügbar gestaltet werden.

Eine entsprechende Konfiguration mit einem Director in einem hochverfügbaren Clustersystem wird in Kapitel 9 als Beispielanwendung zu Linux-HA gezeigt.

Linux-HA

Das Projekt Linux-HA mit dem zentralen `heartbeat`-Dienst entstand 1997 aus einer Designidee von Harald Milz, der die Grundzüge und Techniken eines hochverfügbaren Clusters in einem HOWTO zusammenfasste. Diese Veröffentlichung inspirierte Alan Robertson, die Ideen tatsächlich umzusetzen, und so lief dann der erste Linux-HA-Cluster am 15. November 1998 an. Die Software wurde dann beim ersten kommerziellen Kunden Ende 1999 eingesetzt, um dessen Webseite hochverfügbar anzubieten.

Obwohl die Funktionen der Version 1 der Software relativ begrenzt waren, gab es innerhalb kurzer Zeit über 30.000 Installationen. Version 2 wurde am 29. Juli 2005 veröffentlicht und seitdem ständig verbessert. Viele der Einschränkungen in Version 1 sind mit der neuen Version weggefallen. In Version 3 des Projekts hat ein Teil der Entwickler die zentrale Management-Komponente von Version 2 in ein eigenes Projekt ausgegliedert und nutzt das ursprüngliche `heartbeat` nur noch zur Kommunikation. Mehr zu diesem Thema finden Sie in Abschnitt »Linux-HA«.

Der Erfolg der Software erklärt sich auch mit der GPL-Lizenz, die es jedem erlaubt, nicht nur die Software herunterzuladen und kostenlos zu nutzen, sondern die auch den Einblick in den Sourcecode ermöglicht. So wurde die Software von vielen Nutzern verbessert, die eine allgemeingültige Lösung für ein spezielles Problem gefunden und programmiert haben. Diese Lösungen fließen wieder in das Projekt ein und helfen so, die Qualität und den Nutzen der Software ständig zu verbessern.

Unter Linux-HA sorgt ein `heartbeat`-Dienst dafür, dass die Mitglieder eines Clusters dauernd Nachrichten austauschen, um den Status gegenseitig zu überwachen. Sogenannte Ressourcen werden vom Cluster-Manager verwaltet und auf einzelnen Knoten gestartet. Ressourcen sind deshalb im Verständnis von Linux-HA all das, was vom Cluster verwaltet wird, von IP-Adressen bis zu Diensten wie einem Apache-Webserver, von der Überwachung des eigenen Systems bis zu komplexen Mechanismen zur Datenreplikation zwischen den Knoten des Clusters. Auf der Projektseite ist dies gut zusammengefasst: »*If we manage it, it is a resource.*«

Der Cluster-Manager selbst bietet ab Version 2 die Möglichkeit, die Überwachung des Zustands der Knoten oder ihre Erreichbarkeit im Netz zu konfigurieren. Bei Problemen eines Knotens oder eines Diensts auf einem Knoten verlagert der Manager Ressourcen, die auf diesem Knoten liefen, auf einen anderen Knoten. Somit ist diese Ressource im Gesamtsystem (Cluster) weiterhin verfügbar, obwohl ein einzelner Knoten ausfallen kann.

Im Prinzip können alle beliebigen Dienste, für die ein `init`-Skript im Stil von System-V existiert, mittels Linux-HA hochverfügbar angeboten werden. Zusätzlich gibt es im Projekt noch spezielle Skripte (Agenten), die weitere Funktionen wie IP-Adressen oder die Überwachung übernehmen. Für viele weitverbreitete Dienste gibt es auch spezielle Agenten, die im Gegensatz zu System-V-Skripten noch eine genauere Überwachung erlauben als nur die einfache Statusabfrage des Diensts.

Die Software des Linux-HA-Projekts ist aus verschiedenen Komponenten zusammengesetzt. Ein Teil kümmert sich um die Mitgliedschaft von Knoten im Cluster und schickt Meldungen ins System, wenn Knoten zum Cluster hinzukommen oder ihn verlassen. Ein anderer Teil macht sich aufgrund der Konfiguration und des aktuellen Zustands der Knoten im Cluster ein Bild von der Lage und verteilt die Ressourcen optimal nach den Bedingungen der Konfiguration. Falls ein Knoten stirbt, müssen die Ressourcen neu auf die verbliebenen Knoten verteilt werden. Daneben gibt es den Teil der Software, der versucht, die Idealvorstellung vom Cluster auch tatsächlich auf den einzelnen Knoten durchzusetzen. Erfolg oder Misserfolg dieser Aktionen werden wieder an das System zurückgemeldet.

Die weiteren Entwicklungen im Projekt ermöglichen es der Verwaltung im Cluster, nun nicht nur heartbeat als Kommunikationsplattform zu nutzen, sondern sie erlauben auch die fortgeschrittene Technik von OpenAIS.

Die Entwickler, die inzwischen für das Projekt verantwortlich zeichnen, stehen zum großen Teil auf den Gehaltslisten der Hersteller der großen Linux-Distributionen. Novell ist die treibende Kraft hinter dem Management-System im Cluster (pacemaker), und die moderne Variante des Kommunikationsdiensts zwischen den Knoten (OpenAIS) kommt zu großen Teilen aus dem Hause Red Hat. Natürlich gibt es außerdem noch viele Freiwillige, die den einen oder anderen Teil zum Erfolg des Projekts beitragen. Hier sei besonders die Firma Linbit (Hersteller von DRBD) erwähnt, bei der viele Helfer arbeiten.

Mit dieser Architektur kann der Cluster eine hohe Verfügbarkeit der Applikationen gewährleisten, wenn er selbst ohne Fehler konfiguriert wurde. Wie der Administrator dies bewerkstelligt, wird im Folgenden gezeigt.

KAPITEL 2
Grundlagen

Was ist ein Cluster? Wie funktioniert ein Cluster in der Praxis? Welche Probleme kann ich damit lösen, und wo sind die verborgenen Fallstricke, die man unbedingt vermeiden muss, damit das Gesamtsystem auch in kritischen Situationen noch wie erwartet funktioniert? Wie der Linux-HA diese Fragen angeht, soll ebenso Gegenstand dieses Kapitels sein wie die Veränderungen, die das Projekt beziehungsweise die Nachfolgeprojekte in den letzten Jahren erfahren haben. Im letzten Teil wird noch auf die innere Architektur der Clustersoftware eingegangen.

Theorie

Ein hochverfügbarer Cluster ist ein Zusammenschluss von mehreren Computern, die einen bestimmten Dienst auch dann noch anbieten sollen, wenn eine oder mehrere Einzelkomponenten ausfallen. Der Gedanke der Redundanz stand beim Design von Clusterlösungen klar im Vordergrund.

Aufbau und Funktion

Auf jedem einzelnen Rechner (auch *Knoten* des Clusters genannt) können bestimmte Ressourcen ausgeführt werden. Normalerweise läuft eine Ressource auf einem Knoten, und ein anderer Knoten läuft als Reservesystem nebenher. Die Clustersoftware sorgt nun dafür, dass der Status der Knoten ständig überprüft wird. Dazu können Kriterien wie Netzwerkanbindung, Prozessorlast, freier Speicher- oder Festplattenplatz oder der Zustand einer Applikation herangezogen werden. Falls ein Problem auf dem gerade aktiven Knoten auftritt, wird die Ressource auf dem passiven System gestartet, und der Dienst kann weiter angeboten werden. Unterschiedliche Ressourcen können natürlich auch auf verschiedenen Knoten des Clusters ausgeführt werden.

Die Alternative zu solchen sogenannten *Aktiv/Passiv-Clustern* bilden Systeme, bei denen alle Knoten aktiv sind und eine zentrale Instanz oder die Clustersoftware dafür sorgt, dass die Last gleichmäßig auf alle Knoten verteilt wird. Solche *Load-Balancing-Systeme* bieten den Vorteil, dass die Leistung des Clusters mit der Anzahl der Knoten im Cluster skaliert. Allerdings muss man beim Design eines solchen Clusters darauf achten, dass die verbliebenen Knoten die Last beim Ausfall eines (oder mehrerer) Knoten übernehmen können. Eine intelligente Umsetzung des Load-Balancing-Konzepts ist in den Produkten der Firma Stonesoft[1] gelungen.

Was sich in der Clustertheorie so einfach anhört, zeigt in der praktischen Umsetzung einige Probleme, die von den Entwicklern und Administratoren berücksichtigt werden müssen. Alle Knoten eines Clusters müssen sich beispielsweise gegenseitig voll vertrauen: Deshalb müssen sie sich gegenseitig authentifizieren, bevor Systemmeldungen von einem anderen Knoten angenommen werden. Natürlich sollte auch die Kommunikation untereinander verschlüsselt sein.

Die Kommunikation der Knoten untereinander muss besonders zuverlässig sein, da Verbindungsausfälle zu schwerwiegenden Konsequenzen führen (siehe dazu den Abschnitt »Split Brain«). Der Datenaustausch zwischen den Knoten kann über die Schnittstelle erfolgen, über die auch die Clients auf das System zugreifen. Besser ist es allerdings, den Datenaustausch zwischen den Knoten über eine eigene Netzwerkschnittstelle zu führen. Wenn die Clients einmal eine hohe Last erzeugen, kommt es dennoch zu keinen Verzögerungen in der Unterhaltung der Knoten untereinander. Am besten erfolgt die Clusterkommunikation über redundante Wege, also über zwei Schnittstellen.

 Falls der Cluster nur aus zwei Knoten besteht, können diese mit einen Crossover-Kabel verbunden werden. Die MTBF für ein einfaches Kabel ist unschlagbar hoch gegenüber anderen Komponenten im Netzwerk.

Ein Knoten muss natürlich auch im Fehlerfall überwacht werden. Wurde die Störung beseitigt, sollte die Clustersoftware den Knoten automatisch wieder als »online« markieren und eventuell die Ressourcen neu verteilen. Allerdings ist die Neuverteilung von Ressourcen ein kontrovers diskutiertes Thema. Grundsätzlich sollten nur solche Ressourcen neu verteilt werden, bei denen sich der damit verbundene Verwaltungsaufwand und eventuell zu erwartende Störungen im Betrieb auch lohnen.

Unter einer *Ressource* versteht Linux-HA – wie bereits erwähnt – all das, was vom zentralen Cluster-Manager verwaltet wird. Das kann eine IP-Adresse sein oder ein Dienst wie ein Apache-Webserver. Jede Ressource besitzt einen eigenen Agenten, der die Konfiguration übergibt und die Ressource überwacht. Welche Ressourcen vom Cluster verwaltet werden können und wie man diese Agenten genau konfiguriert, wird in Kapitel 7, »Agen-

---

1   *http://www.stonesoft.com*

ten« beschrieben. Aus der Sicht des Benutzers ergeben mehrere Ressourcen einen Dienst. So benötigt ein Webserver zum Beispiel den Apache-Dienst und eine IP-Adresse, unter der dieser erreichbar ist.

Bevor im Abschnitt »Fähigkeiten der Clustersoftware« weiter von den Vorzügen von Linux-HA die Rede sein wird, sollen noch einige grundsätzliche Probleme von Clustersystemen besprochen und die Lösungen, die Linux-HA dafür anbietet, dargestellt werden.

Split Brain

Eine sogenannte *Split-Brain*-Situation innerhalb eines Clusters ist das Ergebnis einer Störung der Kommunikation zwischen den Knoten eines Clusters. Jeder Teil des Clusters denkt, der andere Teil sei tot, und startet die Ressourcen, für die der Cluster zuständig ist, in der Annahme, dass die andere Seite diese Aufgabe nicht mehr erfüllen kann. Im einfachsten Fall einer IP-Adresse erhält ein Client einfach zwei verschiedene Antworten auf einen ARP request nach der IP-Adresse. Im schlimmsten Fall kann das zur kompletten Zerstörung des Datenbestands führen. Zu den möglichen Konsequenzen gibt es weitere Informationen auf der Seite »Bad Things Will Happen« des Linux-HA-Projekts[2].

Üblicherweise wird mittels eines *Quorums* (siehe nächster Abschnitt) versucht, diese Situation zu verhindern. Alternativ werden auch andere Mechanismen (siehe weiter unten) dafür eingesetzt. Vor allem aber ist es ratsam, die Kommunikation im Cluster ebenfalls redundant auszulegen. Die Kommunikation im Cluster aus zwei Systemen kann man so zum Beispiel über mehrere Schnittstellen absichern, die eventuell im Bonding-Modus betrieben werden. In Systemen mit mehr Knoten kommt der Quorum-Mechanismus zum Tragen.

Quorum

Wenn ein Cluster durch die Störung der Kommunikation zwischen den einzelnen Mitgliedern des Clusters in Teilcluster zerfällt, kann ein Quorum-Prozess dafür sorgen, dass keine Split-Brain-Situation auftritt. Die Theorie zu Teilclustern wurde vom Open Cluster Framework (OCF[3]) übernommen.

Der Cluster besteht aus keinem (Startphase) oder mehreren Teilclustern. Jeder Knoten ist Mitglied in höchstens einem Teilcluster. Wünschenswert ist der Zustand, dass genau ein Teilcluster existiert und alle Knoten Mitglieder dieses Teilclusters sind. Falls doch mehrere Teile existieren, wird maximal einer als der primäre Teilcluster ausgewiesen. Der Auswahlmechanismus ist abhängig von der Implementierung. Kein Prozess kann allerdings absolut garantieren, dass immer nur genau ein primärer Teilcluster in allen denkbaren Szenarien gewählt wird.

---

2 *http://www.linux-ha.org/BadThingsWillHappen*
3 *http://www.opencf.org*

In Linux-HA wird der primäre Teilcluster von den Mitgliedern durch einfache Mehrheitsentscheidung bestimmt, da ja jeder Teil eigenständig entscheiden muss, ob er primär ist oder nicht. In einem Cluster aus N Knoten wird der Teilcluster mit n Knoten primär, wenn gilt: *n > Integer (N/2)*, wenn also mehr als die Hälfte aller Knoten Mitglieder sind. Das funktioniert natürlich nur für Cluster mit mehr als zwei Mitgliedern. Der primäre Teil des Clusters übernimmt dann alle Ressourcen und führt so die Aufgabe des Clusters weiter. Jeder Knoten im Cluster, der kein Quorum hat, stoppt alle Ressourcen und wartet auf eine Verbindung zum Rest der Knoten. Die genaue Reaktion ist aber konfigurierbar.

Diese Methode kann auch bei räumlich getrennten Clustern ohne eine zuverlässige Verbindung zwischen den Mitgliedern Probleme bereiten. Alternativ bleibt die aktive Eingrenzung von fehlerhaften Knoten (*Fencing*), um das Split-Brain-Problem zu umgehen.

In der modernen Variante des Diensts, der die Kommunikation im Cluster übernimmt, ist anstelle der reinen Mehrheitsentscheidung ein *Pluggable Quorum Framework* implementiert, das die Entscheidung auch aufgund von zusätzlichen Informationen treffen kann.

Fencing

Als Fencing wird der Prozess bezeichnet, in dem Ressourcen ausgeschlossen werden, deren Zustand unbestimmt ist. Es gibt eine Reihe von Techniken, um dies zu erreichen. Grundsätzlich kann man einzelne Ressourcen von der Lebensader abklemmen oder gleich den ganzen Knoten. Auf der Ebene der Ressourcen könnte man zum Beispiel dem gemeinsam genutzten Speichersystem mitteilen, dass ein bestimmter Knoten nicht mehr zugreifen darf. Bekannter ist aber sicher das Ausschließen des ganzen Knotens. Oder anders gesagt, der überlebende Teil sorgt dafür, dass der fehlerhafte Knoten wirklich »tot« ist, indem er den Strom für diesen Rechner abstellt. Die zugehörige Ressource wird bei Linux-HA als STONITH bezeichnet, das Akronym für »Shoot The Other Node In The Head«. Das hört sich zwar brutal an, ist aber die einzige zuverlässige Methode, um sicherzustellen, dass es in einem Cluster aus zwei Knoten nicht zu einer Split-Brain-Situation kommt.

Linux-HA bringt eine Reihe von STONITH-Agenten mit, die nichts anderes sind als normale Agenten, nur eben der speziellen Klasse stonith. Die komplette Liste der STONITH-Agenten erhalten Sie mit dem Befehl stonith -L. Diese gibt es unter anderem für verschiedene Stromversorgungen von APC, Baytech, Cyclades oder für den Management-Zugang zur Hardware von IBM (ibmhmc) oder DELL (drac). Zum Ausprobieren ist auch eine Lösung über ssh verfügbar. Für eine detaillierte Besprechung der Funktion lesen Sie Kapitel 7, »Agenten«.

Eine Besonderheit sind die ServeRAID-SCSI-Controller von IBM. Über diese Controller können zwei Rechner an die gleichen Festplatten angeschlossen werden. Durch die Technik von IBM wird sichergestellt, dass zu einem Zeitpunkt immer nur ein Rechner auf die Festplatten zugreift. Die entsprechende ServeRAID-Ressource für diese Controller kann in einem Linux-HA-Cluster allerdings nicht ohne einen weiteren Fencing-Mechanismus eingesetzt werden, da die beiden Knoten unter Umständen die Ressourcen hin- und herschieben. Details zum Einsatz dieser Technik finden Sie auf der Webseite des Projekts[4].

Data Sharing

Ein weiteres Problem, das nur bei Clustersystemen auftritt, ist der mögliche dynamische Zugriff auf Daten durch die Knoten des Clusters. Hierbei sind speziell die Daten auf Massenspeichern wie Festplatten gemeint. In Linux-HA ist dieser Aspekt bewusst ausgespart, da es nicht Aufgabe der Cluster-Management-Software sein kann, auch noch die Daten für *jede beliebige* Applikation konsistent zu halten. Dies muss Aufgabe der Applikationen selbst sein. Applikationen können zum Beispiel ein eigenes Protokoll mitbringen, um dynamische Daten, die im Hauptspeicher gehalten werden, zwischen den Knoten auszutauschen. Für das Problem der Massenspeicher bietet Linux-HA einige Ansätze, die den Applikationen weiterhelfen können. Grundsätzlich kann man hier mehrere Situationen unterscheiden.

Erste Möglichkeit: Es gibt keine Daten auf der Festplatte, die von den Diensten auf den Knoten dynamisch geteilt werden: Dies betrifft erstaunlich viele Applikationen, wie zum Beispiel Firewalls, Load-Balancer (LVS) oder Caching-Proxyserver. Auch Webserver mit statischem Inhalt, deren Inhalt durch einen zentralen Master auf die einzelnen Server verteilt wird, gehören in diese Kategorie.

Für die anderen Fälle gibt es folgende Lösungen:

Daten-Replikation
> Ein zusätzlicher Prozess auf den Knoten sorgt für die Replikation der Daten. Hier ist in erster Linie das *Distributed Redundant Block Device*-Projekt (DRBD[5]) zu nennen, das auch mit einem eigenen Ressourcen-Agenten tief in Linux-HA integriert ist. Der DRBD-Dienst sorgt dafür, dass die Daten von einem Master-Block-Device auf einen anderen Knoten konsistent repliziert werden. Ein aktives Block-Device wird den Knoten als Backend-Datenlaufwerk zur Verfügung gestellt, und das replizierte Gerät springt nur im Fehlerfall ein. Die Umschaltung zwischen den Devices erfolgt natürlich wieder durch den Cluster-Manager, der den DRBD-Dienst als ganz normale Ressource behandelt. Durch diese Lösung der Replikation über ein Block-Device, die viele Möglichkeiten für entsprechende Dateisysteme offen lässt, ist die Replikation durch die Clustersoftware überflüssig. Eine Anwendung solcher Block-Devices könnten extrem preiswerte SAN- oder NAS-Systeme sein, wenn sie als iSCSI oder mit einem Dateisystem als Shares exportiert werden. Mehr zur Konfiguration und zum Einsatz von DRBD unter Linux-HA finden Sie in den Kapiteln 7, »Agenten« und 8, »Beispielszenarien«.

---

4 http://www.linux-ha.org/ServeRAID
5 http://www.drbd.org

Zusätzlich gibt es natürlich noch Replikationen innerhalb der Applikationen, wie zum Beispiel in Datenbanken, DNS, DHCP oder Verzeichnisdiensten üblich. Diese sind in die Applikation integriert und haben keine eigene Ressource in Linux-HA. Alternativ kann man manchmal auch mit weniger »präzisen« Mechanismen zur Replikation (z. B. `rsync` oder `csync`) auskommen.

RAID-Controller, die Clusterkonfigurationen unterstützen
Da das gesamte Projekt Linux-HA anfangs stark von der Firma IBM gesponsert wurde, ist es klar, dass die ServeRAID-Controller besonders gut im Linux-HA-Rahmen funktionieren. Zusätzlich hat ServeRAID den Vorteil, im Fehlerfall *self-fencing* zu sein.

Externe Massenspeicher
Wenn die Knoten die Daten auf ein externes Speichermedium (SAN, NAS) auslagern, ist das Problem sozusagen an eine andere Instanz delegiert. Hat ein NAS-System das Problem des Datenzugriffs gelöst, kann man von diesen Vorteilen nur profitieren.

Grundsätzlich kann man beim Zugriff auf gemeinsame Daten zwischen einfachen Aktiv/Passiv-Systemen unterscheiden und komplexeren Systemen, bei denen mehrere Knoten gleichzeitig aktiv auf den Datenbestand zugreifen können. Den ersten Fall beherrschen die meisten Lösungen inzwischen relativ zuverlässig. Die hohe Kunst des Clusterbaus ist es aber, mit Dateisystemen, die sich der Tatsache bewusst sind, dass eventuell mehrere Clients dieselbe Datei benötigen, den zweiten Fall zu realisieren. Solche Dateisysteme, auch Clusterfilesysteme genannt, müssen effiziente Locking-Mechanismen implementiert haben.

Linux-Cluster

Die Idee zu einer Clustersoftware, die all diese Fähigkeiten bieten sollte, hatte Alan Robertson 1997, als er einen Design-Guide von Harald Milz in die Hände bekam. In diesem Artikel waren die einzelnen Bausteine beschrieben, die benötigt würden, um einen Cluster aufzubauen. Am 15. November 1998 erschien die erste Version von Linux-HA, und die erste Webseite, die die neue Software 1999 nutzte, war diejenige des Energieversorgers ISO-NE aus Neu-England.[6]

Version 1

Die Version 1 der Software war monolithisch aufgebaut. Ein Cluster bestand aus zwei Rechnern, die sich wechselseitig Statusmeldungen, sogenannte *heartbeats*, zuschickten. Aus diesen Nachrichten leitete sich auch der Name der Software (`heartbeat`) ab.

Auf dem aktiven Rechner im Cluster wurden die Dienste gestartet. Der andere Rechner war in dieser Version rein passiv und sprang nur im Notfall ein. Dieser Fall trat dann ein,

---

6 http://en.wikipedia.org/wiki/Linux-HA

wenn die Statusmeldungen des aktiven Systems eine Zeit lang ausblieben. Der bis dahin passive Rechner nahm daraufhin an, dass der erste Rechner ein Problem bekommen hatte, und startete die Dienste. Als Dienst zählte zum Beispiel auch die IP-Adresse, unter der der Cluster als Gesamtsystem erreichbar war. Diese wurde im Fehlerfall einfach vom Stand-by-Rechner übernommen.

Die Konfiguration eines Clusters entsprechend Version 1 von Linux-HA bestand aus drei Dateien: In der ersten Datei *authkeys* wurde ein gemeinsames Passwort hinterlegt, so dass diese Kommunikation zwischen den Knoten abgesichert war. Die zweite Datei *ha.cf* beinhaltete die Einstellungen, die das Verhalten des Clusters als Gesamtes betrafen. Hier legte der Administrator fest, welche Rechner Mitglied des Clusters waren, wie die Kommunikation zwischen ihnen funktionierte, und zum Beispiel auch, wie lange die Meldungen des anderen Rechners ausbleiben durften, bis der Fehlerfall ausgerufen wurde.

In der dritten Datei *haresources* definierte der Administrator schließlich, welche Dienste, auch Ressourcen genannt, der Cluster verwalten sollte.

Weil die `heartbeat`-Software in Version 1 monolithisch aufgebaut war, lief sie stabil und wurde in vielen Installationen eingesetzt. Der Nachteil des monolithischen Aufbaus bestand darin, dass die ganze Architektur statisch war und damit ziemlich unflexibel. Ressourcen liefen immer auf einem Rechner, und es war unmöglich, sie einfach auf den anderen Rechner umzuschwenken. Kurz, es fehlte ein vollständiger Cluster-Manager, der die Ressourcen verwaltete. Ein zusätzliches Problem war, dass ein Cluster entsprechend der Version 1 den Zustand der Ressourcen selbst nicht überprüfen konnte. Die einzige Überprüfung im Cluster war der Austausch der *heartbeats*, der nur etwas über den Zustand der Clustersoftware selbst aussagte. Der Cluster wusste nichts über den Zustand der Ressourcen oder der Rechner des Clusters. Der Cluster selbst konnte nicht reagieren, wenn der Webserver abgestürzt war und keine Seiten mehr auslieferte oder einem Rechner langsam der Speicherplatz knapp wurde.

Für solche Tests waren zusätzliche Programme notwendig, die aufgrund der Statusmeldungen der Ressourcen oder eigener Überprüfungen des Systemzustands die `heartbeat`-Software anhalten konnten. Damit wurde der Fehlerfall ausgelöst, und der bisher passive Rechner startete die Ressourcen.

Version 2

Die oben angesprochenen Nachteile gaben den Anstoß zur Entwicklung der Version 2 von Linux-HA, die am 29. Juli 2005 in der Version 2.0.0 erschien. Ein eigener Cluster-Manager kümmerte sich um die Ressourcen. Er konnte selbst die Ressourcen auf ihre ordnungsgemäße Funktion hin überprüfen und auf Fehler der Ressourcen reagieren, sie also zum Beispiel auf einem anderen Knoten starten. Externe Programme zur Überwachung waren nicht mehr notwendig.

Der Administrator konnte mit dem neuen *Cluster Resource Manager* (CRM) komplexe Zusammenhänge zwischen den Ressourcen eingeben, so dass unterschiedliche Ressourcen auf unterschiedlichen Knoten laufen konnten. Diese Fähigkeit war besonders interessant, da ein Cluster nicht mehr nur aus zwei Knoten bestehen konnte, sondern bis zu 16 Rechner einen Cluster bilden konnten.

Der CRM nutzte heartbeat für die Kommunikation im Cluster. heartbeat war zusätzlich dafür zuständig, zu entscheiden, welche Rechner Mitglied im Cluster waren. Aufgrund der Statusmeldungen von heartbeat und der Konfiguration konnte der CRM die Ressourcen optimal auf alle Rechner verteilen, die gerade zur Verfügung standen. Alle Rechner waren im Cluster prinzipiell gleichberechtigt. Über die Konfiguration des Clusters konnte der Administrator die Entscheidung des CRM dahingehend beeinflussen, welche Ressourcen wo laufen sollten und in welcher Reihenfolge sie gestartet und wieder angehalten wurden.

Da die Konfiguration nun dynamisch während des Betriebs geändert werden konnte, um Ressourcen zwischen den Rechnern hin- und herzuschieben, haben die Entwickler die starre Konfiguration mithilfe der Textdatei *haresources* aufgegeben und sie in eine sogenannte *Cluster Information Base* (CIB) verlegt. Diese Konfigurationsdatei verwaltet der Cluster selbst dynamisch, und der Administrator kann sie nicht mehr direkt editieren. Die ganze Kunst des Clusterbaus entsprechend Version 2 von Linux-HA besteht für den Administrator darin, seine Wünsche in der CIB für den Cluster verständlich zu hinterlegen.

Der CRM wird zu pacemaker

Aufgrund interner Streitigkeiten haben die Entwickler des Cluster-Managers ihre Software aus dem Linux-HA-Projekt herausgelöst und in ein neues Projekt eingebracht. Deshalb ist die Version 2.1.4 von heartbeat die letzte Version mit integriertem Cluster-Manager. Die zentrale Schaltstelle im Cluster heißt nun pacemaker, zu Deutsch Herzschrittmacher. Da die Entwickler dieselben sind und der Code zumindest am Anfang noch identisch war, blieb die Grundidee zur Konfiguration auch gleich.

Was die Entwickler aber als Erstes geändert haben, war die Schnittstelle, die der Manager für die Kommunikation im Cluster benötigte. Neben heartbeat kann pacemaker auch OpenAIS nutzen, um Nachrichten zwischen den Knoten weiterzuleiten und sich über die Mitgliedschaft von Rechnern im Cluster berichten zu lassen.

Ab Version 2.99 von heartbeat hat die Software den CRM nicht mehr integriert und kann deshalb zusammen mit pacemaker für eine hohe Verfügbarkeit der Dienste sorgen. Alternativ kann auch OpenAIS ab der Version 0.80.5 mit pacemaker zusammenarbeiten.

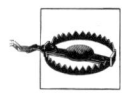

> Nicht alle OpenAIS-Versionen 0.80.5 können mit pacemaker zusammenarbeiten. Bei einigen Versionen fehlt noch ein Patch. So funktioniert zum Beispiel die OpenAIS-Version 1.0, die in Debian Lenny enthalten ist, nicht.

Die Fähigkeiten von pacemaker haben sich gegenüber denen des CRM nicht wesentlich verändert. Die Entwickler haben hauptsächlich an den Details gefeilt und Fehler bereinigt. Die Konfiguration ist im Großen und Ganzen gleich geblieben. Nach außen hin hat sich nur die Syntax der Konfiguration etwas geändert.

Änderungen an der Clusterkommunikation

Die Änderungen an der Verwaltung des Clusters haben schließlich auch eine Änderung an der Struktur der Pakete für die Kommunikation im Cluster mit sich gebracht.

heartbeat

Die ersten Versionen von pacemaker waren auch weiterhin abhängig vom dem heartbeat-Paket. So musste man immer noch heartbeat mit installieren, auch wenn man OpenAIS für die Verständigung im Cluster nutzen wollte. Einige Bibliotheken waren im alten Paket verblieben. Das betrifft hauptsächlich die lokale Verwaltung der Ressourcen, die die Anweisungen des CRM bzw. von pacemaker auf den einzelnen Knoten durchsetzt. Auch die Verbindung zwischen der Verwaltung und den tatsächlichen binären Programmen der Ressourcen, den sogenannten Agenten, waren in heartbeat verblieben. Zusammen mit Version 1.0.5 von pacemaker haben die Entwickler die verbliebene Software von Linux-HA noch einmal aufgeräumt und sie in drei verschiedene Pakete aufgeteilt:

resource-agents. In diesem Paket sind alle Agenten zusammengefasst. Die Agenten bilden das Bindeglied zwischen der Clustersoftware und den tatsächlichen binären Programmen, die der Cluster ausführen soll. Sie sind vergleichbar mit den Skripten, die das init-System nutzt.

cluster-glue. Hier finden sich alle Programme aus dem heartbeat-Paket, die auch für den Betrieb eines pacemaker/OpenAIS-Clusters noch notwendig sind.

heartbeat. Ab Version 3 von heartbeat ist in diesem Paket der Rest der ursprünglichen Software zusammengefasst, die nicht in den anderen beiden Paketen benötigt wird. Theoretisch sollte sich mit der Software auch wieder ein Cluster entsprechend Version 1 der Software einrichten lassen. Aber ich kenne niemanden, der das noch versuchen würde.

OpenAIS

Ursprünglich hatte das OpenAIS-Projekt den Anspruch, alle Vorgaben der *Application Interface Spezification* (AIS, daher auch der Projektname) des *Service Availability Forum* (SAF) abzubilden.

Im Einzelnen decken diese Spezifikationen folgende Themen ab:

- *Availability Management Framework* (AMF): Clusterweites Verfügbarkeitsmanagement der Applikationen
- *Cluster Membership* (CLM): Überblick darüber, welche Knoten dem Cluster gerade beitreten, online sind oder den Cluster verlassen
- *Checkpoint Service* (CKPT): Verteilung der Informationen auf die redundanten Einheiten (zum Beispiel die Knoten)
- *Event Service* (EVT): Verteilung von Meldungen zwischen den Einheiten
- *Messaging Service* (MSG): Senden und Erhalten von Nachrichten aus Warteschlangen
- *Locking Service* (LCK): Koordinierung von Zugriffsrechten auf gemeinsame Ressourcen im Cluster
- *Information Model Management Service* (IMM): Administration von Objekten, die durch SAF-Dienste verwaltet werden
- *Notification Service* (NTF): Verteilung von Alarmen, Objekt- und Statusverwaltung im gesamten Cluster
- *Log Service* (LOG): Aufzeichnung von Informationen im Cluster, die für einen Administrator notwendig sind

Lesern, die sich ausführlicher über die einzelnen Teile der Spezifikation informieren wollen, sei das Tutorium empfohlen[7], das das SA-Forum veröffentlicht hat. Im Allgemeinen ist aber ein solch tiefes Verständnis für den Betrieb eines Clusters nicht notwendig.

pacemaker nutzt die Funktionen von OpenAIS auch nicht vollständig, sondern lediglich den Bereich *Messaging* und *Membership*. Teilweise bietet OpenAIS auch die gleichen Management-Funktionen wie pacemaker. Deshalb darf OpenAIS in diesem Einsatz auch seine Fähigkeiten ganz ausspielen, sondern kann sozusagen nur mit angezogener Handbremse laufen. Aus diesem Grund haben die Entwickler von OpenAIS die für einen pacemaker-Cluster notwendigen Funktionen in einem eigenen Projekt corosync zusammengefasst. Diese Software bietet dann die Infrastruktur, auf der ein pacemaker-Cluster aufsetzen kann.

Die komplette Evolution der Clustersoftware in den letzten Jahren ist noch einmal in Abbildung 2-1 dargestellt. Das ursprünglich monolithische heartbeat-Paket erhielt in Version 2 einen richtigen Cluster-Manager. Dieser emanzipierte sich als eigenes pacemaker-Projekt und kann sowohl das alte heartbeat als auch das moderne OpenAIS für die Kommunikation zwischen den Knoten nutzen. Gleichzeitig mit der Version 1.0.5 von pacemaker haben die Entwickler die ursprüngliche Software von Linux-HA in die Pakete resource-agents, cluster-glue und das restliche heartbeat aufgeteilt. Die neuesten Versionen des Cluster-Managers benötigen das heartbeat-Paket jetzt nicht mehr und kommen auch mit der Weiterentwicklung corosync anstelle des kompletten OpenAIS zurecht.

---

7 http://www.saforum.org/press/presentations/AIS_Tutorial_final_Nov.pdf

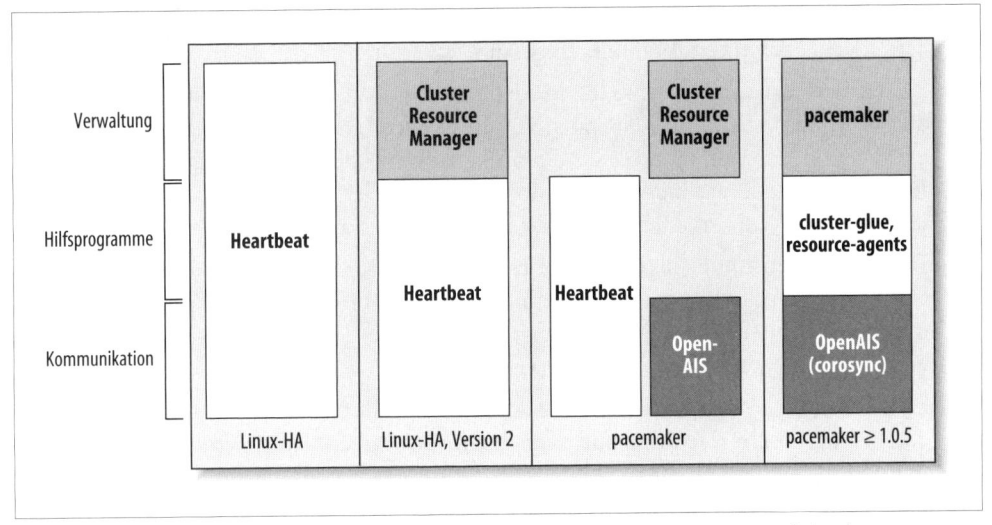

Abbildung 2-1: Die Evolution der Clustersoftware in den letzten Jahren. Das monolithische »heartbeat« bekam mit der Version 2 intern schon eine modulare Struktur. Der Cluster-Manager »pacemaker« konnte sowohl »OpenAIS« als auch »heartbeat« für die Kommunikation im Cluster nutzen. Bis Version 1.0.5 von »pacemaker« musste das komplette »heartbeat«-Paket mit installiert werden, ab dieser Version genügen der »cluster-glue« und die »resource-agents«.

Fähigkeiten der Clustersoftware

Die anfangs genannten Probleme Split Brain, Quorum, Fencing und gemeinsam genutzte Daten treten natürlich in allen Clustern auf. Die aktuelle Clustersoftware bietet, wie oben schon beschrieben, Lösungen für diese Probleme. Aber sie kann noch mehr. Deshalb folgt an dieser Stelle ein Überblick darüber, welche Fähigkeiten die Software noch mitbringt. Es werden hier jedoch nur einige Besonderheiten aufgezählt:

- Das System arbeitet auf dem normalen (Linux-)Kernel. Üblicherweise unterstützt dieser auch Fiber-Channel-Anschlüsse, iSCSI *Storage Area Network* oder Multi-Pathing. Mit der Clustersoftware lassen sich deshalb solche Systeme kostengünstig aufbauen.
- Die Clustersoftware kann mehr als zwei Rechner im Cluster verwalten. Jeder dieser Knoten im Cluster kann Ressourcen von einem problematischen Knoten übernehmen. Deshalb sind auch sogenannte *n-to-m*-Cluster konfigurierbar, auf denen *n* Ressourcen auf den *m* Rechnern des Clusters laufen.
- Wenn heartbeat für die Kommunikation im Cluster verantwortlich ist, können sich die Knoten untereinander mittels udp-Paketen als broadcast, multicast oder unicast unterhalten. Übernimmt OpenAIS diese Aufgabe, wird multicast eingesetzt.
- Der Cluster kann bei Störung eines Knotens *oder* eines Dienstes umschalten. Es ist für den Administrator auch relativ einfach, den Cluster auf beliebige Situationen reagieren zu lassen.

- Die Überwachung der Ressourcen selbst ist in vielen Schnittstellen zu den Ressourcen, den sogenannten Agenten, eingebaut.
- Es existiert ein anspruchsvolles Modell für die Konfiguration von Abhängigkeiten zwischen Ressourcen und Gruppen von Ressourcen. Ebenso sind Regeln für die Platzierung von Ressourcen möglich. Somit ist zum Beispiel eine Konfiguration möglich, in der der Webserver (apache) nur dort läuft, wo die Ressource IP-Adresse ebenfalls läuft und der Webserver erst nach der IP-Adresse gestartet wird.
- Die Administration erfolgt von einem separaten Arbeitsplatz aus, der nicht notwendigerweise Mitglied des Clusters sein muss. Die Administration kann per Kommandozeile oder über eine eigene GUI durchgeführt werden. Natürlich kann der Cluster auch von einem der Knoten aus verwaltet werden.
- Es existiert eine konfigurierbare, dynamische Verteilung von Ressourcen. Das erlaubt eine automatische Neuverteilung, nachdem Störungen auf einem Knoten behoben wurden.
- Die Clustersoftware unterstützt verteilte Festplattensysteme und Clusterdateisysteme wie *Oracle Cluster File System* (OCFS2) oder das *Global File System* (GFS). Obwohl solche Konfigurationen unterstützt werden, sind sie nicht Voraussetzung für den Aufbau eines Clusters.

Damit der Cluster all diese Fähigkeiten beherrscht, ist die relativ simple Definition der Ressourcen in einer einfachen Textdatei *haresources* einer etwas komplexeren Konfiguration in der *Cluster Information Base* (CIB) gewichen. Die CIB ist in der *Extended Markup Languange* (XML) formuliert. Sicher gibt es auch andere Möglichkeiten, Informationen strukturiert darzustellen, aber die Entwickler haben sich nun einmal für XML entschieden. Die Notation ist vielleicht anfangs ungewohnt, aber man bekommt schnell ein Gefühl für den logischen Aufbau der Konfiguration. Ab Version 1.0.2 von pacemaker existiert auch eine eigene Shell für die Verwaltung des Clusters. Diese Notation ist noch kompakter als XML.

Da Administratoren beide Notationen verstehen sollten, werden die Konfigurationsbeispiele in diesem Buch mithilfe von XML-Schnipseln oder in der Notation für die neue, clustereigene Subshell gezeigt. Diese per GUI einzugeben, sollte bei einfachen Ressourcen oder Bedingungen keine größeren Probleme bereiten. Komplexere Bedingungen können mit der neuen GUI von pacemaker ebenfalls eingegeben werden. Allerdings sollten Sie sich überlegen, ob Sie den einen oder anderen Befehl auf der Kommandozeile nicht doch schneller getippt haben.

Bevor der erste Cluster konfiguriert wird, will ich aber auf die Architektur der Software mit heartbeat oder OpenAIS für die Kommunikation im Cluster und pacemaker als Cluster-Manager eingehen und die Kommandozeilenbefehle darstellen, um eine Grundlage für das Verständnis der späteren Beispiele zu schaffen.

Ein typischer Clusteraufbau

Ein typischer Cluster besteht im einfachsten Fall aus zwei Knoten. Ursprünglich liefen die Ressourcen auf einem Knoten, und der zweite Knoten war als Reservesystem gedacht. Mit dem Cluster-Manager kann der Administrator aber auch Aktiv/Aktiv-Systeme einrichten. Die Clustersoftware überwacht den Zustand und regelt im Fehlerfall die Übernahme der Ressourcen durch einen anderen Knoten. Schematisch ist dieser Fall in Abbildung 2-2 dargestellt.

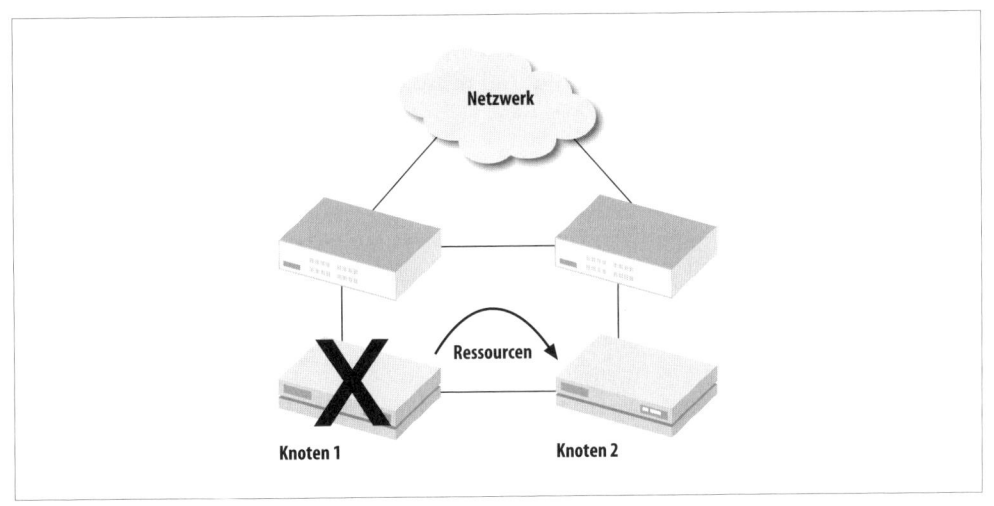

Abbildung 2-2: Im einfachsten Fall besteht ein Cluster aus zwei Knoten. Beim Ausfall eines Knotens sorgt die Clustersoftware dafür, dass seine Ressourcen auf dem zweiten Knoten neu gestartet werden. So kann die hohe Verfügbarkeit der angebotenen Dienste gewährleistet werden.

Wie weiß jetzt das Netzwerk, dass ein neuer Knoten die Ressourcen übernommen hat? Wie kommen die Clients, die diese Dienste nutzen wollen, an diese Information? Im einfachsten Fall wird die IP-Adresse des Webservers im DNS geändert, und der Client bekommt nach Ablauf der Gültigkeit des Eintrags die neue Adresse mitgeteilt. Dieses Verfahren hat zwei Nachteile:

- Auch wenn die Gültigkeit der DNS-Einträge sehr kurz gehalten wird (üblich sind hier 60 Sekunden), kann während dieser Zeit keine Kommunikation zwischen dem Client und dem Server stattfinden, obwohl der neue Knoten schon bereit wäre, die Anfragen zu beantworten.
- Aus der kurzen Gültigkeit der DNS-Einträge folgt eine hohe Anzahl von Anfragen an den DNS-Server. Dieser muss dementsprechend eine hohe Performance bieten.

Die Lösung des Linux-Clusters ist es hier, eine (virtuelle) IP-Adresse für einen Dienst als Ressource zu definieren, die im Fehlerfall auch vom neuen Knoten übernommen wird – zusätzlich zu den Diensten, die über diese Adresse erreichbar sind.

Wenn ein Rechner oder Router im angeschlossenen Netzwerk (LAN) ein Paket an die virtuelle IP-Adresse schicken will, zeigt der entsprechende Eintrag in der ARP-Tabelle für diese IP-Adresse auf die MAC-Adresse des aktiven Knotens. Es ist somit dafür gesorgt, dass dieser die Pakete erhält. Auf entsprechende ARP-Anfragen aus dem Netz antwortet der aktive Knoten auch mit seiner eigenen MAC-Adresse.

Das folgende Beispiel verdeutlicht den Ablauf noch einmal. 192.168.188.93 und 94 sind die IP-Adressen der Knoten, und 192.168.188.95 ist die virtuelle Adresse des Clusters. Wenn ein Rechner im LAN dem Cluster ein Paket schicken will, fragt er, welche MAC-Adresse diese IP-Adresse hat. Dies geschieht über einen Broadcast auf Layer 2 an alle angeschlossenen Rechner im Netz (ARP-Request). Nur der Rechner mit der entsprechenden IP-Adresse fühlt sich angesprochen und antwortet mit seiner MAC-Adresse (ARP-Reply). Im Netz kann man diesen Vorgang schön verfolgen:

```
# tcpdump -net arp
00:48:54:3b:13:93 > ff:ff:ff:ff:ff:ff, ethertype ARP (0x0806), length 42: arp who-has
192.168.188.95 tell 192.168.188.66
00:16:3e:22:45:9c > 00:48:54:3b:13:93, ethertype ARP (0x0806), length 60: arp reply 192.
168.188.95 is-at 00:16:3e:22:45:9c
```

Im Fehlerfall muss der Knoten, der die Ressource IP-Adresse übernimmt, dem Netz mitteilen, dass diese IP-Adresse jetzt über eine neue MAC-Adresse zu erreichen ist. Das geschieht, indem der neue Server die MAC-Adresse des Clusters sucht (= seine eigene) und auch gleich darauf antwortet. Die Antwort schickt der Knoten per *Broadcast* ins Netz, so dass alle anderen Knoten die neue MAC-Adresse auch mitbekommen. Im Netzwerk sieht das wie folgt aus:

```
00:16:3e:1c:92:1e > ff:ff:ff:ff:ff:ff, ethertype ARP (0x0806), length 60: arp who-has
192.168.188.95 tell 192.168.188.95
00:16:3e:1c:92:1e > ff:ff:ff:ff:ff:ff, ethertype ARP (0x0806), length 60: arp reply 192.
168.188.95 is-at 00:16:3e:1c:92:1e
```

Damit auch wirklich alle Hosts im Netz die neue Adresse mitbekommen, wird der Vorgang zehnmal wiederholt.

Ein `icmp echo-request` (`ping`) auf die Adresse des Clusters während des Übergangs von einem Knoten auf den anderen sieht wie folgt aus:

```
(...)
64 bytes from 192.168.188.95: icmp_seq=10 ttl=64 time=0.623 ms
64 bytes from 192.168.188.95: icmp_seq=11 ttl=64 time=0.651 ms
64 bytes from 192.168.188.95: icmp_seq=12 ttl=64 time=54.6 ms
64 bytes from 192.168.188.95: icmp_seq=13 ttl=64 time=0.713 ms
64 bytes from 192.168.188.95: icmp_seq=14 ttl=64 time=0.642 ms
(...)
```

Zur Zeit des Übergangs braucht der `ping` etwas länger, aber im LAN geht kein Paket verloren. Falls mehr Ressourcen konfiguriert sind und verschoben werden müssen, kann es allerdings schon einmal passieren, dass ein Paket verloren geht.

Terminologie

Für das weitere Verständnis werden an dieser Stelle ein paar Begriffe eingeführt beziehungsweise noch einmal zusammengefasst, die für einen Cluster eine wichtige Rolle spielen. Zugleich wird erklärt, wie die Begriffe im Weiteren verwendet werden.

Knoten
Ein Knoten ist ein reeller oder virtueller Computer, der Teil des Clusters ist, auf dem also die Clustersoftware läuft. Gerade für Tests oder Demonstrationen ist der Einsatz von virtuellen Computern ideal, da man nur eine physikalische Hardware benötigt. Beim Einsatz von virtuellen Computern für Cluster im produktiven Einsatz sollte man unbedingt darauf achten, dass die Knoten als virtuelle Instanzen garantiert auf unterschiedlichen Hosts laufen. Ansonsten ist die benötigte Redundanz nicht gegeben.

Ressource
Als Ressource wird im Rahmen der Clustersoftware all das bezeichnet, was von pacemaker verwaltet wird. Dies kann eine IP-Adresse, die Partition einer Festplatte oder ein Dienst sein – »*If we manage it, it is a resource*«.

Resource Agent
Ein *Resource Agent* (Abkürzung: RA) ist ein Skript, das sozusagen die Abstraktion zwischen dem Manager (pacemaker) und der Ressource vornimmt und dem Manager eine standardisierte Schnittstelle für den Zugriff und die Verwaltung der Ressourcen bietet. Meistens sind die *Resource Agents* ähnlich wie die bekannten `init`-Skripte verfasst. Mehr zu den Agenten finden Sie in Kapitel 7, »Agenten«.

Designated Coordinator
Jeder Cluster besitzt genau einen *Designated Coordinator* (DC) als zentrale Instanz im Cluster. Er wird aus allen vollständig verbundenen Knoten des Clusters ausgewählt. Alle anderen Knoten müssen sich beim DC anmelden. In der Realität ist der DC üblicherweise der Knoten, der als erster die Clustersoftware gestartet hat. Der DC ist allein für alle Aktionen verantwortlich, die im Cluster vorgenommen werden, und besitzt ebenfalls allein die gültige Konfiguration (CIB, siehe Abschnitt »Komponenten der Software«). Die Konfigurationen auf allen anderen Knoten sind immer nur Replikationen dieser zentralen Instanz. Der DC entscheidet, wo welche Ressourcen laufen und wie sie migriert werden.

STONITH
STONITH ist ein Akronym für *Shoot The Other Node In The Head* und bezeichnet eine Methode, ungebührliche Knoten im Cluster durch einfaches Reset wieder auf Linie zu bringen, um Split-Brain-Situationen zu verhindern.

Split Brain oder geteilter Cluster
Split Brain ist eine Situation, in der ein Cluster durch Hardware- oder Softwarefehler in zwei oder mehr Teile aufgespalten ist, die untereinander nicht mehr kommunizieren können und somit über den Status des jeweils anderen Teils nichts mehr wissen. Diese potenziell gefährliche Situation wird durch STONITH verhindert.

Quorum
> Das Quorum ist eine Eigenschaft, die maximal ein Teil des Gesamtclusters besitzt. Es dient dazu, einzelne Knoten in einer Split-Brain-Situationen daran zu hindern, Unfug zu machen. Das Quorum wird durch Abstimmung festgelegt.

Architektur der Software

Wie schafft es der Cluster, die Ressourcen zu verwalten und immer den passenden Knoten zu finden? Diese Frage soll im folgenden Abschnitt beantwortet werden. Dazu werden die einzelnen Komponenten der Software und ihr Zusammenspiel erklärt. Diese Übersicht über die Architektur ist notwendig, um ein besseres Verständnis für die Funktionen von pacemaker, OpenAIS und heartbeat zu bekommen.

Komponenten der Software

Die neue Struktur der Clustersoftware trennt zwischen dem Cluster-Manager (pacemaker) und einer Schicht für die Cluster-Infrastruktur, also die Kommunikation und die Verwaltung der Mitgliedschaft von Knoten im Cluster (*Membership*). Das Management nutzt die Infrastrukturschicht, um Nachrichten zwischen den Knoten auszutauschen und Informationen darüber zu erhalten, welche Knoten gerade im Cluster sichtbar sind.

Die Infrastruktur

Für die Infrastruktur nutzt die Software entweder heartbeat oder einen Teil des OpenAIS-Projekts. Der Transport der Nachrichten erfolgt im Netz über udp-Pakete. heartbeat kann diese per broadcast-, multicast- oder unicast-IP-Pakete verteilen, OpenAIS nutzt nur multicast.

Der Cluster-Manager

Der Cluster-Manager verwaltet die Ressourcen aufgrund der Informationen, die er aus der Infrastrukturschicht erhält. Für die Verwaltung ist der pacemaker-Dienst zuständig.

pacemaker
> Der pacemaker-Prozess ist die zentrale Instanz, die entscheidet, welche Ressource auf welchem Knoten des Clusters laufen soll (Cluster-Manager). heartbeat oder OpenAIS liefert Informationen darüber, welcher Knoten gerade bereit ist, und die Konfiguration des Administrators gibt bestimmte Bedingungen vor. Aus diesen Informationen rechnet pacemaker die optimale Verteilung der Ressourcen aus und versucht, diese auch durchzusetzen.
>
> pacemaker nutzt eine Reihe von Diensten, die ich im Folgenden beschreibe.

Cluster Resource Manager (CRM)
Der CRM verwaltet die Konfiguration der Ressourcen. Er entscheidet, welche Ressource wo laufen soll und wie der gewünschte Zustand ausgehend vom aktuellen Zustand am besten erreicht werden kann. Zusätzlich überwacht der CRM den *Local Resource Manager* (LRM) daraufhin, wie er diese Vorgaben auf dem einzelnen Knoten durchsetzt.

Der CRM

- nutzt heartbeat oder OpenAIS für die Kommunikation.
- erhält Meldungen über den Zustand der Mitgliedschaft von Knoten vom *Consensus Cluster Manager* (CCM) oder von CLM bei OpenAIS.
- verteilt die Arbeit an den *Local Resource Manager* (LRM) und erhält von diesem die Rückmeldungen.
- teilt dem stonith-Dienst mit, was wann neu zu starten ist.
- loggt die Aktionen mithilfe des logging-Diensts.

Tatsächlich können die *Policy Engine* und die *Cluster Information Base* (CIB) als Teile des CRM angesehen werden.

Policy Engine (PE)
Die *Policy Engine* berechnet den Übergang zwischen dem aktuellen Zustand zum möglichen Idealzustand des Clusters. Der Idealzustand berücksichtigt die aktuelle Platzierung und den Zustand von Ressourcen, die Verfügbarkeit von Knoten und die vorgegebene statische Konfiguration. Der errechnete Übergang (im XML-Format) dient als Eingabe für eine *Transition Engine (TE)*. Diese führt den Übergang, der durch die PE errechnet wurde, tatsächlich durch, um deren Vorstellungen von der Welt wahr werden zu lassen. Tatsächlich führt sie die vorgegebenen Aktionen durch, um den gewünschten Zustand herzustellen, indem sie den LRM auf den einzelnen Knoten anweist, bestimmte Ressourcen zu starten oder zu stoppen.

Cluster Information Base (CIB)
Die CIB ist der zentrale Speicher für Informationen über die Ressourcen und Knoten, wie sie dem CRM zur Verfügung gestellt werden. Diese Informationen beschreiben zum einen die statische Konfiguration (zum Beispiel mit Abhängigkeiten) und enthalten zum anderen einen dynamischen Teil u.a. mit den aktuellen Angaben darüber, welche Ressourcen wo laufen und wie ihr augenblicklicher Zustand ist.

Die CIB ist die zentrale Konfigurationsdatei und wird automatisch auf alle Knoten repliziert.

Alle Informationen der CIB sind in XML kodiert.

Cluster Abstraction Layer
Die Schicht *Cluster Abstraction Layer* zwischen den Diensten des pacemaker und der Kommunikationsebene dient dazu, die Meldungen für den pacemaker zu abstrahieren,

so dass diesem egal sein kann, welcher Stack für die Unterhaltung zwischen den Knoten genutzt wird oder wer die Mitgliedschaft von Knoten im Cluster ermittelt.

Consensus Cluster Membership (CCM)
Die *Consensus Cluster Membership* (CCM) berechnet die Mitgliedschaft eines Knotens zum Cluster und sorgt dafür, dass Knoten desselben Clusters untereinander kommunizieren können. Dieser Teil ist in heartbeat relativ selbstständig. In OpenAIS ist der Abschnitt in CLM integriert.

Local Resource Manager (LRM)
Der *Local Resource Manager* (LRM) ist eine Abstraktionsebene oberhalb der eigentlichen *Resource Agents* auf den Knoten. Er startet, stoppt und überwacht die Ressourcen, wie vom CRM vorgegeben. Der LRM kann folgende *Klassen* von Ressourcen verwalten:

- OCF: Open Cluster Framework
- Agenten entsprechend heartbeat Version 1
- LSB: *Linux Standard Base* (init-Skripte)
- stonith-Agenten als eigene Klasse

stonith-Dienst
Der stonith-Dienst bietet die Möglichkeit, für den gesamten Cluster einzelne Knoten abzuschalten, um eine Split-Brain-Situation gar nicht erst entstehen zu lassen. Vorgegebene Agenten erlauben die Nutzung von über einem Dutzend Geräten. Da die Agenten – sofern sie im Cluster genutzt werden – schon beim Start des Clusters in den Speicher geladen werden, erfolgt das Abschalten eines problematischen Knotens schnell und ohne möglicherweise aufwendige Festplattenoperationen.

Folgende Dienste wurden in obiger Aufzählung weggelassen, laufen aber, je nach Konfiguration, mehr oder weniger auffällig im Hintergrund.

Non-Blocking Logging Daemon (logd)
Der logd gibt die Ereignisse des Clusters entweder an das Syslog-System weiter oder zeichnet sie in eigenen Dateien auf.

Infrastruktur
Die Infrastruktur im Cluster stellt folgende Teile bereit: Das *Plugin and Interface Loading System* (PILS), die Interprozesskommunikation (IPC) und die *Cluster Plumbing Library* (siehe unten). Die gewählte Struktur ist sehr flexibel, beansprucht wenig Ressourcen im Hauptsystem und sorgt für eine reibungslose Funktion im Hintergrund. Für weitergehende Informationen über diese Komponenten sei die entsprechende Webseite[8] empfohlen.

---

8   *http://www.linux-ha.org/BasicArchitecture#PILS*

Die *Plumbing*-Bibliothek vereinigt einige nützliche Funktionen wie genaue Timer, Trigger, intelligente Prozessaufrufe u.a., die von vielen Komponenten genutzt werden und sozusagen übrig geblieben sind. Weitere Informationen sind wiederum auf einer Webseite[9] des Projekts zu finden.

Cluster Testing System (CTS)
Die außergewöhnlich niedrige Anzahl an Fehlern, die eigentlich in Tests auffallen sollen, aber tatsächlich erst von Benutzern gefunden werden, führen die Projektmitglieder auf das automatische Testsystem zurück. Es ist so angelegt, dass es die Software durch zufällige Tests so lange stresst, bis sich Ausfälle zeigen, und diese dann analysiert. Auf diese Weise sollten die meisten Fehler in den Kernkomponenten der Software schon von den Entwicklern selbst gefunden werden.

Ablauf

Im Anschluss an die Einführung der einzelnen Komponenten der Clustersoftware geht dieser Abschnitt nun auf deren Zusammenwirken ein.

Nach dem Start von OpenAIS (oder des heartbeat-Diensts) durch den init-Daemon des Systems laufen folgende Prozesse ab:

1. Die Kommunikationsinfrastruktur bietet einen Rahmen für die Kommunikation zwischen den Komponenten der Software. Des Weiteren informiert sie über die Erreichbarkeit von Knoten.
2. Alle Änderungen an der Erreichbarkeit von Knoten (Verlust der Kommunikation, Wiederherstellung) werden als Ereignisse an den CCM (OpenAIS: CLM) weitergegeben, der Pakete an die Prozesse auf den Knoten des Clusters sendet, um genau festzustellen, wer aktuell Mitglied im Cluster ist und wer nicht.
3. Falls eine Änderung im Status der Mitgliedschaft im Cluster festgestellt wurde, gibt die Abstraktionsschicht diese Informationen an den CRM und die CIB weiter.
4. Der CIB-Prozess passt die Informationen in der CIB-Datenbank an den aktuellen Zustand an und gibt die Information über die neue Version der CIB an den CRM weiter.
5. Der CRM ruft bei jeder neuen Version der CIB die PE auf.
6. Die PE wertet die neue CIB aus, um festzustellen, was nötig ist, um den aktuellen Status des Clusters (entsprechend dem Status-Abschnitt der CIB) in den Idealzustand zu überführen, der in der Konfiguration festgelegt wurde (Konfig-Abschnitt der CIB).

---

9 http://www.linux-ha.org/BasicArchitecture#clplumbing

7. Die PE berechnet den Übergang zum Wunschzustand als Reihe von atomaren Aktionen und reicht diese Informationen an den CRM weiter. Diese atomaren Aktionen sind zum Beispiel »Ressource starten« oder »Ressource stoppen«.
8. Der CRM gibt die Anweisungen an die LRM auf den jeweiligen Knoten des Clusters weiter, die die Aktionen durchführen.
9. Jedes Mal, wenn eine atomare Aktion durchgeführt wurde oder fehlgeschlagen ist (beispielsweise ein Timeout), erhält der CRM die entsprechende Mitteilung über den neuen Status.
10. Der CRM gibt dem LRM die weiteren Anweisungen, die im berechneten Übergang vorgegeben sind.
11. Wenn alle Aktionen abgearbeitet sind, gibt die TE die Erfolgsmeldung an den CRM zurück.

Die Pakete

Bei Linux-HA der Version 1 war es ganz einfach. Lediglich das Paket heartbeat war zu installieren. In Version 2 wurden die Programme schon auf ein paar mehr Pakete aufgeteilt. Mit dem Auszug des Cluster-Managers aus dem Linux-HA-Projekt wurde die Situation noch mal komplexer. Während der Umstellung war nicht immer klar, welche Version von pacemaker mit welcher Version von OpenAIS welcher Distribution zusammen funktionierte und wann heartbeat noch benötigt wurde.

Die Situation wurde mit Version 1.0.5 von pacemaker und der Aufteilung der Software von Linux-HA wesentlich klarer: Von der ursprünglichen heartbeat-Software werden die Pakete cluster-glue und resource-agents benötigt. Auf diese Infrastruktur bauen alle anderen Pakete auf. Falls die Distribution die neue Paketstruktur noch nicht nachvollzogen hat, wird heartbeat2 in einer Version 2.99 benötigt.

Zusätzlich zu diesen Infrastrukturpaketen wird OpenAIS für die Kommunikation benötigt. In Zukunft wird OpenAIS durch das abgespeckte Paket corosync abgelöst werden.

Die Software des Cluster-Managers kommt in drei Paketen: pacemaker ist unbedingt notwendig, denn es enthält die Verwaltung des Clusters. Die beiden anderen Pakete sind optional. Mit dem Paket pacemaker-mgmt installiert der Administrator einen Dienst auf den Knoten des Clusters, der die Schnittstelle für die GUI bietet. Ohne diesen Dienst kann man keine GUI nutzen, sondern ist auf die Werkzeuge der Kommandozeile angewiesen.

Die GUI selbst ist im Paket pacemaker-mgmt-client enthalten. Dieses Paket ist das einzige, das eine komplette grafische Umgebung (X) benötigt. Dieses Paket kann entweder auf den Knoten des Clusters installiert werden oder auf dem Rechner des Administrators. Natürlich ist die zweite Variante sinnvoller, da man zum einen das Netzwerk nicht mit dem kompletten Verkehr von X belasten muss und sich zum anderen die grafische Umgebung auf den Knoten des Clusters sparen kann.

Da die Paketverwaltungen von Linux aber die Verwaltung der Abhängigkeiten der Pakete untereinander kennen, werden bei der Installation von pacemaker automatisch alle Pakete mit eingerichtet, die für die aktuelle Distribution notwendig sind, egal ob sie jetzt zum Beispiel OpenAIS oder corosync heißen.

Gemeinsam genutzte Daten

Noch eine halbe Baustelle sind die Varianten zur Nutzung von gemeinsamen Daten. Eine Variante ist die Verwendung von Blockgeräten, auf die mehrere Knoten des Clusters zugreifen können. Eine Möglichkeit ist hier zum Beispiel der Import von iSCSI-Geräten. Wenn mehrere Knoten diese Blockgeräte gleichzeitig nutzen können, muss zwangsläufig ein Dateisystem installiert sein, das einen zuverlässigen Mechanismus bietet, um ein gleichzeitiges Schreiben von zwei Knoten auf eine Datei zu verhindern (*Locking*). Wird ein einfaches Dateisystem eingesetzt, muss alternativ dafür gesorgt werden, dass keine zwei Knoten gleichzeitig auf die Geräte schreiben können.

Zusammen mit der Clustersoftware können einige Dateisysteme für die Ablage gemeinsamer Daten genutzt werden. Zu nennen sind zum Beispiel das *Oracle Cluster Filesystem* Version 2 (OCFS2) oder das *Global File System* (GFS). Eine interessante Alternative bietet der clusterfähige *Logical Volume Manager* (cLVM). Alle diese Varianten benötigen einen Locking-Mechanismus, der die aktuell gesperrten Dateien auf allen Knoten im Cluster bekannt macht. Diesen Dienst bietet der *Distributed Locking Manager* (DLM), der für die Kommunikation zwischen den Knoten wiederum OpenAIS nutzt. Eine mögliche Architektur für die Nutzung gemeinsamer Daten im Cluster ist deshalb so aufgebaut, wie in Abbildung 2-3 dargestellt.

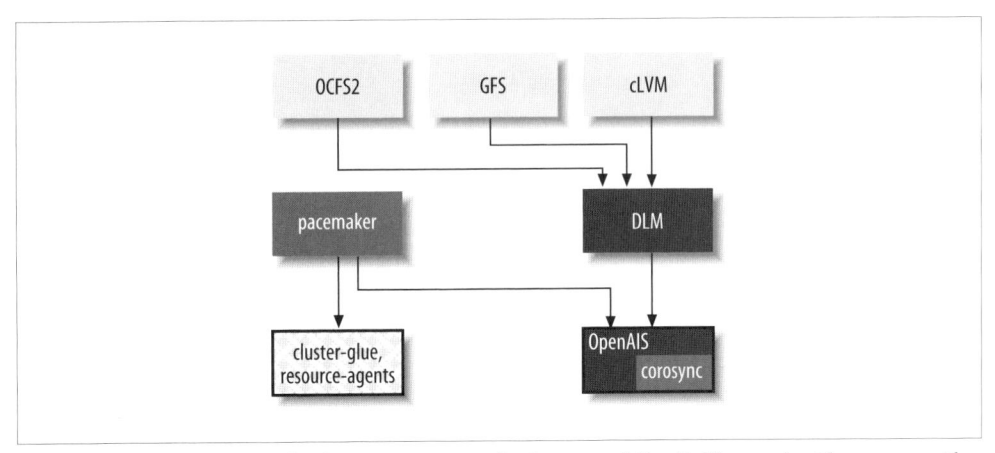

Abbildung 2-3: Mögliche Architektur einer Lösung für Daten, auf die alle Knoten des Clusters zugreifen können. Ein clusterfähiges Dateisystem nutzt den DLM, um Sperren für die einzelnen Dateien im Cluster zu verwalten. Der DLM wiederum nutzt praktischerweise die Kommunikationsinfrastruktur, die »OpenAIS« anbietet.

> Die oben vorgestellten Varianten zur Nutzung gemeinsamer Daten verwenden OpenAIS nicht nur für die Kommunikation, sondern benötigen zum Beispiel auch den Checkpointing-Mechanismus. Falls man einen solchen Cluster aufbauen will, ist neben corosync für die Kommunikation also *immer* zusätzlich OpenAIS notwendig.

Diese moderne Struktur mit der verteilten Verwaltung der Dateisperren (DLM, OpenAIS) ist ebenfalls noch nicht in allen Distributionen angekommen. Da die Entwicklung des DLM hauptsächlich im Hause Red Hat vorangetrieben wird, ist dieser Dienst natürlich in Fedora und RHEL erhältlich. OpenSUSE und SLES 11 bieten ihn ebenfalls. Eine Anwendung dieser Architektur ist im Abschnitt »DRBD: Konfiguration für Fortgeschrittene« in Kapitel 8 dargestellt.

Alternative Möglichkeiten, auf gemeinsame Daten im Cluster zuzugreifen, sind die *Distributed Redundant Block Devices* (DRBD, siehe »Die Nutzung von DRBD« in Kapitel 8) oder einfach das gute alte NFS.

Die Zukunft der Clustersoftware

Der Chefentwickler Lars Marovsky-Brée von Novell hat auf dem Linux-Kongress im Oktober 2008 einen interessanten Vortrag über die Pläne zur weiteren Entwicklung des Projekts gehalten (siehe die Webseite der *German Unix User Group*[10]). Demnach wird heartbeat für die Kommunikation im Cluster komplett durch OpenAIS abgelöst. Dies ist auch insofern sinnvoll, als der neue Standard das Problem »Clusterkommunikation« wesentlich grundsätzlicher löst.

Zusätzlich ist eine engere Kooperation zwischen Red Hat und Novell geplant, so dass absehbar ist, dass die Clusterlösungen beider großen Hersteller in Zukunft vergleichbarer werden. Red Hat verwendete auch bisher OpenAIS.

Durch die Modularisierung beziehungsweise die Trennung in Cluster-Manager (pacemaker) und Clusterkommunikation ist es aber auch nicht ausgeschlossen, dass sich neben pacemaker ein weiterer Cluster-Manager etablieren könnte. Auf jeden Fall bleibt die Entwicklung sehr dynamisch. Administratoren, die immer die aktuelle Entwicklung verfolgen wollen, sei deshalb geraten, sich auf der Mailingliste des Projekts einzuschreiben. So können sie die Entwicklungen aktuell verfolgen, und ihnen ist durchaus möglich, durch Beiträge und Wünsche an die Entwickler die eine oder andere eigene Idee einzubringen.

Die Entwickler von pacemaker haben nach der Aufteilung des heartbeat-Projekts eine Aversion gegen den Begriff Linux-HA entwickelt und versuchen, ihn wo es nur geht zu vermeiden. Ich denke allerdings, dass der Name sehr schön den Zweck des Projekts

---

10 *http://data.guug.de/slides/lk2008/LK-2008-HA.pdf*

beschreibt. Bei Google hat die alte Webseite immer noch den ersten Rang bei der Suche nach »linux high availability«. Aus Marketing-Gründen wäre es katastrophal, auf diesen Namen zu verzichten. Deshalb habe ich beschlossen, diesen Begriff auch in der zweiten Auflage dieses Buchs manchmal als Synonym für die Clustersoftware zu nutzen. Auf der anderen Seite muss man aber sehen, dass Linux-HA eigentlich nur die heartbeat-Software bezeichnet und der Begriff für moderne Cluster mit pacemaker und OpenAIS falsch ist.

Wie OpenAIS ist auch pacemaker ein sehr dynamisches Projekt. Kurz vor Fertigstellung dieses Texts haben die Entwickler die Überreste von heartbeat im Code-Repository bereinigt. Im Paket cluster-glue findet sich nun der *Local Resource Manager*, der die Schnittstelle zu den Agenten (OCF, LSB und STONITH) zur Verfügung stellt, während die Agenten in das Paket resource-agents gewandert sind. Im Paket heartbeat-3 ist nur noch ein Cluster-Manager geblieben, der im Prinzip heartbeat Version 1 entspricht, also ohne den *Cluster Resource Manager*. Eine Installation von pacemaker benötigt, neben OpenAIS, dann nur noch die Agenten und den cluster-glue.

Es ist absehbar, dass dies die endgültige Struktur der Pakete sein wird und diese Struktur sich früher oder später in den Distributionen wiederfinden wird.

Genug der Theorie und zurück zu praktischeren Dingen. Im nächsten Kapitel wird die Installation und die Konfiguration bis zum ersten Start des Clusters erklärt.

KAPITEL 3
Installation und erste Konfiguration

Dieses Kapitel erklärt die Installation der Software, die Anfangskonfiguration und den ersten Start des Clusters.

Die Installation kann dabei über vorkompilierte Pakete (RPMs für Red Hat und SUSE) oder DEBs (für Debian) erfolgen. Alternativ kann man die komplette Software selbst übersetzen und hat somit die vollständige Kontrolle über die verwendeten Bestandteile.

Der Abschnitt »Eine Anfangskonfiguration mit OpenAIS« weiter unten beschreibt die Konfigurationsdatei, die in der modernen Variante der Clustersoftware übrig geblieben ist. Der minimale Inhalt der Datei wird dargestellt. Anschließend werden alle weiteren Optionen und deren Bedeutung erklärt.

Nachdem die Basiskonfiguration erstellt ist, wird der Cluster zum ersten Mal gestartet. Der letzte Abschnitt gibt einen groben Überblick über den Cluster und seine Steuerungsmöglichkeiten.

Die Installation der Software ist dank des Linux-Paketmanagements kein Problem. Es gibt vorgefertigte Pakete für fast alle Distributionen. Wenn diese Pakete zu unflexibel sind, können Sie die Software natürlich auch selbst übersetzen. Das gilt ebenfalls für Nicht-Linux-Betriebssysteme wie Solaris oder FreeBSD. Zuerst wird aber auf Systeme mit RPM-basierenden Paketverwaltungen eingegangen.

Bevor der Administrator eine CD einlegt oder ein Repository für die Pakete eingibt, steht er vor der Entscheidung, welchen Clusterstack er als Basis für die Kommunikation einsetzen will. Genauer betrachtet, fällt diese Entscheidung aber gar nicht schwer: OpenAIS als Basis für den Cluster läuft inzwischen seit zwei Jahren mit pacemaker. Diese Kombination hat sich als ausreichend stabil erwiesen, und die Kinderkrankheiten sind beseitigt. Deshalb sollte die Entscheidung inzwischen eigentlich immer zugunsten von OpenAIS fallen. Administratoren, die noch auf heartbeat setzen, sollten wirklich sehr gute Gründe dafür haben. Ein einfaches »Das haben wir immer schon so gemacht« reicht nicht mehr aus. Als einzige »Entschuldigung«, weiterhin einen Cluster mit heartbeat zu betreiben, kann man zur Not gelten lassen, dass ein Wechsel des Clusterstacks im laufenden Betrieb schwierig ist (siehe dazu den Abschnitt »Upgrade« im Kapitel 6). Dass OpenAIS zurzeit nur in den Distributionen SLES 11 und Fedora 11 enthalten ist, würde ich nicht mehr gelten lassen. Im Verlauf des Kapitels werde ich zeigen, aus welchen Quellen Administratoren fertige Pakete für die meisten Distributionen beziehen können.

Die aktuelle Software (OpenAIS + pacemaker) ist wesentlich stabiler und fehlerfreier als alle Pakete, die mit den aktuellen Distributionen ausgeliefert werden. Falls ein Benutzer doch mal einen Fehler findet, wird dieser von den Entwicklern relativ schnell beseitigt. Der Zugang zum Bugzilla des Projekts[1] ist öffentlich, und jeder kann Fehlermeldungen und Lösungen einsehen oder Probleme melden, die auf einem Fehler der Software beruhen.

Installation unter openSUSE

Zum Zeitpunkt der Erstellung dieses Texts war openSUSE 11.1 aktuell. Deshalb wird die Installation für diese Version erklärt. Auf Besonderheiten werde ich noch einmal hinweisen. Die Installation für spätere Versionen der Distribution wird wahrscheinlich nicht sehr von dieser Beschreibung abweichen.

Bei der Suche nach pacemaker in YaST findet die Installationshilfe das entsprechende Programm mit der Version 1.0.1. Wenn man pacemaker und pacemaker-pygui (Version 1.4) zur Installation auswählt, werden automatisch folgende Pakete mit installiert:

OpenIPMI
: Offene Implementierung der Spezifikationen eines *Intelligent Platform Management Interface*[2]. Diese Software dient der Fernwartung von Rechnern über ein separates Management-Netz. Der Cluster nutzt diese Management-Software für STONITH-Agenten. Mehr dazu finden Sie im Abschnitt »STONITH-Agenten« im Kapitel 7.

heartbeat-common und libheartbeat2
: Dies sind grundlegende Programme von heartbeat und die dazugehörigen Bibliotheken. Auch wenn man nur OpenAIS für die Kommunikation nutzen will, wird doch noch ein kleiner Teil der heartbeat-Software benötigt.

libopenais2
: Bibliotheken zu OpenAIS.

libpacemaker3
: Bibliotheken für pacemaker.

openais
: Plattform für die Kommunikation im Cluster.

---

1 http://developerbugs.linux-foundation.org
2 http://www.intel.com/design/servers/ipmi/index.htm

Durch diese Vorgabe installiert YaST nur `OpenAIS` als Kommunikationsplattform und nicht `heartbeat`. Wer auf das gewohnte Programm aber nicht verzichten will, muss es separat nachinstallieren. In der Distribution ist Version 2.99.3 enthalten. Zusätzlich gibt es folgende Pakete, die bei Bedarf ebenfalls nachinstalliert werden können:

heartbeat-ldirectord
> Dieser Daemon überwacht Ressourcen in LVS-Installationen. Er ist für einen einfachen Cluster nicht notwendig, sondern nur in kombinierten Clustern (siehe Kapitel 9, »Linux Virtual Server«).

Die Version 1.0.1 der Distribution ist für den Einsatz nicht empfehlenswert, da in aktuellen Versionen einige Bugs beseitigt wurden. Dank des Build-Service von SUSE[3] steht immer die neueste Version zur Verfügung.

> Der Build-Service[4] stellt auch immer die aktuellsten Pakete für 13 weitere Distributionen (Debian, Fedora, Mandriva, SLES, CentOS und Ubuntu) zur Verfügung. Nach dem Wechsel des Chefentwicklers Andrew Beekhof von SUSE zu Red Hat stellt er auf seiner Webseite[5] eigene Repositories zur Verfügung, die wahrscheinlich besser gepflegt sind - man nutze also auch diese Quellen.

Nutzern sei dringend angeraten, die ursprüngliche Version durch die aktuelle vom *OpenSUSE Build-Service* (OSBS) zu ersetzen. Durch das Hinzufügen von Installationsquellen in YaST ist dies kein Problem. Am schnellsten kann man die neue Quelle per Kommandozeile einfügen:

```
# zypper addrepo  http://download.opensuse.org/repositories/server:\
  /haclustering/openSUSE_11.1/ pacemaker
# zypper refresh
```

Ebenso schnell wird mit dem zypper die Clustersoftware installiert:

```
# zypper install pacemaker
```

Natürlich kann man pacemaker genauso einfach mit dem grafischen Verwaltungswerkzeug YaST2 einrichten. Zuerst muss YaST das Repository des Build-Service als neue Installationsquelle kennen. Das geschieht über die Auswahl SOFTWARE-REPOSITORIES (siehe Abbildung 3-1).

Es erscheint ein Fenster, in dem alle bisher konfigurierten Quellen aufgeführt werden. Über die Schaltfläche HINZUFÜGEN kann eine neue Quelle von Paketen eingegeben werden. Die neue Quelle wird über die Option URL ANGEBEN konfiguriert. Die Daten der neuen Installationsquelle holt sich YaST selbst aus den Beschreibungsdateien. Die notwendigen Optionen sind in Abbildung 3-2 dargestellt. Die Installation wird mit WEITER fortgesetzt und mit OK abgeschlossen.

---

[3] *http://download.opensuse.org/repositories/server:/ha-clustering/openSUSE_11.1*
[4] *http://download.opensuse.org/repositories/server:/ha-clustering*
[5] *http://www.clusterlabs.org/rpm/*

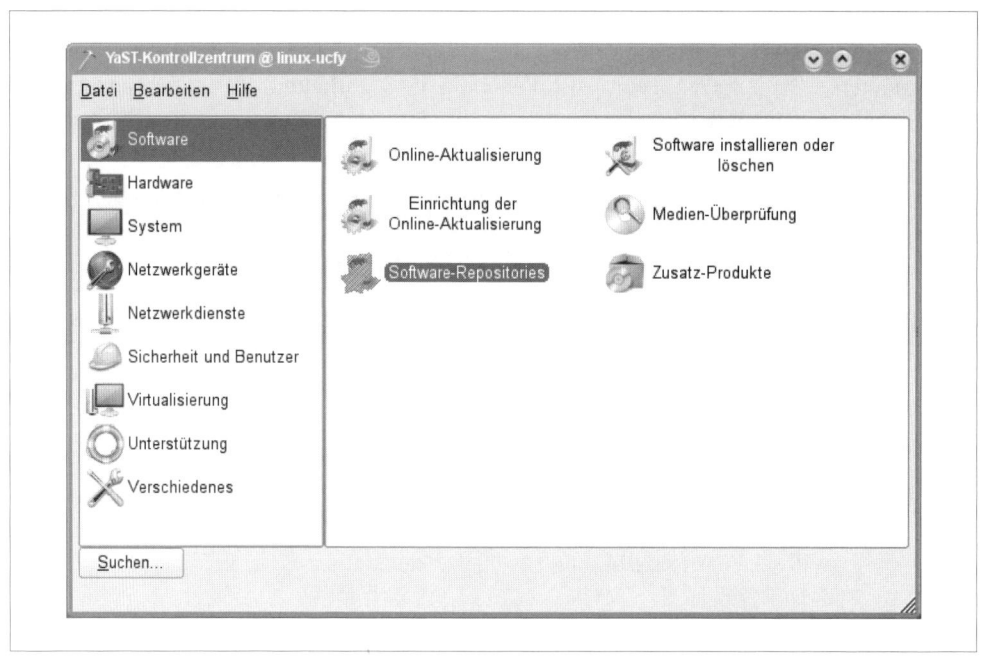

Abbildung 3-1: Wechseln der Installationsquelle in YaST über den Menüpunkt »Software-Repositories«. Mit dieser Option können andere Installationsquellen eingebunden werden.

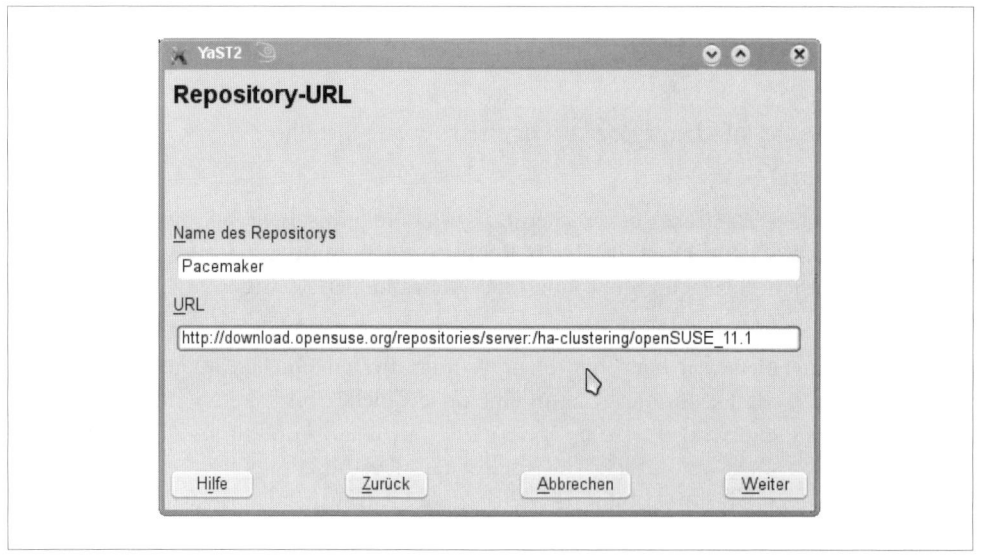

Abbildung 3-2: Hinzufügen einer neuen Installationsquelle. Lediglich die neue URL muss angegeben werden.

Wenn man jetzt in der Softwareverwaltung nach pacemaker sucht, zeigt YaST, dass eine neue Version der Software existiert. Noch einfacher ist es allerdings, nicht zu suchen, sondern in der Paketverwaltung von YaST (SOFTWARE INSTALLIEREN ODER LÖSCHEN) über FILTER → INSTALLATIONSQUELLEN die gerade eingerichtete Quelle auszuwählen (siehe Abbildung 3-3). In den Paketen des Build-Service gibt es natürlich zum Paket der Clustersoftware pacemaker auch die beiden Teile der grafischen Verwaltung des Clusters pacemaker-mgmt und pacemaker-mgmt-client. Administratoren, die die GUI nutzen wollen, benötigen auf den Knoten des Clusters das erste Paket und auf allen Rechnern, mit denen sie den Cluster verwalten wollen, das zweite Paket. Notfalls können beide Pakete auch auf dem Cluster eingerichtet werden.

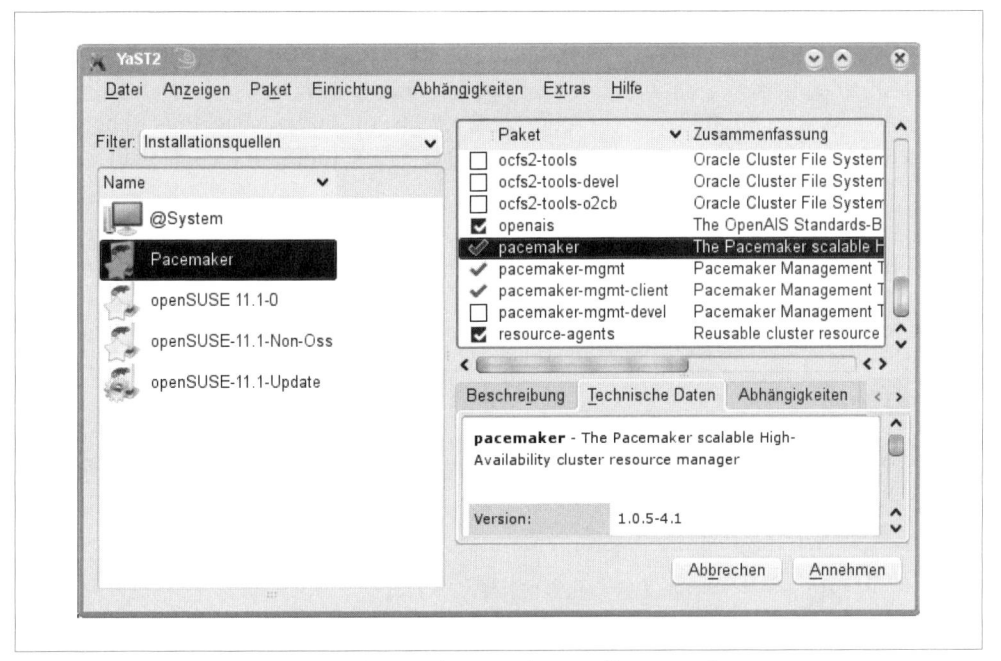

Abbildung 3-3: Auswahl der neuen Clusterpakete aus der Installationsquelle.

Nach Auswahl der benötigten Pakete werden wieder alle notwendigen zusätzlichen Pakete mit installiert.

Für die erste Konfiguration sollte man auf die Sicherheit von *Application Armor* oder eine Firewall verzichten, damit aus dieser Richtung kein Störfeuer die Funktion des Clusters behindert und die Fehlersuche unnötig kompliziert. Im Betrieb kann man die Sicherheitseinrichtungen wieder einschalten.

Danach kann der Administrator mit der Konfiguration so fortfahren, wie im Abschnitt »Eine Anfangskonfiguration mit OpenAIS« beschrieben.

Installation unter Fedora

Als dieses Buch geschrieben wurde, war die Version 2.1.4 von `heartbeat` auf den Repository-Servern von Fedora 11 aktuell. Diese Version von `heartbeat` ist relativ stabil und weist auch keine allzu markanten Bugs mehr auf. Deshalb kann das Paket ohne Probleme mit folgendem Befehl installiert werden:

```
# yum install heartbeat
```

Leider spiegelt diese Version nicht die aktuelle Entwicklung des Projekts wider, so dass viele Fähigkeiten von `pacemaker`, die in diesem Buch beschrieben werden, nicht genutzt werden können. Auch hat sich die Syntax für die Konfigurationen zwischen Version 2 und `pacemaker` geändert, so dass die Beispiele aus dieser Auflage mit Version 2 nicht genutzt werden können. Für die Version 2 von Linux-HA ist die erste Auflage dieses Buchs passend. Deshalb sollten sich die Freunde von Produkten aus dem Hause Red Hat auch ein Upgrade vom openSUSE Build-Server (oder besser noch von Andrew Beekhofs Repository) überlegen. Andrew hat auch eine sehr schön detaillierte Anleitung[6] für die Installation eines pacemaker-Clusters mit Fedora 11 geschrieben.

Nach einer normalen Installation des Systems *ohne* die angebotenen Zusatzpakete (Office, Development oder Web Server) importiert der Administrator die Beschreibung der neuen Paketquelle von openSUSE Build-Server und richtet damit gleich das neue Repository ein:

```
# wget -O /etc/yum.repos.d/pacemaker.repo \
   http://download.opensuse.org/repositories/server:/\
   ha-clustering/Fedora_11/server:ha-clustering.repo
```

Ein `yum info pacemaker` zeigt nun auch die Version der Software, die auf dem Server gerade aktuell ist. Leider ist die Version von `OpenAIS`, die Fedora 11 von Haus aus anbietet, noch nicht kompatibel zu `pacemaker`, so dass man für die Installation der Software die Version des neuen Respository auswählen muss:

```
# yum install -y "openais = 0.80.5" pacemaker
```

Wer die GUI nutzen will, muss auf der Serverseite auch das Paket `pacemaker-mgmt` auswählen. Die GUI selbst findet sich im Paket `pacemaker-mgmt-client`. Die Paketverwaltung kümmert sich um alle Abhängigkeiten und installiert alle notwendigen Pakete mit.

Damit die brauchbare Version 0.80.5 von `OpenAIS` nicht beim nächsten Software-Update von der inkompatiblen Version von Fedora überschrieben wird, muss der Administrator noch das yum-Plug-in `versionlock` installieren und entsprechend konfigurieren:

```
# yum install -y yum-plugin-versionlock
# rpm -q --qf "%{name}-%{version}-%{release}.%{arch}\n" openais >> \
   /etc/yum/pluginconf.d/versionlock.list
```

Nach dieser Installation kann der Administrator mit der Konfiguration entsprechend der Beschreibung im Abschnitt »Eine Anfangskonfiguration mit OpenAIS« fortfahren.

---

6 *http://www.clusterlabs.org/wiki/Image:Clusters_from_Scratch_-_Apache_on_Fedora11.pdf*

> Damit der ganze Cluster funktioniert, sollte man anfangs SELinux und die Firewall deaktivieren. Ansonsten kann der ganze Spaß am Cluster zum Beispiel dadurch verdorben werden, dass die Kommunikation im Cluster von der Firewall verworfen wird. Erst wenn der Cluster zuverlässig läuft und man genügend Erfahrung mit der Software gesammelt hat, sollte man die Sicherheitseinrichtungen wieder einschalten.

Falls er sich doch für heartbeat entscheidet, befindet sich im Verzeichnis */etc/ha.d* zusätzlich eine Datei *README.config*, in der man die notwendigsten Details zur Installation und Konfiguration, speziell aber auch den Verweis auf die installierte Dokumentation, nachlesen kann.

Auf der Webseite von pacemaker[7] ist übrigens nachzulesen, dass Red Hat in der nächsten Version von Fedora (Version 12) pacemaker auch direkt mit einem passenden OpenAIS bzw. corosync anbieten wird. Dann kann man die Software ohne größere Umstände direkt installieren.

Installation unter RHEL, CentOS oder SLES

SUSE/Novell ist der Hauptsponsor der Entwicklung von pacemaker. Deshalb findet der Cluster-Manager recht schnell Eingang in die Produkte des Softwareherstellers. Pakete existieren auch schon angepasst in Binärform. Bei SLES 11 wird bereits der neue pacemaker in Version 1.0.2 ausgeliefert – allerdings ist er im Basispaket nicht enthalten, sondern nur in einem Zusatzpaket, der kostenpflichtigen *High Availability Extension* (HAE). Der Cluster-Manager setzt auch schon auf OpenAIS für die Kommunikation. Die Programme können wie üblich mittels YaST installiert werden.

Red Hat Enterprise Linux setzt im kommerziellen *Red Hat Enterprise Linux* (RHEL) noch auf den eigenen Cluster-Manager. Im openSUSE Build Service oder in Andrew Beekhofs Repository gibt es aber fertig übersetzte Pakete für RHEL 4 und 5. Außerdem werden dort Pakete für das baugleiche CentOS gepflegt. Pakete aus diesem Repository sollten ohne Schwierigkeiten auf der entsprechenden Version funktionieren.

Die Installationsmechanismen sind die gleichen wie die der »kleinen«, freien Distributionen aus beiden Häusern.

Es ist also kein Problem, sich die aktuellen Pakete aus denselben Quellen zu besorgen wie für Fedora oder openSUSE. Allerdings muss man den Wartungsvertrag sorgfältig durchlesen, damit man den teuer eingekauften Support nicht verliert. Speziell bei SUSE/Novell dürfte das Problem aber nicht allzu groß sein, da Novells Mitarbeiter selbst die neuen Pakete für SLES über den Build-Service veröffentlichen.

---

7 *http://www.clusterlabs.org*

Installation unter Debian Lenny

Die Installation von Linux-HA Version 2 in Debian-Systemen ist relativ einfach. Während das Buch geschrieben wurde, lag Version 2.1.3-6 in Lenny vor, so dass ein einfaches

```
# apt-get install heartbeat-2 heartbeat-2-gui
```

die Version 2 der Software installiert. Diese Version hat den CRM noch integriert. Neuere Versionen der Software sind im *testing*-Zweig von Debian enthalten. Da die Verwalter der Pakete ihre Energie inzwischen darauf verwenden, die neue Struktur der Software abzubilden und `pacemaker` mit `corosync` in Debian-kompatible Pakete zu verwandeln, ist nicht zu erwarten, dass die alte Software entsprechend Linux-HA Version 2 noch aufwendig weitergepflegt wird. Dies umso mehr, da auch die Entwicklung für die Original-Quellpakete zum Erliegen gekommen ist.

Als dieses Buch geschrieben wurde, existierte in keinem der offiziellen Debian-Respositories *lenny*, *unstable* oder *testing* eine brauchbare Version. Martin Loschwitz von der Firma Linbit hat sich dankenswerterweise der Aufgabe angenommen, Pakete für die aktuelle und die kommende Version zu erstellen. Aktuelle Pakete gibt es deshalb in seinem Verzeichnis auf dem Debian-Server. Zurzeit erhält man die Clustersoftware, wenn man die Zeile

```
deb http://people.debian.org/~madkiss/ha lenny main
```

in das Verzeichnis der Repositories */etc/apt/sources.list* aufnimmt und die Konfiguration mit einem `apt-get update` auf den neuesten Stand bringt. Danach lässt sich die Clustersoftware mit einem

```
# apt-get install pacemaker
```

installieren.

Die Pakete für die Verwaltung des Clusters mit der GUI finden Sie in derselben Quelle. Der Dienst, den die GUI für die Netzwerkverbindung nutzt, befindet sich im Paket `pacemaker-mgmt` und die GUI selbst im Paket `pacemaker-mgmt-client`.

Die Konfiguration erfolgt ab hier wie im Abschnitt »Eine Anfangskonfiguration mit OpenAIS« beschrieben. Zu beachten ist nur, dass die Pakete schon `corosync` nutzen und nicht `OpenAIS`.

Installation unter Ubuntu

`pacemaker` mit `OpenAIS` wird auch Bestandteil von Ubuntu 9.10 (Codename: »Karmic Koala«) sein. Diese Version wird zum Zeitpunkt des Erscheinens dieses Buchs schon veröffentlicht sein. Wie in Debian ist der Cluster-Manager mit `heartbeat` oder `OpenAIS` fest vorgegeben übersetzt. Deshalb stehen wieder die Pakete `pacemaker-heartbeat` oder `pacemaker-openais` zur Auswahl.

Die Installation mit allen Abhängigkeiten erledigt ein:

```
# apt-get install pacemaker-openais
```

Die Pakete wurden geschnürt, als die Software des Linux-HA-Projekts noch nicht in die drei Teile `cluster-glue`, `resource-agents` und `heartbeat3` aufgeteilt wurde. Deshalb wird das Paket `heartbeat-common` noch mit installiert. Diese Aufteilung kann sich aber bis zum Erscheinen der Distribution oder mit den ersten Überarbeitungen noch ändern.

Anstelle von `OpenAIS` nutzen diese Pakete auch schon `corosync` für die clusterinterne Kommunikation. Die weitere Konfiguration der Clustersoftware erfolgt wie im Abschnitt »Eine Anfangskonfiguration mit OpenAIS« beschrieben. Zu beachten ist nur, dass die Pakete wie erwähnt schon `corosync` nutzen und nicht mehr `OpenAIS`.

Als das Buch geschrieben wurde, waren die Pakete für die GUI noch nicht im normalen Repository der Distribution erhältlich. Ante Karamatic, der aktuelle Verwalter der Pakete bei Ubuntu, arbeitet an der Integration der entsprechenden Pakete. Sie werden hoffentlich noch vor der Veröffentlichung der Distribution fertig.

Installation aus dem Quelltext

Für Administratoren mit masochistischen Neigungen gibt es immer noch die Möglichkeit, die Programme aus den Quelltexten selbst zu übersetzen. Manchmal ist dies sogar unumgänglich, beispielsweise wenn die fertigen Pakete nicht genau die Konfiguration abbilden, die gewünscht ist. Das kann dann der Fall sein, wenn eine exotische Distribution eingesetzt wird oder bei den passenden Paketen doch der SNMP-Subagent (siehe Abschnitt »Der SNMP-Subagent von Linux-HA« im Kapitel 10) nicht mit übersetzt wurde.

Folgende Pakete sind für den Betrieb eines Clusters notwendig und müssen übersetzt und installiert werden: `cluster-glue`, `resource-agents`, `corosync` und `pacemaker`. Die GUI zu `pacemaker` ist optional. Die Erstellung und Installation der Pakete erfolgt auch in dieser Reihenfolge.

Der Administrator sollte ein paar Variablen vorab setzen, die während des gesamten Prozesses benötigt werden. Natürlich kann er auch die Werte an seine Installation anpassen:

```
# export PREFIX=/usr
# export LCRSODIR=$PREFIX/libexec/lcrso
# export CLUSTER_USER=hacluster
# export CLUSTER_GROUP=haclient
```

Für die spätere Installation werden auch schon der Benutzer und die Gruppe für die Clustersoftware angelegt:

```
# groupadd -r ${CLUSTER_GROUP}
# useradd -r -g ${CLUSTER_GROUP} -d /var/lib/heartbeat/cores/hacluster \
        -s /sbin/nologin -c "cluster user" ${CLUSTER_USER}
```

Die Quellen der Software werden mit dem *mercurial*-System verwaltet, das jeweils die neuesten Versionen unter der Bezeichnung *tip.tar.bz2* veröffentlicht. Diese Dateien können über das Protokoll HTTP bezogen werden. Deshalb reduziert sich der Aufwand für die Übersetzung und Installation auf folgende Schritte: Abholen der neuesten Software, Konfiguration, Übersetzen und Installieren.

Die nächste Anleitung habe ich auf einem Debian-System durchgeführt. Die Paketnamen können daher für andere Distributionen abweichen. Im Zweifelsfall wird sich die Konfigurationsroutine oder der Compiler beschweren.

cluster-glue

Voraussetzung für die Übersetzung sind neben den obligatorischen `gcc`, `make` und `gawk`, die bei Debian im Paket `build-essential` zusammengefasst sind, folgende Pakete: `automake`, `autoconf`, `autogen`, `libtool`, `python2.5`, `pkg-config`, `libglib2.0-dev`, `libxml2-dev`, `libbz2-dev`, `uuid-dev`, `libxslt1-dev` und `libsnmp-dev`.

Die neueste Software wird per `wget` direkt aus dem Repository bezogen und gleich entpackt:

```
# wget -O cluster-glue.tar.bz2 http://hg.linux-ha.org/glue/archive/tip.tar.bz2
# tar xvjf cluster-glue.tar.bz2
```

Zum Anpassen der Quellen wechselt man in das neue Verzeichnis:

```
# cd Reusable-Cluster-Components-*
```

Mit

```
# ./autogen.sh
# ./configure --prefix=$PREFIX  --with-daemon-user=${CLUSTER_USER} \
  --with-daemon-group=${CLUSTER_GROUP} --localstatedir=/var \
  --disable-fatal-warnings
```

werden die Quellen angepasst und mit einem

```
# make
# make install
```

übersetzt und eingerichtet.

resource-agents

Das Paket, das alle Agenten enthält, ist ebenso einfach installiert. Mit

```
# wget -O resource-agents.tar.bz2 \
  http://hg.linux-ha.org/agents/archive/tip.tar.bz2
# tar jxvf resource-agents.tar.bz2
# cd Cluster-Resource-Agents-*
```

werden die Quellen geladen und ins richtige Verzeichnis entpackt. Dort passt man die Konfiguration für den eigenen Rechner an:

```
# ./autogen && ./configure --prefix=$PREFIX --localstatedir=/var
```

übersetzt und installiert die Agenten:

```
# make
# make install
```

OpenAIS/corosync

Bei den meisten aktuellen Distributionen wird `OpenAIS` oder `corosync` schon mit ausgeliefert. Spätestens die neuen Versionen der Distributionen sollten alle diese Software enthalten. Eventuell ist die Version von `OpenAIS` noch nicht für den Betrieb mit `pacemaker` ausgelegt. Dann kann man sich immer noch mit der Version 0.80.5 des openSUSE Build Server behelfen.

Falls doch die eigene Software übersetzt werden soll, holt man sich die Quellpakete mit

```
# wget ftp://ftp.corosync.org/downloads/corosync-1.1.0/corosync-1.1.0.tar.gz
```

Die allerneueste Entwicklerversion bietet das Subversion-System des Projekts:

```
# svn co http://svn.fedorahosted.org/svn/corosync/branches/flatiron
```

Voraussetzung für eine erfolgreiche Übersetzung sind die Pakete `libnss3-dev` und `groff`. Damit entpackt man die Quellen und wechselt in dieses Verzeichnis:

```
# tar xvzf corosync-1.1.0.tar.gz
# cd corosync-1.1.0
```

Durch

```
# ./autogen.sh
# ./configure
```

werden die Dateien an das lokale System angepasst und schließlich mit

```
# make
# make install
```

übersetzt und installiert. Wenn man corosync selbst übersetzt und installiert, existiert nur ein Beispiel der Konfigurationsdatei. Eine Konfiguration, die an den Betrieb von `pacemaker` angepasst ist, fehlt ebenso wie ein Startskript für den Dienst.

pacemaker

Die Quellen von pacemaker bezieht man erneut aus einem *mercurial*-System, diesmal aber dem von *clusterlabs.org*. Die Dateien werden gleich ausgepackt. Zum Anpassen der Quellen muss man wieder in das neu angelegte Verzeichnis wechseln:

```
# wget -O pacemaker.tar.bz2 \
   http://hg.clusterlabs.org/pacemaker/stable-1.0/archive/tip.tar.bz2
# tar jxvf pacemaker.tar.bz2
# cd Pacemaker-1-0-*
```

Die Zeile für die Konfiguration der Dateien ist dieses Mal etwas länger:

```
# ./autogen
# ./configure --localstatedir=/var --prefix=$PREFIX –with-lcrso-dir=$LCRSODIR \
  --with-snmp --without-heartbeat –disable-fatal-warnings
```

Dafür funktioniert das Übersetzen und Installieren wieder wie gewohnt:

```
# make
# make install
```

Mit diesem Paket ist die Installation abgeschlossen. Die GUI ist rein optional. Administratoren, die lieber die Kommandozeile nutzen, können gleich zu Abschnitt »Eine Anfangskonfiguration mit OpenAIS« wechseln, um den Cluster zu konfigurieren. Zu beachten ist nur, dass die Pakete eben schon corosync nutzen und nicht OpenAIS.

Die pacemaker-GUI

Möchte man die GUI zusätzlich installieren, kann man die Pakete mit folgenden Befehlen laden, entpacken und ins richtige Verzeichnis wechseln:

```
# wget -O pacemaker-mgmt.tar.bz2 \
  http://hg.clusterlabs.org/pacemaker/pygui/archive/tip.tar.bz2
# tar xvjf pacemaker-mgmt.tar.bz2
# cd Pacemaker-Python-GUI-*
```

Die Software benötigt die folgenden Pakete, damit die Konfiguration erfolgreich abgeschlossen werden kann: gettext, intltool, python2.5-dev, libpam0g-dev, libgnutls-dev, libncurses5-dev, python-libxml2, python-gtk2, python-xml und swig.

Die Konfiguration der Quellen funktioniert hier ein bisschen anders als in den Paketen oben. Hier existiert ein Skript *ConfigureMe*, das eine Schnittstelle für das übliche configure bietet. Das Anpassen, Übersetzen und Installieren erfolgt also mit:

```
# ./ConfigureMe configure
# ./ConfigureMe make
# ./ConfigureMe install
```

Eine Anfangskonfiguration mit heartbeat

Dieser Abschnitt dient eigentlich nur noch Referenzzwecken, da neue Cluster OpenAIS nutzen sollten. Aber allen Administratoren, die einen Cluster mit heartbeat übernommen haben oder noch beim alten Clusterstack bleiben wollen, soll folgender Abschnitt helfen:

Wenn die Konfiguration entsprechend Version 2 oder 3 genutzt wird, bleiben in den grundlegenden Textdateien des heartbeat-Diensts nur noch wenige Optionen, die das Verhalten des Clusters an sich beeinflussen, aber nicht der Konfiguration der Ressourcen dienen. Üblicherweise befinden sich diese Steuerdateien im Verzeichnis */etc/ha.d*. Wichtig sind die Dateien *ha.cf* und *authkeys*. Ebenfalls in diesem Verzeichnis befindet sich die *README*-Datei für die grundlegende Konfiguration.

Wichtig ist auch eine Synchronisation der Zeit zwischen den Knoten des Clusters. Am einfachsten erreicht man diese, indem ein cronjob die Systemzeit mit einer ntp-Quelle abgleicht oder gleich einen lokalen ntp-Server konfiguriert. Damit weicht die aktuelle Zeit nie mehr als ein paar (Milli-)Sekunden von der tatsächlichen Zeit ab. Das genügt für den Betrieb des Clusters vollkommen. Um die Systemzeit jeden Tag um 15:37 zu stellen, ist mit crontab -e der Eintrag

```
37 15 * * * /usr/sbin/sntp de.pool.ntp.org > /dev/null 2>&1
```

zu ergänzen, wenn das Programm sntp unter diesem Pfad zu finden ist. Noch einfacher ist es, einen ntp-Dienst auf dem Knoten einzurichten.

Die Datei ha.cf

Diese Datei steuert das Verhalten der Clustersoftware. Ein Beispiel für dieses File findet sich im Ordner für die Dokumentation. Dieses Verzeichnis ist von der Distribution abhängig, befindet sich aber meist unter */usr/share/doc*. Die Beispieldatei sollte von dort in das tatsächliche Konfigurationsverzeichnis kopiert und dann angepasst werden.

Im Beispiel sind folgende Zeilen vorgegeben:

```
logfacility     local0
auto_failback   on
```

Diese Vorgaben besagen, dass alle Logs an das Syslog als local0 weitergegeben werden. Weitere Einstellungen zum Logging folgen weiter unten.

Moderne Cluster lesen die Option auto_failback nicht mehr aus. Die Angabe ist deshalb überholt und wird von der Clusteroption default-resource-stickiness (siehe den Abschnitt »Die globalen Einstellungen der CIB« im Kapitel 4) überschrieben.

Weiterhin sind für eine minimale Konfiguration folgende Eingaben notwendig:

node *Knotenname* ...

> Hier benötigt heartbeat die Angabe dazu, welche Knoten beim Cluster mitmachen und welche nicht. Die Parameter der Option sind die Namen der einzelnen Knoten, und zwar genau so, wie sie von uname -n ausgegeben werden. Diese Zeile kann beispielsweise für einen Cluster mit drei Knoten so lauten:
>
> ```
> node Knoten1 Knoten2 Knoten3
> ```
> Alternativ kann auch die Möglichkeit autojoin (siehe Anhang) genutzt werden.

Konfiguration der Kommunikation im Cluster

Weiterhin muss der Administrator bestimmen, auf welche Art sich die Knoten im Cluster untereinander verständigen können. Dies kann über die serielle Schnittstelle erfolgen. Dann wäre der Eintrag für ein Linux-System:

```
serial /dev/ttyS0
```

> Die Kommunikation über eine serielle Leitung ist *nicht* mehr empfehlenswert, da die Geschwindigkeit dieser Übertragung meist nicht mehr ausreicht. Schon eine relativ kleine Konfiguration kann nicht mehr zwischen den Knoten synchronisiert werden, und der Cluster streut mehr oder minder kryptische Fehlermeldungen in die Logdatei. Deshalb sollte man eine serielle Leitung, auch für ein Backup, *nicht* mehr nutzen!

Besser ist es auf alle Fälle, eine Netzwerkschnittstelle für die Kommunikation im Cluster zu nutzen. Die Übertragung erfolgt hier per Broadcast, Multicast oder Unicast. An einfachsten ist die Konfiguration per Broadcast, bei der nur das Interface angegeben werden muss:

bcast *Schnittstelle*
: Es können auch mehrere Interfaces angegeben werden, um einen höheren Grad an Redundanz zu erreichen. Denkbar ist auch eine Ethernet-Schnittstelle und eine serielle Kommunikation. Multicast-Verkehr wird mit folgender Option eingerichtet:

mcast *Schnittstelle mcast-Gruppe Port TTL loop*
: Dabei ist die *Schnittstelle* wieder das Netzwerk-Interface, das für die Kommunikation genutzt wird. Die *mcast-Gruppe* kann aus den üblichen Netzen der Klasse D (224.0.0.0/4) gewählt werden, der *Port* bestimmt den Kommunikationsport, *TTL* legt fest, wie viele Hops das heartbeat-Paket überlebt, und der Parameter *loop* bestimmt mit 0 oder 1, ob das Paket zusätzlich als Loopback an das eigene Interface zurückgegeben wird.

Kommunikation per unicast hat nur die Parameter *Schnittstelle* und *IP-Adresse* des Ziels. Über eine Konfigurationszeile kann also nur die Kommunikation mit einem anderen Knoten eingegeben werden. Die ucast-Option kann aber beliebig oft für mehrere Knoten angegeben werden.

Es ist auch in jedem Fall ratsam, die Kommunikation im Cluster redundant auszulegen, also mehrere Zeilen entsprechend der Konfiguration oben einzugeben. Ein Ausfall einer Leitung zwischen den Knoten hat dann keine katastrophalen Auswirkungen auf den Cluster (Split Brain!).

Die Kommunikation erfolgt standardmäßig über Port 694. Dieser Port kann aber über die Option udpport *Port* geändert werden. Dies ist besonders praktisch, wenn mehrere Cluster im selben Subnetz betrieben werden und alle über Broadcast kommunizieren. Unterschiedliche Ports verhindern, dass sich die Cluster untereinander sehen und dann in der Logdatei eine fehlerhafte Authentifizierung melden.

Die Option crm on|off bestimmt, ob heartbeat den Cluster-Manager entsprechend Version 1 (off) oder Version 2 (on) nutzen soll. Im Weiteren wird immer crm on vorausgesetzt, außer es wird explizit auf das Gegenteil hingewiesen. Bei Auswahlmöglichkeiten wie hier ist die Vorgabe jeweils unterstrichen.

Die minimale Konfiguration des Clusters über die *ha.cf* ist also:

```
logfacility local0
node Knoten1 Knoten2# besser: autojoin any
bcast Schnittstelle
crm on
```

Die komplette Liste mit den Optionen findet sich im Anhang und auf der Webseite des Projekts[8].

Die Konfiguration der Ressourcen über die Datei *haresources* wird nicht benötigt. Sie kann komplett weggelassen werden.

authkeys

Die Datei *authkeys* wird zur Authentifizierung der Knoten im Cluster benötigt und ist ähnlich einfach aufgebaut wie die erste Konfigurationsdatei. Es wird genau eine auth-Zeile benötigt und eine Liste mit Methoden zur Authentifizierung. Es wird angenommen, dass SHA1 die »beste« Methode und MD5 ebenfalls sicher ist. Die Methode CRC benötigt kein Passwort, ist also auch nicht sicher und bietet bestenfalls Schutz vor verstümmelten Paketen. CRC sollte nur auf wirklich sicheren Verbindungen genutzt werden, am besten aber gar nicht. Ein Beispiel für diese Datei ist:

```
auth 1
1 sha1 Geheim
2 md5 SuperGeheim
```

Die zweite Methode wurde hier nur der Vollständigkeit halber angegeben. Sie ist höchstens dann notwendig, wenn der Schlüssel zur Laufzeit gewechselt werden soll. Die Methode zur Authentifizierung muss auf allen Knoten identisch sein, und logischerweise müssen auch die Passwörter übereinstimmen. Am besten erzeugt man die Konfigurationsdateien auf einem Knoten und verteilt sie auf alle anderen.

> heartbeat überprüft während des Starts den Modus dieser Datei, auf den ausschließlich root Zugriff haben darf, also mode 400 oder 600. Falls dieses File einen anderen Modus hat, verweigert heartbeat seinen Dienst. Die Fehlermeldung ist ziemlich eindeutig und weist auf das Versäumnis hin.

Pingnodes/Ping-Knoten

Ping-Knoten sind Hosts im Netz, die von den Mitgliedsknoten im Cluster angesprochen werden, um die eigene Erreichbarkeit im Netz zu überprüfen. Wenn ein Knoten auf die ICMP echo request-Pakete an diese Gegenstellen eine Antwort erhält, ist sowohl die eigene Schnittstelle noch in Ordnung als auch das gesamte Netz dazwischen.

---

8 http://www.linux-ha.org/ha.cf

Diese Option ist in Clustern notwendig, die mit Software der Version 2 gebaut werden. Die Entwickler haben dem Dienst, der die Erreichbarkeit im Hintergrund testet, auch eine Runderneuerung verpasst, so dass dieser jetzt seine Konfiguration mit den zu überprüfenden Gegenstellen direkt erhält. Der Umweg über die *ha.cf*-Datei ist jetzt nicht mehr notwendig. Die Option kann (und sollte) deshalb komplett aus der Konfiguration verschwinden. Zum Verständnis alter Konfigurationen sei diese Option hier aber noch einmal aufgeführt.

Die Konfiguration dieser *Pingnodes* (oder Ping-Knoten) im Cluster ist bei der ersten Installation nicht unbedingt notwendig. In der Praxis sind *Pingnodes* allerdings unerlässlich, um die Erreichbarkeit des jeweiligen Knotens im Netz sicherzustellen und im Fehlerfall auf einen besser erreichbaren Knoten auszuweichen. Die Konfiguration wird im Abschnitt »Erreichbarkeit im Netz« beschrieben.

Nach der Option `ping` werden in der Konfigurationsdatei *ha.cf* einfach alle Hosts aufgeführt, die im Betrieb von `heartbeat` auf Erreichbarkeit getestet werden sollen. Genauer gesagt, ist es eigentlich so, dass anhand dieser Hosts jeder Knoten seine eigene Erreichbarkeit feststellt. Sinnvoll ist es, in der Datei */etc/hosts* die Zuordnung zwischen IP-Adressen und Hostnamen fest vorzugeben und in *ha.cf* mit Namen zu arbeiten und nicht mit Adressen. Beispielsweise kann jeder Knoten die Erreichbarkeit im Netz durch Anpingen seines Default-Routers und/oder des Domain-Controllers feststellen, wenn die Hostnamen auflösbar sind:

```
ping router dom_controller
```

Natürlich können in der Konfiguration beliebig viele *Pingnodes* konfiguriert werden. `heartbeat` versucht, im Betrieb alle anzusprechen, und errechnet so eine Verfügbarkeit für jeden einzelnen Knoten. Später kann der Administrator vorgeben, dass bestimmte Dienste nur auf den Knoten mit optimaler Erreichbarkeit gestartet werden dürfen.

Alternativ kann der Administrator auch die Option `ping_group` nutzen. Die Syntax dieser Option ist:

```
ping_group Gruppenname Pingnode1 Pingnode2 ...
```

Hier wird eine Gruppe definiert, die als Ganzes erreichbar ist, wenn mindestens ein Knoten aus der Gruppe antwortet. Solche Konstruktionen können eingesetzt werden, um die Erreichbarkeit von Gruppen von Rechnern zu testen. Wenn ein Rechner aus der Gruppe mal nicht verfügbar ist, ist die Wahrscheinlichkeit groß, dass nur dieser einen Fehler zeigt. Ein Ausfall eines Rechners der Gruppe bringt `heartbeat` aber nicht aus dem Tritt.

Die Konstruktion der *Pingnodes* zusammen mit dem Prozess `pingd` ersetzt das aus Version 1 bekannte `ipfail` vollständig. Die Clustersoftware `heartbeat` sorgt selbstständig für die Überprüfung der Umgebung (*Pingnodes*). Das Ergebnis wird an den `pingd` weitergegeben, der dann die Informationen über die Verfügbarkeit der Netzwerkanbindung innerhalb des Status von `pacemaker` bekannt macht.

Ressourcen, die eine Anbindung ans Netz benötigen, müssen nur noch so konfiguriert werden, dass sie auf die Erreichbarkeit der Knoten im Netz reagieren und im Notfall auf einem anderen Knoten des Clusters neu gestartet werden. Eine solche Möglichkeit bietet Linux-HA, und eine entsprechende Konfiguration wird im Abschnitt »Erreichbarkeit im Netz« gezeigt.

Für den Start des Diensts pingd gibt es zwei Möglichkeiten. Im Abschnitt »Erreichbarkeit im Netz« wird gezeigt, wie pingd als Ressource unter der Kontrolle von pacemaker selbst gestartet werden kann. Alternativ bietet sich natürlich an, pingd nicht als Ressource, sondern direkt als Dienst von heartbeat verwalten zu lassen. Dazu existiert eine Option respawn in der Konfigurationsdatei *ha.cf*. heartbeat überwacht Prozesse, die mittels dieser Option direkt gestartet wurden. Falls solch ein Dienst vorzeitig beendet wurde, startet heartbeat ihn einfach neu. Die Option zum Start von pingd in *ha.cf* lautet daher einfach:

```
respawn root /usr/lib/heartbeat/pingd -m 100 -d 5s
```

Die genaue Bedeutung der Optionen für pingd wird weiter unten (siehe Abschnitt »pingd« in Kapitel 6) erklärt. Ein Start als Ressource unter der Kontrolle von heartbeat hat den Vorteil, dass Änderungen an der Konfiguration des pingd während des Betriebs vorgenommen werden können. Änderungen der Parameter des Diensts in der Konfigurationsdatei bedingen immer einen Neustart des Clusters.

Wie oben schon gezeigt wurde, sollte die Konfiguration des pingd-Diensts in Version 3 komplett von der Konfiguration von heartbeat selbst getrennt werden. Auch den Start des Diensts kann man mit Clustermitteln inzwischen eleganter lösen. Die Option respawn ist in Clustern, die OpenAIS als Basis nutzen, gar nicht mehr möglich.

Eine Liste mit allen Optionen der Steuerdatei *ha.cf* findet sich im Anhang.

Eine Anfangskonfiguration mit OpenAIS

Bei der OpenAIS-Version des openSUSE Build-Servers bzw. der aus Andrew Beekhofs Repository ist in der Dokumentation auch eine angepasste Version der Konfigurationsdatei enthalten. Der Administrator muss diese Datei in das passende Konfigurationsverzeichnis (meist */etc/ais/openais.conf*) kopieren und an seine Bedürfnisse anpassen. Eine leider nicht vollständige Dokumentation zu den möglichen Optionen zeigt auch der Befehl man openais.conf an. Ein Beispiel wird im Folgenden gezeigt:

```
aisexec {
   user:    root
   group:   root
}
service {
   ver:       0
   name:      pacemaker
   use_mgmtd: yes
   use_logd:  yes
}
```

```
totem {
    version:        2
    # nodeid:       1234
    token:          5000
    token_retransmits_before_loss_const: 10
    join:           1000
    consensus:      2500
    vsftype:        none
    max_messages:   20
    send_join:      45
    clear_node_high_bit: yes
    secauth:        off
    threads:        0
    # rrp_mode:     active
    interface {
        ringnumber:     0
        bindnetaddr:    192.168.188.0       # Anpassen!
        mcastaddr:      226.94.1.1
        mcastport:      5405
    }
}
logging {
    debug: off
    fileline: off
    to_syslog: yes
    to_stderr: yes
    syslog_facility: daemon
    timestamp: on
}
amf {
    mode: disabled
}
```

Im Abschnitt service wird festgelegt, welche Dienste OpenAIS starten und überwachen soll. Hier sind pacemaker selbst und der mgmtd angegeben. Der mgmtd bietet später die Schnittstelle zur Verwaltung des Clusters mit der GUI.

Im Abschnitt totem werden alle Parameter zur Kommunikation im Cluster festgelegt. Im Beispiel ist die nodeid auskommentiert, da sie nicht benötigt wird, wenn IPv4 genutzt wird. Wenn IPv6 zum Einsatz kommt, muss jeder Knoten eine eigene ID bekommen. Da im Beispiel beide Knoten direkt verbunden sind, ist auch keine Verschlüsselung der Kommunikation nötig (secauth).

Wird eine Verschlüsselung gewünscht, erzeugt der Administrator einen gemeinsamen Schlüssel mit dem Programm ais-keygen, das die Datei */etc/ais/authkey* erzeugt. Dieser muss, zusammen mit der Konfiguration auf alle Rechner, die am Cluster teilnehmen wollen, verteilt werden. Dann kann man auch die Verschlüsselung in der Konfiguration einschalten.

Will der Administrator die Kommunikation im Cluster redundant auslegen (grundsätzlich eine sehr gute Idee!), muss er die Option active oder passive für den Parameter rrp_mode auswählen. Wird hier nichts eingegeben, wählt der Cluster none, und man kann auch nur eine Schnittstelle konfigurieren.

Der wichtigste Abschnitt innerhalb von totem ist interface. Die ringnumber steuert sozusagen die Erkennung von Paketen eines Rings. Falls redundante Clusterkommunikation genutzt wird, sollen alle Schnittstellen unterschiedliche Ringnummern bekommen, um Verwechslungen auszuschließen. Einfacher ist es allerdings, die Kommunikation mittels *bond*-Schnittstellen redundant zu halten.

Mittels bindnetaddr berechnet OpenAIS die Schnittstelle, die genutzt werden soll. Hier muss der Administrator das Ergebnis aus der Rechenoperation *IP-Adresse* AND *Netzwerkmaske* eingeben. Im Beispiel hat die Schnittstelle die Adresse 192.168.188.114 mit einer Maske von 255.255.255.0. Das Ergebnis der Rechenoperation ist dann 192.168.188.0.

Mit den Parametern mcastaddr und mcastport werden die Multicast-Adresse und der Port angegeben. In OpenAIS gibt es keine Broadcast- oder Unicast-Kommunikation wie unter heartbeat. Werden unterschiedliche Cluster über dasselbe Netz synchronisiert, sollte man hier unterschiedliche Adressen *und* Ports nutzen. Natürlich kann man auch IPv6-Adressen verwenden.

Die Vorgaben für alle restlichen Parameter passen in den meisten Fällen. Falls doch einmal eine Änderung benötigt wird, sind die Optionen in der man-Seite beschrieben.

> Besonders in virtuellen Umgebungen kann es passieren, dass der ais-Prozess allein 30 - 50 % der CPU-Leistung nutzt. Das ist ein kleiner Fehler in pacemaker und in Versionen ab 1.0.5 behoben.

Eine Anfangskonfiguration mit corosync

Wenn man anstelle von OpenAIS schon corosync einsetzt, ist die Konfiguration analog zu den oben beschriebenen Einstellungen von OpenAIS. Die Konfigurationsdatei liegt allerdings unter */etc/corosync/corosync.conf*. Alle Optionen dieser Datei haben identische Bedeutungen.

Erste Eindrücke

Egal ob der Cluster mit heartbeat oder OpenAIS eingerichtet wird, es naht der Moment der Wahrheit: Der Start des Clusters. Administratoren, die sich für OpenAIS entschieden haben, lesen bitte im nächsten Abschnitt weiter.

heartbeat

Nachdem die Konfiguration stimmt, kann der `heartbeat`-Dienst gestartet werden:

```
# /etc/init.d/heartbeat start
```

Die Ausgabe der Prozesstabelle in einer Baumstruktur mit `ps axjf` zeigt, dass der *heartbeat*-Master-Control-Prozess unter anderem mehrere Prozesse mit Subsystemen (CCM, CIB, ...) startet. Diese abhängigen Prozesse und ihr Zusammenspiel wurden im Abschnitt »Komponenten der Software« in Kapitel 2 erklärt. Der Cluster ist also funktionsfähig, hat aber bis jetzt noch keine Ressourcen definiert.

Die noch (fast) leere Konfiguration kann man sich mit

```
# cibadmin -Q
```

ansehen.

Die GUI der alten Version 2 hatte einige Probleme, so dass die Entwickler beschlossen haben, den Management-Dienst für die GUI per Vorgabe nicht mehr zu starten. Administratoren, die die runderneuerte GUI nutzen wollen, müssen folgende Zeilen zur Konfigurationsdatei *ha.cf* hinzufügen:

```
respawn    root     /usr/lib/heartbeat/mgmtd
apiauth    mgmtd    uid=root
```

Die erste Zeile sorgt dafür, dass `heartbeat` den Management-Dienst im Hintergrund startet. Mit der zweiten Zeile bestimmt der Administrator, dass nur *root* den Dienst nutzen kann. Nach jeder Änderung an der Konfiguration muss `heartbeat` mit:

```
# /etc/init.d/heartbeat restart
```

neu gestartet werden, um die Änderungen wirksam werden zu lassen.

Die GUI selbst ruft man mit dem Befehl `hb_gui` auf. Wer die GUI nicht auf einem Knoten des Clusters installieren will, kann dies auch auf einen separaten Administrationsrechner aufspielen und eine TCP-Verbindung nutzen. Nach dem Start der GUI ist das Fenster leer, da ja noch keine Verbindung zu einem Knoten besteht. Diese muss erst mit CONNECTION LOGIN oder mit einem Klick auf das entsprechende Icon links oben aufgebaut werden. Sofort kommt die Frage nach Server[:Port], Benutzername und Passwort für die Verbindung zum Cluster.

Das Passwort des Benutzers `hacluster` kann man, wie üblich, mit

```
# passwd hacluster
```

auf jedem Knoten eingeben.

Nach Eingabe dieser Angaben zeigt die GUI den Zustand des leeren Clusters ohne Ressourcen. Im nächsten Kapitel wird gezeigt, wie auf dem Cluster jetzt Ressourcen und Bedingungen eingegeben werden können.

Start mit OpenAIS/corosync

Nachdem die Konfiguration stimmt, kann der ais-Dienst gestartet werden:

```
# /etc/init.d/openais start
```

Administratoren, die schon corosync für die Clusterkommunikation nutzen, starten anstelle von openAIS einfach corosync.

> Debian und Ubuntu haben zusätzlich noch eine weitere Option, die für den Start eines Diensts abgefragt wird. In der Datei *ized/default/openais* bzw. */etc/default/corosync* kann der Administrator hinterlegen, ob der Dienst überhaupt gestartet werden soll. Nach der Installation ist diese Option auf »no« gesetzt. Somit startet der Dienst nicht. Sollte die Clusterkommunikation auf Ihrem Cluster nicht starten, lohnt sich manchmal ein Blick in diese Steuerdatei.

Als Erstes sollten Sie die Logdatei nach dem erfolgreichen Start befragen:

```
# grep "Corosync Cluster Engine\|AIS Executive Service" Logdatei
(...) [MAIN ] (AIS|Corosync ...) started and ready to provide service.
# grep "network interface.*is" Logdatei
(...) [TOTEM ] The network interface [...] is now up.
```

Eine kurze Überprüfung der Kommunikation im Cluster sollte ergeben, dass alles in Ordnung ist:

```
# openais-cfgtool -s
Printing ring status.
Local node ID 1052551360
RING ID 0
    id = 192.168.188.114
    status = ring 0 active with no faults
```

Das Werkzeug für corosync an dieser Stelle heißt natürlich corosync-cfgtool.

Die Ausgabe der Prozesstabelle in einer Baumstruktur mit ps axf zeigt, dass der aisexec-Dienst (oder corosync) unter anderem mehrere Prozesse mit Subsystemen (crmd, cib, ...) startet. Diese abhängigen Prozesse und ihr Zusammenspiel wurden im Abschnitt »Komponenten der Software« in Kapitel 2 erklärt. Der Cluster ist also funktionsfähig, hat aber bis jetzt noch keine Ressourcen definiert.

Die noch (fast) leere Konfiguration kann man sich mit

```
# cibadmin -Q
```

ansehen.

aisexec startet mit dem mgmtd auch gleich den Dienst, mit dem die GUI spricht, um die Konfiguration so einfach wie möglich zu gestalten.

Die GUI selbst ruft man mit dem Befehl hb_gui auf, der im Verzeichnis /usr/bin zu finden ist. Wer die GUI nicht auf einem Knoten des Clusters installieren will, kann sie auch auf einen separaten Administrationsrechner aufspielen und eine TCP-Verbindung nutzen. Nach dem Start der GUI ist das Fenster leer, da ja noch keine Verbindung zu einem Knoten besteht. Diese muss erst mit CONNECTION LOGIN oder mit einem Klick auf das entsprechende Icon links oben aufgebaut werden. Sofort kommt die Frage nach *Server[:Port]*, *Benutzername* und *Passwort* für die Verbindung zum Cluster.

Das Passwort des Benutzers hacluster kann man, wie üblich, mit

```
# passwd hacluster
```

auf jedem Knoten eingeben.

Nach Eingabe dieser Angaben zeigt die GUI den Zustand des leeren Clusters ohne Ressourcen. Im nächsten Kapitel wird gezeigt, wie auf dem Cluster jetzt Ressourcen und Bedingungen eingegeben werden können.

Für die Ungeduldigen: ein Mini-Cluster

Meine Lektorin hat mich davon überzeugt, dass es richtig ist, an dieser Stelle einen Abschnitt »Mein erster Cluster« einzufügen, obwohl die Grundlagen für das Verständnis erst im nächsten Kapitel gelegt werden. Der nun folgende Teil ist für die ganz Ungeduldigen gedacht, die erst einmal die Hände auf die Tastatur legen wollen, ohne ein tieferes Verständnis für die Materie zu besitzen. Sie können auf einem gerade frisch installierten Cluster eine IP-Adresse einrichten, die im Fehlerfall von dem bisher passiven System übernommen wird. Vielleicht werden Sie aber auch erst einmal einen schönen Systemabsturz produzieren, so dass Sie doch mit den Grundlagen im nächsten Kapitel fortfahren wollen.

Nun gut, lasset uns mit der ersten eigenen Ressource auf dem neuen Cluster beginnen. Loggen Sie sich auf einem der Knoten des Clusters als *root* ein und erzeugen Sie mit Ihrem Lieblingseditor eine Datei *myCluster.xml* mit folgendem Inhalt:

```
<primitive class="ocf" id="resIPint" provider="heartbeat" type="IPaddr2">
  <instance_attributes id="resIPint-instance_attributes">
    <nvpair id="resIP" name="ip" value="192.168.1.1"/>
    <nvpair id="resIPint-nic" name="nic" value="eth0"/>
    <nvpair id="resIPint-cidr" name="cidr_netmask" value="24"/>
  </instance_attributes>
</primitive>
```

Bitte passen Sie die hervorgehobenen Werte wie IP-Adresse und Schnittstelle an Ihr Netz an, so dass Sie den Cluster später auch aus Ihrem LAN erreichen können. Die IP-Adresse darf natürlich bisher nicht im LAN vorkommen. Auch keiner der Knoten darf diese Adresse bis jetzt haben. Die Bedeutung der einzelnen Parameter wird in Kapitel 4 erklärt.

Geben Sie ein, dass der Cluster sich nicht um den Verlust des Quorums kümmern soll:

```
# crm_attribute -v ignore -n no-quorum-policy
```

Konfigurieren Sie Ihren Cluster mit der neuen Ressource:

```
# cibadmin -C -o resources -x myCluster.xml
```

Überprüfen Sie, ob die neue IP-Adresse erreichbar ist:

```
# ping -c3 192.168.1.1
PING 192.168.1.1 (192.168.1.1) 56(84) bytes of data.
64 bytes from 192.168.1.1: icmp_seq=1 ttl=64 time=2.662 ms
64 bytes from 192.168.1.1: icmp_seq=1 ttl=64 time=2.354 ms
64 bytes from 192.168.1.1: icmp_seq=1 ttl=64 time=2.743 ms
```

Loggen Sie sich per ssh auf dem Cluster ein:

```
# ssh root@192.168.1.1
```

Auf welchem der Knoten des Clusters sind Sie eingeloggt? Stoppen Sie diesen Rechner mit init 0. Nach einer kurzen Zeit muss der Cluster wieder auf ein ping der Clusteradresse antworten und ein Einloggen per ssh zulassen. Allerdings antwortet diesmal der andere Knoten. Schalten Sie den ersten Knoten wieder ein und beobachten Sie, wie sich der Zustand des Clusters verändert. Geben Sie dazu an der Kommandozeile eines der Knoten crm_mon ein.

Für alle oben beschriebenen Konfigurationen und die Überwachung des Clusters können Sie genauso die GUI nutzen, die Sie mit hb_gui aufrufen.

KAPITEL 4
Ressourcen einrichten

In diesem Kapitel werden Sie die Konfiguration von Ressourcen kennenlernen und Bedingungen, nach denen die Ressourcen auf die Knoten verteilt werden. Dazu müssen wir uns allerdings erst einmal näher mit der Struktur der *Cluster Information Base* (CIB), der zentralen Verwaltung der Ressourcen, beschäftigen.

Der erste Teil dieses Kapitels soll erst einmal grundlegende Informationen zur Konfiguration eines Clusters bieten. Deshalb werden zunächst die einzelnen Elemente wie Ressourcen und Bedingungen eingeführt. Zu den einzelnen Elementen werden Beispiele gegeben, um die Erklärungen verständlicher zu machen. Diese Beispiele sind immer nur Ausschnitte einer Gesamtkonfiguration und können deshalb in dieser Form nicht ausprobiert werden. Erst im nächsten Kapitel werden die Werkzeuge (GUI und Kommandozeile) vorgestellt, um den Cluster tatsächlich zu konfigurieren. Dazu ist aber das Verständnis der Bausteine einer Clusterkonfiguration notwendig, so dass ich letztlich diesen Aufbau des Kapitels gewählt habe. Die einzelnen Beispiele des ersten Teils können dann wie Bausteine verwendet werden, die bei Bedarf in abgewandelter Form in eigene Projekte eingebaut werden können. Auch in Kapitel 8 »Beispielszenarien« kommen sie nochmals zum Einsatz, um die Beispiele dort zu konfigurieren.

XML – die Sprache der CIB

Wie schon im Abschnitt »Komponenten der Software« in Kapitel 2 gesagt wurde, beschreibt die CIB den Zustand des Clusters. Dabei ist dort nicht nur die Konfiguration hinterlegt, die der Administrator dem Cluster vorgegeben hat, sondern auch Informationen über den aktuellen Status.

Die Sprache, in der die CIB die Informationen beschreibt, ist die *Extended Markup Language* (XML). Die Entwickler haben XML gewählt, da sie eine elegante Methode bietet, Informationen strukturiert darzustellen. Natürlich kann man eine Struktur in einfachen

Konfigurationsdateien auf Textbasis ebenfalls darstellen, aber die Beziehungen der Elemente untereinander wären viel schwerer nachzuvollziehen als mit der vorgegebenen Struktur innerhalb von XML.

An dieser Stelle sollen die Vor- und Nachteile der einen oder anderen Methode nicht weiter erörtert werden. Jede Methode hat ihre Gegner und Befürworter, und diese Diskussion soll hier nicht geführt werden. Die Entscheidung für XML als Basis für die Struktur der Informationen ist nun einmal gefallen. Also wird im Folgenden kurz auf die Elemente von XML eingegangen, die für das Verständnis der CIB notwendig sind.

Innerhalb der CIB benötigen alle Elemente (Informationen) eine eindeutige »ID«. Die Werte der ID aller Elemente desselben Typs müssen einmalig sein, damit die CIB sie nicht verwechseln kann. Natürlich ist es gut, die IDs sogar global eindeutig zu vergeben, damit nie ein Problem auftritt.

An vielen Stellen der CIB werden Variablen Werte zugeordnet. Hierfür benutzt die CIB die Name-Value-Zuweisung von XML:

```
<nvpair id="einmalige_ID" name="Name" value="Wert"/>
```

In einer Programmiersprache würde das etwa so ausgedrückt werden:

```
Name = "Wert"
```

Die CIB selbst ist in einen Abschnitt Konfiguration und einen Abschnitt Status unterteilt. Die Konfiguration, also die Informationen über die Knoten, die Ressourcen und die Bedingungen für die Ressourcen werden vom Administrator vorgegeben. Die Informationen über den Status der Knoten und der Ressourcen auf den Knoten werden vom Cluster selbst über den *Local Resource Manager* (LRM) ermittelt und in der CIB gespeichert.

Nachdem die Software zum ersten Mal installiert und gestartet wurde, sieht die jungfräuliche CIB ungefähr so aus:

```
<cib>
  <configuration>
    <crm_config/>
    <nodes/>
    <resources/>
    <constraints/>
  </configuration>
  <status/>
</cib>
```

In den einzelnen Abschnitten sind keine Werte vorgegeben. Somit läuft der Cluster mit den eingestellten Vorgaben. Die Kunst der Clusterkonfiguration besteht jetzt darin, die einzelnen Abschnitte der CIB mit sinnvollen Werten zu füllen. Dabei bezieht sich der Abschnitt crm_config auf das Verhalten des gesamten Clusters. Im Abschnitt nodes werden die einzelnen Knoten erfasst und im Abschnitt resources die konfigurierten Ressourcen. Unter constraints werden die Bedingungen vorgegeben, mit deren Hilfe der Cluster-Manager die Ressourcen den Wünschen des Administrators entsprechend auf den Knoten platzieren kann. Der Abschnitt status wird im Betrieb vom Cluster selbst aufgefüllt.

Der Cluster speichert die CIB auf jedem Knoten in der Datei */var/lib/heartbeat/crm/cib.xml*. Allerdings sollte der Administrator nie (in Worten: NIE!) diese Datei direkt editieren, sondern immer die Werkzeuge nutzen, die das Softwarepaket bereitstellt. Die einzelnen Kommandos sind im nächsten Kapitel (Abschnitt »Die Befehle«) beschrieben. Die GUI, die ebenfalls zur Verwaltung des Clusters genutzt werden kann, wird im Abschnitt »Die GUI« erläutert. Der Cluster speichert den Statusabschnitt der CIB auch nicht in der Datei ab, sondern hält diesen Teil im RAM, um Administratoren schon vom Versuch der Manipulation der CIB abzuhalten.

Die globalen Einstellungen der CIB

Im Abschnitt `crm_config` werden Einstellungen vorgegeben, die das Verhalten des gesamten Clusters betreffen. Alle Parameter sind im Abschnitt `cluster_property_set` zusammengefasst. Eine leere Konfiguration des Clusters sieht demnach so aus:

```
<crm_config>
  <cluster_property_set id="cib-bootstrap-options">
    (...)
  </cluster_property_set>
</crm_config>
```

Parameter werden als `nvpair`-Tags eingefügt.

Die Parameter, die an dieser Stelle eingegeben werden können, beeinflussen das Verhalten des *Cluster Resource Manager* und der *Policy Engine*. Die Optionen können deshalb auch in diese zwei Gruppen eingeteilt werden. Wie wir später sehen werden, gibt es diese Unterscheidung auch in der grafischen Benutzeroberfläche zur Konfiguration des Clusters.

Das Verhalten der *Policy Engine* bestimmen folgende Parameter. Der jeweilige Vorgabewert ist unterstrichen:

no-quorum-policy
>   Was passiert, wenn ein Knoten eines Teilclusters kein Quorum mehr hat? Dieser Wert bestimmt das Verhalten beim Verlust des Quorums.
>
>   `stop`: Alle Ressourcen, die im Teilcluster ohne Quorum laufen, werden angehalten. Das Fencing ist deaktiviert. Diese Option ist der Vorgabewert.
>
>   `ignore`: Der Verlust des Quorums wird ignoriert, und die Knoten des Clusters machen so weiter, als hätten sie das Quorum.
>
>   `freeze`: Es werden keine Ressourcen neu gestartet, die sich bei Verlust des Quorums nicht im Teilcluster befunden haben. Ressourcen des Teilclusters können auf einen anderen Knoten im Teilcluster verschoben werden. Das Fencing ist deaktiviert.
>
>   `suicide`: Diese Option sorgt dafür, dass sich ein Knoten ohne Quorum selbst aus dem Netz verabschiedet.

Während heartbeat weiß, dass für Cluster aus zwei Knoten die Definition eines Quorums sinnlos ist, und es deshalb nicht beachtet, hält sich OpenAIS streng an die Vorschriften. Beim Ausfall eines Knotens hat der verbleibende kein Quorum mehr und hält auch alle Ressourcen an. Um in diesem Fall die Übernahme von Ressourcen zu ermöglichen, muss der Administrator den Parameter auf ignore setzen.

Dasselbe gilt für OpenAIS-Cluster, bei denen der Administrator erst einmal nur *einen* Knoten aufsetzt und sich dann wundert, dass auf diesem keine Ressourcen starten.

symmetric-cluster

Vorgegeben ist hier true, also dass der Cluster symmetrisch ist. Bei dieser Einstellung dürfen die Ressourcen auf jedem Knoten laufen. Andernfalls muss zu jeder Ressource angegeben werden, auf welchem Knoten sie laufen soll. Üblicherweise bleibt dieser Wert auf true.

default-resource-stickiness

Soll eine Ressource auf dem Knoten bleiben, auf dem sie aktuell läuft, oder soll der CRM einen Knoten suchen, der vielleicht »besser« für die Ressource ist? Der Hintergrund ist die Fragestellung, was besser ist: Ressourcen nach bestimmten Kriterien optimal auf den Knoten zu verteilen und eventuell den Umzug einer Ressource auf einen anderen Knoten zu riskieren oder alle Ressourcen möglichst auf dem Knoten laufen zu lassen, auf dem sie aktuell laufen, um keinen Verbindungsabbruch zu provozieren. Da die Entwickler diese Frage nicht für jeden Fall im Voraus beantworten können, gibt es diese globale Variable, die aber von den entsprechenden Parametern der einzelnen Ressourcen überschrieben werden kann. Folgende Werte können vorgegeben werden:

0: Die Ressource wird »optimal« im Cluster platziert. Das bedeutet, dass Ressourcen neu im Cluster verteilt werden können, wenn ein »besserer« Knoten verfügbar wird oder ein Knoten, auf dem weniger Ressourcen laufen. Dieser Wert ist die Vorgabe, wenn nichts anderes eingegeben wird.

> 0: Die Ressourcen haben die Tendenz, auf dem aktuellen Knoten zu verbleiben, können aber durchaus wechseln, wenn ein »besserer« Knoten verfügbar wird. Höhere Werte verstärken die Tendenz, auf dem aktuellen Knoten zu verbleiben.

< 0: Ressourcen haben die Tendenz, vom aktuellen Knoten abzuwandern. Niedrigere Werte verstärken die Tendenz, den aktuellen Knoten zu verlassen. Diese Option ergibt nicht viel Sinn, ist aber aufgrund der Symmetrie doch vorhanden.

INFINITY: Die Ressourcen bleiben auf dem aktuellen Knoten, bis sie gezwungen sind, diesen zu verlassen. Das geschieht immer dann, wenn auf dem Knoten keine Ressourcen mehr laufen können, weil entweder der Knoten herunterfährt, auf Stand-by geschaltet wird oder sich die Konfiguration ändert.

-INFINITY: Die Ressourcen werden immer den aktuellen Knoten verlassen. Diese Einstellung ist nicht unbedingt sinnvoll.

Das genaue Konzept, das hinter der Verteilung der Ressourcen auf die Knoten durch den Cluster-Manager steht, finden Sie in Abschnitt »Bedingungen«.

> Die Option default-resource-stickiness an dieser Stelle ist veraltet und sollte nicht mehr verwendet werden. Die gleiche Funktion erfüllt jetzt eine entsprechende Option an anderer Stelle. Mehr dazu finden Sie im Abschnitt »Globale Vorgaben«.

is-managed-default
: true: Der CRM kümmert sich um das Starten und Stoppen von Ressourcen. Dieser Wert ist die Vorgabe.

    false: Der CRM kümmert sich nicht mehr um das Starten und Stoppen von Ressourcen. Falls eine Ressource lief, läuft sie weiter, wird aber bei einem Ausfall nicht auf einem anderen Knoten gestartet.

    Wieder haben die Vorgaben für einzelne Ressourcen Priorität vor dieser globalen Vorgabe. Diese Option, speziell bei einer einzelnen Ressource angewandt, ist ideal, um diese Ressource vorübergehend aus dem Management des Clusters herauszulösen, beispielsweise zum Einspielen eines Patches.

    Auch für diese Option gilt, dass die Konfiguration an dieser Stelle veraltet ist und nicht mehr verwendet werden sollte.

maintenance-mode
: Diese Option ist die moderne Variante von is-managed-default. Ein true an dieser Stelle, und der Cluster kümmert sich generell um gar nichts mehr. Neben Start und Stopp werden auch alle laufenden Operationen, also zum Beispiel die Überwachung, für die Ressourcen eingestellt. Die Vorgabe ist hier natürlich false.

start-failure-is-fatal
: Soll ein Fehler beim Start einer Ressource als fataler Fehler bewertet werden (true), oder sollen die Fehlerzähler der einzelnen Ressourcen Vorrang haben? Achtung: Diese Option bestimmt nur das Verhalten beim Start von Ressourcen. Ursprünglich war die Vorgabe false, inzwischen gilt aber true.

stonith-enabled
: Wenn diese Option auf true gesetzt wird, versucht der Cluster, fehlerhafte Knoten vom Netz und/oder der Stromversorgung zu trennen. Diese Option bedingt eine funktionierende Konfiguration einer STONITH-Ressource. Die Vorgabe für diesen Wert ist true.

In pacemaker hat die Vorgabe für diesen Parameter ebenfalls gewechselt. War früher die Vorgabe für das Ausgrenzen von nicht mehr erreichbaren Knoten `false`, so ist sie jetzt `true`. Das kann zu unerwarteten Reaktionen des Clusters führen, wenn man nicht an diese Option denkt. Auch meldet der Syntaxcheck der Konfiguration (siehe `crm_verify`, Abschnitt »crm_verify« in Kapitel 5) jedes Mal eine Warnung, wenn die Ausgrenzung nicht vollständig eingerichtet ist.

stonith-action

Dieser Parameter gibt vor, was passiert, wenn einem Rechner der Strom abgedreht werden soll:

`reboot`: Es wird versucht, einen fehlerhaften Knoten neu zu starten. Dieser Wert ist der Vorgabewert.

`poweroff`: Der fehlerhafte Knoten wird abgeschaltet.

stonith-timeout

Wie lange soll der Cluster auf die Rückmeldung einer STONITH-Aktion warten? Die Vorgabe ist hier 60 Sekunden.

startup-fencing

`true`: Knoten, die der Cluster nicht kennt, werden ausgegrenzt.[1] Dies ist der Vorgabewert.

`false`: Nur Knoten, die Mitglied des Clusters waren, also mit dem DC kommuniziert hatten und dann aus dem Cluster ausschieden, werden ausgegrenzt.

cluster-delay

Die Signallaufzeit im Netz, die Sie am einfachsten mit `ping` ermitteln. Der »richtige« Wert für jeden einzelnen Cluster hängt von der Geschwindigkeit im Netzwerk und der Last auf den Knoten ab. Die Vorgabe ist 60 Sekunden. Der Wert sollte an die aktuellen Gegebenheiten angepasst werden.

batch-limit

Gibt die Anzahl der Jobs an, die die *Transition Engine* (ein Teil des CRM) maximal gleichzeitig ausführen darf, also zum Beispiel Ressourcen starten oder anhalten. Diese Option dient der Begrenzung der Last auf den Knoten. Die Vorgabe ist 30.

default-action-timeout

Dieser Wert gibt einen globalen Timeout für jede Aktion an. Falls sich eine Aktion innerhalb dieser Zeit nicht erfolgreich zurückgemeldet hat, gilt die Aktion als gescheitert. Andere Werte, die bei speziellen Aktionen eingestellt sind, gehen natürlich vor. Der vorgegebene Wert ist 20 Sekunden.

---

[1] Eigentlich würde das Verb hier »gefencet« (vom engl. *fencing*) lauten. Im Sinne der Lesbarkeit habe ich auf diesen doch sehr gekünstelten Ausdruck verzichtet. Der Autor ist dankbar für Vorschläge einer besseren Übersetzung.

stop-all-resources
: Ein true bei dieser Option stoppt sofort alle Ressourcen. Die Vorgabe ist natürlich false.

stop-orphan-resources
: Dieser Parameter bestimmt das Verhalten des CRM, wenn Ressourcen vorgefunden werden, zu denen aber keine Definition mehr existiert. Dies kann vorkommen, wenn eine der Ressourcen gelöscht wird, ohne dass sie vorher angehalten wurde. Gerade bei der Nutzung der GUI zum Experimentieren kann dieser Fehler schnell passieren.

  true: Die Ressource wird angehalten. Dieses Verhalten entspricht der Vorgabe.

  false: Die Ressource wird ignoriert.

stop-orphan-actions
: Dieser Parameter bestimmt das Verhalten des CRM, wenn eine Aktion vorgefunden wird, zu der keine Definition existiert. Dies kann bei der Änderung des Intervalls für eine wiederkehrende Aktion vorkommen.

  true: Aktion anhalten. Vorgabewert.

  false: Aktion ignorieren.

remove-after-stop
: Sollen die Ressourcen, die angehalten werden, aus dem *Local Resource Manager* (LRM), also dem Teil, der die Ressourcen lokal auf den einzelnen Knoten verwaltet, gelöscht werden? Vorgabe und der einzig sinnvolle Wert ist false. Somit erinnert sich der LRM daran, dass die Ressource lokal angehalten ist. Der Wert true ist bestenfalls wenig getestet und potenziell gefährlich.

pe-error-series-max
: Die maximale Anzahl von Fehlern, die beim Fehlersuchen gespeichert werden. Diese Option begrenzt den Zähler für Fehler bei der Verarbeitung von Daten durch die *Policy Engine* (PE). Ein Wert von »0« schaltet den Zähler ab, und die Vorgabe »−1« erlaubt dem Zähler, unendlich viele Fehler zu protokollieren.

pe-warn-series-max
: Analog zum Fehlerzähler, allerdings für Warnungen bei der Verarbeitung von Eingaben durch die PE.

pe-input-series-max
: Die Größe des Speichers für »normale« Vorgänge, die durch die PE verarbeitet wurden. Auch dieser Zähler kommt bei Fehlerberichten zum Einsatz. Vorgabe ist hier ebenfalls wieder »−1«.

node-health-strategy
: Mit dieser und den folgenden Optionen erhält der Administrator die Möglichkeit, zu bestimmen, was der Cluster machen soll, wenn sich ein Problem abzeichnet oder schon eingetreten ist. Die Vorgabe none bestimmt, dass diese Möglichkeit erst einmal nicht genutzt wird. Alle Optionen dieses Parameters und die Anwendung werden weiter unten im Kapitel (Abschnitt »Systemgesundheit«) besprochen.

node-health-green, node-health-yellow und node-health-red
> Mit diesen Einstellungen kann der Administrator die Reaktion des Clusters auf Probleme sehr fein abstimmen. Mehr dazu finden Sie in Abschnitt »Systemgesundheit«.

Folgende Optionen finden sich ebenfalls im Abschnitt crm_config. Sie bestimmen das Verhalten des *Cluster Resource Manager*-Diensts crmd. Änderungen an dieser Stelle sind aber nur dem fortgeschrittenen Benutzer oder den Entwicklern empfohlen. Also Vorsicht bei Änderungen.

dc-deadtime
> Wie lange soll ein Knoten beim Systemstart auf eine Rückmeldung von möglicherweise schon existierenden Knoten im Cluster warten? Der »richtige« Wert hängt von der Geschwindigkeit und den Lastbedingungen im Netzwerk ab. Die Vorgabe ist 10 Sekunden.

cluster-recheck-interval
> Üblicherweise werden Änderungen im Cluster ereignisgesteuert verbreitet. Einige zeitbasierende Änderungen werden durch diesen Mechanismus eventuell nicht erfasst. Dieses Intervall gibt an, wie oft die Knoten dediziert nach Änderungen fragen. Die Vorgabe ist hier 15 Minuten.

shutdown-escalation
> Wenn der Cluster herunterfährt, kann es passieren, dass eine Ressource sich nicht ordnungsgemäß verabschiedet. Dieser Parameter gibt an, wie lange der Cluster wartet, bis der Dienst hart heruntergefahren wird. Die Vorgabe ist hier 20 Minuten.

expected-quorum-votes
> Dieser Wert wird zur Berechnung des Quorums genutzt, wenn OpenAIS für die Kommunikation im Cluster sorgt. Der Wert ist die Anzahl der erwarteten Stimmen. Die Vorgabe ist 2, wird aber automatisch an die Anzahl der erkannten Knoten angepasst.

Die restlichen Optionen, election-timeout, crmd-integration-timeout und crmd-finalization-timeout, sind nicht dokumentiert und eigentlich nur zur Nutzung durch die Entwickler gedacht.

Knoten in der CIB

Die Informationen über die Knoten werden vom CRM automatisch in den Abschnitt über die Konfiguration der Knoten der CIB eingetragen. Der Administrator braucht sich um nichts zu kümmern. Ein Beispiel für diesen Abschnitt der CIB sieht wie folgt aus:

```
<nodes>
    <node uname="xen3" type="normal" id="cbb68cf2">
        <instance_attributes id="nodes-cbb68cf2"/>
    </node>
    <node uname="xen4" type="normal" id="698a7d8a">
        <instance_attributes id="nodes-698a7d8a"/>
    </node>
</nodes>
```

Beim Start des Clusters werden die Informationen über die Knoten automatisch erzeugt. Meldet sich ein neuer Knoten beim *Designated Coordinator* (DC) an, werden diese neuen Informationen automatisch an dieser Stelle der CIB hinterlegt. Es ist nicht möglich, diese Konfiguration manuell zu beeinflussen, um zum Beispiel später neue Knoten zum Cluster hinzuzufügen, die nicht in der *ha.cf* der anderen Knoten des Clusters angeführt sind.

Möchte ein Administrator ein System aufsetzen, zu dem eventuell später neue Knoten hinzugefügt werden sollen, ist es ratsam, von Anfang an nicht die Knoten fest vorzugeben, sondern die dynamische Erweiterungsmöglichkeit mit der Option `autojoin` innerhalb von *ha.cf* zu nutzen. Andernfalls muss der Clusterprozess auf allen Knoten beendet, die Konfiguration in *ha.cf* geändert und danach auf allen Knoten neu gestartet werden. Damit die Dienste während dieser Operation weiterhin zur Verfügung stehen, kann man die globale Option `is-managed-default` vorübergehend auf `false` setzen, so dass die Ressourcen weiterlaufen können. Ein Fehler darf dann natürlich nicht auftreten. Nutzt der Cluster OpenAIS, werden neue Knoten automatisch in die CIB eingepflegt, und der Administrator hat noch weniger Arbeit.

Jeder der Knoten besitzt seine eigenen Attribute (siehe `instance_attributes` oben), die wiederum mit beliebigen Attributen (`nvpair`) beschrieben werden können. Da Werte mithilfe der Werkzeuge von `pacemaker` in die CIB eingefügt werden können, ist es also denkbar, Entscheidungen innerhalb des Clusters aufgrund solcher Attribute zu fällen. Denkbar sind dabei Angaben wie »Angebunden ans SAN« oder »Prozessorlast«. Wie das genau funktioniert, wird im Abschnitt »Bedingungen für Fortgeschrittene« gezeigt. Allerdings wird dort der dynamische Abschnitt `status` der CIB genutzt und nicht die relativ starre Konfiguration der Knoten, die ja erst vom CRM angelegt wird und anschließend vom Administrator ergänzt werden kann.

Der Cluster identifiziert die Knoten über eine eindeutige ID (`id="..."`). `pacemaker` vergibt einen 32-stelligen eindeutigen Wert (`uuid`) beim ersten Anmelden eines Knotens am Cluster. Im obigen Beispiel habe ich die IDs ein bisschen gekürzt, damit die Zeilen nicht umbrochen werden. Für alle weiteren Elemente der Konfiguration vergibt der Cluster auch eigene IDs vom selben Typ, wenn der Administrator nichts anderes vorgibt.

Einfache Ressourcen

Im nächsten Abschnitt der CIB werden die Ressourcen eingetragen. Leider erledigt das der CRM nicht automatisch, sondern der Administrator ist gefragt, hier seine Vorstellungen einzugeben.

Ein Linux-HA-Cluster kann viele verschiedene Arten von Ressourcen verwalten. Als Ressource wird hierbei alles definiert, was von der Clustersoftware kontrolliert, also gestartet, überwacht und angehalten wird. Die Definition von »Ressource« beschränkt sich hierbei nicht auf einen klassischen Dienst wie einen Webserver, sondern auf alles, was vom CRM kontrolliert wird. Das können (virtuelle) IP-Adressen des Clusters, Dienste, Dateisysteme, Überwachungsfunktionen, kurz alles sein, was sich über ein Skript programmieren lässt.

Diese Skripte, die sogenannten *Resource Agents*, sind die Verbindung zwischen dem CRM und der eigentlichen Ressource, zum Beispiel einem Webserver. Der Cluster übernimmt hierbei die Funktion des init-Prozesses, der normalerweise die Dienste startet. Mehr zu den verschiedenen Klassen der Skripte und zu den Skripten selbst folgt in Kapitel 7.

Einfache Ressourcen werden unter Linux-HA als »primitive« Ressourcen bezeichnet, um den Unterschied zu komplexeren Ressourcen wie zum Beispiel Gruppen zu verdeutlichen. Somit sieht die Definition einer solchen einfachen Ressource wie folgt aus:

```
<primitive id="ID" class="Klasse" type="Type" provider="Provider">
  <meta_attributes" id="ID-meta_attributes"/>
  <instance_attributes id="ID-instance_attributes"/>
  <operations id="ID-operations"/>
</primitive>
```

Wie beim Programmieren üblich, sollte man für die IDs einfache, verständliche Namen wählen, anhand deren die Ressourcen schnell zu identifizieren sind. Auch sollte man innerhalb einer Installation eines Clusters konsequent ein einheitliches Schema nutzen. In diesem Buch werden IDs für Ressourcen mit res*Service* bezeichnet. Im Weiteren wird dieses Schema entsprechend erweitert.

Die Klasse des Agenten (class) kann ocf, lsb, heartbeat oder stonith sein. ocf verweist auf einen Agenten, der kompatibel zu den Vorgaben des *Open Clustering Framework* ist, lsb dementsprechend auf einen Agenten, der den Ansprüchen der *Linux Standards Base* genügt, heartbeat auf einen Agenten entsprechend Version 1 der Clustersoftware und stonith auf eine Schnittstelle zu einem ebensolchen Gerät. Näheres zu den einzelnen Klassen der Agenten finden Sie in Kapitel 7.

Der Typ der Ressource (type) entspricht dem Namen des Agenten, der zum Einsatz kommt. Will der Administrator einen MySQL-Server starten, lautet der Typ einfach mysql. Bei init-Skripten entspricht der Typ zum Beispiel dem Namen des Skripts in */etc/init.d*.

Der Provider einer Ressource (nur bei OCF-Ressourcen!) bezeichnet unterschiedliche Hersteller von Agenten. Wenn man die Agenten, die bei Linux-HA dabei sind, nutzen will, sollte an dieser Stelle heartbeat eingegeben werden.

Ein vollständiges Beispiel für eine Ressource wird weiter unten gezeigt, wenn alle Teile einer Ressource besprochen werden.

Attribute

Ebenso wie die Attribute für den gesamten Cluster im Abschnitt crm_config gesetzt werden, kann man im Abschnitt meta_attributes Attribute für einzelne Ressourcen vergeben. Die Attribute der Ressourcen haben Vorrang vor den vererbten Werten des Clusters. Solche vorrangigen Attribute sind zum Beispiel is-managed oder resource-stickiness. Sie haben innerhalb der einzelnen Ressource die Bedeutung, die die Vorgaben im Gesamtcluster haben. Zusätzlich zu den beiden kann man für die einzelne Ressource noch die folgenden Attribute setzen:

priority
: Mithilfe dieser Ganzzahl entscheidet der Cluster, welche Ressourcen wichtiger sind und deshalb in einem Cluster starten dürfen, in dem es nicht genug Knoten für alle Ressourcen gibt. Eigentlich sollte man den Cluster so dimensionieren, dass dieses Attribut nie zum Einsatz kommt. Man kann sich aber durchaus Szenarien aus Test- und Produktivressourcen auf einem Cluster vorstellen, die den Einsatz der Priorität notwendig machen.

target-role
: Dieser Parameter bestimmt, ob und in welchem Modus diese Ressource läuft. Wenn nichts gesetzt ist, gilt die Vorgabe `started`. Dann bestimmt der CRM, ob die Ressource laufen soll oder nicht. Mehr zu diesem Attribut finden Sie bei komplexen Ressourcen (Abschnitt »Ressourcen für Fortgeschrittene«).

migration-threshold
: Mit dieser Ganzzahl und einem Fehlerzähler entschiedet der Cluster, ob eine Ressource noch auf dem aktuellen Knoten laufen darf oder auf einen anderen verschoben wird. Mehr dazu im Abschnitt »Bedingungen für Fortgeschrittene«.

multiple-active
: Mit diesem Attribut kann der Administrator steuern, was der Cluster unternehmen soll, wenn er entdeckt, dass eine Ressource mehr als einmal im Cluster läuft. Mögliche Werte sind:

  `block`: Nichts unternehmen. Der Administrator regelt alles.

  `stop_only`: Alle Instanzen der Ressource anhalten.

  `stop_start`: Die Vorgabe ist am sinnvollsten: Alle Instanzen der Ressource anhalten und anschließend nur auf einem Knoten wieder starten.

failure-timeout
: Dieser Parameter bestimmt, nach welcher Zeit der Cluster Fehler wieder vergisst. Mit dieser Option bekommt der Cluster sozusagen die Fähigkeit, »selbstheilend« zu arbeiten. Sie sollte mit Vorsicht eingesetzt werden – die Vorgabe ist deshalb auch `never`. Nützlich ist ihr Einsatz beispielsweise in automatisierten Clustern.

Zur Definition einer Ressource sind von den Attributen nur die ID, die Klasse und der Typ notwendig. Alle anderen sind entweder nicht notwendig oder werden aus den globalen Einstellungen vererbt.

Die Attribute, die die globalen Einstellungen des Clusters überschreiben oder das Verhalten einer einzelnen Ressource bestimmen, erscheinen im Abschnitt `meta_attributes` dieser Ressource. Daneben können noch beliebige andere `instance_attributes` in einem weiteren Abschnitt der Ressource definiert werden. Notwendig ist dies bei Ressourcen nach OCF-Standard. Dort werden diese Attribute der einzelnen Instanz als Parameter an den entsprechenden *Resource Agent* weitergegeben. Zum Beispiel benötigt der OCF-Agent für eine IP-Adresse eben diese Adresse als Parameter, und die muss der Administrator als Variable der

Ressource frei vergeben können. Somit kann die Konfiguration von OCF-Ressourcen über die Attribute eingegeben werden und wird nicht, wie bei LSB-Ressourcen, in Konfigurationsdateien hinterlegt. Der Cluster hat deshalb auch volle Kontrolle über die Parameter der Ressourcen. Andernfalls muss der Administrator dafür sorgen, dass zum Beispiel diese Dateien auf allen Knoten identisch sind. Die OCF-Agenten bringen also hier eine wesentliche Erleichterung für den Administrator, da der Cluster die CIB ja automatisch im gesamten Cluster repliziert.

Als Beispiel sehen Sie hier die Definition einer IP-Adresse 192.168.188.95 als primitive OCF-Ressource:

```
<primitive id="resIP" class="ocf" provider="heartbeat" type="IPaddr2">
    <meta_attributes id="resIP-meta_attributes">
        <nvpair id="resIP-meta_attributes-target-role" name="target-role"
                value="stopped"/>
    </meta_attributes>
    <instance_attributes id="resIP-instance_attributes">
        <nvpair id="nvpair-bf49d6e0" name="ip" value="192.168.188.95"/>
    </instance_attributes>
</primitive>
```

Neben dem Instanz-Attribut für die Adresse selbst gibt es noch ein Meta-Attribut target-role, das angibt, ob die Ressource gerade läuft oder, wie hier, angehalten ist.

Näheres zu den Parametern und zur Möglichkeit, diese in Agenten zu nutzen, finden Sie in Kapitel 7. Die obige Konfiguration kann erweitert werden, wenn zusätzlich noch ein Webserver eingegeben wird. Dazu wird eine zweite primitive Ressource eingerichtet. Zum besseren Verständnis wird der komplette Ressourcenabschnitt der CIB mit beiden Ressourcen dargestellt:

```
<primitive id="resIP" class="ocf" provider="heartbeat" type="IPaddr2">
    <meta_attributes id="resIP-meta_attributes">
        <nvpair id="resIP-meta_attributes-target-role" name="target-role"
                value="started"/>
    </meta_attributes>
    <instance_attributes id="resIP-instance_attributes">
        <nvpair id="nvpair-bf49d6e0" name="ip" value="192.168.188.95"/>
    </instance_attributes>
</primitive>
<primitive id="resApache" class="ocf" provider="heartbeat"> type="apache">
    <instance_attributes id="resApache_instance_attrs">
        <nvpair id="3ccae2d1" name="configfile" value="/etc/apache2/httpd.conf"/>
        <nvpair id="115236a5" name="httpd" value="/usr/sbin/httpd"/>
    </instance_attributes>
</primitive>
```

Der Apache-Ressource werden zwei Parameter (die Konfigurationsdatei und die ausführbare Datei des Webservers) übergeben. Die Ressource IP-Adresse läuft bei dieser Konfiguration und ist nicht wie zuvor angehalten. Da nichts Gegenteiliges angegeben ist, läuft der Webserver ebenfalls.

Globale Vorgaben

Wie oben schon erwähnt, haben die Entwickler die Konfiguration einiger Attribute aus dem Abschnitt `crm_config` herausgelöst und einen eigenen Abschnitt hierfür angelegt. Das hat keine technischen Gründe, die Konfiguration strukturiert sich allerdings besser und wird deshalb logischer.

Alle Vorgaben für Attribute, die das Verhalten von Ressourcen im Cluster bestimmen, also für die Meta-Attribute, liegen jetzt im Abschnitt `rsc_defaults`, einem direkten Unterabschnitt der `configuration`. Die Vorgaben für die Ressourcen sollte der Administrator also in diesen Abschnitt eingeben und nicht mehr in der Gesamtkonfiguration des Clusters.

Neben der besseren Strukturierung der CIB liegt ein weiterer Vorteil darin, dass die Attribute im Abschnitt `rsc_defaults` den gleichen Namen haben wie das entsprechende Attribut einer Ressource. Die Vorgabe für die Stickiness heißt also jetzt `resource-stickiness` im Abschnitt `rsc_defaults` und nicht mehr `default-resource-stickiness` im Abschnitt `crm_config`.

Die Vorgaben für die Operationen (siehe nächster Abschnitt) liegen entsprechend im Abschnitt `op_defaults`.

Operationen

Für Ressourcen können (und sollten!) auch sogenannte Operationen definiert werden. Denkbare Konfigurationen sind alle Aktionen, die ein Agent zulässt. Möglich sind deshalb unter anderem `start`, `stop` und `monitor`.

> Ein monitor, das für eine LSB-Ressource definiert ist, ist kein Beinbruch, da pacemaker weiß, dass der *Resource Agent* den Aufruf nicht verstehen wird und ihn automatisch in eine status-Abfrage umwandelt.

Diese Operationen werden zum Beispiel eingesetzt, um den Zustand einer Ressource zu kontrollieren. Abhängig davon, wie gut der `status`- oder `monitor`-Befehl im Agenten implementiert ist, kann festgestellt werden, ob der Webserver tatsächlich noch die richtige Seite ausliefert oder die Datenbank noch sinnvolle Ergebnisse liefert. Je nach Rückgabewert der Operation kann der CRM dann bei Bedarf die Ressource auf einem anderen Knoten starten.

Diese konfigurierten Aktionen werden, kontrolliert von der Clustersoftware, in regelmäßigen Zeitabschnitten (Attribut `interval`) durchgeführt, in denen das Agentenskript mit diesem Parameter aufgerufen wird. Diese Zeitabstände kann der Administrator natürlich frei wählen. Auch kann der Administrator angeben, unter welchen Voraussetzungen (Attribut `requires`) die Operation überhaupt durchgeführt wird:

`nothing`
: Es gibt keine speziellen Voraussetzungen.

`quorum`
: Nur dann, wenn der Teilcluster `quorum` hat.

`fencing`
: Nur dann, wenn der Teilcluster `quorum` hat und alle `fencing`-Aktionen vollständig ausgeführt wurden.

> Es können keine zwei Operationen einer Ressource im selben Zeitintervall konfiguriert werden! Zwei Operationen derselben Ressource müssen immer unterschiedliche Intervalle haben.

Weiterhin kann der Administrator konfigurieren, in welchem Zustand sich die Ressource befinden soll, damit der Test durchgeführt wird. Das Attribut `role` kann dabei die Werte `Master`, `Slave`, `Started` oder `Stopped` annehmen. Die Vorgabe ist hierbei `Started`, das heißt, die Operation wird nur durchgeführt, wenn die Ressource gestartet ist. `Master` und `Slave` beziehen sich auf Zustände, die für Ressourcen gelten, die in diesen Zwischenstufen existieren können. Mehr dazu folgt bei der Beschreibung dieser Ressourcen selbst (Abschnitt »Ressourcen für Fortgeschrittene«).

Neben dem Attribut für die Wiederholfrequenz (`interval`) der Operation sind auch die Zeit (Attribut `timeout`), nach der der CRM annimmt, dass die Operation fehlgeschlagen ist, und ein Attribut für die Verzögerung nach dem Start der Ressource, bevor zum ersten Mal die Operation durchgeführt wird (`start-delay`), anzugeben. Über diesen Wert kann der Administrator beeinflussen, wie viel Zeit der Ressource bleibt, um interne Angelegenheiten zu regeln, bevor sie auf den Zustand hin überprüft wird. Ein `start-delay` ist nur dann notwendig, wenn die Überwachung einer Ressource augenblicklich nach dem Start der Ressource fehlschlagen würde. Das ist zum Beispiel der Fall, wenn der *Resource Agent* den Start der Ressource nur als Hintergrundprozess anstößt und sich sofort mit einer Erfolgsmeldung zurückmeldet. Überprüft der Cluster nun den Status der Ressource, ohne dass der Hintergrundprozess seine Arbeit beendet hat, führt das zu einem Fehler. Die Überwachung muss in solch einem Fall die Zeitspanne `start-delay` warten, bevor sie das erste Mal ausgeführt werden kann.

Natürlich ist es auch wichtig, die Aktion anzugeben, die durchgeführt wird, wenn die Operation fehlschlägt (Attribut `on-fail`). Hier stehen folgende Werte zur Auswahl:

`ignore`
: Der Cluster soll annehmen, dass die Operation nicht fehlgeschlagen ist.

`block`
: Nichts unternehmen. Der Administrator muss sich um das Problem kümmern.

restart
: Die Ressource wird angehalten, und es wird versucht, die Ressource neu zu starten. Zusätzlich wird ein interner Fehlerzähler pro Fehler hochgesetzt.

stop
: Die Ressource wird angehalten und *nicht* auf einem anderen Knoten wieder gestartet.

fence
: Der komplette Knoten, auf dem die Ressource lief, wird ausgegrenzt. Alle anderen Ressourcen, die auf dem Knoten laufen, werden ebenfalls gestoppt und auf anderen Knoten wieder gestartet.

> Ohne eine kontinuierliche Überprüfung der Funktion der Ressource kann eine hohe Verfügbarkeit nicht garantiert werden. Der Cluster kann nur auf den Ausfall einer Ressource reagieren, wenn er Kenntnis vom Ausfall erhält. Ohne eine monitor-Operation kann eine Ressource also nicht hochverfügbar realisiert werden.

Für eine Überwachung des Webservers müsste das obige Beispiel um einen Abschnitt operations erweitert werden:

```
<primitive id="resApache" class="ocf" type="apache" provider="heartbeat">
    <instance_attributes id="resApache_instance_attrs">
        <nvpair id="3ccae2d1" name="configfile" value="/etc/apache2/httpd.conf"/>
        <nvpair id="115236a5" name="httpd" value="/usr/sbin/httpd"/>
    </instance_attributes>
    <operations>
        <op id="opApache" name="monitor" interval="60s" timeout="20s" disabled="false"
            role="Started" required="quorum" on-fail="restart"/>
    </operations>
</primitive>
```

Ein weiteres Beispiel für eine Ressource mit der Definition einer monitor-Operation sei die Ressource SysInfo:

```
<primitive id="resSysinfo" class="ocf" type="SysInfo" provider="heartbeat">
    <operations>
        <op id="opSysinfo" name="monitor" interval="60s" timeout="20s"
            disabled="false" role="Started" prereq="quorum" on_fail="ignore"/>
    </operations>
</primitive>
```

Bei einem Aufruf mit der Aktion monitor werden bestimmte Systemparameter (freier Plattenplatz auf der *root*-Partition oder die Last der CPU) in den Statusabschnitt der CIB geschrieben. Mit der obigen Definition werden diese Informationen also jede Minute erneuert. Dies geschieht für den Knoten, auf dem diese Ressource aktuell läuft. Der entsprechende Abschnitt würde dann zum Beispiel so aussehen:

```
       <node_state uname="xen3" ha="active" in_ccm="true" crmd="online"
                   join="member" id="cbb68cf2" shutdown="0"
                   expected="member" crm-debug-origin="do_update_resource">
   (...)
     <transient_attributes id="transient-cbb68cf2">
       <instance_attributes id="inst_attr_status">
         <nvpair id="complete" name="probe_complete" value="true"/>
         <nvpair id="arch" name="arch" value="i686"/>
         <nvpair id="os" name="os" value="Linux-2.6.28-1-686"/>
         <nvpair id="free_swap" name="free_swap" value="1000"/>
         <nvpair id="cpu_info" name="cpu_info" value="AMD Sempron(tm)
                   Processor 3200+"/>
         <nvpair id="cpu_speed" name="cpu_speed" value="3616.52"/>
         <nvpair id="cpu_cores" name="cpu_cores" value="1"/>
         <nvpair id="cpu_load" name="cpu_load" value="0.04"/>
         <nvpair id="ram_total" name="ram_total" value="950"/>
         <nvpair id="ram_free" name="ram_free" value="300"/>
         <nvpair id="root_free" name="root_free" value="14"/>
       </instance_attributes>
     </transient_attributes>
   </node_state>
```

Man erkennt, dass sich der Knoten gerade langweilt (`cpu_load="0.04"`) und dass auch noch genügend Platz auf der *root*-Partition ist (`root_free="14"` GByte). Die Ressource Sysinfo und die Interpretation der Ergebnisse werden im Abschnitt »Bedingungen, die sich auf Knoten-Attribute beziehen« genauer diskutiert.

> Jede beliebige Aktion, die ein *Resource Agent* zulässt, kann als Operation definiert werden. Der Administrator kann eine Operation mit den Attributen `interval="0"` und `timeout="120s"` für eine Ressource definieren, die besonders lange beim Start benötigt.

Bedingungen

Damit der Cluster ordentlich funktioniert, muss der Administrator noch Bedingungen für die Platzierung der Ressourcen auf den Knoten und für die Beziehungen der Ressourcen untereinander angeben können. Diese Angaben sind im Abschnitt `constraints` innerhalb der Konfiguration der CIB zu finden. Es gibt drei verschiedene Arten von Bedingungen:

- Eine *Anordnung* (ordering) gibt die Beziehung zweier Ressourcen untereinander an. So ist es zum Beispiel sinnvoll, den Webserver erst nach der Ressource IP-Adresse für den Cluster zu starten.
- Eine Bedingung vom Typ *Co-Lokation* (collocation) stellt sicher, dass zwei Ressourcen auf demselben Knoten laufen. So ist es zum Beispiel sinnvoll, dass der Webserver auf demselben Knoten läuft wie die IP-Adresse des Clusters.
- Eine *Platzierung* (location) von Ressourcen gibt an, auf welchen Knoten welche Ressourcen bevorzugt laufen.

Diese Bedingungen und ihre Verwendung werden im Folgenden genauer beschrieben.

Der CRM nutzt für die endgültige Auswahl, auf welchem Knoten eine Ressource laufen soll, ein Punktesystem: Der Administrator kann für zutreffende Regeln Punkte vergeben. Diese Regeln werden dann für die Ressourcen im *Kontext der einzelnen Knoten* ausgewertet. Falls die Regel zutrifft, erhält diese Ressource auf diesem Knoten die angegebenen Punkte. Nach Auswertung aller Regeln für alle Knoten wird die Ressource auf dem Knoten gestartet, auf dem sie die meisten Punkte erhalten hat. Falls mehrere Knoten die gleiche Punktzahl erreichen, verteilt der CRM die Ressourcen »optimal«, wie es in der Dokumentation heißt. Er versucht, die Ressourcen bestmöglich auf dem gesamten Cluster zu verteilen. Hierbei wird die Anzahl der Ressourcen pro Knoten bewertet. Die Last der Knoten wird bei der Verteilung nicht berücksichtigt. Jeder Punktwert von weniger als »0« führt dazu, dass diese Ressource auf diesem Knoten nicht laufen kann.

Neben den normalen Ganzzahlen für die Punkte gibt es folgende spezielle Werte:

`INFINITY:` Größer als jede andere ganze Zahl. Die Ressource wird also in jedem Fall dort gestartet, wo eine Regel mit diesem Wert zutrifft.

`-INFINITY:` Kleiner als jede andere Zahl. Die Ressource wird also in keinem Fall dort gestartet, wo eine Regel mit diesem Wert zutrifft.

Für die Verknüpfung dieser speziellen Werte gelten folgende Regeln:

`INFINITY +/- (-INFINITY)` ergibt `-INFINITY`
`INFINITY +/- Zahl` ergibt `INFINITY`
`-INFINITY +/- Zahl` ergibt `-INFINITY`

Mit der Angabe der Punktzahl für einzelne Bedingungen kann der Administrator die Platzierung von Ressourcen innerhalb des Clusters gut beeinflussen. Vor der Eingabe komplexer Beziehungen sollte er sich aber mögliche Nebenwirkungen gut überlegen.

Anordnung (rsc_order)

Wie für den Systemstart, den der `init`-Prozess kontrolliert, ist es im Cluster ebenfalls wichtig, die Ressourcen in einer bestimmten Reihenfolge zu starten und anzuhalten. Dazu bietet Linux-HA ab Version 2 die Möglichkeit, solche Anordnungen explizit anzugeben. Da das alte Format manchmal zu Verwirrungen geführt hat, haben die Entwickler die Notation einer Anordnung in `pacemaker` noch einmal geändert. Die neue Form wird im Folgenden dargestellt.

Normalerweise werden die Ressourcen im Cluster willkürlich abgearbeitet. Wenn das nicht gewünscht wird, kann der Administrator die Reihenfolge auch über das Element `rsc_order` des Abschnittes `constraints` der CIB bestimmen. Die Attribute, neben der obligatorischen ID, sind:

first
> ID der Ressource, die zuerst gestartet werden muss.

then
> ID der Ressource, die abhängig von der ersten Ressource gestartet wird.

score
> Punktwert der Regel. Sinnvoll ist hier der Wert INFINITY, daher auch die Vorgabe. Manchmal kann aber allerdings ein Wert von »0« sinnvoll sein, wie wir später (siehe Kapitel 8, »Beispielszenarien«) noch sehen werden.

symmetrical
> Soll die Anordnung ebenfalls beim Anhalten der Ressourcen gelten, soll also zuerst die then-Ressource gestoppt werden und dann erst die first-Ressource? Die Vorgabe ist: true.

first-action
> An dieser Stelle kann der Administrator bestimmen, bei welcher Aktion der first-Ressource die Regel gelten soll. Vorgabe ist start. Möglich sind aber auch stop, promote und demote. Dann wird die Aktion der then-Ressource nur bei entsprechender Aktion ausgeführt. promote und demote sind Aktionen in Zusammenhang mit komplexen Ressourcen und werden weiter unten erklärt (siehe Abschnitt »Bedingungen im Zusammenhang mit Multi-State-Ressourcen«).

then-action
> Falls die Ressource first die first-action ausgeführt hat, wird die Ressource then mit dieser Aktion angerufen. Die Vorgabe ist die Aktion, die die first-Ressource durchgeführt hat.

Eine Beispiel für eine Anordnung ist in XML-Notation dargestellt:

```
<rsc_order id="ordFirstThen" first="resFirst" then="resThen"/>
```

Solch eine Beziehung wird zum Beispiel eingesetzt, wenn der Webserver erst dann gestartet werden soll, wenn die IP-Adresse für den Cluster auch schon gestartet wurde. In diesem Fall ist die first-Ressource die IP-Adresse und die then-Ressource der Webserver. Entsprechend der Vorgabe (symmetrical="true") wird der Webserver auch zuerst angehalten, und erst danach wird die IP-Adresse vom Interface gelöscht. Konkret lautet das in der XML-Notation:

```
<rsc_order id="orderIPApache" first="resIP" then="resApache"/>
```

Die Notation, die im Folgenden für Anordnungen verwendet wird, ist, wie oben schon angedeutet, order<from><to>. Die Notation für andere Bedingungen wird analog aufgebaut.

Co-Lokation (rsc_colocation)

Mit dieser Bedingung kann der Administrator bestimmen, dass eine Ressource auf demselben Knoten laufen soll wie eine andere Ressource. Wie oben dargestellt, ist es meistens sinnvoll, den Webserver auf demselben Knoten zu starten wie die virtuelle IP-Adresse des Clusters, unter der der Webserver erreichbar sein soll. Die Attribute, neben der obligatorischen ID, für die `rsc_colocation`-Bedingung sind:

rsc
> ID der Ressource, die auf demselben Knoten laufen soll wie die Ressource `with-rsc`. Die Angabe ist notwendig.

rsc-role
> Die Rolle der Ressource, wenn diese Regel greifen soll. Möglich sind `Started`, `Stopped`, `Master` oder `Slave`.

with-rsc
> Die ID der Ressource, auf die sich diese Bedingung bezieht. Die Angabe ist notwendig.

with-rsc-role
> Die Rolle der Ressource, wenn diese Regel greifen soll. Möglich sind `Started`, `Stopped`, `Master` oder `Slave`.

node_attribute
> Das Attribut eines Knotens, wenn diese Bedingung gelten soll.

score
> Die Anzahl der Punkte für diese Bedingung. Sinnvoll ist hier `INFINITY`. Die Angabe ist notwendig.

Meistens reicht es aus, für diese Bedingung die notwendigen Attribute anzugeben. Als Beispiel für die Co-Lokation soll die rsc-Ressource (rsc="resRsc") unbedingt (score="INFINITY") auf demselben Knoten laufen wie die with-Ressource (with-rsc="resWith"):

```
<rsc_colocation id="colRscWith" res="resRsc" with-rsc="resWith" score="INFINITY"/>
```

Natürlich ist es auch im obigen Beispiel sinnvoll, den Webserver auf demselben Knoten zu starten wie die IP-Adresse, deshalb lautet die Bedingung dazu:

```
<rsc_colocation id="colApacheIP" rsc="resApache" with-rsc="resIP"
        score="INFINITY"/>
```

Mit score kann man steuern, wie wichtig die Co-Lokation ist. Dieser Wert geht in die Berechnung für die Platzierung von Ressourcen ein. Wenn der Wert nicht `INFINITY` ist, kann es auch passieren, dass die beiden Ressourcen nicht auf demselben Knoten gestartet werden. Ein Wert von `-INFINITY` verhindert, dass die rsc-Ressource gestartet wird, wenn dort schon die Ressource with läuft.

Platzierung (rsc_location)

Im Gegensatz zu den Bedingungen oben, die nur die Beziehungen zwischen Ressourcen betrafen, kann der Administrator mit der letzten Bedingung ganz individuell bestimmen, auf welchem Knoten eine Ressource laufen oder nicht laufen soll. Es sind folgende Angaben denkbar:

- Der Apache-Webserver soll auf dem Knoten mit dem Namen *node1* laufen, oder
- DRBD soll nicht auf einem Knoten laufen, auf dem die Kernelversion 2.6 ist.

Dies geschieht über das sogenannte `rsc_location`-Element der CIB. Das Element selbst hat, neben der obligatorischen ID, die folgenden Attribute:

rsc
: Die ID der Ressource.

node
: Der Name des Knotens, auf den sich diese Bedingung bezieht.

score
: Der Punktwert für diese Bedingung.

Mit folgender Bedingung kann der Administrator bestimmen, dass die Datenbank möglichst auf dem Knoten *node1* und der Webserver auf dem Knoten *node2* laufen soll:

```
<rsc_location id="locDatabase" rsc="resDatabase" node="node1" score="100"/>
<rsc_location id="locApache" rsc="resApache" node="node2" score="100"/>
```

Falls eine Ressource unbedingt auf einem Knoten laufen soll, muss der Administrator INFINITY Punkte vergeben. Natürlich gilt diese Bedingung nur dann, wenn der Knoten auch verfügbar ist.

Regeln

Neben den Bedingungen bieten Regeln eine weitere Flexibilität. Regeln können Platzierungen von Ressourcen von weiteren Faktoren abhängig machen. Regeln bestehen aus einem Ausdruck und einem *score*-Attribut. Die Punkte werden bei der Punktzählung von Ressourcen berücksichtigt, wenn der Ausdruck »wahr« ist. Ein Ausdruck (`expression`) *vergleicht* ein *Attribut* mit einem *Wert*.

Attribute können beliebige Attribute sein, die den Knoten bei ihrer Definition zugeordnet wurden: Attribute eines Knotens, die bei der Konfiguration der Knoten eingegeben wurden, dynamische Attribute, die im Abschnitt `Status` der CIB gespeichert werden, oder das Meta-Attribut #uname, das den Namen des Knotens bezeichnet. Die Attribute können vom Typ Integer, String oder Version sein.

Vergleiche werden über Operatoren ausgewertet. Diese Operatoren sind:

lt, gt, lte, gte, eq, ne
: für die üblichen arithmetischen Operationen und

defined und not_defined
   um Attribute, die im Kontext eines Knotens definiert (oder eben nicht definiert) sind, zu bewerten.

Der Wert, mit dem das Attribut verglichen wird, muss natürlich vom selben Typ wie das Attribut sein. »Zahlen« werden numerisch verglichen. »Versionen« ermöglichen Vergleiche zwischen den Versionsständen, zum Beispiel »1.2« und »1.10«, wobei letzterer Wert größer ist, und »Zeichenketten« werden mit `strcmp()` verglichen.

Folgender Ausdruck ist also korrekt und zulässig:

```
attribute="#uname" operation="eq" value="node2"
```

Ausdrücke liefern wahr oder falsch, und dementsprechend werden die vorgegebenen Punkte zum Punktekonto der Ressource für diesen Knoten dazugezählt. *Alle Ausdrücke werden immer im Kontext aller Knoten ausgewertet.* Deshalb kann ein Ausdruck für mehrere Knoten gelten und auch für mehrere Knoten Punkte abwerfen.

Die Platzierung des Webservers von oben könnte also ausgeschrieben so lauten:

```xml
<rsc_location id="locApache" rsc="resApache">
  <rule id="ruleApache" score="100">
    <expression id="expressionApache" attribute="#uname" operation="eq"
                value="node2">
  </rule>
</rsc_location>
```

Im folgenden Beispiel werden alle Elemente (einfache Ressourcen und Bedingungen) noch einmal zusammengefasst, um eine IP-Adresse und einen Webserver zu konfigurieren, die auf demselben Knoten richtig angeordnet laufen sollen:

```xml
<resources>
  <primitive id="resIP" class="ocf" type="IPaddr2" provider="heartbeat">
    <meta_attributes id="resIP_meta_attrs">
      <nvpair id="id_stickiness" name="resource_stickiness" value="100"/>
    </meta_attributes>
    <instance_attributes id="resIP_instance_attrs">
      <nvpair name="ip" id="ip_id" value="192.168.188.105"/>
    </instance_attributes>
  </primitive>
  <primitive id="resApache" class="ocf" type="apache" provider="heartbeat">
    <meta_attributes id="resApache_meta_attrs">
      <nvpair id="idtarget_role" name="target_role" value="stopped"/>
    </meta_attributes>
    <instance_attributes id="resApache_instance_attrs">
      <nvpair id="id_config" name="configfile" value="/etc/apache2/httpd.conf"/>
      <nvpair id="id_bin" name="httpd" value="/usr/sbin/httpd"/>
    </instance_attributes>
  </primitive>
</resources>
<constraints>
  <rsc_order id="orderIPApache" first="resIP" then="resApache"/>
```

```
        <rsc_colocation id="colApacheIP" res="resApache" with-res="resIP"
                        score="INFINITY"/>
</constraints>
```

An diesem Beispiel kann man gut die `meta_attributes`, die das Verhalten der Ressource im Cluster bestimmen, und `instance_attributes`, die zur Konfiguration der OCF-Ressource dienen, unterscheiden. Das Meta-Attribut `target_role` des Webservers gibt zum Beispiel an, dass diese Ressource gerade angehalten ist. Die Ressource `resIP` versucht, sich mit 100 Punkten am aktuellen Knoten festzuklammern.

Das Schema der CIB erlaubt es zusätzlich, jedes einzelne Attribut (also die nvpairs) in eine Regel einzubetten. Neben den oben beschriebenen Ausdrücken sind auch zeitliche Begrenzungen erlaubt. Die interessanten Kombinationen, die sich aus diesen Möglichkeiten ergeben, werden weiter unten im Abschnitt »Bedingungen für Fortgeschrittene« dargestellt, nachdem wir komplexere Typen von Ressourcen besprochen haben.

Ressourcen für Fortgeschrittene

Neben den einfachen »primitiven« Ressourcen gibt es komplexere Typen von Ressourcen, die sich aus den einfachen zusammensetzen. Die Entwickler haben die Möglichkeit vorgesehen, einfache Ressourcen zu Gruppen zusammenzufassen, Ressourcen anzulegen, die mehr als einen internen Zustand haben (Multi-State), und sogenannte Klone zu erzeugen, bei denen einfache Ressourcen mehrmals im Cluster laufen dürfen. Welche Vorteile und Vereinfachungen sich dadurch für den Administrator ergeben, wird im Folgenden gezeigt.

Gruppen

Wenn mehrere einfache Ressourcen logisch zusammengehören und auf demselben Knoten in einer bestimmten Reihenfolge ausgeführt werden sollen, kann der Administrator natürlich alle Ressourcen einzeln anlegen und die entsprechenden Bedingungen manuell konfigurieren. Sollen zum Beispiel eine IP-Adresse, eine MySQL-Datenbank und ein Apache-Webserver zusammen auf einem Knoten ausgeführt und in der genannten Reihenfolge gestartet werden, sind drei einfache Ressourcen (IP, MySQL und Apache) notwendig und zusätzlich je zwei Bedingungen für Co-Lokation und Anordnung.

Werden einfache Ressourcen zu einer Gruppe zusammengefasst, entfallen die zusätzlichen vier Bedingungen, da Co-Lokation und Anordnung implizite Eigenschaften der Gruppe sind. Zusätzlich lassen sich diese Vorgaben einer Gruppe durch Attribute beeinflussen. Die Attribute, die schon von der einfachen Ressource her bekannt sind, lauten:

id
: Die eindeutige ID der Gruppe. Notwendig.

description
: Ein aussagekräftiger Name, der zur Beschreibung der Gruppe dient.

priority
: Die Priorität der Gruppe. Sie hilft dem Cluster, zu entscheiden, was gestartet werden soll, wenn nicht genügend Knoten zur Verfügung stehen, um alle Ressourcen zu starten.

is-managed
: Die Ressourcen der Gruppe werden durch den Cluster kontrolliert. Entspricht dem Attribut für den gesamten Cluster.

target-role
: Der Zustand der Gruppe. Dieses Meta-Attribut der Gruppe wird an die einzelnen Mitglieder der Gruppe vererbt und bestimmt den Zustand der einzelnen primitiven Ressourcen, falls dort nichts angegeben ist.

Einfache Ressourcen innerhalb von Gruppen werden in der angegebenen Reihenfolge gestartet und in der umgekehrten Reihenfolge wieder angehalten. Das Verhalten von pacemaker entspricht an dieser Stelle genau dem init-Prozess.

> Nur primitive Ressourcen, keine der weiter unten beschriebenen komplexen Ressourcen können Mitglieder einer Gruppe sein.

Das Beispiel von oben (IP-Adresse, Datenbank und Webserver) lautet als Gruppe in XML-Notation:

```xml
<group id="groupMyWebserver">
  <primitive id="resIP" class="ocf" type="IPaddr2" provider="heartbeat">
    <instance_attributes id="resIP_instance_attrs">
      <nvpair id="e967e8c9" name="ip" value="192.168.188.95"/>
    </instance_attributes>
  </primitive>
  <primitive id="resMySQL" class="ocf" type="mysql" provider="heartbeat">
    <instance_attributes id="resource_MySQL_instance_attrs">
      (...)
    </instance_attributes>
  </primitive>
  <primitive id="resApache" class="ocf" type="apache" provider="heartbeat">
    <instance_attributes id="resApache_instance_attrs">
      <nvpair id="apache_config" name="configfile"
              value="/etc/apache/httpd.conf"/>
    </instance_attributes>
  </primitive>
</group>
```

Gruppen können in Bedingungen genauso wie einfache Ressourcen verwendet werden. Wenn die oben definierte Ressource zum Beispiel bevorzugt auf dem Knoten node2 laufen soll, kann man folgende Platzierung angeben:

```xml
<rsc_location id="locMyWebserver" rsc="groupMyWebserver"
              node="node2" score="100"/>
```

Ebenso kann die ID der Gruppe in Bedingungen für Co-Lokationen oder Anordnungen verwendet werden.

Klone

Neben den Gruppen gibt es noch eine weitere Vereinfachung: Wenn identische Ressourcen auf mehreren oder allen Knoten ausgeführt werden sollen, kann der Administrator sogenannte Klone verwenden.

Der Architekt eines Linux-HA-Clusters kann im Grunde alle Ressourcen klonen, vorausgesetzt, der *Resource Agent* unterstützt das. Die meisten der OCF-Agenten haben nichts dagegen, geklont zu werden. Im Gegenteil, manchmal können die Agenten auch unterschiedlich konfiguriert werden, je nachdem, auf welchem Knoten sie laufen. Linux-HA lässt deshalb drei Typen von Klonen zu:

Anonyme Klone (anonymous clones)
    Dieser Typ ist der einfachste Klon. Alle Ressourcen verhalten sich identisch, egal wo sie laufen. Bei diesem Typ muss der Administrator aufpassen, ob es zu Konflikten kommt, wenn zwei Ressourcen auf einem Knoten laufen, und dies gegebenenfalls verhindern.

Global eindeutige Klone (globally unique clones)
    Alle Instanzen der Ressource sind unterschiedlich. Sie unterscheiden sich sowohl dann, wenn sie auf unterschiedlichen Knoten laufen, als auch dann, wenn zwei Ressourcen desselben Klons auf einem Knoten laufen. Möglich ist diese Art von Klonen, wenn zum Beispiel ihr eindeutiges Merkmal, das der CRM verteilt, in die Konfiguration der Ressource eingeht. *Resource Agents* können dann die Umgebungsvariable `OCF_RESEY_CRM_meta_clone` abfragen und nutzen. Sie ist für jeden Klon unterschiedlich. Ein Beispiel ist die Ressource `IPaddr2`.

Klone mit Status (stateful clones)
    Zusätzlich gibt es noch Ressourcen, bei denen sich aktive Ressourcen in unterschiedlichen Zuständen befinden können. Die Zustände werden als primär/sekundär (`Master/Slave`) bezeichnet. Diese Ressourcen können wiederum global eindeutig (oder eben nicht) sein, sie werden im nächsten Abschnitt genauer beschrieben.

> Anders als bei früheren Versionen können inzwischen auch LSB-Ressourcen geklont werden. Allerdings dürfen sie nur in anonymen Klonen verwendet werden.

Natürlich werden für den Klon neben den Attributen der einfachen Ressourcen (`id`, `target-role`, `is-managed`, `priority`) weitere benötigt, um das Verhalten zu definieren. Diese Optionen sind:

ordered
: Die einzelnen Instanzen der Klone werden geordnet, also nacheinander gestartet und wieder angehalten. Die Vorgabe (`false`) ist, dass alle Klone gleichzeitig gestartet werden können.

interleave
: Diese Option bezieht sich auf die Anordnung der einzelnen Ressourcen bei der Konfiguration von mehreren Klonen. Weiter unten folgt eine genauere Erklärung. Die Vorgabe ist: `false`.

notify
: Gibt an, ob die Ressource auf den *anderen* Knoten vor und nach dem Start einer Ressource über diesen informiert werden soll. Dazu muss der Agent natürlich so implementiert sein, dass er etwas mit dieser Benachrichtigung anfangen kann. Für eine genauere Erklärung siehe weiter unten. Die Vorgabe ist: `false`.

clone_max
: Diese wichtige Option gibt an, wie viele Instanzen der Ressource maximal im Cluster laufen können. Je nach Art der Ressource ist es sinnvoll, diese Anzahl gleich der Anzahl der Knoten im Cluster oder auf »2« zu setzen. Die Vorgabe ist hier die Anzahl der Knoten im Cluster.

clone_node_max
: Dieser Wert gibt an, wie viele Instanzen einer Ressource gleichzeitig auf einem Knoten laufen können. Meistens entspricht der Wert hier der Vorgabe »1«. Dieser Wert verhindert auch zum Beispiel Kollisionen bei ununterscheidbaren Ressourcen.

globally-unique
: Mit dieser Option kann man angeben, ob die Instanzen im Cluster global eindeutig oder ununterscheidbar sind. Die Vorgabe hier ist `true`. Bei LSB-Ressourcen muss dieses Attribut auf `false` gesetzt werden.

Zweckmäßig ist das Klonen bei Ressourcen, die mehrmals im Cluster ausgeführt werden sollen. Eine typische Anwendung sind STONITH-Ressourcen, die als identische Klone auf allen Knoten des Clusters gleichzeitig ausgeführt werden können. Die Ressource weiß ja, auf welchen Knoten sie aktuell läuft und welchem Knoten der Strom abgedreht werden soll. Die STONITH-Ressource auf dem aktuellen DC wird also richtig reagieren können. Ein Beispiel für einen solchen Klon-Agenten sieht so aus:

```xml
<clone id="cloneFencing">
  <meta_attributes id="cloneFencing-meta_attributes">
    <nvpair id="nvpair-1a296d57" name="clone-max" value="2"/>
    <nvpair id="nvpair-a1ec4ff3" name="clone-node-max" value="1"/>
  </meta_attributes>
  <primitive class="stonith" id="fencing" type="ibmhc">
    <operations id="fencing-operations">
      <op id="fencing-op-monitor-15" interval="15" name="monitor" timeout="15"/>
    </operations>
```

```
            <instance_attributes id="fencing-instance_attributes">
              <nvpair id="resFencing_ip" name="ipaddr" value="192.168.224.99"/>
            </instance_attributes>
          </primitive>
        </clone>
```

Hier wird die einfache STONITH-Ressource vom Typ `ibmhmc` angelegt. Zur Konfiguration muss als Attribut der Ressource nur die IP-Adresse des entsprechenden Geräts angegeben werden. Da diese Ressource auf allen Knoten des Clusters ausgeführt werden soll, muss `clone_max` entsprechend der Anzahl der Knoten im Cluster gesetzt werden, im Beispiel auf `"2"`. Somit wird auf beiden Knoten des Clusters die Ressource gestartet. Im Fehlerfall startet der überlebende DC den anderen Knoten noch einmal oder fährt ihn herunter.

> Klone können nicht Mitglied einer Gruppe sein. Gruppen können aber sehr wohl geklont werden. Inwieweit das sinnvoll ist, muss der Administrator für seinen Aufbau entscheiden.

Die `ID` von Klonen kann ganz normal in Bedingungen benutzt werden. Bedingungen, die sich auf die einzelne Ressource beziehen, werden nur in relativ exotischen Szenarien nötig.

Die Punkteverteilung bei Klonen unterscheidet sich in bisschen von einfachen Ressourcen. Damit ein Klon stabil auf einem Knoten bleibt, ist die Vorgabe der `resource-stickiness` bei Klonen »1«, und nicht »0«.

Unterschiedliche Instanzen eines Klons kennzeichnet der Cluster durch eine angehängte Zahl, angefangen bei »0«. Die erste Instanz einer geklonten `Sysinfo`-Ressource heißt folglich `resSysinfo:0`. Klone mit unterschiedlichen Funktionen (`globally-unique="true"`) verwenden diese Information, um das eigene Verhalten festzulegen.

Multi-State-Ressourcen

Noch komplexer sind Multi-State-Ressourcen. Dies sind Ressourcen, die in verschiedenen Zuständen vorliegen können. Als Beispiel dienen hier immer die *Distributed Redundant Block Devices* (DRBD). Diese Ressource ermöglicht die Spiegelung der Informationen auf Ebene der Block-Devices. Die erste Beispielanwendung im Abschnitt »Die Nutzung von DRBD« in Kapitel 8 verwendet diese Ressource, um einen hochverfügbaren NFS-Fileserver anzubieten. Die Nutzung dieser Ressource wird dort genauer besprochen.

Damit die Daten zwischen den Knoten repliziert werden können, muss die Ressource auf beiden Knoten laufen. In der aktuellen Version 8 der Software können zwar beide DRBDs im Zustand »`Master`« vorliegen, in der aktuellen Version hat der *Resource Agent* von pacemaker jedoch noch nicht nachgezogen, so dass diese Fähigkeiten von DRBD nicht genutzt werden können. Es kann also immer nur ein Gerät eingehängt sein. Auch ein »nur-lesender« Zugriff auf das zweite Gerät ist nicht möglich. Die DRBDs laufen somit auf beiden

Knoten, allerdings einmal als `Master` und einmal als `Slave`. Im Fehlerfall wird das `Slave`-Device einfach zum `Master` befördert und kann auf dem zweiten Knoten mit allen Applikationsdaten genutzt werden, die zuvor noch der erste Knoten geschrieben hat.

Natürlich kann man den Zustand des Block-Device abfragen und abhängige Ressourcen (zum Beispiel ein Dateisystem) nur dort starten, wo auch der `Master` läuft.

Realisiert ist diese Art von Ressource in Linux-HA als Superset von Klon-Ressourcen. Deshalb stehen auch alle Attribute einer Klon-Ressource zur Verfügung. Zusätzlich kommen noch folgende zwei Attribute hinzu:

master-max
: Anzahl von Ressourcen im Cluster, die sich im Zustand `Master` befinden dürfen. Sinnvollerweise ist dieses Attribut meistens auf 1 gesetzt.

master-node-max
: Anzahl von Ressourcen auf einem Knoten, die sich im Zustand `Master` befinden können. Sinnvollerweise ist dieses Attribut meistens auf 1 gesetzt.

Eine Beispielkonfiguration einer DRBD-Ressource könnte wie folgt aussehen:

```xml
<master id="msDRBD">
  <meta_attributes id="ms_DRBD-meta_attributes">
    <nvpair id="nvpair-61517070" name="clone-max" value="2"/>
    <nvpair id="nvpair-0d05c05d" name="clone-node-max" value="1"/>
    <nvpair id="nvpair-d232bd03" name="master-max" value="1"/>
    <nvpair id="nvpair-a1a6002e" name="master-node-max" value="1"/>
    <nvpair id="nvpair-12345678" name="notify" value="true"/>
  </meta_attributes>
  <primitive class="ocf" id="resDRBD" provider="heartbeat" type="drbd">
    <operations id="resDRBD-operations">
      <op id="resDRBD-op-monitor-Slave-20" interval="20" name="monitor"
          role="Slave" timeout="20"/>
      <op id="resDRBD-op-monitor-Master-10" interval="10" name="monitor"
          role="Master" timeout="20"/>
    </operations>
    <instance_attributes id="resDRBD-instance_attributes">
      <nvpair id="nvpair-96017e48" name="drbd_resource" value="r0"/>
    </instance_attributes>
  </primitive>
</master>
```

In einem Cluster wird eine Ressource vom Typ `drbd` zweimal ausgeführt, maximal einmal pro Knoten. Nur eine Ressource davon kann sich im Zustand `Master` befinden. Als Parameter wird der DRBD-Ressource der Wert `r0` als Name für die zu verwendende Konfiguration übergeben. Alle 10 Sekunden wird der `Master` auf seine Funktion hin geprüft und der `Slave` nur alle 20 Sekunden.

Ein Beispiel zur Nutzung des Agenten für einen hochverfügbaren NFS-Server wird im Abschnitt »Anwendung: Ein hochverfügbarer NFS-Server« in Kapitel 8 gezeigt.

Klone mit verschiedenen Aufgaben bzw. Multi-State-Ressourcen auf verschiedenen Knoten müssen sich auf den verschiedenen Knoten abgleichen können. Dazu müssen solche Agenten zusätzlich noch die Operation `notify` beherrschen. Dies ist zum Beispiel für die DRBD-Ressource wichtig, damit die laufenden Instanzen während des Starts untereinander vereinbaren können, wer `Master` wird und wer `Slave` bleibt.

Wenn das Attribut `notify="true"` gesetzt ist, erhalten alle Agenten *pre-* und *post-*Meldungen (vorher und nachher) von den anderen Ressourcen, bevor diese eine beliebige Operation durchführen. So können sie mögliche Fehler, die dem CRM eigentlich nicht passieren dürften, erkennen und Probleme abfangen. DRBD-Agenten können prüfen, ob schon ein `Master` im Cluster existiert, wenn eine Ressource zum Primary befördert werden soll, und notfalls noch einmal einschreiten.

Der Status der jeweils anderen Ressourcen wird wiederum in Umgebungsvariablen an den Agenten übergeben. Die genauen Namen der Variablen für Klone (Abschnitt »Klone«) und die gerade besprochenen Multi-State-Ressourcen werden auf den entsprechenden Webseiten des Projekts[2] diskutiert.

Ressourcen migrieren

Ressourcen werden normalerweise bei einer Migration auf dem einen Knoten angehalten und auf dem anderen Knoten neu gestartet. Natürlich brechen alle bestehenden Verbindungen ab und müssen vom Client zum Server auf dem neuen Knoten neu aufgebaut werden. Einige Ressourcen versuchen, diese »harte« Migration zu vermeiden, wenn es irgendwie möglich ist. Dazu muss der *Resource Agent* mitspielen, das heißt dafür ausgelegt sein. Prädestiniert für eine solche »weiche« Migration sind komplette virtuelle Rechner, die im Cluster als Ressourcen existieren. Unter bestimmten Umständen kann der Cluster versuchen, diese virtuellen Rechner als Ganzes im laufenden Betrieb umzusiedeln. Der Benutzer eines solchen virtuellen Rechners bekommt vom Umzug (fast) nichts mit.

Die *Resource Agents* müssen natürlich mitspielen und neben dem neuen Meta-Attribut `allow-migrate` die Operationen `migrate-from` und `migrate-to` verstehen. Setzt der Administrator das Meta-Attribut auf true, gibt er dem Cluster zu verstehen, dass er eine weiche Migration wünscht, wenn es möglich ist. Dann ruft der Cluster den Agenten mit `migrate-to` auf dem Knoten auf, auf dem die Ressource bisher gelaufen ist, auf dem anderen Knoten entsprechend mit `migrate-from`. Mehr zu dieser spannenden Technik erfahren Sie im Kapitel 8 »Beispielszenarien« im Abschnitt »Live-Migration«.

---

[2] http://www.linux-ha.org/v2/Concepts/Clones und http://www.linux-ha.org/v2/Concepts/MultiState

Bedingungen für Fortgeschrittene

Wie oben angedeutet, kann der Administrator beliebige Bedingungen definieren, um Ressourcen auf bestimmten Knoten laufen zu lassen oder Verknüpfungen zwischen Ressourcen zu erreichen. Anhand von einigen Beispielen möchte ich diese Möglichkeiten darstellen:

- Anordnungen von Bedingungen.
- Bedingungen im Zusammenhang mit Multi-State-Ressourcen.
- Bedingungen, die sich auf Attribute der Knoten beziehen.
- Zeitliche Vorgaben für Bedingungen.
- Erreichbarkeit im Netz.
- Frei definierbare Kriterien.
- Umschalten erst nach »N« Fehlern. Zuerst soll der CRM versuchen, die Ressource auf dem aktuellen Knoten neu zu starten.
- Systemgesundheit.

Anordnungen von Bedingungen

Mit pacemaker, kann der Administrator relativ komplexe Anordnungen von Bedingungen eingeben. Ressourcen in Gruppen wurden immer sequenziell und auf demselben Knoten ausgeführt. Die Anordnungen sind eine Verallgemeinerung dieser Regeln.

Als Erstes sollen die Ressourcen `resIP`, `resDatabase` und `resApache` angeordnet werden (siehe dazu auch Abbildung 4-1).

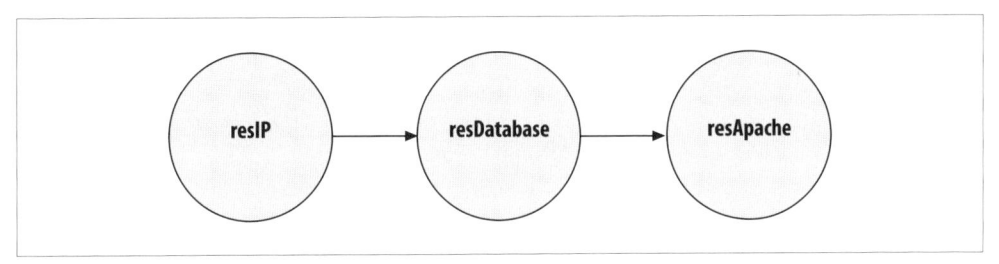

Abbildung 4-1: Anordnung von Bedingungen. Die Ressource »resIP« soll zuerst gestartet werden, danach »resDatabase« und zum Schluss erst die Ressource »resApache«.

Anstelle einer Gruppe oder den einfachen Bedingungen

```
<rsc_order id="ordIPDatabase" first="resIP" then="resDatabase"/>
<rsc_order id="ordDatabaseApache" first="resDatabase" then="resApache"/>
```

kann man das auch mit einem `resource_set` aus den Ressourcen innerhalb der `rsc_order` angeben:

```
<rsc_order id="totalOrder">
  <resource_set id="orderBeispiel" sequential="true">
    <resource_ref id="resIP"/>
    <resource_ref id="resDatabase"/>
    <resource_ref id="resApache"/>
  </resource_set>
</rsc_order>
```

Das mag bei drei Ressourcen noch nicht so interessant sein, aber die Folgen der Einführung einer solchen Anordnung in pacemaker sind gewaltig. Wenn noch ein DNS-Server dazukommt, hören sich die Anordnungen schon wesentlich komplexer an: IP-Adresse und Datenbank sollen gleichzeitig starten, um Zeit zu sparen, aber der Webserver und der DNS-Server sind von beiden Ressourcen abhängig, nicht aber untereinander. Dem Cluster kann man das relativ einfach mitteilen:

```
<rsc_order id="totalOrder-DNS">
  <resource_set id="orderIPDatabase" sequential="false">
    <resource_ref id="resIP"/>
    <resource_ref id="resDatabase"/>
  </resource_set>
  <resource_set id="ordApacheDNS" sequential="false">
    <resource_ref id="resApache"/>
    <resource_ref id="resDNS"/>
  </resource_set>
</rsc_order>
```

In der alten Notation würden hierfür zwei Gruppen benötigt. Grafisch aufbereitet, sieht die Bedingung nun wie in Abbildung 4-2 dargestellt aus.

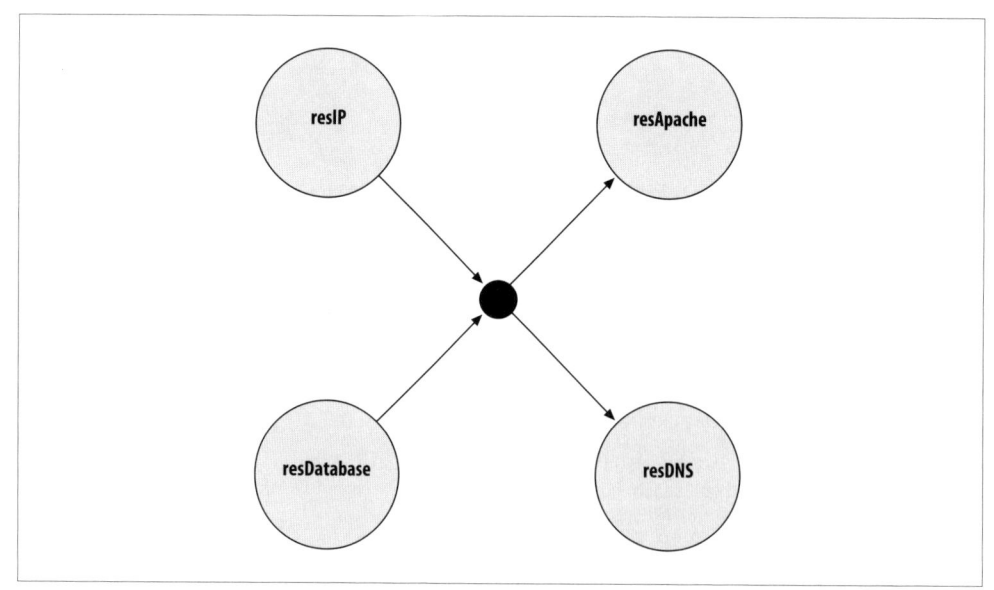

Abbildung 4-2: Nicht nur einfache Anordnungen lassen sich mit einem »resource_set« darstellen, sondern auch komplexere Zusammenhänge.

> Nachdem diese Anordnungen von Bedingungen relativ neuer Code in pacemaker sind, kann sich noch der eine oder andere Bug zeigen. Bevor man diese Anordnungen produktiv einsetzt, muss man sie wirklich gut durchtesten.

Natürlich ersetzt die obige Definition eine Gruppe nicht vollständig, da die Co-Lokation noch fehlt. Diese Bedingung kann man ebenfalls in der neuen Notation darstellen. Lautete der Wunsch des Administrators, alle Ressourcen auf einem Knoten laufen zu lassen:

```
<rsc_colocation id="colIPDatabase" rsc="resDatabase" with-rsc="resIP"/>
<rsc_colocation id="colDatabaseApache" rsc="resApache" with-rsc="resDatabase"/>
```

kann man dies jetzt so formulieren:

```
<rsc_colocation id="totalColoc" score="INFINITY">
  <resource_set id="orderBeispiel" sequential="true">
    <resource_ref id="resApache"/>
    <resource_ref id="resDatabase"/>
    <resource_ref id="resIP"/>
  </resource_set>
</rsc_colocation>
```

Mit dieser Bedingung laufen alle drei Ressourcen auf demselben Knoten (Co-Lokation!). Falls die Ressource resDatabase nicht laufen kann, wird auch der Webserver angehalten, da ja die Ressource, von der er abhängt, auf keinem Knoten läuft.

Allgemein gelten für Sätze von Co-Lokationsbedingungen, folgende zwei Grundsätze:

1. Damit *ein* Mitglied eines Co-Lokationsregelsatzes läuft, müssen *alle* Mitglieder des in der Konfiguration *folgenden* Regelsatzes laufen.

2. Wenn einem Regelsatz das Attribut sequential="true" zugewiesen wurde, muss eine Ressource laufen, damit die im *selben* Regelsatz *vorhergehende* Ressource laufen kann. Bei sequential="false" fällt diese Bedingung weg.

Diese beiden Grundsätze sind vielleicht nicht ganz einfach zu verstehen, und manchmal verhalten sich die Ressourcen nicht so, wie sich der Administrator das zuerst gedacht hatte. Wenn man sich die Anordnung der Bedingungen anhand der beiden Sätze oben noch einmal genau überlegt, erscheint das Verhalten der Ressourcen plötzlich ganz logisch. Bei der Beurteilung des Verhaltens einer Ressource muss man zwei Punkte unterscheiden: ihr Verhältnis zu der *darauffolgenden* Ressource im selben Satz von Ressourcen (resource_set) und die Beziehung zu *allen* Ressourcen im darauffolgenden Ressourcensatz.

Damit können dann auch wesentlich komplexere Abhängigkeiten abgebildet werden als mit einfachen Gruppen.

> Die Anordnungen von Bedingungen können zur Zeit in der Subshell zum CRM noch nicht richtig angezeigt werden und bringen diese durcheinander. Die Anordnungen sollten also sehr vorsichtig eingesetzt werden.

Bedingungen im Zusammenhang mit Multi-State-Ressourcen

Manchmal möchte der Administrator, dass der Master einer Multi-State-Ressource auf einem bestimmten Knoten läuft. Diese Bedingung kann realisiert werden, da eine Regel auch noch ein Attribut »Rolle« zulässt. Dieses Attribut lässt eine Regel nur dann wirksam werden, wenn die Ressourcen, für die die Platzierung eingerichtet wird, in der angegebenen Rolle vorliegen. Mögliche Werte dieses Attributs sind Started, Stopped, Slave oder Master. Sinnvoll wird die gewünschte Konfiguration natürlich mit dem Wert Master.

Der Wunsch des Administrators lässt sich also wie folgt ausdrücken:

```
<rsc_location id="locDRBD_auf_xen1" rsc="msDRBD" node="xen1" role="Master"
        score="100"/>
```

Durch diese Bedingung erhält die Ressource 100 Punkte, wenn sie als Master auf dem Knoten xen1 läuft. Wenn keine Punkte für andere Knoten vergeben werden, wird der Master dieser Ressource auf dem vorgegebenen Knoten laufen.

Natürlich ist es sinnvoll, ein Dateisystem nur dort zu starten, wo auch das DRBD im Zustand Master vorliegt. Mit einer kleinen Erweiterung der Bedingung Co-Lokation mit einem with-rsc-role-Attribut lässt sich dies bewerkstelligen, indem man wiederum die Rolle Master nutzt. Gleichzeitig darf das Dateisystem erst nach der Beförderung der DRBD-Instanz zum Master gestartet werden. Das kann über die first-action einer Anordnung erreicht werden. Neben start und stop kennen Multi-State-Ressourcen auch noch die Aktion promote, die dazu dient, Ressourcen in den Zustand Master zu befördern. Natürlich existiert auch die Aktion demote, die die Ressource vom Master zum Slave herabstuft. Folgende Bedingungen starten ein Filesystem nur auf einem Knoten, auf dem die DRBD-Ressource als Master läuft, in der richtigen Reihenfolge:

```
<rsc_colocation id="colFilesystemDRBD" rsc="resFilesystem" with-rsc="msDRBD"
        with-rsc-role="Master"/>
<rsc_order id="ordDRBDFilesystem" first="msDRBD" first-action="promote"
        then="resFilesystem" then-action="start"/>
```

Solche Bedingungen werden häufig genutzt, um ein Dateisystem und Applikationen auf dem Knoten zu starten, auf dem auch das DRBD im Zustand Master vorliegt. Die Applikation kann sich dabei auf die Ressource Filesystem beziehen.

Das Beispiel »hochverfügbarer NFS-Server« im Abschnitt »Anwendung: Ein hochverfügbarer NFS-Server« in Kapitel 8 macht von diesen Bedingungen Gebrauch.

> Die Vorgabe für die Aktion der *then*-Ressource ist die Aktion der *from*-Ressource und nicht start. Wenn die Aktion von DRBD, wie im Beispiel oben, promote ist, kann der *Resource Agent* des Dateisystems herzlich wenig damit anfangen. In diesem Fall muss start explizit angegeben werden.

Bedingungen, die sich auf Knoten-Attribute beziehen

Anstelle des Attributs score einer Regel kann man auch das Attribut score-attribute verwenden, um eine zusätzliche Flexibilität der Konfiguration zu erreichen. Dieses Attribut veranlasst den Cluster-Manager, bei der Auswertung der Regel und der Punktevergabe einen Attributnamen, der dem vorgegebenen score-attribute entspricht, in der CIB zu suchen und den Wert dieses Attributs als Punktzahl zu verwenden.

Folgende Bedingungen für die Platzierung der Ressource resMyRes wurden eingegeben:

```
<rsc_location id="locMyRes" rsc="resMyRes">
  <rule id="ruleMyRes" score-attribute="mem_installed">
    <expression id="expression-627066ab" attribute="mem_installed"
                operation="defined"/>
  </rule>
</rsc_location>
```

Der Ausdruck sorgt dafür, dass das Attribut im Kontext eines Knotens auch definiert ist. Gleichzeitig wurde in der Definition der Knoten das Attribut mem_installed als zusätzliches Attribut zur Beschreibung der Knoten eingegeben:

```
<nodes>
  <node id="node_node1" uname="node1" type="normal">
    <instance_attributes id="node1_attributes">
      <nvpair id="node1_installed_mem" name="mem_installed" value="1024"/>
      <nvpair id="node1_other_attr" name="other_attr" value="bob"/>
    </instance_attributes>
  </node>
  <node id="node_node2" uname="node2" type="normal">
    <instance_attributes id="node2_attributes">
      <nvpair id="node1_installed_mem" name="mem_installed" value="512"/>
    </instance_attributes>
  </node>
</nodes>
```

Bei der Bewertung der Platzierung sucht der CRM jetzt bei jedem Knoten ein Attribut mit dem Namen mem_installed. Die Punktzahl, die der Knoten erhält, entspricht dem Wert dieses Attributs. Im obigen Fall würde der Knoten node1 also 1024 Punkte erhalten, node2 nur die Hälfte. Die Ressource würde folglich auf dem ersten Knoten gestartet.

Die Attribute der Knoten im Beispiel oben wurden statisch bei der Definition der Knoten eingegeben. Natürlich lassen sich auch dynamisch generierte Informationen aus dem Status-Abschnitt der CIB nutzen. Dies soll am Beispiel der vorhin angesprochenen Ressource SysInfo dargestellt werden. Sie liefert ein aktuelles Abbild des Systemzustands beim Aufruf mit monitor. Diese Werte können als Kriterien für Bedingungen herangezogen werden.

Die Ressource resMyRes soll möglichst auf dem Knoten gestartet werden, auf dessen *root*-Partition mehr als 2 GByte frei sind. Die folgende Platzierung verteilt −100 Punkte, wenn weniger Platz frei ist:

```
<rsc_location id="locroot_free" rsc="resMyResource">
  <rule id="rule_root_free" score="-100">
    <expression id="exp_free" attribute="root_free" operation="lt" value="2"/>
  </rule>
</rsc_location>
```

Natürlich muss die Ressource `SysInfo` konfiguriert sein und für jeden Knoten Werte liefern, damit diese Bedingung sinnvoll eingesetzt werden kann. Eine solche Konfiguration erreicht man am einfachsten durch einen `SysInfo`-Klon.

Zeitliche Vorgaben für Bedingungen

Die Definition der CIB lässt noch ganz andere Möglichkeiten für Attribute zu. Jedes Attribut, egal ob es ein `meta_attribut` oder ein `instance_attribut` ist, lässt sich mit einer Punktzahl und einer Regel versehen. Regeln können entweder die oben genannten Vergleiche sein oder aber *zeitliche Regeln*. So kann sich der Cluster zu verschiedenen Zeiten unterschiedlich verhalten. Ein Beispiel wird weiter unten gezeigt.

Zeitliche Regeln sind anstelle eines einfachen Ausdrucks (`expression`) durch einen sogenannten Datumsausdruck (`date_expression`) gekennzeichnet. Dieser besteht je nach Kontext aus einer Datumsspezifikation (`date_spec`) und/oder einer Dauer (`duration`). Die möglichen Attribute einer `date_expression` sind:

start
: Angabe einer Startzeit. Das Format muss ISO 8601 entsprechen.

end
: Angabe einer Endzeit im ISO 8601-Format. Dieses Attribut kann bei Angabe von Startzeitpunkt und Dauer ausgelassen werden.

operation
: Die Operation vergleicht je nach Kontext die aktuelle Zeit bzw. das Datum mit den Angaben oben.

Die Operatoren bedeuten dabei im Einzelnen:

gt
: Bei der Operation gt wird die aktuelle Zeit (now) mit der Spezifikation des Startzeitpunkts verglichen. Der Ausdruck ist demnach wahr, wenn die Startzeit schon vorbei ist.

lt
: Entsprechend ist ein Datumsausdruck mit dem Operator lt wahr, wenn now vor dem Schlusszeitpunkt liegt.

in_range
: Die Operation in_range vergleicht now mit dem Start- und dem Endzeitpunkt und ist wahr, wenn now zwischen diesen beiden Spezifikationen liegt. Dieser Operator ist auch die Vorgabe, falls nichts anderes angegeben wurde.

date_spec
: Der letzte Operator ist date_spec, der now mit einer Datumsspezifikation auf eine ähnliche Weise vergleicht, wie es auch cron macht. Mit diesem Operator können also wiederkehrende Ereignisse eingegeben werden. Zusätzlich achtet der Operator auch noch auf den Start- und den Endzeitpunkt.

Start- und Endzeitpunkt werden in einer Notation eingegeben, die der ISO-Norm 8601 entspricht. Attribute der Datumsspezifikationen können wie folgt angegeben werden:

hours
: Werte von 0 bis 23.

monthdays
: Erlaubte Werte von 0 bis 31, je nach Monat.

weekdays
: Tage der Woche, Wertebereich 1 bis 7, wobei 1 dem Montag entspricht.

yeardays (1-366)
: Tag des Jahres, Wertebereich von 1 bis 366.

months
: Monat von 1 bis 12.

weeks
: Woche von 1 bis 53.

years
: Das Kalenderjahr.

moon
: Mondphase, wobei 0 Neumond entspricht und 4 Vollmond bedeutet.

Zeitdauern werden wie Zeitspezifikationen eingegeben.

Beispiel 1: Gültig für einen Zeitpunkt innerhalb des Jahres 2009:

```
<rule id="in_2009">
  <date_expression id="date_expr1" start="2009" operation="in_range">
    <duration years="1"/>
  </date_expression>
</rule>
```

Äquivalent ist der Ausdruck:

```
<rule id="in_2009">
  <date_expression id="date_expr2" operation="date_spec">
    <date_spec years="2009"/>
  </date_expression>
</rule>
```

Beispiel 2: Die normale Arbeitszeit wird wie folgt angegeben:

```
<rule id="mon-fri_9_to_5">
  <date_expression id="date_expr3" operation="date_spec">
```

```
        <date_spec hours="9-17" days="1-5"/>
    </date_expression>
</rule>
```

Wenn man den *ganzen* Samstag auch noch arbeiten will, kann man das so ausdrücken:

```
<rule id="working_hard" boolean_op="or">
    <date_expression id="date_expr4-1" operation="date_spec">
        <date_spec hours="9-17" days="1-5"/>
    </date_expression>
    <date_expression id="date_expr4-2" operation="date_spec">
        <date_spec days="6"/>
    </date_expression>
</rule>
```

Für abergläubische Administratoren sei noch folgendes Beispiel aufgeführt:

```
<rule id="superstition" boolean_op="and">
    <date_expression id="date_expr5" operation="date_spec">
        <date_spec weekdays="5" monthdays="13" moon="4"/>
    </date_expression>
</rule>
```

Nützlich sind solche zeitlichen Begrenzungen, wenn man den Platzwechsel von Ressourcen zwischen den Knoten steuern will, da ja bei jedem Wechsel eine gewisse Auszeit herrscht, auch wenn diese nur sehr kurz ist. Abhängig von der Applikation reißen auch alle bestehenden Verbindungen ab. Wenn es zum Beispiel am Mittwoch Probleme mit einem Knoten gab und die Ressourcen auf andere Knoten gewechselt sind, will man sicher nicht gleich wieder eine (kurze) Unterbrechung riskieren, nachdem der Schaden am Donnerstag behoben ist. Besser wäre es, die Ressourcen erst in der Nacht von Sonntag auf Montag zwischen 2 und 3 Uhr sich ihren angestammten Platz suchen zu lassen.

Diese Operation kann man mit einem zeitabhängigen Wert der resource-stickiness einer Ressource durchführen, wenn er unter der Woche relativ hoch ist und nur zu einem bestimmten Zeitpunkt so niedrig wird, dass der Cluster die Ressourcen neu verteilen kann. Die entsprechende Konfiguration der CIB würde dann so aussehen:

```
<primitive id="resIP" class="ocf" type="IPaddr2" provider="heartbeat">
    <meta_attributes id="resIP-meta_attributes-override" score="100">
        <rule id="rule_failover">
            <date_expression id="expr_failover" operation="date_spec">
                <date_spec id="date_spec-065405fb" hours="2-3" weekdays="1"/>
            </date_expression>
        </rule>
        <nvpair id="nvpair-13f17054" name="resource-stickiness" value="0"/>
    </meta_attributes>
    <meta_attributes id="meta_attrs_default" score="10">
        <nvpair id="nvpair-c66ea4ac" name="resource-stickiness" value="100"/>
    </meta_attributes>
    (...)
</primitive>
```

Montags zwischen 2 und 3 Uhr morgens erhält der Abschnitt meta_attributes 100 Punkte. Natürlich will der gierige Cluster diese Punkte und setzt damit die resource-stickiness auf 0. Zu allen anderen Zeiten erhält der Cluster nur 10 Punkte, und die resource-stickiness wird auf 100 gesetzt. Alternativ kann man sich vorstellen, eine gründliche Überprüfung einer Ressource (z.B. fsck), die eine hohe Systemlast verursacht, in die Nachtstunden zu verlegen.

Die obigen Regeln für die resource-stickiness gelten natürlich nur für die eine einfache Ressource. Im Abschnitt rsc_defaults der Konfiguration für den gesamten Cluster (crm_config) kann der Administrator aber Werte vorgeben, die dann für alle Ressourcen gelten, die keine eigene resource-stickiness gesetzt haben. Zeitabhängige globale Werte würden demnach wie folgt eingegeben:

```
<crm_config>
  <cluster_property_set id="cib-bootstrap-options">
  (...)
    <rsc_defaults>
      <meta_attributes id="moday2to3" score="100">
        <rule id="rule_monday2to3">
          <date_expression id="expr_monday2to3" operation="date_spec">
            <date_spec hours="2-3" weekdays="1"/>
          </date_expression>
        </rule>
        <nvpair id="failover-stickiness" name="resource-stickiness" value="0"/>
      </meta_attributes>
      <meta_attributes id="default_meta_attrs" score="10">
        <nvpair id="normal_stickiness" name="resource-stickiness" value="0"/>
      </meta_attributes>
    </rsc_defaults>
  </cluster_property_set>
</crm_config>
```

> Alle Änderungen im Cluster werden üblicherweise durch Ereignisse, wie zum Beispiel den Ausfall eines Knotens, gesteuert. Damit der Cluster auch auf zeitgesteuerte Ereignisse reagieren kann, muss das Attribut cluster-recheck-interval in der Konfiguration des Clusters entsprechend kurz gesetzt werden. So berechnet der CRM zum Beispiel zusätzlich alle fünf Minuten, ob er die Ressourcen neu verteilen muss, obwohl kein Knoten den Status geändert hat.

Ein anderes Beispiel für solche Regeln zeigt, wie unterschiedliche Hardware im Cluster genutzt werden kann. Die Ressource resIP soll auf dem Knoten node1 auf eth0 erscheinen, auf dem Knoten node2 aber auf eth1. Dazu muss man das instance_attribute nic der Ressource abhängig vom uname des Knotens setzen:

```
<primitive id="resIP" class="ocf" type="IPAddr2" provider="heartbeat">
  <instance_attributes id="special-node2" score="2">
    <rule id="node2-special-case">
```

```
        <expression id="node2-special-case-expr" attribute="#uname" operation="eq"
                value="node2"/>
      </rule>
      <nvpair id="node2-interface" name="nic" value="eth1"/>
    </instance_attributes>
    <instance_attributes id="defaults" score="1">
      <nvpair id="default-interface" name="nic" value="eth0"/>
    </instance_attributes>
</primitive>
```

Erreichbarkeit im Netz

Ein wichtiges Kriterium für die Entscheidung, ob ein Knoten Ressourcen übernehmen soll oder nicht, ist die Erreichbarkeit des Knotens im Netz. Diese Entscheidung kann nicht allein über den Status der Netzwerkschnittstelle (up/down) getroffen werden. Vielmehr sind die Knoten mit Kabeln an den nächsten Switch angebunden. Switches oder Router auf dem Weg zum Client können ausfallen. Deshalb ist es sinnvoller, einen oder mehrere Hosts anzupingen, um so die Verfügbarkeit des gesamten Netzes zu beurteilen. Diese sogenannten *Pingnodes* werden über die Ressource `pingd` eingerichtet (siehe Abschnitt »pingd« in Kapitel 6). Dazu ist eine Klon-Ressource nützlich, die wie folgt definiert ist:

```
<clone id="clonePing">
    <primitive class="ocf" id="clone_ping-primitive" provider="pacemaker"
            type="pingd">
      <instance_attributes id="clone_ping-primitive-instance_attributes">
        <nvpair id="nvpair-48efdbbc" name="host_list"
              value="192.168.188.2 192.168.188.3"/>
        <nvpair id="nvpair-edb09383" name="dampen" value="5s"/>
        <nvpair id="nvpair-ce8cb00a" name="multiplier" value="100"/>
        <nvpair id="nvpair-9398d786" name="interval" value="2"/>
      </instance_attributes>
    </primitive>
</clone>
```

Die Klon-Ressource `clonepingd` ist so definiert, dass sie auf jedem Knoten genau einmal eine einfache Ressource `pingd` startet. Im Beispiel werden die Knoten 192.168.188.2 und 192.168.188.3 angesprochen. Bei Erfolg multipliziert sie die Anzahl der erreichbaren Knoten mit dem Faktor 100 (`multiplier`) und schreibt dies nach einer Schonzeit von 5 Sekunden (`dampen`) in die CIB. Die Schonzeit wird eingebaut, damit ein einzelner verlorener Ping nicht gleich den ganzen Cluster verunsichert. Wenn der nächste Ping rechtzeitig ankommt, wird der eine Fehler ignoriert.

Die Ressource startet den `pingd` im Hintergrund. Dieser spricht alle Rechner, die im Attribut `hostlist` aufgeführt sind, alle `interval` Sekunden an. Danach wird der Status-Abschnitt des entsprechenden Knotens auf den neuesten Stand gebracht:

```
<node_state id="0d6a2fb2" uname="xen02" ha="active" in_ccm="true" crmd="online"
        join="member" expected="member" crm-debug-origin="do_update_resource"
        shutdown="0">
    <transient_attributes id="transient-0d6a2fb2">
```

```xml
<instance_attributes id="status-0d6a2fb2">
  <nvpair id="status-0d6a2fb2-probe_complete" name="probe_complete"
          value="true"/>
  (...)
  <nvpair id="status-0d6a2fb2-pingd" name="pingd" value="200"/>
</instance_attributes>
    </transient_attributes>
  </node_state>
```

Da beide Ping-Knoten erreichbar sind, erhält der Knoten 200 Punkte für das Attribut pingd. Als Beispiel soll nun die Ressource resMyService nur auf den Knoten laufen dürfen, die mindestens einen Ping-Knoten erreichen können. Die Regel der Platzierungsbedingung vergibt -INFINITY Punkte, wenn das Attribut pingd im Kontext des Knotens nicht definiert ist oder weniger als ein Ping-Knoten erreicht wird:

```xml
<rsc_location id="locMyService" rsc="resMyService">
  <rule id="connectedMyService" score="-INFINITY" boolean_op="or">
    <expression id="d05ba3e1" attribute="pingd" operation="lte" value="0"/>
    <expression id="232c77ee" attribute="pingd" operation="not_defined"/>
  </rule>
</rsc_location>
```

In diesem Beispiel wird auch gleich die Verknüpfung von zwei Ausdrücken mit Booleschen Operatoren gezeigt.

Noch besser wäre es, den Knoten mit der höchsten Punktzahl auszuwählen anstelle eines Knotens, der nur irgendwie erreichbar ist. Für diesen Spezialfall kann statt des Tags score, das einen direkten Zahlenwert (hier: -INFINITY) angibt, wenn die Regel erfüllt ist, das Tag score-attribute für die Bewertung der Regel genutzt werden. Dieses Attribut verweist auf ein anderes Attribut, und der Wert dieses Attributs ergibt die Punktzahl für die Regel. Für die Erreichbarkeit der Knoten kann man das einfacher ausdrücken: Das Attribut pingd hat auf jedem Knoten einen Wert (Anzahl der erreichbaren Knoten * Multiplikator). Der Wert dieses Attributs kann als Punktzahl für die Platzierung direkt übernommen werden. Natürlich muss überprüft werden, ob pingd im Kontext eines Knotens überhaupt definiert ist. Deshalb lautet die bessere Version der Platzierung mit score-attribute:

```xml
<rsc_location id="locMyService" rsc="resMyService">
  <rule id="pingd_rule" score-attribute="pingd">
    <expression id="defined" attribute="pingd" operation="defined"/>
  </rule>
</rsc_location>
```

Nach dieser Definition wird die Ressource resMyService auf dem Knoten gestartet, der die beste Verbindung zum Netzwerk hat, also die höchste Anzahl an Ping-Knoten sieht. Sinnvoll ist eine solche Definition natürlich dort, wo mehrere Ping-Knoten definiert sind. Damit die Ressource bei kleinen Schwankungen der Erreichbarkeit nicht willkürlich zwischen den Knoten springt, kann im Beispiel eine resource-stickiness von 100 Punkten definiert werden. Dann muss der Unterschied in der Erreichbarkeit schon zwei Ping-Knoten betragen, damit eine Ressource auch den Knoten wechselt.

Frei definierbare Kriterien

Das Beispiel des `pingd` zeigt noch etwas anderes: Externe Programme (hier die Ressource `pingd`) können eigene Attribute im Status eines Knotens setzen und verändern. Dazu wird das Programm `attrd_updater` genutzt. Die genaue Befehlssyntax wird im Abschnitt "attrd_updater" in Kapitel 5 beschrieben. Die Attribute werden normalerweise im Abschnitt `<transient_attributes>` des Status des Knotens aufgelistet, auf dem der Befehl ausgeführt wurde. Ein

```
xen01:~# attrd_updater -n myTestAttribute -v True
```

hinterlässt im Status von *xen01* folglich:

```
<transient_attributes id="730263e5">
  <instance_attributes id="status-730263e5">
    <attributes>
      <nvpair id="status-730263e5-myTestAttribute" name="myTestAttribute"
              value="True"/>
    </attributes>
  </instance_attributes>
</transient_attributes>
```

Ein eigenes Skript kann den Befehl nutzen, um Informationen an die CIB weiterzugeben. Diese Einträge in der CIB können von Bedingungen (speziell: Platzierungen) ausgewertet werden. Wenn der Administrator die Ressource `resRadius` bevorzugt dort laufen lassen will, wo `myTestAttribute="True"` ist, könnte die Bedingung also wie folgt lauten:

```
<rsc_location id="locRadius" rsc="resRadius">
  <rule id="prefered_location_radius" score="100">
    <expression id="2ab62c60" attribute="myTestAttribute" operation="eq"
                value="True"/>
  </rule>
</rsc_location>
```

Failover erst nach »N« Fehlern

Oft will der Administrator eine Ressource auf einem Knoten erst einmal durchstarten, bevor sie auf einen anderen Knoten umzieht. Dazu bietet Linux-HA einen Zähler, der registriert, wie oft eine bestimmte Ressource auf einem bestimmten Knoten einen Fehler gemeldet hat.

In Version 2 von Linux-HA wurde die Anzahl der Fehler noch mittels eines Faktors in Punkte für den Knoten umgerechnet. Diese Methode war nicht zuverlässig und störte oft die richtige Interpretation der Punktestände. Deshalb haben die Entwickler das Fehlerzählen in pacemaker noch einmal komplett umgekrempelt: Jede Ressource hat auf jedem Knoten ihren eigenen Fehlerzähler behalten; anstatt die Fehler aber in Punkte umzurechnen, gibt es ein neues Meta-Attribut, den Stellenwert `migration-threshold`. Er entspricht direkt der Anzahl Fehler, die Ressourcen auf den Knoten haben dürfen.

Bei jedem Fehler, den die Überwachung einer Ressource zurückmeldet, zählt der Fehlerzähler der Ressource eins weiter. Bei einem Fehler beim Start einer Ressource wird der Fehlerzähler sofort auf INFINITY gesetzt, und die Ressource versucht, auf einem anderen Knoten zu starten. Falls ein Fehler beim Anhalten einer Ressource (stop) auftritt, hat der Cluster zwei Möglichkeiten: Wenn STONITH konfiguriert ist, versucht der Cluster, den Knoten abzuschalten und die Ressource auf einem anderen Knoten neu zu starten. Ist kein STONITH eingerichtet, kann er das natürlich nicht und versucht nach einer Bedenkzeit, die Ressource noch einmal zu stoppen.

Wenn zum Beispiel die Ressource resIP auf einem Knoten bei der Überwachung (monitor Operation) einen Fehler meldet, hinterlässt das folgenden Eintrag im Status-Abschnitt der CIB für den entsprechenden Knoten:

```
<node_state uname="xen01" (...)>
  <transient_attributes id="0d6a2fb2">
    <instance_attributes id="status-0d6a2fb2">
      <nvpair id="status-last-failure-resIP" name="last-failure-resIP"
              value="1238590071"/>
      <nvpair id="status-fail-count-resIP" name="fail-count-resIP" value="1"/>
    </instance_attributes>
  </transient_attributes>
  (...)
</node_state>
```

Falls der Wert des Fehlerzählers größer als migration-threshold oder gleich ist, wird sich die Ressource einen neuen Knoten suchen. Linux-HA überwacht eine Ressource alle 10 Sekunden, die wie folgt definiert ist:

```
<primitive class="ocf" id="resIP" provider="heartbeat" type="IPaddr2">
  <meta_attributes id="resIP-meta_attributes">
    <nvpair id="nvpair-c8cccadf" name="migration-threshold" value="3"/>
  </meta_attributes>
  <operations id="resIP-operations">
    <op id="resIP-op-monitor-10s" interval="10s" name="monitor" on-fail="restart"
        timeout="20s"/>
  </operations>
  <instance_attributes id="resIP-instance_attributes">
    <nvpair id="nvpair-dd756ab6" name="ip" value="192.168.188.136"/>
    <nvpair id="nvpair-07ade86e" name="nic" value="eth0"/>
    <nvpair id="nvpair-b1e06793" name="cidr_netmask" value="24"/>
  </instance_attributes>
</primitive>
```

Sollte der Knoten aus irgendeinem Grund die IP-Adresse vergessen haben, setzt der Cluster die Adresse einfach neu (on-fail="restart"). Das macht der Cluster genau dreimal. Beim dritten Fehler wechselt die Ressource den Knoten. Üblicherweise muss dann der Administrator eingreifen und sollte die tatsächliche Ursache für den Fehler suchen und beseitigen. Erst danach darf er den Fehlerzähler manuell zurücksetzen. Der Cluster nimmt ihm diese Arbeit nicht ab.

> Der Fehlerzähler wird nicht automatisch durch den Cluster zurückgesetzt. Somit kann eine Ressource normalerweise nicht auf den ursprünglichen Knoten zurückkehren, da ja der Fehlerzähler immer noch über dem Grenzwert liegt. Dies soll die Rückkehr der Ressource auf einen Knoten verhindern, auf dem die Ursache für das Versagen nicht beseitigt ist. Wenn der Administrator sich darum gekümmert hat, kann er gleichzeitig auch den Zähler zurücksetzen.

Der Fehlerzähler kann mit dem Kommando `crm_failcount` angezeigt und auch wieder zurückgesetzt werden. Näheres zu diesem Kommando finden Sie im Abschnitt »crm_failcount« in Kapitel 5. Bei Problemen im Cluster sollte der Administrator diesen Fehlerzähler immer abfragen.

In pacemaker haben die Entwickler aber doch eine Hintertür für eine mögliche automatische Bereinigung eingebaut. Neben dem Meta-Attribut `migration-threshold` einer Ressource kann man ein `failure-timeout` definieren. Da sich der Cluster neben dem Stand des Fehlerzählers auch den Zeitpunkt des letzten Fehlers merkt, bewirkt ein `failure-timeout="300s"`, dass die Fehler nach 5 Minuten wieder »vergessen« werden und die Ressource nach dieser Zeit auf den ursprünglichen Knoten zurückkehren kann.

Systemgesundheit

In der zurzeit aktuellen Version 1.0.4 von `pacemaker` ist zusätzlich eine weitere Möglichkeit hinzugekommen, den Cluster über den Gesundheitszustand von Knoten zu unterrichten. Der Cluster kann aufgrund dieser Informationen Ressourcen verschieben.

Externe Dienste überwachen alle Knoten des Clusters permanent und hinterlegen ihre Ergebnisse als Werte in der CIB analog zum `pingd`. Die Attribute, die für die Überprüfung des Gesundheitszustands verwendet werden, beginnen alle mit der Kennung `#health`. So können verschiedene Dienste diese Schnittstelle im Cluster nutzen. Denkbar sind Daemons für die Hardware (z.B. `#health-ipmi`), für die Überprüfung von Festplatten mit `smartd` (`#health-smart`) oder eigene Skripte des Administrators (`#health-myscript`). Jeder dieser Dienste schreibt seinen Status in der Form `red`, `yellow` oder `green` in diese Attribute. Der Cluster-Manager bezieht sie in seine Überlegungen zur optimalen Platzierung von Ressourcen im Cluster mit ein. Der Administrator gibt die Richtung mit dem Attribut `node-health-strategy` in der Konfiguration des Clusters an. Möglich sind die Werte:

none
: Dieser Wert ist die Vorgabe und gibt an, dass der Cluster die zusätzlichen Informationen nicht auswerten soll.

migrate-on-red
: Wenn ein einziges der `#health`-Attribute den Wert `red` hat, erhalten alle Ressourcen auf diesem Knoten `-INFINITY` Punkte und müssen sich daher einen anderen Knoten suchen. Falls die Attribute `yellow` oder `green` sind, gibt es keine Punkte.

only-green
: Die Höchststrafe von -INFINITY Punkten gibt es nicht nur bei red, sondern auch schon bei yellow. Die Ressourcen können also nur auf einem vollständig gesunden Knoten laufen.

progressive
: Die Punkte, die bei red, yellow oder green vergeben werden, übernimmt die *Policy Engine* aus der Konfiguration des Clusters. Die Werte finden sich im Abschnitt crm_config. Die Vorgaben für die einzelnen Zustände sind:

```
node-health-red      -INFINITY
node-health-yellow   0
node-health-green    0
```

custom
: Bei dieser Einstellung kann der Administrator die Regeln selbst bestimmen. Allerdings habe ich noch keine Schnittstelle gefunden, die eine Konfiguration der Regeln zulässt.

Da das ganze System der Gesundheitsüberprüfung der Knoten noch relativ neu ist, existieren auch noch keine Dienste, die die #health-Attribute entsprechend setzen können. Es ist geplant, entsprechende Agenten zu veröffentlichen.

Jeder Administrator kann aber seine eigene Skripte schreiben, die den attrd_updater nutzen. Zum Testen wird einfach eine Dummy-Ressource angelegt und gestartet. Mit der Einstellung

```
<nvpair id="cib-bootstrap-options-node-health-strategy"
        name="node-health-strategy" value="migrate-on-red"/>
```

in den globalen Optionen gibt der Administrator vor, dass der Cluster die Attribute auswerten soll, und infiziert einen Knoten anschließend vorsätzlich:

```
# attrd_updater -n "#health-my" -v red
```

Der Cluster-Manager verschiebt alle Ressourcen auf einen anderen Knoten. Um den Knoten zu heilen, löscht man einfach das Attribut wieder:

```
# attrd_updater -n "#health-my" -D
```

KAPITEL 5
Verwaltung des Clusters

In diesem Kapitel werden verschiedene Werkzeuge zur Verwaltung des Clusters vorgestellt. In Version 2 von Linux-HA konnte sich der Administrator zwischen der Kommandozeile und einer mehr oder minder brauchbaren GUI entscheiden. Mit pacemaker haben die Entwickler die GUI komplett überarbeitet, und auch die Kommandozeile hat auch die eine oder andere Neuerung erfahren. Zusätzlich hat der *Cluster Resource Manager* (CRM) eine eigene Shell bekommen. Der Administrator kann den Cluster über diesen direkten Zugang relativ einfach verwalten.

Zum aktuellen Zeitpunkt noch nicht direkt brauchbar, aber mit interessanten Perspektiven ist eine Neuentwicklung einer GUI der Firma *Linbit*, also der Firma, die hinter dem DRBD-Projekt steht. Diese GUI basiert auf Java, kann also auch auf Windows-Rechnern eingesetzt werden.

Die einzelnen Beispiele des vorherigen Kapitels »Ressourcen einrichten« können mithilfe der Werkzeuge eingegeben werden, die in diesem Kapitel vorgestellt werden. Die Beispiele können wie Bausteine verwendet werden, die bei Bedarf in abgewandelter Form in die eigenen Projekte eingebaut werden können. Auch in Kapitel 8 kommen die vorgestellten Werkzeuge zum Einsatz, um die Beispiele dort zu konfigurieren.

Jeder Administrator hat seine Vorlieben. Der eine bevorzugt eine GUI, der andere schwört auf eine Kommandozeile. Dieser Streit schwelt, seit die Computer eine grafische Oberfläche bieten. An dieser Stelle sollen einfach alle Möglichkeiten gezeigt werden, einen Cluster zu konfigurieren. Die GUI bietet einen schönen, intuitiven Zugang zur Konfiguration und Verwaltung eines Clusters. Deshalb soll sie an erster Stelle behandelt werden. Administratoren, die die Kommandozeile bevorzugen, können diesen Abschnitt überspringen und gleich im Abschnitt »Die Befehle« weiterlesen. Ab Version 1.0.2 haben die Entwickler auch in pacemaker einen direkten Zugang von der Kommandozeile zum CRM eingebaut. Modernere Konfigurationen werden zunehmend in der Notation dieser Subshell dargestellt. Ihre Beschreibung findet sich im Abschnitt »Die Subshell zum CRM«.

Die GUI

Ab Version 2 bringt Linux-HA eine eigene GUI mit. Die ursprüngliche Version eignete sich bedingt für einfache Konfigurationen und die grundlegende Administration, bei ihrem Einsatz stieß ein echter Administrator allerdings schnell an die Grenzen.

> In der ursprünglichen Version 2 warnten die Entwickler vor dem Einsatz der GUI. Viele Fehler schlichen sich durch deren Nutzung ein, und es konnte auch vorkommen, dass die komplette CIB unbrauchbar wurde. Zitat: *»The GUI implements a fundamentally broken design that has been known to destroy configurations it doesn't understand (which is plenty of them).«* (Andrew Beekhof)

Mit pacemaker wurde die GUI grundsätzlich überarbeitet und versteht jetzt die komplette Konfiguration des Clusters. Die Warnung von oben gilt also nicht mehr. Leider ist die GUI auch wesentlich komplexer geworden und nicht mehr so intuitiv nutzbar wie die alte Version. In dieser Auflage des Buchs wird ausschließlich die neue Version besprochen.

Start der GUI

Die GUI ist in den neuen Versionen auf zwei Pakete aufgeteilt. In `pacemaker-mgmt` findet sich der Server, der auf dem Knoten des Clusters laufen sollte. Das Paket `pacamaker-mgmt-client` muss auf jedem Rechner installiert werden, von dem aus der Cluster verwaltet werden soll. Auf diesem Rechner muss die grafische Oberfläche X konfiguriert sein.

Die GUI kann auf dem Arbeitsplatzrechner des Administrators installiert sein oder per X-Session vom Cluster lokal dargestellt werden. Ideal ist hierfür die Möglichkeit von `ssh`, die grafische Ausgabe automatisch per Option `-X` auf den lokalen Bildschirm umzuleiten. Das muss natürlich in der Konfiguration des `ssh`-Dienstes auf den Knoten des Clusters erlaubt sein (Option `X11Forwarding yes` in der Konfigurationsdatei des SSH-Servers *sshd.conf*). Dann kann sich der Administrator mit

```
# ssh -C -X root@Knoten
```

auf einem Knoten des Clusters einloggen. Die grafische Ausgabe von X wird auf den eigenen Client umgelenkt.

Die GUI wird mit dem Befehl `hb_gui` aufgerufen. Dieser Befehl findet sich im Verzeichnis */usr/bin*. Die Datei bezeichnet einen Link auf */usr/share/heartbeat-gui/haclient.py*.

Es erscheint ein leeres Fenster, das nur die Möglichkeit zum Login auf einem Knoten des Clusters oder zum Verlassen des Programms lässt. Da der Cluster alle Änderungen automatisch repliziert, ist es vollkommen egal, auf welchem Knoten man sich einloggt. Er muss nicht unbedingt DC sein; der Knoten kann sich auch im Stand-by-Modus befinden.

Beim Einloggen fragt das Programm nach dem Server, also einem Knoten des Clusters, einem Benutzernamen und dem Passwort. Der Server hört auf dem Port `tcp/5560` auf eingehende Verbindungen von Clients (siehe Abbildung 5-1).

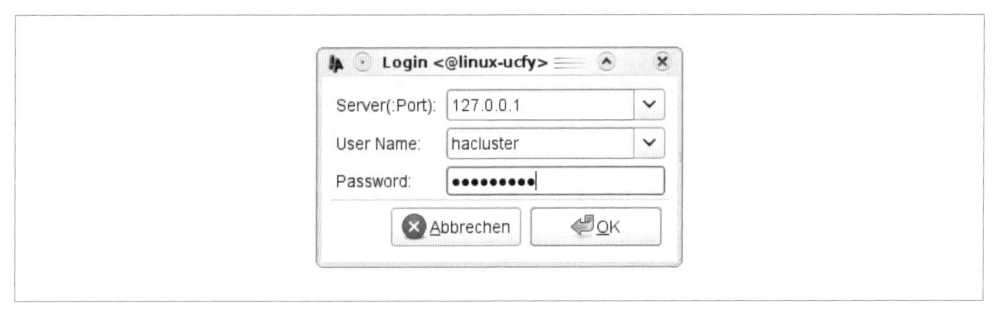

Abbildung 5-1: Anmeldefenster der GUI.

> Ursprünglich waren Entwickler keine Anhänger der GUI, so dass der Management-Daemon auf Port 5560, mit dem sich die GUI verbindet, von `heartbeat` nicht automatisch gestartet wird. Falls `heartbeat` eingesetzt wird, müssen folgende Änderungen in der Konfigurationsdatei *ha.cf* eingetragen werden, damit dieser Dienst im Hintergrund gestartet wird:
>
> ```
> apiauth   mgmtd   uid=root
> respawn   root    /usr/lib/heartbeat/mgmtd
> ```
>
> Falls `OpenAIS` eingesetzt wird, ist im `service{...}`-Abschnitt der Konfiguration die Zeile
>
> ```
> use_mgmtd: 1
> ```
>
> schon hinzugefügt, und der Dienst wird automatisch gestartet.

Üblicherweise wird der Benutzer `hacluster` verwendet. Benutzernamen und Passwörter werden über den lokalen PAM-Mechanismus authentifiziert. Der Benutzer `hacluster` wird bei der Installation der Software per Paketmanager angelegt. Das Passwort kann mit dem `passwd`-Kommando geändert werden. Andere Benutzer können ebenfalls eingerichtet werden, müssen aber Mitglieder der Gruppe `haclient` sein, um die GUI nutzen zu dürfen. Diese Gruppenzugehörigkeit wird über die Einstellungen der *ha.cf* gesteuert (siehe Anhang).

> Falls das Passwort oder der Benutzername falsch eingegeben wurde, erscheint eine Fehlermeldung im Logfile (*syslog* oder *messages*) mit folgendem Inhalt:
>
> ```
> Nov 18 10:59:07 xen01 mgmtd: [1238]: ERROR: on_listen pam auth
> failed
> ```

Nach erfolgreichem Login erscheint die Übersicht über den aktuellen Zustand des Clusters. Die GUI ist neben der gewohnten Menüleiste in zwei Felder aufgeteilt.

Übersicht

Im rechten Feld werden Informationen über das Objekt dargestellt, das im linken Feld ausgewählt wurde. Änderungen am Objekt können über das rechte Feld eingegeben werden (siehe Abbildung 5-2).

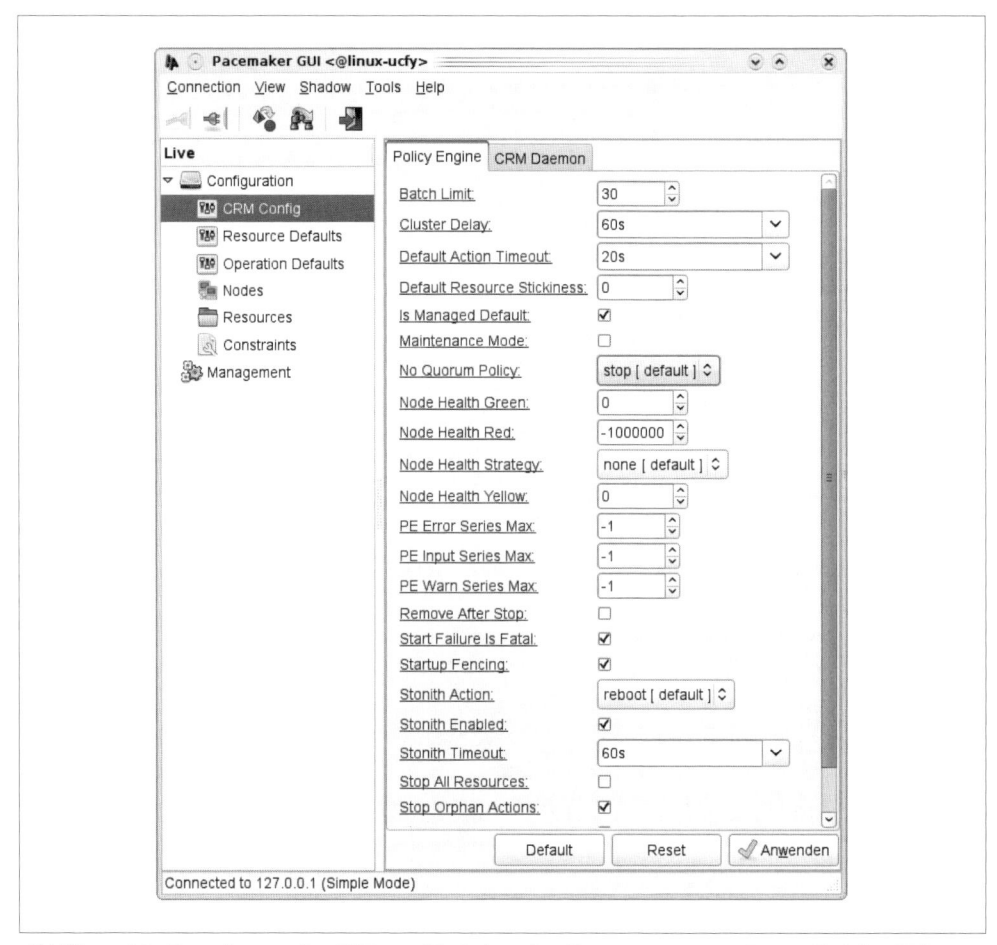

Abbildung 5-2: Einstellungen der GUI zum Verhalten des Clusters insgesamt. Dieser Teil der GUI entspricht dem Abschnitt »crm_config« der CIB.

Die Angaben zum Cluster selbst (oberstes Objekt CONFIGURATION) sind auf die Registerkarten CLUSTER und CIB aufgeteilt. Die Informationen geben die groben Daten zum Cluster wieder, wie Softwareversion, Debug-Level oder Kommunikationsport. Diese Angaben können nicht über die GUI verändert werden, sondern spiegeln die Angaben in der *ha.cf* bzw. der OpenAIS-Konfiguration wider.

Die Felder des Blatts CRM Config bieten eine Schnittstelle zum Abschnitt crm_config der CIB als Grundkonfiguration für den gesamten Cluster. Alle einfachen Attribute finden sich im Register Policy Engine. Die Einstellungen auf der Registerkarte CRM Daemon werden eigentlich nie benötigt. Die Bedeutung der Attribute wurde in Kapitel 4 behandelt. Zum Sinn der einzelnen Parameter lesen Sie den Abschnitt »Die globalen Einstellungen der CIB«.

Die nächsten zwei Elemente im Fenster links (Resource Defaults und Operation Defaults) bieten die Möglichkeit, Attribute für Ressourcen bzw. Operationen vorzugeben. Bei den Ressourcen können die Meta-Attribute konfiguriert werden, die gelten, wenn für die einzelnen Ressourcen keine anderen Werte eingegeben wurden.

Knoten

Das nächste Element im linken Fenster der GUI sind die Knoten. Die Informationen über die Knoten werden wieder auf der rechten Seite angezeigt.

Da die CIB dem Administrator nur begrenzte Möglichkeiten zur Konfiguration der Knoten bietet und auch den Status des Clusters selbst verwaltet, ist dieser Abschnitt fast ausschließlich informativ. Zum jeweiligen Knoten werden Konfigurationsinformationen im rechten Feld angezeigt. Anfangs befindet sich die GUI im List Mode. Diesen Modus kann der Administrator in jedem Kontext der GUI mit der Auswahl rechts oben ändern. Ist Tree Mode ausgewählt, erscheinen plötzlich links neben den Knoten kleine Dreiecke. Mithilfe der Dreiecke kann der Administrator sukzessive mehr zu den Knoten anzeigen lassen, um so den ganzen nodes-Abschnitt der CIB aufzuklappen. Im Feld rechts unten zeigt die GUI genaue Informationen zu dem Objekt, das im rechten oberen Fenster ausgewählt ist (siehe Abbildung 5-3).

Der aktuell ausgewählte Knoten ist auf Stand-by geschaltet, was das Attribut auch wiedergibt. Die anderen Informationen zu den Knoten im Feld darüber geben Auskunft zur Struktur in den IDs der Objekte.

Management

Machen wir einen Sprung zum letzten Eintrag im linken Feld, zum Management. Aktive Knoten sind, je nach gtk-Installation, mit einem grünen Haken oder einer Kugel gekennzeichnet. Ein blaues Informationssymbol bedeutet, dass dieser Knoten zwar in *ha.cf* konfiguriert, aber zurzeit nicht erreichbar ist. Mit einem Warnsymbol werden Knoten gekennzeichnet, auf denen Ressourcen laufen, die aktuell ein Problem melden.

In der Übersicht der Ressourcen werden der Status und der Knoten angezeigt, auf dem sie laufen (siehe Abbildung 5-4).

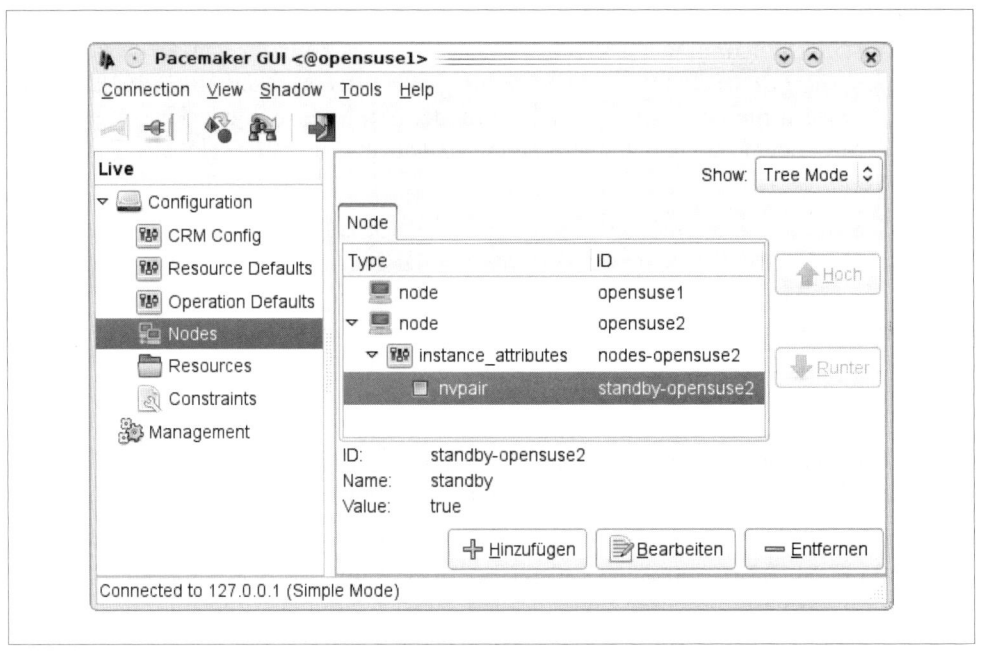

Abbildung 5-3: Detailansicht des »stand-by-Attributs« eines Knotens. Dieser Knoten ist aktuell auf Standby geschaltet. Weitere Informationen zu den Knoten werden im Feld darüber angezeigt.

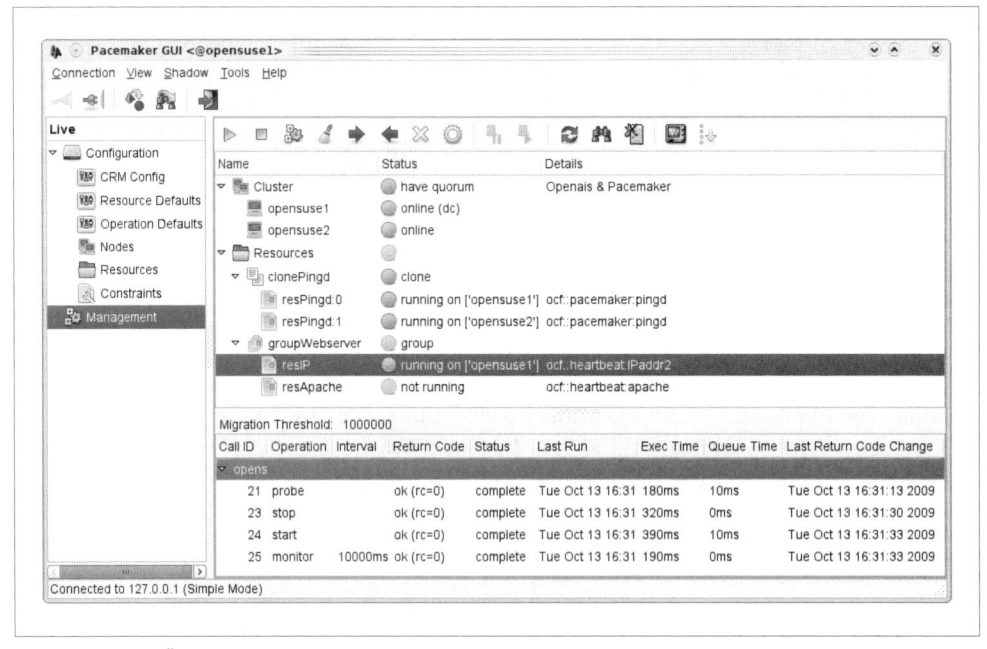

Abbildung 5-4: Übersicht über den Zustand von Knoten und Ressourcen in der GUI.

Im oberen Feld werden die Knoten und Ressourcen angezeigt. Besonders interessant ist bei dieser Übersicht das untere Feld rechts. Wird eine Ressource ausgewählt, zeigt die GUI dort detaillierte Informationen zu den letzten Operationen dieser Ressource an. Zu der in Abbildung 5-4 ausgewählten Ressource `resIP` kann man erkennen, dass sie am 13.10. um 16:31:33 neu gestartet wurde. Das Anhalten drei Sekunden vorher dauerte 320 ms und der Neustart 390 ms. Bei der Überwachung der Ressource hat der Cluster die letzte Änderung des Status am 13.10. um 16:31:33 erkannt.

> Die Daten geben nicht den Zeitpunkt der letzten Überwachung an, sondern den Zeitpunkt der letzten *Änderung* des Status. Deshalb muss man sich nicht wundern, wenn der Zeitpunkt etwas länger zurückliegt.

Ein Klick mit der rechten Maustaste auf ein Objekt im rechten Feld oben zeigt das passende Kontextmenü. Knoten können so auf Stand-by geschaltet oder wieder aus dem Tiefschlaf geweckt werden. Für Ressourcen ist das Kontextmenü ein bisschen umfangreicher:

START und STOP
: Setzt das Meta-Attribut `target-role` entsprechend, um die Ressource zu starten oder anzuhalten.

DEFAULT
: Löscht das Meta-Attribut `target-role` der Ressource. Das heißt aber, dass die Vorgabe für die Ressource gilt, und diese ist »starten«. Die Ressource wird also auch beim nächsten Start des Clusters starten.

CLEANUP RESOURCE
: Der Befehl löscht die Ressource aus dem *Local Resource Manager* (LRM) der einzelnen Knoten. Dieser holt sich den Status der Ressource umgehend neu, falls er eine Konfiguration dazu in der CIB findet. Dieser Knopf hilft bei vielen Problemen und bewirkt manchmal wahre Wunder.

: Die GUI fragt den Administrator noch, welche Ressource aufgeräumt werden soll und auf welchem Knoten das geschehen soll. Vorgabe sind die Ressource des Kontextmenüs und alle Knoten.

MIGRATE RESOURCE
: Migriert die ausgewählte Ressource. Die GUI fragt nach, ob der Administrator einen bestimmten Knoten als Ziel für die Migration wünscht oder ob einfach nur »weg von aktuellen Knoten« gemeint ist. Auch kann der Administrator einen Zeitraum für die Dauer der Migration eingeben.

CLEAR MIGRATE CONSTRAINTS
: Intern nutzt der Cluster Platzierungen, um die Migration durchzuführen. Wenn der Administrator einen Knoten auswählt, verteilt der Cluster automatisch INFINITY Punkte an die Ressource, wenn sie auf dem Zielknoten laufen darf. Umgekehrt fügt

der Cluster eine Bedingung mit -INFINITY Punkten für den aktuellen Knoten ein, wenn kein Zielknoten angegeben wurde.

Diese Platzierungen werden durch Auswahl dieses Menüpunkts gelöscht.

UNMANAGE RESOURCE und MANAGE RESOURCE

Diese Auswahl setzt das Meta-Attribut is-managed der Ressource auf false bzw. true.

Alle Funktionen zu Knoten und Ressourcen finden sich auch in der Menüleiste über dem Fenster wieder.

Ressourcen

Der Administrator kann neue Ressourcen eingeben, wenn er den Punkt RESOURCES im linken Feld der GUI auswählt. Ebenso kann er hier die Konfiguration der vorhandenen Ressourcen ändern. Für die vier verschiedenen Typen von Ressourcen (PRIMITIVE, GROUP, CLONE, MASTER) werden Register angelegt, wenn der entsprechende Typ in der Konfiguration des Clusters vorhanden ist.

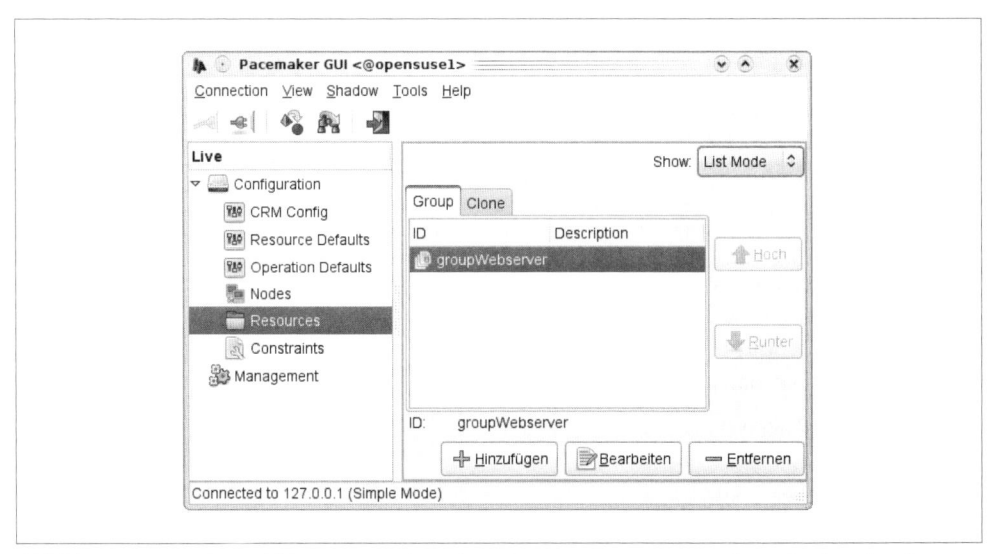

Abbildung 5-5: Die Auswahl RESOURCES *dient dazu, Ressourcen neu einzugeben oder bestehende zu bearbeiten. Die Register zur Auswahl von Typen erscheinen, wenn eine Ressource entsprechenden Typs definiert ist.*

Im LIST MODE werden nur die Namen der Ressourcen (IDs) angezeigt, im TREE MODE kann man wieder die einzelnen Abschnitte und Attribute sehen. Bei Auswahl eines Attributs zeigt die GUI im unteren Feld Informationen darüber an (siehe Abbildung 5-5).

Das Verhalten der GUI, gerade bei der Eingabe von Ressourcen, hängt von einem zusätzlichen Modus ab. In der Kopfzeile kann der Administrator unter dem Punkt VIEW eine Selbsteinschätzung abgeben. Zur Auswahl stehen SIMPLE, EXPERT und HACK MODE. Im einfachen Modus führt die GUI den Benutzer mithilfe eines Wizards durch die Einrichtung einer Ressource. Dieser Modus wird im Folgenden beschrieben. Bei einem Experten fragt die GUI, ob die neue Ressource per Wizard eingerichtet werden soll oder ob er doch lieber alle Attribute von Hand eingeben will. Diese Abfrage entfällt bei einem Hacker wieder: Er muss alles manuell konfigurieren. Im HACK MODE zeigt die GUI außerdem den Status-Teil der CIB zusätzlich an.

Einfache Ressourcen

Eine Ressource kann man per Klick auf HINZUFÜGEN rechts unten ergänzen. Die GUI präsentiert eine Abfrage, die nach dem Typ der neuen Ressource fragt. Zur Auswahl stehen PRIMITIVE, GROUP, CLONE und MASTER. Egal welchen Typ man auswählt, es erscheint als Nächstes immer die Abfrage einer ID. Bei einer einfachen Ressource kann man gleich alle weiteren Angaben eintragen (siehe Abbildung 5-6).

Abbildung 5-6: Wird eine einfache Ressource neu angelegt, fragt die GUI nach ID, Klasse, Provider und Typ. Je nach Auswahl werden die weiteren Antwortmöglichkeiten der Felder weiter unten eingegrenzt.

Im Feld ID muss der Administrator die ID der neuen Ressource eingeben. Im Feld darunter kann er die Klasse der Ressource angeben. Zur Auswahl stehen OCF, LSB, HEARTBEAT und STONITH. Nur bei einer ocf-Ressource kann man einen Provider auswählen, die anderen besitzen dieses Attribut nicht. Erst im Feld TYPE wählt der Administrator die tatsächliche Ressource aus. Je nach Eingabe in diesem Feld erscheinen bei der Beschreibung der Ressource weitere Angaben. Als Nächstes darf der Administrator noch auswählen, ob das Meta-Attribut `target-role` gleich gesetzt werden soll. Die Vorgabe, die Ressource nicht automatisch zu starten, ergibt durchaus Sinn. Optional kann der Administrator noch die GUI beauftragen, bei der Anlage der Ressource gleich eine `monitor`-Operation einzubauen, die die Ressource überwacht.

Anstelle der Vorschläge aus dem Drop-down-Menü kann man bei PROVIDER und TYPE auch einen eigenen Text eingeben. Die GUI prüft die Eingaben nicht auf Sinnhaftigkeit oder Existenz eines *Resource Agent* (RA) zur ausgewählten Ressource. Nur die Vorgaben geben die vorhandenen RAs wieder. Mit VOR werden die Einstellungen abgeschlossen, und die GUI öffnet ein neues Fenster, in dem Informationen zur Ressource (*Instance-Attributes*) abgefragt werden (siehe Abbildung 5-7).

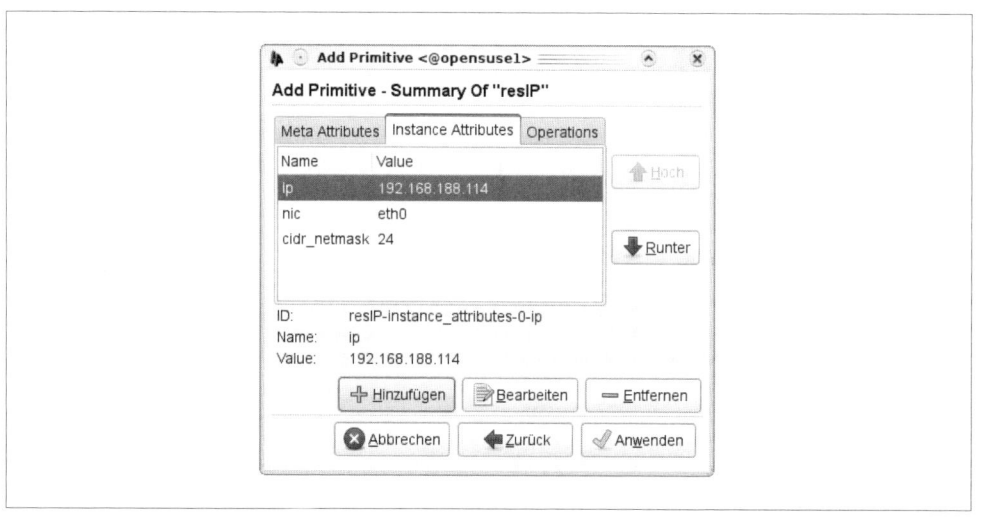

Abbildung 5-7: Abfrage der Attribute einer Ressource.

Attribute, die der Agent unbedingt benötigt, sind bei den *Instance-Attributen* schon vorgegeben. Mit BEARBEITEN müssen nur noch die passenden Werte eingefügt werden. Weitere, optionale Attribute kann der Administrator mit HINZUFÜGEN einfügen. Wenn der Administrator die `target-role` automatisch durch die GUI eintragen lässt, findet sie sich auf der Registerkarte META ATTRIBUTES wieder. Außerdem kann man die Einstellungen zu der automatisch eingerichteten Überwachung unter OPERATIONS ändern oder neue hinzufügen.

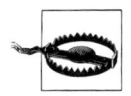

> Die GUI prüft die Eingaben nicht darauf, ob sie sinnvoll sind! Anstelle einer IP-Adresse kann auch eine Zeichenkette eingegeben werden. Die Ressource nimmt solche Fehler allerdings übel und quittiert den Dienst oder richtet noch Schlimmeres an.

Zusätzliche Attribute können immer über die Schaltfläche HINZUFÜGEN ergänzt, falsche Eingaben mit ENTFERNEN wieder gelöscht werden. So kann der Administrator über die GUI alle Abschnitte der neuen Ressource füllen. Alle definierten Meta- oder Instance-Attribute einer Ressource lassen sich über die jeweiligen Drop-down-Listen auswählen. Zusätzlich kann der Administrator Freitext eingeben, was aber nicht unbedingt sinnvoll ist.

Bei der Eingabe neuer Operationen oder der Änderung einer vorhandenen Operation zeigt die GUI ein neues Fenster, in dem alle Attribute eingegeben werden können. Zuerst werden nur ID, NAME und INTERVAL angezeigt, aber nach dem Ausklappen des Felds OPTIONAL fragt die GUI nach allen möglichen Attributen (siehe Abbildung 5-8).

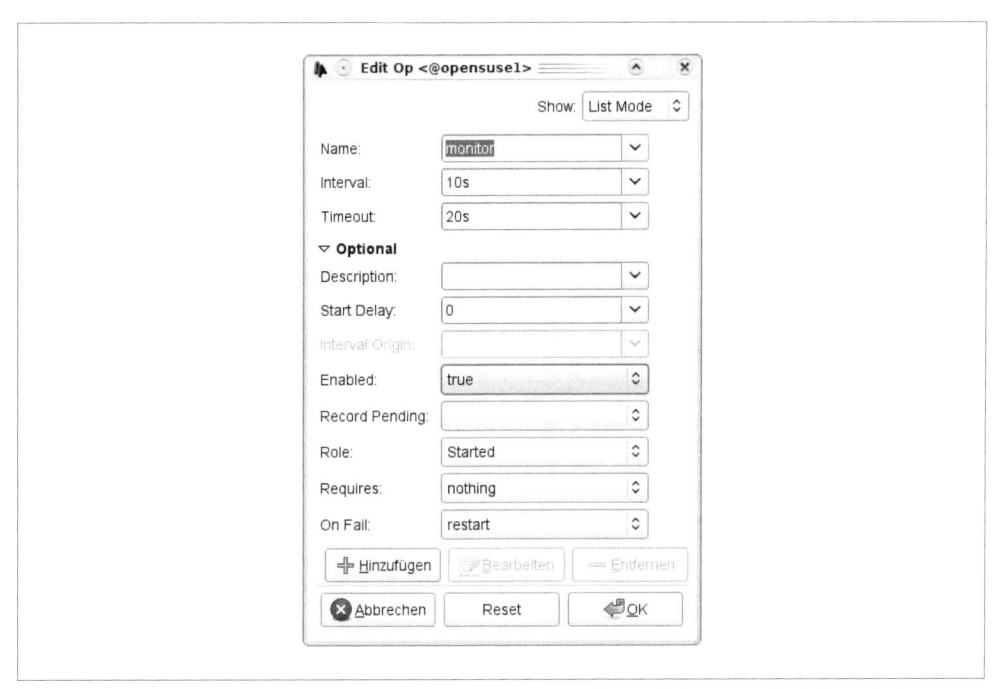

Abbildung 5-8: Fenster zur Konfiguration einer Operation. Alle möglichen Eingabefelder erhält man, wenn das Feld OPTIONAL ausgeklappt wird. Als Beispiel dient eine Überwachungsoperation, die alle 10 Sekunden die Ressource untersucht. Bei einem Fehler der Ressource wird versucht, sie neu zu starten.

In Abbildung 5-8 wird die Überwachung der Ressource `resIP` alle 10 Sekunden konfiguriert. Falls die IP-Adresse aus irgendeinem Grund eine Störung meldet, wird die Ressource einfach neu gestartet.

Mit OK schließt der Administrator die Konfiguration der neuen Ressource ab, und die GUI trägt sie in der CIB ein.

Gruppen

Wie einfache Ressourcen kann der Administrator auch Gruppen mit HINZUFÜGEN ergänzen. Es erscheint eine Abfrage nach der ID sowie der target-role der Gruppe. Nach einem Klick auf die Schaltfläche VOR darf der Administrator bestätigen, dass er eine einfache Ressource als Mitglied der Gruppe eingeben will. Ab hier verläuft die Konfiguration der Ressource wie oben beschrieben.

Nach Eingabe der primitiven Ressource erscheint allerdings wieder der Konfigurationsdialog der Gruppe. Hier kann der Administrator mit HINZUFÜGEN weitere primitive Ressourcen als Mitglieder der Gruppe eingeben oder neue Meta-Attribute der Gruppe hinzufügen.

Mit den Schaltflächen rechts (UP und DOWN) kann der Administrator die Anordnung der Ressourcen in der Gruppe festlegen. Die Anordnung ist nur innerhalb einer Gruppe wirklich sinnvoll, da eine Gruppe die Ressourcen in der angegebenen Reihenfolge startet und wieder anhält.

Mit OK kann der Administrator schließlich die Konfiguration der Gruppe beenden.

Klone

Wie nicht anders zu erwarten, werden Klone ebenfalls über die Schaltfläche HINZUFÜGEN eingegeben, wenn anschließend CLONE ausgewählt wird. Neben der obligatorischen ID und dem Anfangszustand fragt der Wizard jetzt noch nach den Meta-Attributen einer Klon-Ressource (clone-max, clone-node-max, globally-unique, notify und interleave), siehe dazu Abbildung 5-9.

Nach Abschluss der ersten Angaben mit VOR fragt der Wizard nun nach der Ressource, die es zu klonen gilt. Zur Auswahl stehen eine Gruppe und eine einfache Ressource. Je nach Entscheidung des Administrators kann er nun entsprechend den Anleitungen oben weitermachen. Zum Abschluss präsentiert die GUI noch einmal die Konfiguration des Klons und bietet dem Administrator die Möglichkeit, Meta-Attribute hinzuzufügen oder zu ändern. Das Hinzufügen einer weiteren Ressource ist logischerweise nicht möglich.

Multi-State-Ressourcen

Richtet der Administrator eine neue Multi-State-Ressource mit HINZUFÜGEN MASTER ein, fragt der Wizard wiederum ID und die Meta-Attribute ab (siehe Abbildung 5-10).

Nach der Bestätigung mit VOR darf der Administrator erneut aussuchen, ob er eine Gruppe oder eine einzelne Ressource einrichten will. Entsprechend verläuft die Einrichtung wie oben beschrieben. Nach dem Abschluss der Konfiguration der einzelnen Ressource kann der Administrator noch einmal die Attribute überprüfen oder neue eingeben (siehe Abbildung 5-11).

Abbildung 5-9: Beim Anlegen einer Klon-Ressource fragt die GUI nach den Meta-Attributen, die für einen Klon notwendig sind.

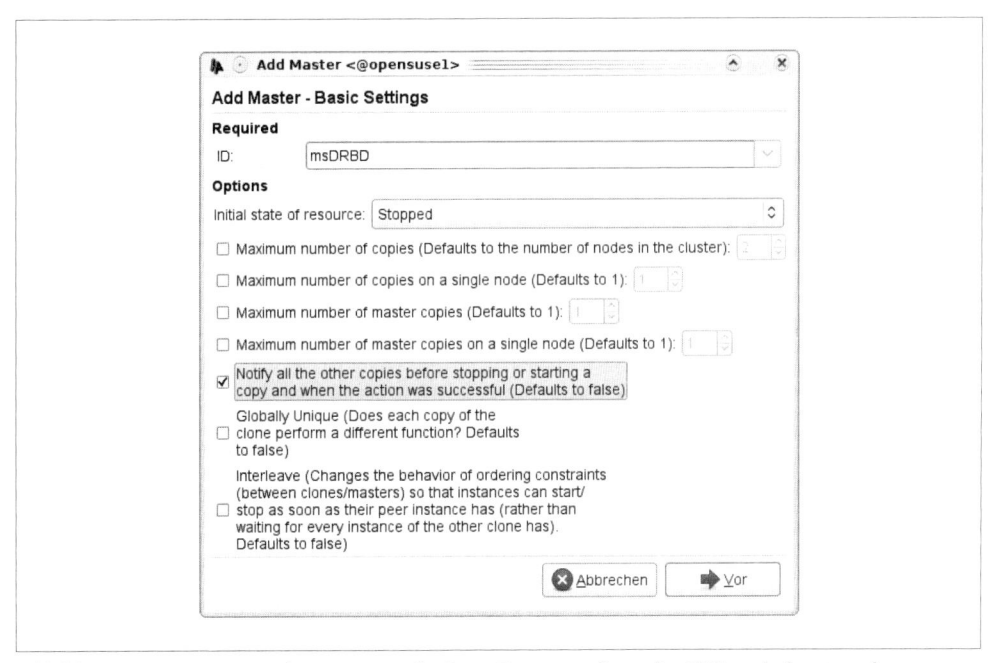

Abbildung 5-10: Beim Einrichten einer Multi-State-Ressource fragt die GUI nach der ID und den Meta-Attributen der neuen Ressource.

Abbildung 5-11: Konfiguration einer Multi-State-Ressource. Der Administrator kann die Meta-Attribute der Ressource oder die komplette Konfiguration der eingebetteten Ressource ändern.

Bedingungen

Bei der Eingabe von Bedingungen hat sich von Version 2 zu pacemaker ebenfalls sehr viel geändert. Die GUI versteht nun alle möglichen Konfigurationen. Die Eingabe von einigen Konstellationen war mit Version 2 der GUI nicht möglich.

Bei Auswahl der CONSTRAINTS links erscheinen wiederum nur Register im rechten Feld, wenn eine entsprechende Bedingung konfiguriert ist. Neue Bedingungen können immer über die Schaltfläche HINZUFÜGEN rechts unten angegeben werden. Danach fragt die GUI als Erstes nach, welche Art von Bedingung eingefügt werden soll.

Anordnungen

Anordnungen benötigen, neben der obligatorischen ID, nur die IDs der beteiligen Ressourcen. Die Voreinstellung der restlichen Attribute sorgt dafür, dass die then-Ressource nach der first-Ressource gestartet wird und die beiden in umgekehrter Reihenfolge wieder angehalten werden. In Abbildung 5-12 ist eine einfache Anordnung einer IP-Adresse und eines Webservers dargestellt. Sehr hilfreich ist die Erklärung der Bedingung im Textfeld unter der Eingabe. Sollte sich der Administrator nicht ganz sicher sein, was er da gerade eingibt, kann er sich anhand der Ausgabe noch einmal vergewissern.

Komplexere Zusammenhänge können ebenfalls über die GUI eingegeben werden, wenn die Schaltfläche OPTIONAL ausgeklappt wird. Dann fragt die GUI nach den Operationen, die durchgeführt werden sollen. So kann der Administrator bestimmen, dass zum Beispiel das Dateisystem erst dann gestartet werden soll (start), wenn das DRBD zum Master befördert wurde (promote).

Abbildung 5-12: Eingabe einer einfachen Anordnung. Der Webserver wird erst nach der IP-Adresse gestartet.

Co-Lokationen

Co-Lokationen benötigen nur eine eigene ID und wiederum die IDs der beteiligten Ressourcen. Eine einfache Bedingung für einen Webserver, der auf demselben Knoten laufen soll wie die IP-Adresse des Clusters, ist in Abbildung 5-13 dargestellt.

Zusätzlich will die GUI mindestens die Punktzahl wissen, die die Ressource für die Erfüllung der Bedingung bekommt. Dieses Eingabefeld findet sich unter den erweiterten Optionen. Dort könnte der Administrator anstelle des Score auch ein score-Attribut auswählen. Zusätzlich kann er ein Attribut der Knoten auswählen und die Rollen der Ressourcen bestimmen, für die diese Bedingung gelten soll. Wenn das Dateisystem nur auf dem Knoten eingebunden werden soll, auf dem das DRBD als Master läuft, kann diese Bedingung hier eingegeben werden.

Platzierungen

Auf den ersten Blick sieht die Eingabe einer Platzierungsbedingung in Version 3 der GUI ähnlich einfach wie die Eingabe der beiden anderen Bedingungen aus. Die GUI fragt erst einmal nur nach der ID der zu platzierenden Ressource, der Punktzahl und dem Knotennamen. So kann der Administrator bestimmen, dass die Ressource resDummy auf dem Knoten Knoten1 zusätzlich 100 Punkte bekommt (siehe Abbildung 5-14).

Wie unter »Komplexe Bedingungen« im Abschnitt »Bedingungen für Fortgeschrittene« in Kapitel 4 gezeigt wurde, verwendet pacemaker Platzierungen, um mithilfe von Regeln noch viel feinere Bedingungen zuzulassen. Will der Administrator so eine Bedingung eingeben, darf er während der Einrichtung der Platzierung keine Punkte und keinen Knotennamen

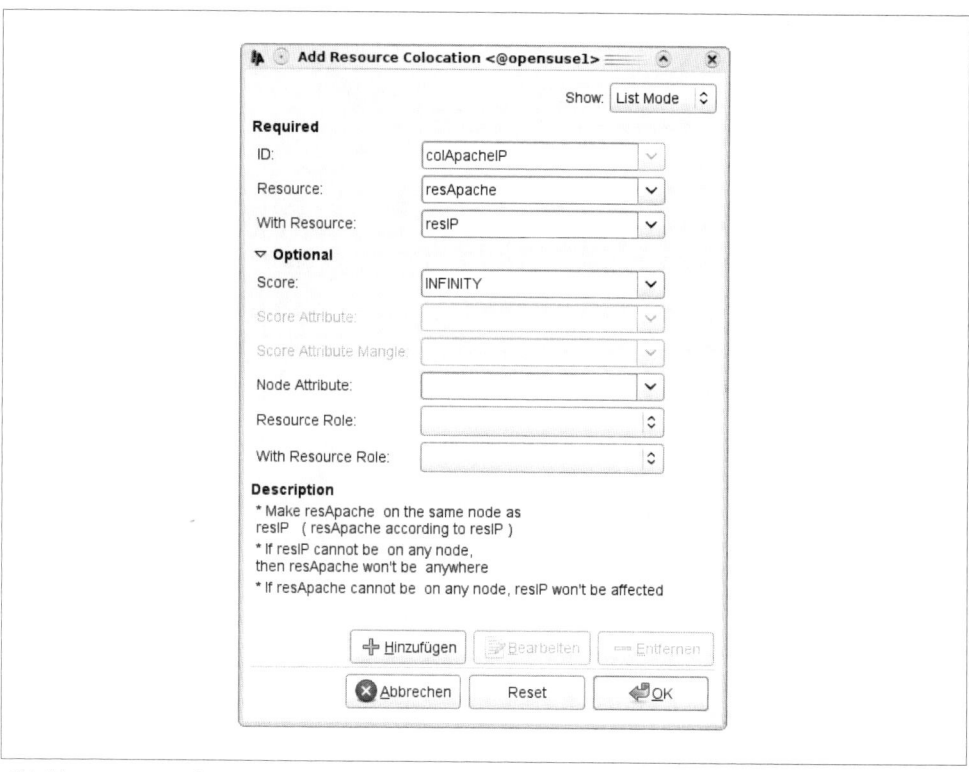

Abbildung 5-13: Einfache Co-Lokation, bei der der Webserver auf demselben Knoten laufen soll wie die IP-Adresse des Clusters.

Abbildung 5-14: Die Ressource »resDummy« erhält auf Knoten »Knoten1« zusätzlich 100 Punkte, wird also bevorzugt auf diesem Knoten laufen.

eingeben. Nur dann kann er mit der Schaltfläche HINZUFÜGEN eine Regel einfügen. Diese Regel benötigt erst einmal eine eigene ID. Danach kann man sich zwischen der direkten Punktevergabe und einem SCORE-ATTRIBUTE entscheiden (siehe Abbildung 5-15).

Abbildung 5-15: Eingabe einer Regel über die GUI. Neben der ID für die Regel kann sich der Administrator entscheiden, ob er der Regel direkt Punkte zuweist oder den Wert über ein SCORE-ATTRIBUTE bestimmen lässt.

Im Beispiel wollen wir die Ressource dort laufen lassen, wo die beste Erreichbarkeit im Netz gegeben ist. Deshalb wählen wir das `score-attribute="pingd"`, siehe dazu auch das Beispiel im Abschnitt »Erreichbarkeit im Netz« in Kapitel 4. Als Nächstes benötigen wir einen Ausdruck, der besagt, wann diese Regel gelten soll. Dazu wird dieser mit HINZUFÜGEN ergänzt. Die Konfiguration ist in Abbildung 5-16 dargestellt.

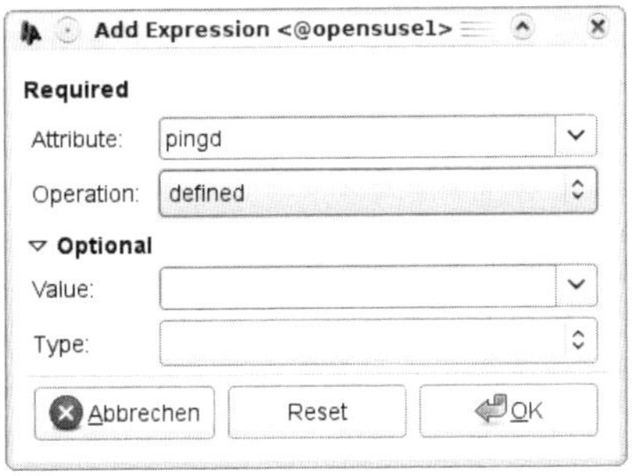

Abbildung 5-16: Ausdruck, der wahr ist, falls das Attribut »pingd« im Kontext eines Knotens definiert ist.

Über das Drop down-Menü schlägt die GUI die Attribute #uname, #id oder #is-dc vor. Diese Meta-Attribute stehen stellvertretend für den Knotennamen, die ID einer beliebigen Ressource und die Eigenschaft des Knotens, *Designated Coordinator* des Clusters zu sein. Aber der Administrator ist natürlich nicht auf diese Vorgaben beschränkt. An dieser Stelle kann er den Namen jedes beliebigen Attributs eingeben, das er überprüfen will. Die GUI schlägt auch selbst alle möglichen Operatoren vor. Unter den weiteren Optionen (OPTIONAL) kann der Administrator den Wert und den Typ des Attributs eingeben.

Danach werden die Eingabe des Ausdrucks und der Regel jeweils mit OK abgeschlossen. Mit der Auswahl XML MODE rechts oben kann man noch überprüfen, ob die GUI die Wünsche des Administrators richtig verstanden hat.

Die Optionen einer Regel lassen auch Boolesche Operatoren zu, um mehrere Ausdrücke zu verknüpfen. Anstelle des Ausdrucks im Beispiel oben können Datumsausdrücke konfiguriert werden.

Der restlichen Schaltflächen

Der aufmerksame Leser hat sicherlich bemerkt, dass noch nicht alle Menüpunkte behandelt wurden, auf die der Administrator klicken kann. Leider fehlen an dieser Stelle dafür notwendige Hintergrundinformationen, so dass diese Schaltflächen weiter unten besprochen werden.

Die Befehle

Ein UNIX-Administrator will natürlich neben einer GUI auch alle Möglichkeiten nutzen, die die Kommandozeile bietet. Der Cluster-Manager ermöglicht die volle Kontrolle über Konfiguration und Status durch einfache Befehle. In diesem Abschnitt sollen die wichtigsten vorgestellt und ihre Optionen beschrieben werden, anhand von Beispielen wird dann ihre Nutzung dargestellt.

Dieser Befehle sind hier nicht alphabetisch angeordnet, die Entscheidung über die Anordnung fiel nach der Häufigkeit ihrer Nutzung. So steht am Anfang der Befehl, der einen Überblick über den Status des Clusters gewährt.

crm_mon

Der Befehl dient dazu, den Status des Clusters bzw. dessen interne Repräsentation im *Cluster Resource Manager* (CRM) anzuzeigen. Ohne zusätzliche Parameter wird eine Übersicht über die Knoten und die Zuordnung der Ressourcen ausgegeben. Diese Informationen werden bei jedem Ereignis im Cluster aufgefrischt. Die weiteren Optionen werden im Folgenden beschrieben.

Syntax

crm_mon [-V?i:nrh:d:s1w:oftS:v]

Optionen

--verbose|-V
  Ausführlichere Ausgabe.

--help|-?
  Hilfetext zum Befehl.

--interval|-i *Sekunden*
  Intervall zwischen den Ausgaben der Informationen. Die Vorgabe ist 15 Sekunden.

--group-by-node|-n
  Die Ausgabe der Ressourcen nach Knoten sortieren.

--inactive|-r
  Auch Ressourcen, die aktuell nicht laufen, werden mit ausgegeben.

--failcount|-f
  Die Ausgabe zeigt auch die Fehlerzähler der Ressourcen.

--operations|-o
  Die Ausgabe zeigt die Historie der einzelnen Operationen der Ressourcen. Dabei wird für jede Ressource die letzte Operation jedes Typs angezeigt, also zum Beispiel die letzte start-, stop- und monitor-Operation. Die Ausgabe zeigt den Status der Operation mit an.

--timing-details|-t
  Für alle Operationen gibt der Befehl noch einige Details zum Zeitablauf an: Wie lange hat die Operation gedauert? Diese Information ist zum Beispiel wichtig, wenn man eine Ressource hat, die eine Minute für den Start benötigt, und man diesen Wert bei der start-Operation konfigurieren will, um einen Abbruch durch ein *Timeout* zu verhindern.

--simple-status|-s
  Ausgabe einer kurzen Statusmeldung in einer Zeile. Diese Zeile ist zum Beispiel für eine Abfrage mit nagios geeignet.

--one-shot|-1
  Gibt den Status nur einmal aus und beendet das Programm. Bei Auswahl dieser Optionen wird ncurses nicht genutzt.

--as-html|-h *Dateiname*
  Mit dieser Option wird die Ausgabe im HTML-Format in die angegebene Datei geschrieben.

`--web-cgi|-w`
    Ausgabe in einem Format, das eine Nutzung mit *cgi* ermöglicht.

`--daemonize|-d`
    Startet das Programm im Hintergrund.

`--pid-file|-p` *Dateiname*
    Der Name für die Datei, in der die PID hinterlegt wird.

`--version|-v`
    Ausgabe der Versionsnummer des Programms.

`--snmp-traps|-S <host>`
    SNMP-Traps schickt das Programm an diesen Host. Mehr zu SNMP folgt in Kapitel 10.

Wenn das Programm gestartet wird, erhält der Administrator ungefähr dieselben Informationen über den Status des Clusters wie in der Übersicht der GUI. Ein Beispiel für die Ausgabe des Befehls `crm_mon` ohne weitere Optionen ist im Folgenden wiedergegeben:

```
============
Last updated: Tue Apr  7 16:10:28 2009
Current DC: rm11 (0d6a2fb2...) - partition with quorum
Version: 1.0.3-ca926d040db529602793e48c0fe21db592cbd179
2 Nodes configured, unknown expected votes
5 Resources configured.
============

Online: [ rm11 rm12 ]

Master/Slave Set: masterDRBD
     Masters: [ rm11 ]
     Slaves: [ rm12 ]
Resource Group: groupRM
   resFS (ocf::heartbeat:Filesystem): Started rm11
   reIP (ocf::heartbeat:IPaddr2): Started rm11
Clone Set: clonePingd   Started: [ rm12 rm11 ]
   resDummy (ocf::heartbeat:Dummy): Started rm12
```

Man kann erkennen, dass beide Knoten des Clusters online sind und der Master des DRBD, ein Filesystem und eine IP-Adresse auf Knoten *rm11* laufen. Auf Knoten *rm12* laufen der DRBD im Slave-Modus und eine Dummy-Ressource. Ein `pingd` als Klon läuft auf beiden Knoten.

Mit den Optionen -d und -h kann der Administrator das Programm als Dienst im Hintergrund starten und die Ausgabe in eine HTML-Datei schreiben. Diese liefert dann jeder handelsübliche Webserver aus. So kann man relativ einfach einen lesenden Zugriff auf den Status des Clusters erreichen, ohne dass die Betriebsmannschaft gleich vollen Zugriff auf die GUI oder die Kommandozeile haben muss. Viele Cluster-Statusübersichten von kommerziellen *Appliances* zeigen zum Beispiel ein sehr ähnliches Format wie die Ausgabe von `crm_mon -h`.

cibadmin

cibadmin ist der primäre Befehl, um die CIB zu verwalten. Er dient dazu, den Inhalt ganz oder teilweise auszugeben, neue Teile einzufügen, bestehende zu modifizieren oder die komplette CIB zu löschen. Spezielle Optionen erlauben fortgeschrittene Operationen an der CIB.

cibadmin arbeitet mit dem XML-Baum der CIB ohne tieferes Verständnis für diesen. Deshalb kann cibadmin auch nicht den Sinn von Veränderungen oder Abfragen überprüfen. Administratoren mag dies unzulänglich vorkommen, da Menschen ein intuitives Verständnis von strukturierten Informationen haben. Für Computer aber bedeutet ein über einen Syntaxcheck hinausgehendes Verständnis immer einen großen Aufwand und setzt voraus, dass keine Zweideutigkeiten vorhanden sind. Deshalb kann cibadmin nur mit gültigen XML-Tags und -Elementen umgehen, sowohl bei der Eingabe als auch bei der Ausgabe.

Syntax

cibadmin *Operation Option*

Operationen

`--cib_query|-Q`
Ausgabe der CIB. Die Ausgabe kann mit der Option `-o` auf einen Teil der gesamten CIB beschränkt werden.

`--cib_erase|-E`
Löscht die gesamte CIB. Diese Operation hilft dabei, eine CIB nach allzu umfangreichen Tests zurückzusetzen. Damit bei leichtfertiger Anwendung des Befehls nicht aus Versehen die ganze CIB verloren geht, will der Cluster eine Bestätigung des Befehls mit der Option `--force`. Ansonsten wird die Aktion nicht durchgeführt.

`--cib_create|-C`
Erzeugt eine neue CIB oder Teile davon aus dem Inhalt der XML-Option. Die Eingabe des XML-Texts kann mit
`-x, -p` oder `-X` bestimmt werden (siehe weiter unten).

`--cib_replace|-R`
Ersetzt rekursiv den Inhalt der CIB.

`--cib_update|-U`
Aktualisiert ein Objekt der CIB rekursiv. Die Aktualisierung ersetzt Attribute eines Objekts, die in der Eingabe zur Änderung spezifiziert sind, löscht aber keine anderen Attribute.

`--cib_modify|-M`
Modifiziert Attribute eines Objekts.

`--cib_delete|-D`
: Löscht das erste Element, das den angegebenen Kriterien entspricht. Der Name des Tags und alle angegebenen Attribute müssen passen, damit das Element gelöscht wird. Beispiel: `<tagname id="ID_des_Elements" name="monitor"/>`.

`--cib_delete_alt|-d`
: Löscht ein Objekt, das vollständig spezifiziert wurde. Beispiel: `<resource id="ID_der_Ressource"> <operations><op id="ID_der_Operation"/>` ... löscht die gewünschte Operation. Die Option -o muss mit angegeben werden.

`--cib_ismaster|-m`
: Gibt aus, ob die CIB die Master-Instanz (DC) ist oder nicht. Wenn der Knoten der Master ist, ist der Rückgabewert 0, ansonsten 35.

`--cib_sync|-S`
: Erzwingt eine Synchronisation der CIB, die vom Master auf alle Knoten verteilt wird.

`--help|-?`
: Ausgabe der Hilfemeldung zu diesem Befehl.

Optionen

`--obj_type|-o` *Object-Typ*
: Typ des Objekts, auf das die angegebene Operation angewandt werden soll. Gültige Eingaben sind `nodes`, `resources`, `status` und `constraints`.

`--verbose|-V`
: Debug-Modus. Die Anzahl der »V« gibt die Ausführlichkeit der Ausgabe an.

`--crm_xml|-X` *XML-Schnipsel*
: Gibt ein XML-Tag oder -Fragment an, mit dem `cibadmin` arbeiten kann. Die Zeichenkette muss ein vollständiges XML-Tag oder -Fragment sein.

`--xml-file|-x` *Dateiname*
: Gibt den Namen einer Datei an, in dem ein XML-Schnipsel angegeben ist, mit dem `cibadmin` arbeiten kann. Der Inhalt muss ein vollständiges XML-Tag oder -Fragment sein.

`--xml_pipe|-p`
: Gibt an, dass die XML-Eingabe, mit der `cibadmin` arbeiten soll, von der Standardeingabe kommt. Der Inhalt muss ein vollständiges XML-Tag oder -Fragment sein.

Spezielle Optionen

`--cib_bump|-B`
: Erhöht den Zählerstand der Versionsnummer der CIB.

`--cib_master|-w`
: Macht den aktuellen Knoten zum Master-Knoten (DC). Achtung: Diese Option muss mit Vorsicht angewandt werden, da diese Beförderung den bisherigen DC nicht automatisch degradiert!

`--cib_slave|-r`
: Macht den aktuellen Knoten zum Slave, repliziert also die CIB vom DC. Achtung: Da diese Option keinen anderen Knoten automatisch zum DC befördert, ist sie mit Vorsicht anzuwenden.

`--force_quorum|-f`
: Erzwingt ein Schreiben der CIB, egal ob der (Teil-)Cluster Quorum hat oder nicht. Mit Vorsicht anzuwenden!

`--host|-h Hostname`
: Gibt den Namen des Hosts an, auf dem das Kommando ausgeführt werden soll. Somit können alle Befehle von einem Knoten aus auf alle anderen Knoten verteilt werden.

`--local|-l`
: Gibt an, dass der Befehl nur einen Effekt auf den lokalen Knoten hat. Diese Option wird nur selten angewandt.

`--no-bcast|-b`
: Die Auswirkungen des Befehls werden nicht an die anderen Knoten weitergegeben, selbst wenn die CIB verändert wird. Achtung: Dies ist eine Option für Fortgeschrittene, da Änderungen nicht an alle Mitglieder des Clusters weitergegeben werden und deshalb die CIB inkonsistent wird.

`--sync-call|-s`
: Wartet auf die Ausführung des Befehls, bevor die Kontrolle an das aufrufende Programm zurückgegeben wird.

Beispiele

Einige Beispiele sollen zeigen, wie mit dem Befehl gearbeitet werden kann. Die komplette CIB kann mit

```
# cibadmin -Q
```

ausgegeben werden. Die Ausgabe kann in eine Datei umgelenkt und so archiviert werden:

```
# cibadmin -Q > cib_backup.xml
```

Sie kann mit der Option `-o` außerdem auf einzelne Teile beschränkt werden. So können mit

```
# cibadmin -Q -o resources
```

nur alle Ressourcen ausgegeben werden.

Um per Kommandozeile eine IP-Adresse als Ressource einzugeben, erzeugt der Administrator zuerst eine Datei *resourceIP.xml* folgenden Inhalts:

```
<primitive id="resIP" class="ocf" type="IPaddr2" provider="heartbeat">
  <instance_attributes id="resIP_instance_attrs">
    <nvpair id="resIP_IP" name="ip" value="192.168.188.105"/>
    <nvpair id="resIP_NIC" name="nic" value="eth0"/>
  </instance_attributes>
</primitive>
```

Der Befehl

```
# cibadmin -C -o resources -x resourceIP.xml
```

fügt den Inhalt der Datei *resourceIP.xml* in den Abschnitt resources der CIB ein. Um die eingegebene IP-Adresse zu ändern, kann der Administrator folgenden Befehl eingeben:

```
# cibadmin -M -X '<nvpair id="resIP_IP" name="ip" value="192.168.188.106"/>'
```

> IDs von Ressourcen kann man mit -M nicht ändern! Dazu muss die einzelne Ressource mit -D gelöscht und komplett neu angelegt werden.

Um die eben angelegte Ressource zu stoppen, kann der Administrator in die Datei *resourceIP.xml* einen Abschnitt <meta_attributes> einfügen:

```
<primitive id="resIP" class="ocf" type="IPaddr2" provider="heartbeat">
  <meta_attributes id="resIP_meta_attrs">
    <nvpair id="resIP_role" name="target-role" value="stopped"/>
  </meta_attributes>
  <instance_attributes id="resIP_instance_attrs">
    <nvpair id="resIP_IP" name="ip" value="192.168.188.105"/>
    <nvpair id="resIP_NIC" name="nic" value="eth0"/>
  </instance_attributes>
</primitive>
```

Der Befehl

```
# cibadmin -U -o resources -x resourceIP.xml
```

ändert den Abschnitt des Objekts in der CIB und hält die Ressource somit an. Um die Ressource wieder zu starten, genügt folgender Befehl:

```
# cibadmin -o resources -D -X'<nvpair id="resIP_role" name="target-role" \
value="stopped"/>'
```

Um die Ressource hingegen komplett aus der CIB zu löschen, kann der Administrator Folgendes eingeben:

```
# cibadmin -D -X '<id="resIP">'
```

Hatte man die komplette CIB in die Datei *cib_backup.xml* gesichert, genügt ein

```
# cibadmin -R -x cib_backup.xml
```

um die ursprüngliche Konfiguration wiederherzustellen.

Im laufenden Betrieb ist es wohl am leichtesten, die GUI zu nutzen, um einfache Objekte und Bedingungen anzulegen. Diese kann man sich ausgeben lassen und in verschiedenen Dateien abspeichern. So kann man ein einfaches Grundgerüst an Objekten und Bedingungen ohne großen Aufwand erzeugen. Diese Dateien mit den Definitionen der Objekte können nach Bedarf editiert werden. Durch ein einfaches Update der CIB werden die komplexen Änderungen in die CIB übernommen. Diese Dateien können gleichzeitig als Backup oder für spätere Änderungen der Konfiguration gesichert werden. Mit der neuen GUI ist es einfach, die XML-Schnipsel der einzelnen Ressourcen oder Bedingungen auszugeben oder wegzuspeichern.

Die Angaben nach dem -X in der Kommandozeile können schnell per Copy-and-Paste aus einer Vorlage oder aus der Ausgabe von `cibadmin -Q` eingefügt werden.

crm_verify

`crm_verify` überprüft eine Datei nach Konformität mit dem Schema, das das Format der CIB beschreibt. Mit diesem Befehl lässt sich auch die laufende CIB auf Probleme untersuchen. Die Optionen sind:

```
crm_verify [-V] [-D] -(?|L|X|x|p)
```

Optionen

`--live-check|-L`
　Überprüft die aktuell laufende CIB.

`--crm_xml|-X` *Zeichenkette*
　Überprüft den eingegebenen Text.

`--xml-file|-x` *Datei*
　Überprüft eine Datei. Es kann nur eine vollständige CIB mit allen Abschnitten geprüft werden. Einzelne Ressourcen oder Bedingungen können mit diesem Befehl nicht getestet werden.

`-V`
　Ausführliche Ausgabe.

Zum Beispiel lassen sich mit diesem Befehl verwaiste Ressourcen in der aktuellen Konfiguration finden oder manuelle Änderungen an einer CIB in einer Datei überprüfen. Wenn keine Fehler gefunden werden, liefert der Befehl den Rückgabewert 0. Ein anderer Wert bedeutet einen Fehler. Mit der Option -V können die Fehler einzeln ausgegeben werden, um sie anschließend manuell bereinigen zu können.

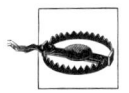

Es können keine einzelnen Abschnitte der CIB, also zum Beispiel die Definition einer neuen Ressource, überprüft werden. Es muss immer eine komplette CIB getestet werden.

Beispiel

```
# crm_verify -LV
crm_verify[15189]: 2007/11/29_20:03:14 WARN: process_orphan_resource: Nothing known about
resource resDummy running on xen02
Warnings found during check: config may not be valid
```

Die Ausgabe zeigt an, dass eine verwaiste Ressource in der CIB gefunden wurde. Probleme in der CIB, die man auf diese Weise findet, kann man mit dem Befehl crm_resource bereinigen.

crm_resource

Dieser Befehl bildet die Schnittstelle zum *Cluster Resource Manager* (CRM). Mit dem Befehl lassen sich die einzelnen Ressourcen anzeigen, starten, stoppen, migrieren usw. Die Syntax sieht so aus:

```
crm_resource [-?VS] -(L|q|W|D|C|P|R) [Optionen]
```

Parameter

--list|-L
: Listet alle Ressourcen auf. Die Ausgabe entspricht dabei der von crm_mon.

--query-xml|-q
: Abfrage einer bestimmten Ressource. Benötigt -r, um die Ressource zu definieren.

--locate|-W
: Gibt den Knoten aus, auf dem eine bestimmte Ressource läuft. Benötigt -r, um die Ressource zu definieren. Mit der Option -Q (quiet) wird nur der Knotenname ausgegeben.

--migrate|-M
: Migriert eine Ressource vom aktuellen Knoten weg. Mit der Option -N kann ein Zielknoten für die Ressource angegeben werden. Wenn -N nicht angegeben wird, fügt pacemaker eine Platzierung für die Ressource auf den aktuellen Knoten mit -INFINITY Punkten ein. Diese Bedingung verhindert eine Ausführung der Ressource auf dem Knoten, bis die Bedingung mit -U wieder aufgehoben wird.

    Benötigt -r, um die Ressource zu definieren. Optional: -N, --livetime.

--un-migrate|-U
: Entfernt alle Bedingungen, die mit -M eingefügt wurden. Benötigt -r, um die Ressource zu definieren.

--delete|-D
: Löscht eine Ressource aus der CIB. Benötigt -r und -t, um die Ressource zu definieren.

--cleanup|-C
: Löscht eine Ressource aus dem LRM. Benötigt -r, um die Ressource zu definieren. Optional: -N. Dieser Befehl ist sehr nützlich, um die CIB von Zeit zu Zeit zu säubern.

`--reprobe|-P`
: Überprüft noch einmal Ressourcen, die vielleicht außerhalb des CRM gestartet wurden, und erneuert den Status der CIB entsprechend. Optional: `-N`

`--refresh|-R`
: Erneuert die CIB aus den Informationen des LRM. Optional: `-N`.

`--set-parameter|-p` *Zeichenkette*
: Setzt den angegebenen Parameter einer Ressource. Benötigt -r und -v, um die Ressource zu definieren. Optional sind -i, -s und --meta.

`--get-parameter|-g` *Zeichenkette*
: Gibt den Namen einer Ressource aus. Benötigt -r, um die Ressource zu definieren. Optional sind -i, -s und --meta.

`--delete-parameter|-d` *Zeichenkette*
: Löscht den Namen einer Ressource. Benötigt -r, um die Ressource zu definieren. Optional sind -i und --meta.

Optionen

`--resource string|-r` *Zeichenkette*
: ID der Ressource.

`--resource-type|-t` *Zeichenkette*
: Typ der Ressource (primitive, clone, group ...).

`--property-value|-v` *Zeichenkette*
: Wert eines Attributs.

`--node|-N` *Knoten*
: Name des Knotens.

`--meta`
: Der Parameter wird in den Meta-Attributen einer Ressource gesucht und nicht in den Instance-Attributen.

`--lifetime|-u reboot|forever`
: »Lebensdauer« der angegebenen Operation.

`--force|-f`
: Erzwingt die Migration einer Ressource durch Einfügen einer Bedingung von `-INFINITY` Punkten für den aktuellen Knoten, siehe `-M`. Notwendig wird diese Gewaltanwendung, wenn die resource-stickiness und andere Bedingungen der Ressource mehr als 1.000.000 Punkte verschaffen, was dem aktuellen Wert für `INFINITY` entspricht.

`-s` *Zeichenkette*
: ID des Objekts `instance_attribute`, das geändert werden soll. Nur für Fortgeschrittene.

`-i` *Zeichenkette*
: ID eines `nvpair`-Objekts, das geändert oder gelöscht werden soll. Nur für Fortgeschrittene.

Beispiele

Ausgabe aller Ressourcen:

```
# crm_resource -L
```

Auf welchem Knoten läuft die Ressource `resIP`:

```
# crm_resource -W -r resIP
resource resIP is running on: xen02
```

oder:

```
resource resIP is NOT running
```

Starten einer Ressource:

```
# crm_resource -r resMyService -p target_role -v started --meta
```

und Anhalten der Ressource:

```
# crm_resource -r resMyService -p target_role -v stopped --meta
```

Ausgabe der Definition einer Ressource:

```
# crm_resource -q -r resMyResource
```

Migration einer Ressource weg vom aktuellen Knoten:

```
# crm_resource -M -r resMyService
```

Migration einer Ressource zu einem bestimmten Knoten:

```
# crm_resource -M -r resMyService -N xen01
```

Löschen der Bedingung, die mit obigem Befehl (`-M`) eingefügt wurde:

```
# crm_resource -U -r resMyService
```

Falls resource-stickiness gesetzt ist, kann dies die Rückkehr der Ressource zum ursprünglichen Knoten verhindern.

Löschen einer Ressource aus der CIB:

```
# crm_resource -D -r resMyService -t primitive
```

Entsprechend können andere Typen von Ressourcen gelöscht werden.

> Die Fehlermeldungen des Befehls `crm_resource` sind manchmal etwas dürftig. Oft begnügt er sich mit einem lapidaren:
>
> ```
> Error performing operation: Update does not conform to the
> configured schema/DTD
> ```
>
> Das mag zum Beispiel daran liegen, dass man eine Ressource verwendet, deren ID noch in irgendeiner Bedingung eingebaut ist. Es erfordert leider sehr viel Erfahrung, die wahren Fehlerursachen zu finden.

Ausschalten der Verwaltung einer Ressource durch den Cluster:

```
# crm_resource -p is-managed -r resMyService -v off --meta
```

Verwaltung der Ressource wieder einschalten:

```
# crm_resource -p is-managed -r resMyService -v on --meta
```

Löschen einer Ressource aus dem LRM (Clean-Up), nachdem sie aus der Definition gelöscht wurde:

```
# crm_resource -C -N xen01 -r resMyService
```

Alle Knoten werden daraufhin überprüft, ob Ressourcen außerhalb des CRM gestartet wurden:

```
# crm_resource -P
```

crmadmin

Mit diesem Befehl lassen sich Befehle an den CRM übergeben, die keine einzelnen Ressourcen betreffen, sondern den Cluster als Ganzes.

Syntax

```
crmadmin [-?Vs] [command] [command args]
```

Optionen

`--version|-v`
  Details zur aktuellen Version. Die Ausgabe kann zum Beispiel so lauten: `crmadmin 1.0.3 (Build: ...)`

Befehle

`--debug_inc|-i` *Knoten*
  Erhöhen des Debug-Levels auf dem Knoten *Knoten*. Da pacemaker von Haus aus in Logdateien sehr geschwätzig ist, wird diese Option wahrscheinlich selten benötigt.

`--debug_dec|-d` *Knoten*
  Verringern des Debug-Levels auf dem Knoten *Knoten*.

`--kill|-K` *Knoten*
  Beenden des `crmd` auf dem Knoten *Knoten*.

`--status|-S` *Knoten*
  Ausgabe des Status des `crmd` auf dem Knoten *Knoten*.

`--election|-E` *Knoten*
  Erzwingen einer neuen Abstimmung darüber, wer DC wird, angestoßen von *Knoten*. Wenn die bisherige Abstimmung ohne Probleme verlief, wird eine neue Abstimmung wahrscheinlich kein anderes Ergebnis erbringen. Dieser Befehl ist also keine Möglichkeit, den DC zu wechseln.

`--dc_lookup|-D`
: Ausgabe des Namens des aktuellen DC.

`--nodes|-N`
: Ausgabe aller Mitglieder des Clusters.

Mit den Befehlen `crm_verify`, `crmadmin` und `crm_resource` können wir ein kleines Skript schreiben, das die verwaisten Ressourcen in den LRMs des Clusters aufräumt. Jeder Administrator, der ein bisschen mit seinem Cluster übt, wird feststellen, dass früher oder später solche Waisen in der CIB auftauchen. Folgendes Skript löscht alle diese Ressourcen, die noch in den LRMs der Knoten bekannt sind, aber für die es keine Definition im Abschnitt resources der CIB mehr gibt, aus dem Abschnitt status der CIB:

```bash
#!/bin/bash
#
# Dieses Skript sucht nach verwaisten Ressourcen und löscht sie auf allen Knoten.
#
crmadmin --nodes | awk '/normal node:/ {print $3}' | \
while read node ; do
  crm_verify -LV 2>&1 | awk '/orphan_resource/ {print $9}' | \
  while read res ; do
    echo "Aufräumen von $res auf Knoten $node"
    crm_resource -C -r $res -N $node 2>/dev/null
  done
done
```

crm_failcount

Mit diesem Befehl lassen sich die Zähler für Fehler einzelner Ressourcen auf den Knoten (failcount) ausgeben und zurücksetzen.

Syntax

```
crm_failcount [-?V] -(D|G|v) -r
```

Optionen

`--get-value|-G`
: Auslesen eines Zählerstands.

`--delete-attr|-D`
: Löschen eines Zählers/Attributs.

`--attr-value|-v` *Zeichenkette*
: Wert, auf den der Zähler gesetzt werden soll. Wird im Zusammenhang mit -G ignoriert.

`--node|-N` *Knoten*
: Name des Knotens, auf dem sich der Zähler befindet.

`--resource-id|-r` *Resourcenname*
: Name der Ressource, für die der Zähler gilt.

Beispiel

Mit

```
# crm_failcount -G -r resDRBD:1 -U xen02
  name=fail-count-resDRBD:1 value=2
```

wird der Zählerstand der Ressource `resDRBD:1` auf dem Knoten xen02 abgefragt. Diese Ressource hatte schon zwei Fehler auf diesem Knoten. Der Zähler wird zurückgesetzt und wiederum abgefragt:

```
# crm_failcount -D -r resDRBD:1 -U xen02
# crm_failcount -G -r resDRBD:1 -U xen02
  name=fail-count-resDRBD:1 value=0
```

Nachdem er zurückgesetzt wurde, zeigt der Zähler keine Fehler für diesen Knoten mehr an.

crm_standby

Mit diesem Befehl kann der Administrator schnell den Zustand eines Knotens von aktiv auf Stand-by schalten oder ihn wiederbeleben. Im Stand-by-Modus nimmt der Knoten zwar noch an der Clusterkommunikation teil, kann aber selbst keine Ressourcen mehr übernehmen.

Syntax

```
crm_standby [-?V] -N -(D|G|v) [-l]
```

Optionen

`--get-value|-G`
    Zeigt den Wert des Attributs für den ausgewählten Knoten an.

`--delete-attr|-D`
    Löscht das gesamte Attribut für den Knoten.

`--attr-value|-v` *Zeichenkette*
    Setzt das Attribut auf den gegebenen Wert. Diese Option wird beim Befehl -G ignoriert.

`--node|-N` *Knoten*
    uname des Knotens, für den das Kommando gelten soll.

`--lifetime|-l reboot|forever`
    Wie lange soll der neue Wert für das Attribut gelten? Die Auswahlmöglichkeiten sind »bis zum nächsten Systemstart« und »über den Systemstart hinaus«. Manuell lässt sich das Attribut natürlich immer verändern oder löschen.

Beispiele

Der Status für den Knoten xen02 wird abgefragt:

```
# crm_standby -G -N xen02
scope=nodes value=false
```

Der Knoten ist also online. Mit dem folgenden Befehl wird er in den Stand-by-Modus versetzt:

```
# crm_standby -v on -N xen02
# crm_standby -G -N xen02
scope=nodes value=true
```

Danach wird das Attribut gelöscht, und der Knoten geht wieder online:

```
# crm_standby -D -N xen02
```

Die nächste Zeile hat keine Auswirkungen auf den Betrieb, da der Knoten schon online ist. Allerdings wird das Attribut in der Definition des Knotens angelegt und kann abgefragt werden:

```
# crm_standby -v false -N xen02
# crm_standby -G -N xen02
scope=nodes value=false
```

attrd_updater

Dieser Befehl trägt ein neues Attribut in die CIB ein oder verändert den Wert eines bestehenden Attributs. Der Name des Attributs kann frei gewählt werden, und Bedingungen können auf dieses Attribut reagieren. Somit sind frei definierbare Bedingungen möglich, um das Verhalten von Ressourcen im Cluster zu beeinflussen (siehe dazu den Abschnitt über komplexe Bedingungen im Abschnitt »Frei definierbare Kriterien« in Kapitel 4).

Der Befehl wirkt immer auf den Status-Abschnitt des Knotens, auf dem er ausgeführt wird. Eine Änderung des Status eines anderen Knotens ist nicht möglich. Eine solche Steuerung anderer Knoten wäre aber auch nicht sinnvoll, da eigene Tests immer auf dem jeweiligen Knoten ausgeführt würden.

Syntax

```
attrd_updater -n [-vdsS]
```

Optionen

-n *Zeichenkette*
    Das Attribut, das geändert werden soll.

-v *Zeichenkette*
    Der neue Wert des Attributs. Wenn kein Wert angegeben wird, wird das Attribut gelöscht.

-d *Zeichenkette*
: Die Zeitdauer, die darauf gewartet werden soll, ob sich nicht noch ein anderer Wert ergibt, bevor das Attribut der CIB tatsächlich geändert wird.

-s *Zeichenkette*
: Das Attribut-Set der CIB, in der das Attribut gesetzt werden soll. Die meisten Administratoren werden diese Option nicht benötigen.

-S *Zeichenkette*
: Der Abschnitt der CIB, in der das Attribut gesetzt werden soll. Die Vorgabe ist status. Diese Angabe kann meistens unterbleiben, da eigentlich nur dieser Abschnitt für Änderungen während des Betriebs interessant ist.

Beispiele

Mit den folgenden Befehlen wird ein Attribut `myTestAttribut` auf den Wert true gesetzt, im Kontext des aktuellen Knotens angezeigt und wieder gelöscht:

```
# attrd_updater -n myTestAttribute -v true
# cibadmin -Q -o status | grep myTestAttribute
<nvpair id="status-730263e5-myTestAttribute" name="myTestAttribute" value="true"/>
# attrd_updater -n myTestAttribute
# cibadmin -Q -o status | grep myTestAttribut
```

Die ID von `nvpair` setzt der Cluster automatisch!

crm_attribute

Dieser Befehl dient der direkten und globalen Manipulation von Attributwerten in allen Abschnitten der CIB. Die Entwickler warnen ausdrücklich vor der Nutzung dieses Kommandos. Die Syntax und die Optionen mögen vielleicht einfach aussehen, aber dieser Befehl ist nur für fortgeschrittene Benutzer gedacht. Normalerweise können alle Manipulationen der CIB mit den Befehlen `cibadmin` und `crm_resource` durchgeführt werden.

Syntax

```
crm_attribute [-?V] -(D|G|v) [Optionen]
```

Optionen

--get-value|-G
: Ausgabe des Werts eines Attributs.

--delete-attr|-D
: Löschen eines Attributs.

--attr-value|-v *Zeichenkette*
: Wert, der gesetzt werden soll. Diese Option wird in Zusammenhang mit -G ignoriert.

`--node|-N` *Knoten*
: uname des Knotens, auf dem die Änderung durchgeführt werden soll.

`--set-name|-s` *Zeichenkette*
: Satz von Attributen, in denen die Änderung durchgeführt werden soll.

`--attr-name|-n` *Zeichenkette*
: Attribut, das geändert werden soll.

`--type|-t nodes|status|crm_config`
: Angabe der Sektion, in der die Änderung durchgeführt werden soll. Bei den verschiedenen Typen sind folgende Optionen notwendig:

    ```
    -t nodes        Optionen: -N -n [-s]
    -t status       Optionen: -N -n [-s]
    -t crm_config   Optionen: -n [-s]
    -t rsc_defaults Optionen: -n [-s]
    ```

`--inhibit-policy-engine|-!`
: Die Änderungen werden in die CIB geschrieben, aber sie werden nicht sofort an die Transition Engine bzw. die Policy Engine (siehe Kapitel 2) weitergegeben, also nicht sofort im Cluster veröffentlicht.

crm_diff

Dieser Befehl dient der Verwaltung verschiedener Versionen einer CIB. Änderungen können dargestellt oder für spätere Patches abgespeichert werden. Durch die Nutzung von Patchdateien kann der Administrator Teile von Konfigurationen wiederverwenden, ohne cibadmin bei jeder einzelnen Änderung aufrufen zu müssen.

Syntax

```
crm_diff [-?V] [oO] [pnN]
```

Optionen

`--original|-o` *Dateiname*
: Name der ursprünglichen Datei.

`--new|-n` *Dateiname*
: Name der neuen Datei.

`--original-string|-O` *Zeichenkette*
: Ursprüngliche Zeichenkette.

`--new-string|-N` *Zeichenkette*
: Neue Zeichenkette.

`--patch|-p` *Dateiname*
: Wendet den Patch in Datei *Dateiname* auf die Ausgangsdatei an. Benötigt die Option -o.

`--cib|-c`
: Vergleicht/patcht die Eingabe im CIB-Format. Benötigt die Option -o und entweder eine neue CIB (-n) oder eine Patchdatei (-p).

`--stdin|-s`
: Eingabe über stdin.

Beispiele

```
# cibadmin -Q > cib1.xml
# cp cib1.xml cib2.xml
```

Die neue Datei *cib2.xml* kann der Administrator mit seinem Lieblingseditor nach Belieben ändern. Zum Beispiel könnte er die IP-Adresse einer Ressource resIP ändern. Aus der Zeile

```
<nvpair value="192.168.188.105" id="baa2b9de"/>
```

wird:

```
<nvpair value="192.168.188.106" id="baa2b9de"/>
```

Der Befehl

```
# crm_diff -o cib1.xml -n cib2.xml
```

gibt die Änderungen im Patchformat aus:

```
<diff>
  <diff-removed>
    <cib>
      <configuration>
        <resources>
          <primitive id="resIP">
            <instance_attributes id="resIP_instance_attrs">
              <nvpair value="192.168.188.105" id="baa2b9de"/>
            </instance_attributes>
          </primitive>
        </resources>
      </configuration>cin
    </cib>
  </diff-removed>
  <diff-added>
    <cib>
      <configuration>
        <resources>
          <primitive id="resIP">
            <instance_attributes id="resIP_instance_attrs">
              <nvpair value="192.168.188.106" id="baa2b9de"/>
            </instance_attributes>
          </primitive>
        </resources>
      </configuration>
    </cib>
  </diff-added>
</diff>
```

Die Ausgabe kann natürlich auch in ein Patchfile (*1_2-diff.xml*) umgeleitet werden. Folgender Patch kann auf die originale *cib1.xml* angewandt werden:

```
# crm_diff -o cib1.xml -p 1_2-diff.xml > cib1_new.xml
```

Die Ausgabe kann als neue CIB mit

```
# cibadmin -R -x cib1_new.xml
```

auf dem Cluster eingespielt werden.

crm_master

Der Befehl crm_master wird innerhalb von *Resource Agents* (RA) von Multi-State-Ressourcen genutzt, um zu bestimmen, welche Instanz der Ressource (auf welchem Knoten) zum Master befördert werden soll. Innerhalb des RA-Skripts sind Umgebungsparameter gesetzt, so dass der Befehl selbstständig herausfinden kann, auf welche Ressource sich dieser Befehl bezieht.

Dieser Befehl sollte nicht außerhalb von RA verwendet werden. Die Syntax entspricht derjenigen von crm_attribut.

Syntax

```
crm_master [-?VQ] -(D|G|v) [-l]
```

Optionen

--get-value|-G
: Gibt den Wert des Attributs aus.

--delete-attr|-D
: Löscht das Attribut.

--attr-value|-v *String*
: Neuer Wert des Attributs. Wird bei Angabe von -G ignoriert.

--lifetime|-l reboot|forever
: Wie lange soll der Wert für das Attribut gelten? Die Auswahlmöglichkeiten sind »bis zum nächsten Systemstart« und »über den Systemstart hinaus«. Manuell lässt sich das Attribut natürlich immer verändern oder löschen.

Mit diesem Handwerkszeug gerüstet, sollten Sie jetzt die Beispiele aus Kapitel 4 eingeben können. Damit dabei nicht allzu viel schiefgeht, stellen die Entwickler einen »Sandkasten« bereit, in dem man die Änderungen erst einmal ausprobieren kann, bevor sie auf die richtige Konfiguration angewendet werden. Der Befehl für den Sandkasten lautet crm_shadow:

crm_shadow

Der Befehl `crm_shadow` öffnet eine neue Shell, in der alle vorgestellten Befehle auf eine temporäre Konfiguration angewendet werden können.

Syntax

```
crm_shadow -[V?bfwc:dr:C:D:ps:Ee:]
```

Optionen

`--verbose|-V`
    Ausführliche Fehlerausgabe.

`--help|-?`
    Ausgabe der Hilfeseiten.

Befehle

`--which|-w`
    Der Befehl gibt die Möglichkeit, verschiedene Sandkästen anzulegen. Deshalb bietet dieses Kommando vergesslichen Administratoren die Chance, nachzufragen, in welchem Sandkasten sie gerade spielen.

`--display|-p`
    Zeigt den Inhalt der aktuellen Kopie an.

`--diff|-d`
    Gibt die Änderungen aus, die der Administrator in der aktuellen Kopie vorgenommen hat.

`--create-empty|-e` *Name*
    Erzeugt einen neuen, leeren Sandkasten mit dem angegebenen Namen.

`--create|-c` *Name*
    Erzeugt einen neuen Sandkasten mit dem angegebenen Namen und übernimmt die Konfiguration des laufenden Clusters.

`--reset|-r` *Name*
    Überschreibt die Konfiguration des Sandkastens nach allzu vielen Tests noch einmal mit der Konfiguration des laufenden Clusters.

`--commit|-C` *Name*
    Kopiert die Konfiguration des Testclusters in den aktiven Cluster. Wenn der Administrator geprüft hat, dass seine Änderungen im Sandkasten seinen Wünschen entsprechen, kann er diese so in den Betrieb übernehmen.

`--delete|-D` *Name*
    Löscht den Inhalt der Konfiguration des Sandkastens nach allzu vielen Fehlversuchen.

--edit|-E *Name*
> Ruft den Lieblingseditor ($EDITOR) des Administrators auf, um die Konfiguration des Sandkastens zu editieren.

Optionen für Fortgeschrittene

--batch|-b
> Option für den Batchbetrieb. Mithilfe dieser Option lassen sich die Clusterbefehle in Skripten verwenden. Es wird keine neue Umgebung geöffnet.

--force|-f
> Der Administrator meint es mit dem eingegebenen Befehl wirklich ernst.

--switch|-s *Name*
> Wechselt zum Sandkasten mit dem angegebenen Namen.

Beispiele

Zuerst legen wir einen neuen Sandkasten mit einer Kopie des aktuellen Clusters an:

```
# crm_shadow -c test
```

Der Knoten antwortet, dass er eine entsprechende Kopie angefertigt hat, und öffnet eine Shell, in der sich alle Clusterbefehle auf den neuen Sandkasten beziehen:

```
Setting up shadow instance
Type Ctrl-D to exit the crm_shadow shell
shadow[test] #
```

Als Erstes schalten wir einen Knoten auf Stand-by und kontrollieren die Einstellung:

```
shadow[test] # crm_standby -v on -N xen11
scope=nodes value=on
shadow[test] # crm_standby -G -N xen11
scope=nodes value=on
```

Im tatsächlichen Cluster (neues Befehlsfenster!) hat sich nichts dergleichen getan. Etwas mutiger geworden, ändern wir die IP-Adresse einer Ressource und sehen, wie sich die Änderung auswirkt:

```
shadow[test] # crm_resource -q -r resIP
resIP    (ocf::heartbeat:IPaddr2):    Started xen11
raw xml:
<primitive class="ocf" id="resIP" provider="heartbeat" type="IPaddr2">
  (...)
    <nvpair id="nvpair-dd756ab6" name="ip" value="192.168.188.91"/>
  (...)
shadow[test] # cibadmin -M -X'<nvpair id="nvpair-dd756ab6" name="ip" \
            value="192.168.188.96"/>'
shadow[test] # crm_resource -q -r resIP
resIP    (ocf::heartbeat:IPaddr2):    Started xen11
raw xml:
<primitive class="ocf" id="resIP" provider="heartbeat" type="IPaddr2">
```

```
(...)
    <nvpair id="nvpair-dd756ab6" name="ip" value="192.168.188.96"/>
(...)
```

Im letzten Schritt löschen wir nun die komplette CIB im Sandkasten:

```
shadow[test] # cibadmin -E --force
```

Mit `cibadmin -Q` im Sandkasten kann man sich davon überzeugen, dass die CIB des Sandkastens tatsächlich wieder ganz jungfräulich ist. Ein Strg-D quittiert die Befehlszeile mit einem einfachen `logout`, und man verlässt die Sandkastenumgebung. Die Kontrolle mit `cibadmin -Q`, die prüft, ob die Experimente im Sandkasten Spuren im wirklichen Cluster hinterlassen haben, zeigt, dass die aktive CIB keinen Schaden genommen hat.

Alle Befehle und Optionen der Sandkästen stehen auch in der GUI zur Verfügung. In der Menüzeile steht dafür ein eigener Punkt SHADOW zur Verfügung. Die Unterpunkte NEW, DIFF, RESET, DELETE, COMMIT und SWITCH entsprechen dabei der Befehlszeile. Somit können auch alle Änderungen in der GUI durchgetestet und optimiert werden, bevor sie in den aktiven Betrieb übernommen werden.

ptest

Ein sehr schönes Programm, um das Verhalten des *Cluster Resource Manager* zu verstehen, ist das Programm ptest. Es zeigt einerseits den aktuellen Punktestand von Ressourcen und erklärt andererseits auch ganz genau, was der CRM schrittweise macht, wenn die Konfiguration geändert wird. Die Syntax ist:

```
ptest -(?|L|X|x|s) [-V] [-D] [-G] [-I]
```

`--verbose|-V`
    Erhöht die Ausgabe des Befehls. Diese Option kann mehrfach angewandt werden.

`--live-check|-L`
    Auswertung der aktuellen CIB.

`--xml-stream|-x`
    Eingabe über *stdin*.

`--xml-file|-X Dateiname`
    Die Eingabe wird aus einer Datei gelesen.

`--show-scores|-s`
    Ausgabe der aktuellen Punktzahlen für alle Ressourcen auf allen Knoten.

`--save-graph|-G Dateiname`
    Ergebnisse werden als Übergangsgraph abgespeichert.

`--save-dotfile|-D Dateiname`
    Ergebnisse werden im DOT-Format als Grafik abgespeichert.

`--save-input|-I Dateiname`
    Die Eingabe wird zusätzlich in ein File abgespeichert.

Beispiele

Erst einmal kann der Administrator mit der Option -s alle Punkte ausgeben. Diese Option hilft zu verstehen, warum eine bestimmte Ressource jetzt gerade auf diesem Knoten läuft und auf keinem anderen. Wenn eine Ressource resDummy mittels einer Platzierung auf den Knoten rm11 gebunden wird, zeigt der ptest:

```
# ptest -L -s
Allocation scores:
native_color: resDummy allocation score on rm11: 100
native_color: resDummy allocation score on rm12: 0
```

Komplexe Ressourcen zeigen auch andere »Färbungen«, wie group_color oder clone_color. Ausschlaggebend für die einzelne Ressource ist aber die Punktzahl unter native_color.

In der anderen Ausprägung rechnet der ptest-Befehl die atomaren Änderungen aus, die ausgehend von einer gegebenen Konfiguration notwendig sind, um einen anderen Zustand des Clusters zu erreichen. Oder anders gefragt: Welche atomaren Änderungen werden durchgeführt, um den Cluster wieder in einen stabilen Zustand zu bringen, wenn die Konfiguration geändert wird? Für die Berechnung werden die tatsächlichen Algorithmen benutzt, die auch vom Live-System verwendet werden. Deshalb kann man die Auswirkungen von Änderungen der Konfiguration testen. Die Änderungen können auch grafisch dargestellt werden.

Die aktuelle CIB wird mit

```
# cibadmin -Q > myCIB.xml
```

in eine Datei exportiert. Dort können Änderungen einfach per Editor vorgenommen werden, ohne den Betrieb zu gefährden. Alternativ können alle Änderungen auch an einem Sandkastensystem mit crm_shadow getestet werden.

Mit

```
# ptest -x myCIB.xml -G myCIB.graph -D myCIB.dot
```

werden die Änderungen in der CIB überprüft und die notwendigen Änderungen im Status des Clusters einerseits in Textform und andererseits grafisch ausgegeben. Da der Textteil sehr schwer verständlich ist, soll hier die grafische Ausgabe gezeigt werden.

Im Beispiel hängt eine Dummy-Ressource von einer IPaddr2-Ressource ab (Co-Lokation und Anordnung). Jetzt wird per Editor die IP-Adresse der Ressource geändert. Die Grafik für die Änderung ist in Abbildung 5-17 dargestellt.

Es ist relativ einfach zu erkennen, dass zuerst die Dummy-Ressource gestoppt wird und anschließend die IP-Adresse. Danach wird als Zwischenschritt vermerkt, dass jetzt alle Ressourcen gestoppt sind. Anschließend werden IP-Adresse und Dummy wieder gestartet. Das Ausgabeformat DOT kann mit dem zugehörigen Programm dot aus der Bibliothek graphviz in alle gängigen Formate umgewandelt werden. Abbildung 5-17 ist noch relativ einfach und übersichtlich. Mit ein paar mehr Änderungen in der CIB ist es auch kein Problem,

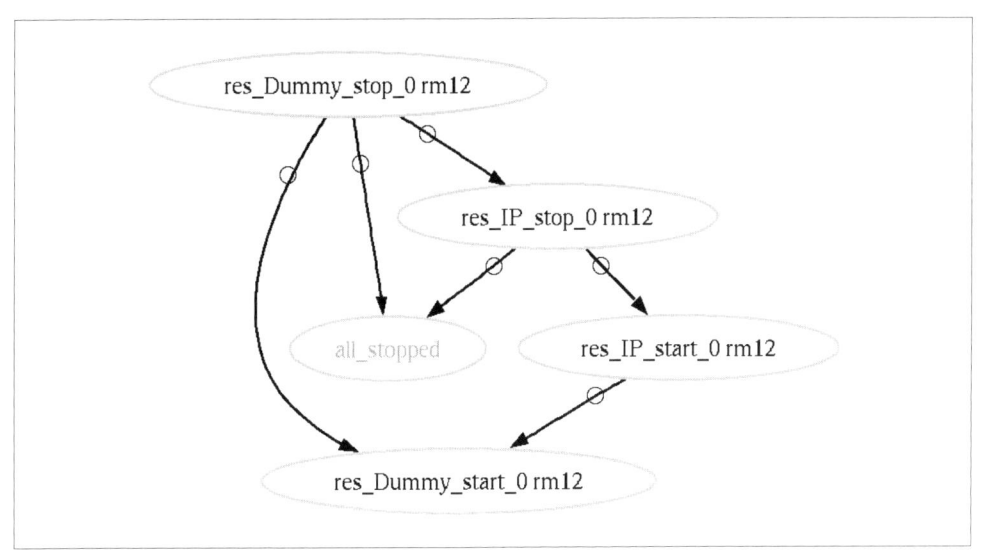

Abbildung 5-17: Visualisierung der Vorgänge im CRM, wenn einzelne Ressourcen verändert werden. Was der Schwarz/Weiß-Druck nicht hergibt: Die Aktionen in dieser Beispielausgabe sind grün umrandet. Die Bedeutung der einzelnen Symbole und Farben wird im Text erklärt.

größere und komplexere Grafiken zu erzeugen. Als Übung sei es dem Leser überlassen, den Knoten, auf dem die meisten Ressourcen laufen, auf Stand-by zu schalten, dann den Übergangsgraphen zu erstellen und zu interpretieren.

In einer so erzeugten Grafik bedeuten die verschiedenen Farben und Symbole Folgendes:

- Pfeile bezeichnen eine direkte Abhängigkeit.
- Gestrichelte Pfeile bezeichnen Abhängigkeiten, die im aktuellen Übergangsgraph nicht vorhanden sind, also erst errechnet wurden.
- Aktionen mit grünem Rand sind Teil des Übergangsgraphen, den die PE errechnet hat.
- Aktionen mit rotem Rand würde der Cluster gern ausführen, sie sind aber zurzeit undurchführbar.
- Von Aktionen mit blauem Rand denkt der Cluster, sie müssten nicht ausgeführt werden.
- Aktionen mit gestricheltem Rand jeglicher Farbe sind nicht Teil des Übergangsgraphen.
- Aktionen mit orangefarbenem Text sind kurze Statusmeldungen von ptest.
- Aktionen mit schwarzem Text werden tatsächlich an den LRM weitergereicht.
- Aktionen von Ressourcen haben als Text die Form {rsc}_{action}_{interval} {node}.
- Jede Aktion, die von einer Aktion mit rotem Rand abhängt, ist selbst auch nicht ausführbar.

Schleifen in so einer Grafik sind wirklich schlecht und sollten nicht auftreten. Falls doch einmal eine vorkommt, bitten die Entwickler darum, sie zu kontaktieren.

Wie nicht anders zu erwarten war, haben die Entwickler diese Befehle ebenfalls in die GUI eingebaut. Unter TOOLS → TRANSITION INFORMATION erhält der Administrator tiefe Einblicke in das Innenleben des Clusters. Mit der Auswahl LIVE oder HISTORY bestimmt er, ob er die aktuelle Version der CIB des Live-Systems untersuchen will oder einen beliebigen historischen Zustand bzw. eine beliebige Aktion des Clusters, solange diese noch in der Logdatei zu finden ist. Der Zustand des Clusters, also der Eventzähler, erhöht sich bei jeder Änderung im Zustand des Clusters. Um dem Administrator seine Arbeit zu erleichtern, gibt die GUI ebenfalls den Zeitpunkt zu jedem Ereignis im Feld rechts daneben aus.

Auf der Registerkarte SCORES gibt die GUI die Punktzahlen für die entsprechende Auswahl aus (siehe Abbildung 5-18). An dieser Stelle möchte ich noch einmal darauf hinweisen, dass dies für jeden historischen Zustand des Clusters möglich ist.

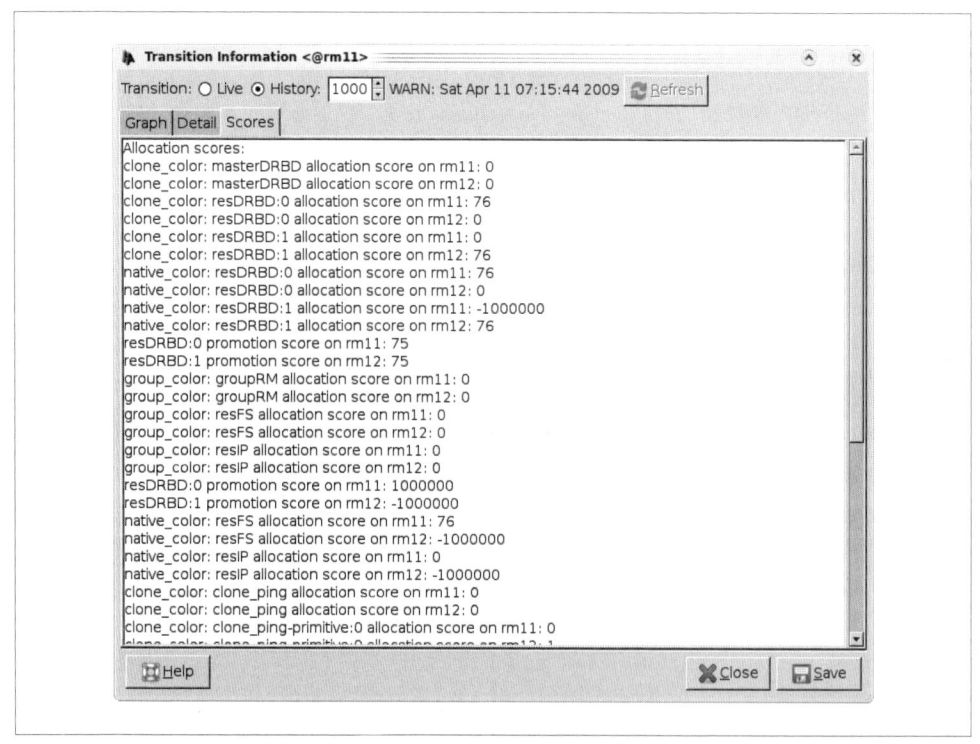

Abbildung 5-18: Die GUI kann die Punktwertungen sowohl für das Live-System als auch für beliebige historische Zustände des Clusters ausgeben.

Auf der Registerkarte DETAIL gibt die GUI den Abschnitt aus der Logdatei wieder, der zum entsprechenden Ereignis gehört. Zusätzlich kann der Administrator hier über die Auswahl der VERBOSITY auswählen, wie detailliert die Ausgabe sein soll.

Sofern der Administrator das Paket graphviz und die entsprechende python-Bibliothek installiert hat, erscheint auch das Register GRAPH. Hier zeigt die GUI zu jedem Ereignis den entsprechenden Übergangsgraphen in der oben beschriebenen Form an. Meistens ist der Graph leer (ein kleines weißes Quadrat in der Mitte), aber gerade bei größeren Änderungen kann man die Arbeitsweise des Clusters schön Schritt für Schritt mitverfolgen.

Die Subshell zum CRM

Offensichtlich sind einige Entwickler starke Anhänger der kommandozeilenbasierten Arbeitsweise. Als Alternative zur GUI und den Befehlen haben sie eine eigene Schnittstelle für den CRM definiert. Diese Schnittstelle bietet eine eigene Syntax für die komplette Konfiguration des Clusters. In der letzten Zeit sind die Entwickler dazu übergegangen, Beispiele auf der Webseite im Format der CRM-Befehlsebene anzugeben, so dass man zumindest die Notation verstehen sollte.

Im Weiteren, insbesondere in Kapitel 8 (»Beispielszenarien«), werde ich auch diese Syntax verwenden, da sie wesentlich kompakter ist als XML. Der Leser möge sich an beide Notationen gewöhnen, da beide ihm im alltäglichen Betrieb begegnen werden.

Der Befehl `crm` öffnet eine eigene Kommandozeile, die folgende Befehle akzeptiert:

cib
: Verwaltung von Sandkästen, wie der Befehl `crm_shadow`.

resource
: Verwaltung von Ressourcen, wie der Befehl `crm_resource`.

node
: Verwaltung der Knoten.

configure
: Konfiguration des Clusters.

options
: Verschiedene Benutzereinstellungen.

exit, quit, bye
: Verlassen des Programms.

end, cd, up
: Eine Ebene höher springen.

In jeder Ebene erhält man mit der Eingabe von `help` einen Hilfetext mit den Optionen bzw. Befehlen, die auf dieser Ebene zur Verfügung stehen. Nachdem man die Benutzereinstellungen durch Eingabe vom `options` aufgerufen hat, verrät einem die Hilfeseite zum Beispiel, dass man den `skill-level` (`operator|administrator|expert`) eingeben kann, mit `editor` den Lieblingseditor auswählen kann und mit `pager` das Programm zur seitenweisen Ausgabe von Text festlegt. Schließlich lässt sich der Benutzer mit dem Befehl `user` auswählen.

Alle Einstellungen kann man sich mit dem Kommando show ausgeben lassen, und für den späteren Gebrauch kann man die Konfiguration mit save in der Datei *$HOME/.crm.rc* ablegen.

Shell-Erweitung und Highlighting

Die crm-Shell bietet einen Mechanismus zur automatischen Erweiterung von Eingaben mit der Tab-Taste. Was viele Administratoren von der bash-Shell kennen und schätzen, hat auch hier Eingang gefunden. Wenn der Begriff eindeutig ist, fügt die Tab-Taste die restlichen Zeichen automatisch ein. Ist der Begriff noch nicht eindeutig, listet die Tab-Taste alle möglichen Erweiterungen auf, die in den Kontext passen. Erwartet die Shell zum Beispiel als nächste Eingabe ein Instance-Attribut einer einfachen Ressource, zeigt die Tab-Taste alle möglichen Eingaben an, die für diesen Agenten definiert sind.

Diese Hilfe beschleunigt die Arbeit des Administrators wesentlich und hilft auch, einfache Schreibfehler zu vermeiden. Der Vermeidung, oder besser der einfachen Erkennung von Schreibfehlern, ebenfalls dient die farbige Darstellung der verschiedenen Elemente in der Subshell. Fehler in der Eingabe findet der Administrator schnell dadurch, dass die Farbe einfach nicht mehr passt.

Nach diesen Übungen hat man ein Gefühl dafür, wie die Kommandozeile arbeitet, und kann sich an größere Aufgaben wagen.

Der Abschnitt node

Der Befehl node dient dazu, die Knoten des Clusters zu verwalten. Die Knoten, die der Cluster kennt, können zunächst wiederum mit show ausgegeben werden. Ein einzelner Knoten lässt sich einfach mit dem Befehl standby *Knoten* in den Ruhezustand versetzen und mit online *Knoten* wieder aufwecken.

Einen Knoten kann man mit dem Befehl delete *Knoten* aus dem Cluster löschen. Wenn man heartbeat als Clusterstack nutzt, muss man diesen Knoten mit dem Befehl hb_delnode (siehe Abschnitt »Löschen und Austauschen von Knoten« in Kapitel 6) zusätzlich aus dem Gedächtnis von heartbeat streichen.

Mit dem Befehl attribute kann der Administrator Eigenschaften des Knotens verwalten, also zum Beispiel dem Cluster mitteilen, wie viel Speicher der Knoten hat, wie schnell der Prozessor (in *bogomips*) ist oder sonst irgendein Attribut im Konfigurationsabschnitt der Knoten der CIB verändern. Mit

```
crm(test)node # attribute <Knoten> set <Attribut> <Wert>
```

wird einem Attribut ein Wert zugewiesen. Mit show kann es angezeigt und mit delete wieder gelöscht werden. Diese fest zugewiesenen Eigenschaften eines Knotens können in Bedingungen verwendet werden, um Ressourcen zum Beispiel immer auf dem »geeigneteren« Knoten laufen zu lassen.

> Das delete als Unterkommando des Befehls attribute sollte man nicht mit dem Befehl delete zum Löschen eines Knotens verwechseln!

Alternativ dazu kann man mit dem Befehl status-attribute Eigenschaften des Status-Abschnitts setzen, anzeigen und löschen. Üblicherweise schreibt zum Beispiel der pingd seine Ergebnisse in diesen Abschnitt. Die Gutschrift des pingd auf dem Punktekonto des Knotens *xen01* kann man sich zum Beispiel mit

```
crm(test)node# status-attribute xen01 show pingd
```

ausgeben lassen.

Der Befehl cib

Dieser Abschnitt der Befehlszeile dient der Verwaltung verschiedener Sandkästen, um Konfigurationen auszuprobieren, die anschließend in den Betrieb übernommen werden können. Zuerst kann man sich mit list alle bestehenden Sandkästen anzeigen lassen. Mit new *Name* erzeugt der Cluster einen neuen Sandkasten als Kopie der aktuellen CIB. Bestehende Kopien kann man mit delete *Name* wieder löschen. Nach allzu vielen Experimenten in einem Sandkasten, der danach alle möglichen Fehler zeigt, kann man mit einem beherzten reset *Name* das Problem beheben und die CIB aus dem Betrieb erneut übernehmen.

Aus den vielen definierten Sandkästen kann man sich mit dem Befehl use *Name* einen für seine Experimente auswählen, um sich zum Beispiel mit diff die Unterschiede zur laufenden Konfiguration anzeigen zu lassen. Ist man überzeugt, dass die Konfiguration im Sandkasten passt, kann man sie mit dem Befehl commit *Name* in den tatsächlichen Betrieb übernehmen.

Der Befehl resource

Mit diesem Befehl lassen sich die Eigenschaften von Ressourcen verwalten. Zum größten Teil finden sich die Kommandos des Befehls crm_resource hier wieder.

Den Zustand einer Ressource kann man sich mit status *[Ressource]* ausgeben lassen. Falls die Ressource weggelassen wird, wird der Zustand aller Ressourcen angezeigt. Einzelne Ressourcen lassen sich mit start *Ressource* und stop *Ressource* starten und wieder anhalten. Analog lässt sich mit manage *Ressource* beziehungsweise unmanage *Ressource* das is-managed-Attribut einer Ressource beeinflussen.

Die Wanderungsbewegungen einer Ressource steuert der Administrator mit dem Befehl migrate *Ressource [Knoten]*. Ist kein Knoten angegeben, fügt der CRM eine Platzierungsbedingung mit -INFINITY Punkten für diese Ressource auf dem bisherigen Knoten ein, so dass sie sich irgendeinen anderen Knoten suchen muss. Ein unmigrate *Ressource* löscht diese Bedingung wieder.

Einzelne Parameter (`instance-attribute`) der Definition einer Ressource kann der Administrator mit dem Kommando `param` verwalten. Die Syntax des Befehls, um einen Parameter zu setzen, ist dabei

```
crm(test)resource# param Ressource set Parameter Wert
```

Mit `show` kann man sich den Wert eines Attributs anzeigen lassen und mit `delete` einen Parameter wieder löschen.

> Die CRM-Subshell hat keine Plausibilitätsprüfung eingebaut. Mit `resource param Ressource delete ...` darf man ohne Gegenwehr des CRM Attribute löschen, die im Prinzip vom Agenten als required bezeichnet werden, also zum Beispiel die IP-Adresse einer `IPaddr2`-Ressource. Erfahrungsgemäß führt das zu Problemen, wenn man die Ressource starten oder überwachen will.

Zur Unterscheidung von Parametern (`instance-attribute`) lassen sich die Meta-Attribute einer Ressource mit dem Befehl `meta` verwalten. Es existieren wieder die Kommandos `set`, `show` und `delete`. Um die Ressource `resIP` anzuhalten, gibt der Administrator einfach

```
crm(test)resource# meta resIP set target-role stopped
```

ein. Ebenso kann er die `target-role` auf `started` setzen oder mit `delete` löschen, um die Ressource wieder zu starten. Zusätzlich kann mit dem Befehl auch der Fehlerzähler von Ressourcen verwaltet werden. Dazu existiert das Kommando `failcount`, wiederum mit den Unterkommandos `set`, `show` und `delete`.

Als letzte Fähigkeiten des `crm_resource`-Befehls bleiben `cleanup Ressource [Knoten]`, mit dem man die CIB von Resten unkonfigurierter Ressourcen säubern kann, `refresh Ressource`, um den aktuellen Stand einer Ressource im LRM in die CIB zu übertragen, und schließlich `reprobe [Knoten]`, um den CRM anzuweisen, (alle) Knoten auf Ressourcen zu überprüfen, die außerhalb seiner Kontrolle gestartet wurden.

Der Befehl configure

Der letzte Befehl der `crm`-Subshell dient der Konfiguration von Ressourcen und Bedingungen. Üblicherweise nutzt der Administrator ein Skript, um dem CRM seine Wünsche mitzuteilen, da die Konfiguration mit allen notwendigen Attributen doch etwas umständlicher ist. Aber natürlich lassen sich alle Befehle auch direkt eingeben. Die Konfiguration geschieht auf drei Ebenen: Ressourcen, Bedingungen und Clustereigenschaften. Definitionen von Ressourcen beginnen mit den Schlüsselwörtern `primitive`, `group`, `clone` oder `ms`. Bedingungen erkennt der CRM an den Begriffen `location`, `colocation` und `order`. Um die Konfiguration des Clusters zu verändern, verwendet der Administrator den Begriff `property`. Alle Änderungen müssen mit einem `commit` bestätigt werden, damit sie tatsächlich in die laufende CIB übernommen werden.

Einfache Ressourcen: primitive

Die Syntax für die Definition einer einfachen Ressource wird mit dem Schlüsselwort primitive eingeleitet. Der Hilfetext primitive help zeigt die volle Definition an:

```
primitive rsc [class:[provider:]]type
  [params param=value [param=value...]]
  [meta attribute=value [attribute=value...]]
  [operations id_spec
  [op op_type [attribute=value...] ...]]
  id_spec :: $id=id | $id-ref=id
  op_type :: start | stop | monitor
```

Der Name der Ressource *rsc* und der Typ *type* sind verpflichtend, alle anderen Angaben sind optional. Instance-Attribute werden im Abschnitt params definiert und Meta-Attribute unter meta.

Operationen können auf zwei Arten eingegeben werden. Bei der einfachen Variante folgen dem Befehl op der Typ der Operation (start, stop oder monitor) und weitere Angaben zum Beispiel zu interval, timeout oder on-fail. Die andere Variante, die mit operations eingeleitet wird, ist nützlich, wenn viele Ressourcen gleiche Operationen benutzen. Hier wird nur auf eine (schon definierte) ID einer Operation verwiesen, und der CRM trägt einfach eine Referenz auf diese Operation ein. Beispiele für die Definition einer Ressource sind:

```
crm(live) configure# primitive resIP ocf:heartbeat:IPaddr2 \
  params ip=192.168.188.95 nic=eth0 cidr_netmask=24 \
  meta migration-threshold=3 \
  op monitor interval=30s on-fail=restart
```

oder

```
crm(live) configure# primitive res_Firewall firewall \
  operation $id-ref=op_monitoring
```

wenn eine Operation mit dieser ID irgendwo schon definiert war. Nach Eingabe der Zeilen oben müssen die Änderungen noch mit commit bestätigt werden, damit der CRM sie in die laufende Konfiguration übernimmt.

Gruppen: group

Die Syntax für die Definition einer Gruppe ist:

```
group name rsc [rsc...]
  [params param=value [param=value...]]
  [meta attribute=value [attribute=value...]]
```

Alle Ressourcen, die gruppiert werden, müssen natürlich schon existieren. Dann fasst der CRM sie in der aufgeführten Reihenfolge zusammen. Falls die Ressourcen resIP und resApache definiert sind, werden sie mit dem Befehl

```
crm(live) configure# group groupWebserver resIP resApache \
  meta target-role=stopped
```

in der Gruppe groupWebserver zusammengefasst. Nachdem die Eingabe mit commit bestätigt ist, erscheint sie auch in der CIB.

Klone: clone

Bestehende einfache Ressourcen werden mit diesem Befehl geklont. Die Syntax ist:

```
clone name rsc
  [params param=value [param=value...]]
  [meta attribute=value [attribute=value...]]
```

Im Beispiel wird eine einfache Ressource zur Überwachung des Systems erzeugt und gleich anschließend für alle Knoten geklont:

```
crm(live) configure# primitive resSysInfo ocf:heartbeat:SysInfo \
  op monitor interval=10s
crm(live) configure# clone cloneSysInfo resSysInfo
crm(live) configure# commit
```

Multi-State-Ressourcen: ms

Anstelle von Klonen lassen sich einfache Ressourcen mit den Befehl ms zu Multi-State-Ressourcen vervielfachen, wenn der entsprechende *Resource Agent* das verträgt. Die Syntax lautet:

```
ms name rsc
  [params param=value [param=value...]]
  [meta attribute=value [attribute=value...]]
```

Der Vollständigkeit halber sei hier auch noch einmal die Definition einer Multi-State-DRBD-Ressource angegeben, wenn die einfache Ressource resDRBD existiert:

```
crm(live) configure# ms msDRBD resDRBD meta notify=true globally-unique=false
```

Platzierungen: location

Neben den Ressourcen sind vor allem die Bedingungen ein wichtiges Merkmal für die Konfiguration des Clusters. Deshalb können alle drei Arten von Bedingungen auch über die neue Kommandozeile eingegeben werden. Eine Platzierung wird mit dem Befehl location eingeleitet. Die Syntax ist:

```
location id rsc {node_pref|rules}
  node_pref :: score: node
  rules ::
    rule [id_spec] [$role=role] score: expression
    [rule [id_spec] [$role=role] score: expression ...]
  id_spec :: $id=id | $id-ref=id
  score :: number | attribute | [-]inf
  expression :: single_exp [bool_op simple_exp ...] | date_expr
  bool_op :: or | and
  single_exp :: attribute [type:]binary_op value | unary_op attribute
```

```
type :: string | version | number
binary_op :: lt | gt | lte | gte | eq | ne
unary_op :: defined | not_defined
date_expr :: date_op start [end]
```

Diese Definition ist zwar ziemlich ausgedehnt, deckt aber alle Eventualitäten ab. Meistens benötigt der Administrator auch nur einen Teil des gesamten Ausdrucks, um dem Cluster seine Wünsche mitzuteilen. Als Beispiel soll die IP-Adressse (`resIP`) des Clusters auf dem Knoten laufen, der die »beste« Verbindung zum Netz hat. Dazu muss natürlich eine `pingd`-Ressource eingerichtet sein und Punkte verteilen. Die Platzierung wird dann wie folgt eingerichtet:

```
crm(live) configure# location locIP resIP rule pingd: defined pingd
```

Im Großen und Ganzen sind die Definitionen nur eine andere Schreibweise für die Bedingungen, die wir schon am Anfang des Kapitels kennengelernt haben.

Co-Lokationen: colocation

Die Syntax einer Co-Lokationsbedingung ist wiederum sehr viel einfacher:

```
colocation id score: rsc[:role] with-rsc[:role]
```

Wenn eine Dummy-Ressource nicht auf dem gleichen Knoten laufen soll wie der Apache-Webserver, können wir das wie folgt formulieren:

```
crm(live) configure# colocation colDummyApache -inf: resDummy resApache
```

Der Wunsch, das Dateisystem dort zu starten, wo das DRBD als Master läuft, lautet negativ formuliert:

```
crm(live) configure# colocation colFSDRBD -inf: resFS resDRBD:Slave
```

Anordnungen: order

Ähnlich einfach sind Anordnungen in der Notation der Kommandozeile vom CRM:

```
order id score-type: first-rsc[:action] then-rsc[:action]
   [symmetrical=bool]
score-type :: advisory | mandatory | <score>
```

Um beim Beispiel von Dateisystem und DRBD zu bleiben: Wenn das Dateisystem gestartet werden soll, nachdem das DRBD zum Master befördert wurde, kann dieser Wunsch so formuliert werden:

```
crm(live) configure# order ordDRBDFS inf resDRBD:promote resFS:start
```

Nicht zu vergessen ist der `commit`-Befehl, um die eingegebenen Änderungen wirksam werden zu lassen. Falls der Administrator dieses Kommando einmal vergisst und die Eingabe verlassen will, weist ihn der Befehlsinterpreter unmissverständlich auf das Versäumnis hin und fragt, ob er nicht doch seine Eingaben wirksam werden lassen soll.

Clustereigenschaften: property

In diesem Abschnitt gibt der Administrator Optionen vor, die für den gesamten Cluster gelten. Die Syntax ist wiederum einfach:

```
property [$id=set_id] option=value
```

Im Beispiel soll dem Cluster im Fehlerfall die Möglichkeit gegeben werden, fehlerhafte Knoten abzuschalten (STONITH):

```
crm(live) configure# property stonith-enabled=true
```

Überprüfung der Konfiguration: show, verify und ptest

Um einen Überblick zu gewinnen, kann der Administrator sich die komplette Konfiguration mit dem Befehl show anzeigen lassen. Alle Ressourcen, Bedingungen und Clustereigenschaften werden in der Notation der CRM-Kommandozeile dargestellt. Anfängern kann diese Darstellung helfen, anhand von schon konfigurierten Ressourcen die Syntax noch einmal zu überprüfen, bevor die Änderungen scharf geschaltet werden.

Wie der Befehl crm_verify der Kommandozeile überprüft das Kommando verify die CIB mit den eingegebenen Änderungen und meldet Regelverstöße und Probleme. Alle Fehlermeldungen müssen ausgeräumt werden, bevor die Änderungen mit commit veröffentlicht werden.

Die Auswirkungen der eingegebenen Änderungen kann der Administrator mit dem Befehl ptest überprüfen. Wie in der Kommandozeile überprüft der Befehl die Operationen und zeigt grafisch die Änderungen, die nach Eingabe von commit vorgenommen würden. Dazu muss natürlich das graphviz-Paket installiert sein.

Überprüfung der Änderungen: show changed

Als Letztes vor einem commit, mit dem Änderungen in der Konfiguration übernommen werden, kann der Administrator alles, was er verändert hat, mit show changed sehen. Die neue Konfiguration der Ressourcen und Bedingungen wird angezeigt. Wer sich nicht von der XML-Notation trennen kann, dem zeigt ein show xml changed die neue Konfiguration auch in der anderen Darstellung an.

Der Trick mit dem eingeschobenen xml funktioniert übrigens auch bei einem edit-Kommando. Danach darf der Administrator das Element komplett in XML bearbeiten.

Luxus: edit, delete und rename

Der pure Luxus ist der Befehl edit der CRM-Kommandozeile. Der Interpreter öffnet die gesamte Konfiguration (Ressourcen, Bedingungen usw.) in der Notation der Kommandozeile im Lieblingseditor des Administrators ($EDITOR). Wie mit dem Befehl show erhält man den vollen Überblick über die Konfiguration. Änderungen können direkt eingegeben werden. Diese Option ist wahrscheinlich der einfachste Weg, um Modifikationen am »lebenden Objekt« vorzunehmen.

Der Befehl delete bietet dem Administrator die freie Auswahl, welches Objekt (ID) er löschen möchte, während der Befehl rename die Chance bietet, die IDs von Objekten zu ändern. Intern wird dann das Objekt mit der alten ID gelöscht und ein identisches mit der neuen ID angelegt.

Der interaktive Modus

In der Dokumentation zum CRM-Befehl[1] wird ein interaktiver Modus erklärt. Im Gegensatz zum bisher dargestellten Batchmodus, bei dem alle Befehle in einer Zeile eingegeben werden mussten, soll es in diesem Modus möglich sein, alle Befehle einzeln einzugeben. Das hilft sehr, wenn man die Syntax zur Eingabe einer einfachen Ressource (Abschnitt »Einfache Ressourcen: primitive«) anschaut. Parameter, Operationen oder Meta-Attribute sollen separat eingegeben werden können. Der Modus wird voraussichtlich mit dem Befehl enter eingeleitet werden.

Leider war dieser Modus zu dem Zeitpunkt, als dieser Text geschrieben wurde, noch nicht implementiert, so dass ich an dieser Stelle nur auf die Dokumentation verweisen kann, die für diesen Teil eher als Roadmap zu lesen ist.

Anwendung

Damit der Leser ein besseres Gefühl für die CRM-Kommandozeile bekommt, sei Ihnen an dieser Stelle ein Beispiel an die Hand gegeben. Es wird eine Gruppe aus IP-Adresse und Webserver eingerichtet, die auf demselben Knoten laufen soll wie der Master eines DRBD-Spiegels.

```
primitive resDRBD ocf:heartbeat:drbd \
        op monitor interval="20" role="Slave" timeout="20" \
        op monitor interval="10" role="Master" timeout="20" \
        params drbd_resource="r0"
primitive resFS ocf:heartbeat:Filesystem \
        op monitor interval="20" timeout="40" \
        params device="/dev/drbd0" directory="/mnt/drbd" fstype="ext3"
primitive resIP ocf:heartbeat:IPaddr2 \
        op monitor interval="10s" timeout="20s" \
        params ip="192.168.188.136" nic="eth0" cidr_netmask="24"
primitive resApache ocf:heartbeat:Apache \
        op monitor interval="10s" timeout="20s" \
        params configfile="/etc/apache2/httpd.conf" \
                httpd="/usr/sbin/apache2" testregex="DOCTYPE HTML" \
                envfiles="/etc/apache2/envvars"
group groupWebserver resFS resIP resApache
ms masterDRBD resDRBD \
        meta globally-unique="false" notify="true" clone-max="2" \
        clone-node-max="1" master-max="1" master-node-max="1"
```

---

1 *http://www.clusterlabs.org/Documentation/CRM_CLI.pdf*

```
colocation colFSDRBD inf: resFS:Started masterDRBD:Master
order ordDRBDFS inf: masterDRBD:promote resFS:start
```

Am Anfang werden die einfachen Ressourcen eingerichtet, wie Sie am Befehl `primitive` erkennen. Es folgt die Gruppierung des Dateisystems, auf dem die Daten des Apache liegen, der IP-Adresse und des Webservers selbst, damit diese Ressourcen auch in der richtigen Reihenfolge auf demselben Knoten gestartet werden. Als letzte Ressource wird das einfache DRBD in eine Master/Slave-Ressource verwandelt.

Die Co-Lokation sorgt dafür, dass das Dateisystem auf demselben Knoten eingebunden wird, auf dem das DRBD im Zustand `Master` vorliegt. Als Letztes ist die Anordnung dafür zuständig, dass das Dateisystem erst eingebunden wird, nachdem das DRBD zum Master befördert wurde.

Wenn diese Konfiguration als Datei vorliegt, kann man sie mit dem Befehl

```
# crm configure load replace Dateiname
```

einlesen.

> Auch im Internet gibt es Anleitungen und Beispiele für bestimmte Konfigurationen, die zunehmend in der neuen CRM-Notation geschrieben sind. Teilweise sind das relativ umfangreiche Konfigurationen (siehe oben). Es ergibt recht wenig Sinn, diese Dateien auf einmal mit dem Befehl `configure load` einzulesen. Wenn das Ergebnis eine Fehlermeldung ist, weiß man nicht genau, was bereits konfiguriert ist und was nicht. Sinnvoller ist es, jede Zeile einzeln einzugeben. Dann hat man eine wesentlich bessere Kontrolle, wenn etwas schiefgeht.

Linbits neue GUI

Die Firma Linbit, der Hersteller der DRBD-Software, ist dabei, eine eigene GUI zu entwickeln. Über den Stand der Entwicklung kann man sich auf der Webseite der Firma[2] informieren und sich eine Betaversion herunterladen. Die Management-Konsole ist in Java geschrieben und benötigt die Version 6 der JRE.

Die neue GUI bietet einen intuitiven Überblick über die Ressourcen und die Beziehungen der Ressourcen untereinander. Die aktuelle Version macht einen sehr guten Eindruck, so dass in Zukunft auch Administratoren mit Windows auf ihrem Arbeitsplatzrechner den Cluster aus der Ferne grafisch verwalten können.

---

2 http://www.drbd.org/mc/management-console

KAPITEL 6
Planung, Aufbau und Betrieb

Es kann schnell passieren, dass der Cluster komplett neu aufgebaut werden muss, weil ein Planungsfehler die Erweiterung unmöglich macht oder die Ressourcen doch nicht optimal gruppiert sind und unerwartete Abhängigkeiten später eingefügt werden müssen. Deshalb muss eine sorgfältige Planung Grundlage jedes Clustersystems sein.

Ein Cluster braucht aber auch besondere Pflege im Betrieb, da so ein System wesentlich komplexer ist als ein einfacher Server. Wenn etwas schiefgeht, kann das weitreichendere Auswirkungen haben, als ein einfacher Festplattencrash üblicherweise hat. Zudem werden Cluster in Umgebungen eingesetzt, in denen eine hohe Verfügbarkeit benötigt wird. Diese kann ein Administrator nur gewährleisten, wenn er das System wirklich gut kennt. Wie ein guter Automechaniker vom Laufgeräusch des Motors schon auf die Art des Fehlers schließen kann, sollte ein guter Administrator bereits am Verhalten des Clusters oder aus den Logfiles ablesen können, ob sich ein Problem andeutet. Zu Zeiten des Apple][gab es Liebhaber, die allein aus dem Startverhalten oder der Bildschirmanzeige den fehlerhaften Logikchip auf der Hauptplatine diagnostizieren konnten. Ein so inniges Verhältnis zum eigenen Rechner ist zwar wünschenswert, aber dann doch nicht zwingend notwendig.

Technische Voraussetzungen

In diesem Abschnitt soll geklärt werden, was alles notwendig ist, um zwei oder mehr Rechner zu einem Cluster zusammenzuschalten. Da solche Cluster eingesetzt werden, um Dienste mit einer hohen Verfügbarkeit anzubieten, ist eine gewisse Sorgfalt bei der Auswahl der Hardware und bei der Installation der Software geboten.

Hardware

Idealerweise kann der Administrator für einen neuen Cluster gleich neue Hardware einkaufen. Manchmal muss aber der Cluster aus den vorhandenen Beständen zusammengestellt werden. Dabei sollte man umso mehr auf möglichst hohe Qualität bei den verwendeten Komponenten achten. Speziell Festplatten bieten hier sehr unterschiedliche mittlere Lebensdauern. Eine defekte Festplatte kann im anschließenden Betrieb viel Ärger verursachen, da sie nicht einfach ausgetauscht werden kann, sondern die Daten der defekten Festplatte überspielt werden müssen. Und das ist bei einer defekten Festplatte manchmal gar nicht so einfach. Der Preisunterschied zwischen SAS- und SATA-Systemen erklärt sich hauptsächlich durch die höhere Zuverlässigkeit der SAS-Systeme.

Grundsätzlich muss man bei der Auswahl ebenso viel Augenmerk auf Qualität legen wie bei einem einzelnen Server, da der Cluster ja für eine hohe Verfügbarkeit ausgelegt ist. Einsparungen bei der Beschaffung der Hardware rächen sich später durch häufigeres Umspringen der Ressourcen beim Ausfall eines Knotens und durch einen höheren Aufwand, diese Fehler anschließend zu beheben.

Redundanz der Hardware

Jegliche Komponenten eines Rechners, die Teile enthalten, die einer mechanischen Beanspruchung unterliegen, sind immer fehleranfälliger als rein elektronische Bauteile. Typische Kandidaten für einen frühzeitigen Ausfall sind daher Festplatten, Lüfter und Netzteile.

Sollen diese Teile ebenfalls doppelt, also redundant für jeden Knoten ausgelegt werden? Die Antwort auf diese Frage muss jeder Administrator selbst finden, denn es gibt keine allgemeingültige Antwort. Grundsätzlich ist die Verfügbarkeit des Einzelsystems natürlich höher, je mehr einzelne Komponenten redundant ausgelegt werden. Festplatten im RAID-Verbund bieten eine wesentlich höhere Datensicherheit gegenüber einer einzelnen Festplatte. Der Preis einer zweiten Festplatte und das Einrichten eines RAID-Systems auf Softwareebene verursachen relativ wenig zusätzliche Kosten. Anders sieht es da schon mit einem zusätzlichen Netzteil für den Server aus.

Grundsätzlich ist der Gesamtcluster gegen solche vereinzelten Ausfälle geschützt. Der andere Knoten übernimmt die Arbeit des ersten Systems. Bei einer erhöhten Redundanz der einzelnen Komponenten in jedem Knoten kann man nur die Anzahl der Ausfälle und des damit verbundenen Umschwenkens der Ressourcen mit dem Ausfall von wenigen Sekunden verhindern. Zusätzlich spart der Administrator ein bisschen Zeit bei der Wiederherstellung eines defekten Systems. Diese Zeit ist aber nicht kritisch, da der Dienst währenddessen ja trotzdem angeboten wird. Der Administrator kann sich also mit der Wiederherstellung Zeit lassen und arbeitet nicht unter dem Druck der Nichtverfügbarkeit.

Deshalb ist der Grad der Redundanz von Komponenten in den einzelnen Knoten eine Frage der Abwägung:

Wie oft dürfen die Ressourcen zwischen den Knoten umschwenken?
Da ein Umschwenken der Ressourcen meistens mit einem Abbruch der bestehenden Verbindungen verbunden ist, ist die Anzahl der Schwenks nicht ganz unerheblich.

Wie hoch ist der Aufwand zur Wiederherstellung eines Knotens bei einem bestimmten Ausfall?
Der Aufwand zur Wiederherstellung bei einem Crash der Festplatte ist sicherlich höher als der reine Austausch eines defekten Netzteils.

Wie hoch ist der (finanzielle) Aufwand für die Redundanz der Komponenten?
Können diese Ressourcen nicht an einer anderen Stelle besser eingesetzt werden, um die gesamte Verfügbarkeit zu erhöhen?

In diesem Rahmen ist auch die Frage nach dem Bonding von Schnittstellen zu betrachten. Der Linux-Kernel lässt es zu, zwei (oder mehr) Interfaces zu einer *bond*-Schnittstelle zusammenzufassen. Somit kann der einzelne Server an zwei separate Switches angeschlossen werden (siehe dazu Abbildung 6-1).

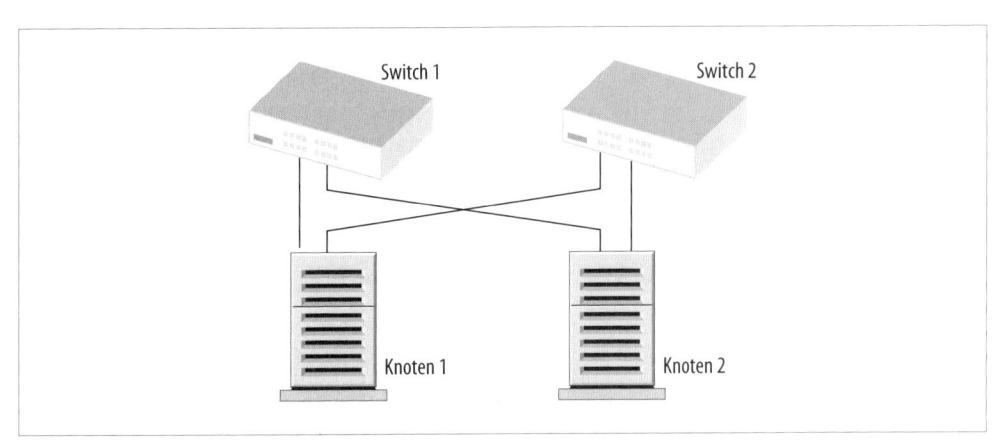

Abbildung 6-1: Knoten eines Clusters können auch über bond-Schnittstellen an das Netzwerk angebunden werden. Zwei physikalische Interfaces werden zu einem logischen zusammengefasst. Das Netzwerk ist auch beim Ausfall eines Switchs noch erreichbar.

Diese *bond*-Schnittstellen haben den Vorteil, dass beide Server des Clusters auch dann noch erreichbar sind, wenn ein Switch ausfällt. Wenn jeder Rechner wie üblich einfach an einen separaten Switch angeschlossen ist, wäre einer der Rechner beim Ausfall eines Switchs nicht mehr erreichbar. Falls dieser Rechner der aktive war, müssten die Ressourcen in diesem Fall umschwenken. Der Einsatz von *bond*-Schnittstellen reduziert sich somit wieder auf die Frage nach der Häufigkeit der erlaubten Schwenks.

Software

Linux-HA sollte unter den verschiedenen Varianten von Linux – von Debian über Red Hat und SUSE bis Ubuntu – ohne weitere Schwierigkeiten funktionieren. Wenn die Distribution von Haus aus keine aktuellen Pakete mitbringt, sollte es kein Problem sein, diese im Netz zu finden oder pacemaker aus den Quellen selbst zu übersetzen.

Im Übrigen sollte der Administrator wie üblich auf den Servern nur das Nötigste installieren. Eine komplette grafische Oberfläche, eventuell noch mit einer Reihe von Büroanwendungen, ist für solche Serversysteme eher schädlich, und man kann getrost darauf verzichten. Einige zusätzliche Programme, die für den Bedienkomfort oder zur Fehlersuche nützlich sind, sollten allerdings nicht fehlen. Im täglichen Umgang haben sich die Pakete iproute, das den Befehl ip zur Verfügung stellt, und tcpdump als sehr hilfreich erwiesen.

Vorbereitung des Systems

Ebenfalls sollten nur die notwendigsten Dienste installiert sein. Im Zweifelsfall sind das die Server, die den Dienst, der angeboten werden soll, zur Verfügung stellen, openais und pacemaker und sonst gar nichts. Am einfachsten kann man sich die laufenden Dienste, die einen Port belegen, mit netstat -ntulp anzeigen lassen. Alle Programme, die einen Dienst anbieten, der nicht benötigt wird, können abgeschaltet und deinstalliert werden. Auf vielen Systemen werden bei einer normalen Installation der Portmapper (Port 111) und eine Grundauswahl von RPC-Diensten mit aufgespielt. Bei einem einfachen Webserver ist dieser Dienst aber nicht notwendig und kann gelöscht werden. Dabei reicht es nicht, die Dienste im laufenden Betrieb auszuschalten (/etc/init.d/*service* stop). Wenn die Pakete, die die Dienste zur Verfügung stellen, nicht gleich ganz gelöscht werden, muss zumindest dafür gesorgt werden, dass diese Dienste nicht direkt beim nächsten Systemstart wieder anlaufen. Das heißt, dass die Links auf das Startskript aus den entsprechenden Startverzeichnissen der Runlevel gelöscht werden müssen. Jede Distribution bringt hier ihr eigenes Werkzeug zur Verwaltung der Startskripte mit. Weit verbreitet ist chkconfig.

Alle Dienste, die hochverfügbar angeboten werden sollen, dürfen ebenfalls nicht über init gestartet werden, sondern werden über den CRM verwaltet. Das heißt aber, dass die Verweise auf die jeweiligen Startskripte aus den Verzeichnissen der Runlevel (/etc/rcN.d/) gelöscht werden müssen. Dies erledigen ebenfalls wieder die entsprechenden Werkzeuge der Distribution (chkconfig oder update-rc.d).

Zeitabgleich

Für den Betrieb ist es wichtig, dass alle Knoten des Clusters die gleiche Zeit haben. Es hilft nicht nur bei der Suche in Logfiles, wenn die Zeitstempel der Einträge in den Logfiles der verschiedenen Knoten übereinstimmen. Insbesondere verwendet auch die CIB

Zeitstempel, um die letzte aktuelle Version der Konfiguration und des Status zwischen den Knoten anzugleichen. Unterschiedliche Zeiten führen hier früher oder später sicher in die Katastrophe.

Wenn man keinen eigenen Zeitserver (Protokoll: ntp) im Netz betreibt, kann man den der Physikalisch-Technischen Bundesanstalt (*ptbtime1.ptb.de* und *ptbtime2.ptb.de*) oder einen von *ntp.org* nutzen. In Deutschland verwendet man sinnvollerweise den Pool *de.pool.ntp.org*. Das Kommando zur Synchronisation der Zeit heißt:

```
# /usr/sbin/ntpd -q
```

Dieses Kommando läuft mittels cron einmal pro Tag auf allen Knoten. Somit ist dafür gesorgt, dass die Systemzeiten sämtlicher Knoten nicht allzu weit voneinander abweichen. Noch sinnvoller ist es natürlich, den Zeit-Daemon gleich ganz als Prozess im Hintergrund laufen zu lassen.

Serielle Kommunikation

Die Kommunikation zwischen zwei Knoten im Cluster mit heartbeat kann über eine serielle Schnittstelle erfolgen. Der Planer kann diese Schnittstelle als alleinige Kommunikation im Cluster nutzen. Besser ist aber sicherlich, diese Verbindung ebenfalls redundant auszulegen. Die Redundanz ergibt sich zum Beispiel bei der Verwendung von Broadcasts über ein spezielles Clusterinterface mit einem gekreuzten Ethernet-Kabel zwischen den Rechnern, wenn nur zwei Rechner im Cluster sind.

Wie eingangs bereits erwähnt, ist eine serielle Kommunikation nicht mehr fähig, die Datenmenge, die zwischen Knoten eines pacemaker-Clusters ausgetauscht wird, zu übertragen. Deshalb sollte der Planer diese Option für die Kommunikation nicht mehr berücksichtigen. Im modernen OpenAIS ist sie, in Gegensatz zu heartbeat, auch gar nicht mehr vorgesehen. Aus diesem Grund werde ich auf diese Technik nicht weiter eingehen.

Planung

Für die optimale Konfiguration des Clusters ist es wichtig, sich in Ruhe zu überlegen, welche Ressourcen überhaupt verwendet werden und in welcher Beziehung sie zueinander stehen. Es sollten folgende Fragen geklärt werden:

- Wird der Anschluss ans Netzwerk überprüft? Eine Ressource pingd ist notwendig.
- Wird der Systemzustand überprüft? Die Ressource Sysinfo wird gebraucht. Alternativ dazu kann man #health-Attribute nutzen.
- Greifen Applikationen auf gemeinsame Daten zu? Existiert ein externes Speichermedium (SAN), das als gemeinsamer Speicher genutzt werden kann?
- Sollen DRBDs eingerichtet werden? In diesem Fall muss schon während der Partition der Systemfestplatten ausreichend Platz für die späteren DRBDs eingeplant werden.

- Welche Beziehungen gibt es zwischen den verschiedenen Ressourcen? Es hat sich als hilfreich erwiesen, die Ressourcen aufzuzeichnen und ihre Beziehungen untereinander als Pfeile darzustellen. Die verschiedenen Arten der Beziehungen (Co-Lokation, Reihenfolge oder Platzierungen) werden mit unterschiedlichen Farben dargestellt. So kann die optimale Einteilung in Gruppen oder eine sinnvolle Art der Reihenfolge einfach abgelesen werden.

Als Beispiel für eine solche Darstellung soll folgendes System dienen: Für die Fernwartung von eigenen *Appliances* richtet eine Firma einen OpenVPN-Server ein, bei dem sich die *Appliances* auf Kundenwunsch hin anmelden. Die IP-Adresse der *Appliance* soll dynamisch vom Nameserver (bind) übernommen werden, sobald sie sich angemeldet hat. So kann der Techniker die Appliance unter einem Namen erreichen, mit dem dieser Kunde registriert ist. Diese Kopplung wird über ein kleines Zusatzskript erreicht. Zudem soll ein squid als Proxy zwischen den Seitenabfragen des Technikers und dem Webserver der Appliance dienen. Da die dynamischen Zonendaten von bind und die aktuellen Zuordnungen von der aktuell angemeldeten Appliance zur IP-Adresse in OpenVPN bei einem Umschwenken der Ressourcen erhalten bleiben sollen, müssen diese Daten auf einer gemeinsamen Partition (DRBD) abgespeichert werden. Zudem sollen die Ressourcen nur auf einem Knoten laufen, der den Default-Router erreichen kann. Folgende Skizze bezüglich der Beziehungen der Ressourcen untereinander kann erstellt werden (siehe Abbildung 6-2):

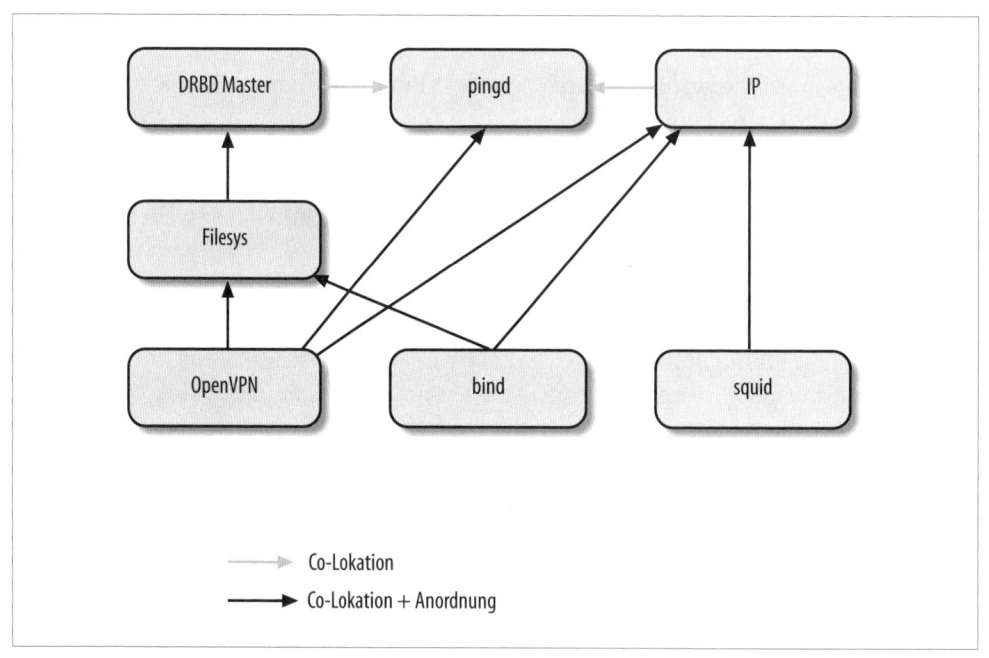

Abbildung 6-2: Grafische Darstellung der Beziehungen von Ressourcen untereinander. Anhand solcher Graphen kann der Architekt, der einen Cluster entwirft, am einfachsten feststellen, welche Ressourcen zu Gruppen zusammengefasst werden können und welche Beziehungen tatsächlich notwendig sind.

Die Firma Linbit hat diese Art der Darstellung in ihre GUI (siehe Abschnitt »Linbits neue GUI« in Kapitel 5) übernommen, so dass die Beziehungen zwischen den Ressourcen klar erkennbar sind.

Aus der Grafik kann man relativ einfach erkennen, dass die Ressourcen Filesys, OpenVPN und bind am besten in einer Gruppe zusammengefasst werden. Das Dateisystem darf nur dort laufen, wo die Ressource DRBD als Master läuft, und darf auch erst nach diesem gestartet werden. Zudem kann man die weiteren Beziehungen vereinfachen, wenn sich die Gruppe und squid auf die Ressource IP beziehen. Damit alle Ressourcen eine Verbindung nach außen haben, reicht es, die Co-Lokation zwischen der IP bzw. DRBD und dem pingd einzurichten.

Migration von Linux-HA Version 1

Um das Upgrade auf die neue Version zu vereinfachen, haben die Entwickler ein Werkzeug entwickelt, das alte Konfigurationen in das neue Format umwandelt. Das Programm haresources2cib macht genau das, was der Name schon ahnen lässt. Als Eingabe verwendet es eine Konfiguration im *haresources*-Format von Linux-HA Version 1 und gibt als Ausgabe die neue Konfiguration als CIB aus. Abhängig von der Installation findet man das Programm zum Beispiel im Verzeichnis */usr/lib/heartbeat*.

Leider ist die Entwicklung des Projekts schneller fortgeschritten als die Pflege und Anpassung dieses Skripts. Das Skript erzeugt eine Ausgabe, die der Version 2 von Linux-HA entspricht, also der Syntax des CRM. pacemaker versteht diese Syntax aber nicht mehr, da sich das Schema an ein paar entscheidenden Stellen geändert hat. Die folgende Anleitung kann also nur noch dazu dienen, grundsätzlich alte Konfigurationen in eine XML-Notation zu bringen. Diese muss der Administrator noch manuell durchsehen und so anpassen, dass auch pacemaker sie versteht.

Die Syntax des Befehls lautet:

```
haresources2cib.py [--no-ocf] [--stdout] [--no-monitor] [--config|-c configfile]
[--help|-h] [resourcefile]
```

Üblicherweise werden, wenn möglich, alle Ressourcen im OCF-Format konvertiert. Mit der ersten Option (--no-ocf) wird dieses Verhalten unterdrückt. Der Befehl fügt auch für jede Ressource automatisch eine Überwachung (monitor-Operation) mit ein. Falls dies nicht gewünscht wird, kann man es mit --no-monitor abschalten. Allerdings gelten diese Optionen immer nur global für alle Ressourcen. Für eine Feinabstimmung der CIB muss die Ausgabe manuell editiert werden.

Nachdem die neue CIB überprüft und gegebenenfalls Unebenheiten von Hand geglättet hat, ist die Konversion abgeschlossen. Man muss pacemaker nur noch die neue Konfiguration mit cibadmin -R mitteilen.

Im Folgenden soll die Arbeitsweise von `haresources2cib` genauer dargestellt und anhand von Beispielen erläutert werden. Der Befehl geht folgendermaßen vor:

1. Im alten Format bedeutete jede Konfigurationszeile eine zusammengehörende Gruppe von Ressourcen. Der Befehl bildet diese Zusammengehörigkeit innerhalb einer Gruppe ab: `<group id="group_N">`

   Falls nur eine einzige Ressource in einer Zeile erkannt wurde, wird natürlich keine Gruppe erzeugt.

2. Für alle Ressourcen innerhalb der Zeile wird ein entsprechender Eintrag innerhalb der Gruppe angelegt.

3. Für jede neue Ressource wird ein leerer `attributes`-Block angelegt.

4. Für jeden Parameter der ursprünglichen Ressource wird ein entsprechendes `<nvpair/>` im `attributes`-Block angelegt.

5. Innerhalb der `constraints` wird eine `rsc_location`-Bedingung angelegt. Die Ressource, auf die sich die Bedingung bezieht, ist die gesamte Gruppe (`rsc="group_N"`).

6. In der Bedingung wird eine Regel angelegt und mit 100 Punkten bewertet, falls der Ausdruck zutrifft, der im Folgenden angelegt wird.

7. Es wird ein Ausdruck angelegt, der den Namen des Knotens (`#uname`) mit dem Rechnernamen aus der ursprünglichen Konfiguration vergleicht.

Anhand eines Beispiels wird der Algorithmus vielleicht klarer. Die ursprüngliche Konfiguration stellt einen Webserver dar, der auf einer gemeinsamen Cluster-IP-Adresse läuft. Der Server läuft bevorzugt auf dem Knoten *xen01*. Das File *haresources* sieht demnach wie folgt aus:

```
xen01 192.168.188.105 apache
```

Der Befehl

```
# haresources2cib.py -c /etc/ha.d/ha.cf haresources --stdout > newcib.xml
```

erzeugt eine neue Datei *newcib.xml*. Die wichtigsten Abschnitte sind im Folgenden dargestellt:

```xml
<?xml version="1.0" ?>
<cib admin_epoch="0" epoch="0" num_updates="0">
  <configuration>
    <crm_config>
      (...)
    </crm_config>
    <nodes/>
    <resources>
      <group id="group_1">
        <primitive class="ocf" id="IPaddr_192_168_188_105" provider="heartbeat"
            type="IPaddr">
          <operations>
            <op id="IPaddr_192_168_188_105_mon" interval="5s" name="monitor"
                timeout="5s"/>
          </operations>
```

```
            <instance_attributes id="IPaddr_192_168_188_105_inst_attr">
              <attributes>
                <nvpair id="IPaddr_192_168_188_105_attr_0" name="ip"
                    value="192.168.188.105"/>
              </attributes>
            </instance_attributes>
          </primitive>
          <primitive class="ocf" id="apache_2" provider="heartbeat" type="apache">
            <operations>
              <op id="apache_2_mon" interval="120s" name="monitor" timeout="60s"/>
            </operations>
          </primitive>
        </group>
      </resources>
      <constraints>
        <rsc_location id="rsc_location_group_1" rsc="group_1">
          <rule id="prefered_location_group_1" score="100">
            <expression attribute="#uname" id="prefered_location_group_1_expr"
                    operation="eq" value="xen01"/>
          </rule>
        </rsc_location>
      </constraints>
    </configuration>
    <status/>
</cib>
```

Dem aufmerksamen Leser ist sicher aufgefallen, dass die CIB als Erstes die Version 1.0 verkündet und ein aktueller pacemaker[1] sich das `crm_feature_set="3.0.1"` wünscht. Weiterhin sind zum Beispiel alle Attribute noch einmal zusätzlich in eine `<attributes>...</attributes>`-Klammer eingefasst. Diese Syntax gibt es im pacemaker nicht mehr.

Ein komplexeres Beispiel mit zwei aktiven Apache-Webservern, die falls möglich auf den unterschiedlichen Knoten eines Clusters laufen (eine sogenannte Aktiv/Aktiv-Konfiguration), und deren Konversion in eine neue Konfiguration ist auf einer Beispielseite des Projekts zu finden.[2]

Extras

Möchte der Administrator seine Gruppen in der erzeugten Konfiguration einfacher wiederfinden können, kann er nach der Definition der Ressourcen in der *haresources*-Datei einen Kommentar mit dem neuen Gruppennamen einfügen. Eine Zeile

```
xen01 192.168.188.105 apache #groupWebserver
```

resultiert folglich in einer Gruppe:

```
<group id="groupWebserver">
```

---

1 Zum Zeitpunkt, als dieser Text geschrieben wurde.
2 *http://www.linux-ha.org/GettingStartedV2/TwoApaches*

Einfache Klone werden mit dem Kommentar #clone:{clone_Name} im Ausgangsfile angelegt. Hierbei wird nur die erste Ressource berücksichtigt und ein Klon angelegt, der zweimal im Cluster laufen soll (clone_max="2"), aber maximal nur einmal pro Knoten (clone_node_max="1").

Über Kommentare am Ende des Eingabefiles kann der Administrator noch weitere Anordnungen und Co-Lokationen vor der Umwandlung definieren. Das Format ist:

```
#rsc_order resource_from action before|after resource_to
#rsc_colocation resource1 resource2 score
```

> Da die IDs der neu angelegten Ressourcen nicht unbedingt voraussagbar sind, müssen die automatisch angelegten Bedingungen noch einmal von Hand überprüft und eventuell nachbearbeitet werden.

Aufbau und Tests

Nachdem die Software installiert und die Grundkonfiguration eingegeben ist, kann man damit beginnen, die einzelnen Ressourcen einzugeben. Die erste Konfiguration kann man dabei durchaus mit der GUI eingeben. Wenn die Konfiguration der Ressourcen und Bedingungen zur Zufriedenheit des Administrators abgeschlossen wurde, können die Tests beginnen. Ein Cluster, der nicht auf sein Verhalten bei allen möglichen Vorfällen getestet wurde, wird im tatsächlichen Betrieb irgendwann nicht mehr die erwünschten Reaktionen zeigen.

Es sollten alle möglichen Kabel und Stromstecker gezogen und die Reaktion des Clusters genau beobachtet werden. Zusätzlich können manuell einzelne Dienste abgeschaltet werden. Der Cluster als Gesamtsystem sollte alle diese Fehlersimulationen überstehen und seinen Dienst normal versehen. Tritt eine ungeplante Antwort des Clusters auf, muss diese genau analysiert und die Konfiguration entsprechend verbessert werden. Erst wenn alle Fehler zu den vorhergesagten Resultaten führen, ist der Cluster einsatzbereit.

Einige »Folterwerkzeuge«, die sich die Entwickler als Test eines Clusters ausgedacht haben, sind in einer *Cluster Test Suite* zusammengefasst (siehe Abschnitt »Die Cluster Test Suite (CTS)«). Zuerst wird aber ein einfacheres Testprogramm vorgestellt, das auf einem Knoten allein laufen kann.

Das Skript BasicSanityCheck

Die Entwickler haben ein Skript für einen automatisierten Test der meisten Komponenten eines heartbeat-Clusters erstellt. Dieses Skript ist unter */usr/lib/heartbeat/BasicSanityCheck* zu finden und sollte in der Testphase auf jedem Knoten gestartet werden. Es nutzt eigene Ressourcen, um die Funktion aller Komponenten im Cluster zu testen. Es ist nicht dazu gedacht, die eingegebene Konfiguration zu testen.

Auch hier ist wieder die Entwicklung von pacemaker schneller vorangeschritten als die Instandhaltung des Skripts: Der BSC funktioniert mit pacemaker nicht mehr. Aus diesem Grund werde ich auch nicht weiter auf diesen Test eingehen.

Die Cluster Test Suite (CTS)

Wesentlich umfangreichere Tests des Clusters sind in der *Cluster Test Suite* (CTS) zusammengefasst. Diese Sammlung von Einzeltests misshandelt den Cluster so lange, bis er aufgibt. Das heißt, alle möglichen und unmöglichen Fehlerszenarien werden durchgespielt. In normalen Testumgebungen werden 500 Durchläufe der Tests gefahren, um sicherzustellen, dass ein Erfolg (also kein Absturz) kein Zufall war.

Die Test Suite besteht aus einer Reihe von Einzeltests. Jeder Test wird einzeln durchgeführt, und sein Ergebnis wird individuell ausgewertet.

1. Dazu wird jeder Test ausgeführt, und und anschließend werden seine Ausgaben und die Logfiles auf die korrekte Durchführung des Tests geprüft.
2. Die Logdateien werden zusätzlich auf ungewöhnliche Vorkommnisse untersucht. Diese werden als Fehler eingestuft.
3. Nach jedem Einzeltest wird der Cluster auf Funktionsfähigkeit geprüft:
   - Alle Ressourcen dürfen nur einmal im Cluster laufen.
   - Alle Ressourcen einer Gruppe müssen auf demselben Knoten laufen.
   - Jede Ressource wird auf Funktion ihre geprüft.

Da alle Komponenten von heartbeat selbst so programmiert sind, besondere Systemzustände als Fehler zu melden, werden solche Vorfälle anhand der »ERROR«-Meldungen in den Lofiles einfach erkannt.

Unter anderem werden folgende Tests durchgeführt:

Flip
    Jeder einzelne Knoten im Cluster wird an- bzw. abgeschaltet.

STONITH
    Jeder einzelne Knoten wird per STONITH abgeschaltet, falls STONITH konfiguriert ist.

Restart
    Jeder Knoten im Cluster wird angehalten und wieder gestartet.

SimulStart
    Alle Knoten im Cluster werden angehalten, und alle werden gleichzeitig gestartet.

SimulStop
    Alle Knoten im Cluster werden gleichzeitig angehalten.

StartOneByOne
: Alle Knoten im Cluster werden, einer nach dem anderen, wieder gestartet.

StopOneByOne
: Alle Knoten im Cluster werden, einer nach dem anderen, angehalten.

RestartOneByOne
: Alle Knoten im Cluster werden in einer zufälligen Reihenfolge neu gestartet.

StandbyTest
: Jeder einzelne Knoten im Cluster wird auf Stand-by gesetzt.

FastDetection
: Killt den Prozess für die Kommunikation im Cluster auf jedem Knoten. Die Zeit bis zur Entdeckung des Fehlers wird überwacht.

Bandwidth
: Misst, wie viel Bandbreite die interne Kommunikation im Cluster benötigt.

SplitBrain
: Führt eine Split-Brain-Situation herbei und testet, ob der Cluster weiterhin funktioniert.

Redundant Path
: Dieser Test schaltet einen Weg der clusterinternen Kommunikation ab und testet die Funktion des Systems. Für diesen Test muss die Kommunikation redundant ausgelegt werden. Wenn das nicht der Fall ist, wird dieser Test nicht durchgeführt.

DRBD
: Dieser Test überprüft die Integrität von Daten auf einem DRBD. Falls keine DRBDs konfiguriert sind, wird dieser Test nicht gestartet.

Resource Recover
: Hält eine Ressource an und überprüft, ob der Cluster die Ressource selbstständig wieder startet.

ComponentFail
: Hält einen beliebigen Prozess im System an und überprüft, ob der Cluster als Ganzes dies überlebt.

Near Quorum Point
: Dieser Test betreibt den Cluster nahe am Quorum-Limit. Während des Tests werden Knoten willkürlich an- und abgeschaltet, so dass der Gesamtcluster mehrmals das Quorum-Limit unter- bzw. überschreitet.

Vorbereitung für die CTS

Der Aufbau muss aus mindestens drei Rechnern bestehen: einem Knoten, auf dem die Test-Suite ausgeführt wird, und mindestens zwei Knoten des Clusters. Der Testrechner sollte dieselbe Version der Clustersoftware installiert haben wie die Knoten.

Die Konfigurationsdateien können vom aktiven System auf das Testsystem kopiert werden. Allerdings darf auf dem Testsystem selbst `heartbeat` *nicht* laufen. Stellen Sie auch sicher, dass bei einem Neustart des Testsystems `heartbeat` nicht automatisch gestartet wird. Für die Auswertung der Logfiles ist es notwendig, die Zeit auf allen Systemen zu synchronisieren. Ebenso muss auf dem Testrechner der at-Dienst installiert sein. Dieser muss wiederum bei einem Reboot ebenfalls automatisch gestartet werden. Um Probleme mit korrupten Filesystemen (STONITH!) zu vermeiden, sollte man den Cluster auf Partitionen mit Journaling-Filesystemen aufsetzen.

Auf allen Knoten im Cluster muss `syslog` so angepasst werden, dass Logfile-Einträge von `heartbeat` an den Testrechner weitergeleitet werden. Der Testrechner muss sich auf den Knoten ohne Passwort einloggen können. Deshalb muss sein öffentlicher Schlüssel auf den Knoten hinterlegt werden. Beschleunigt werden die Tests, wenn die Namen aller beteiligten Rechner überall in */etc/hosts* hinterlegt werden.

Im Verzeichnis der `heartbeat`-Software existiert ein eigenes Verzeichnis *cts*, in dem die ganze Test Suite installiert ist. Dort findet man auch ein *README*, das ausführliche Informationen bietet und unter anderem kleine HOWTOs zur Konfiguration von `syslog` und `ssh` enthält.

Nach den Vorbereitungen wird der Test mit

```
# ./CTSlab.py N
```

aufgerufen, wobei `N` die Anzahl der Tests ist, die durchgeführt werden sollen. Die Ausgabe sollte von *stderr* in eine Datei umgeleitet werden, um sie später kontrollieren zu können.

Wenn der Cluster diesen Test überstanden hat, sollte dem produktiven Einsatz eigentlich nichts mehr im Wege stehen.

Betrieb

Im Betrieb sollte der Cluster weiterhin überwacht werden. Falls die Hardware eine Überprüfung der einzelnen Komponenten zulässt, sollte man diese Funktion nutzen. So haben die meisten modernen Festplatten die S.M.A.R.T-Funktion integriert und lassen sich im Betrieb auf mögliche Anzeichen von Fehlern überwachen. Als Dienst im Hintergrund gestartet, kann der Daemon den Administrator vor dem drohenden Datenverlust sogar per Mail warnen.

Das Logfile sollten Sie regelmäßig überwachen, um ein Gefühl dafür zu bekommen, welche Meldungen im Normalzustand vorkommen. Wenn man dieses Gefühl entwickelt hat, ist es im Fehlerfall einfacher, wesentliche Meldungen von unwesentlichen zu unterscheiden.

Die kontinuierliche Beobachtung der Prozessorlast (eventuell nach Prozessen aufgeteilt) sowie die Auslastung der Netzwerkschnittstellen und Festplatten sollte ebenfalls automatisiert erfolgen. Der Werkzeugkasten des Netzwerk-Managements von Linux bietet genügend Möglichkeiten, einfach und kostengünstig einen solchen Rechner zur Überwachung aufzubauen. Ein weit verbreitetes Werkzeug sind hier sicherlich die *Round Robin*-Datenbanken (RRDB), die in verschiedenen Anwendungen wie zum Beispiel `cacti` oder `munin` Anwendung finden. Wenn ein neues Netzwerk-Management-System aufgebaut werden soll, ist `Zabbix` sicher auch eine interessante Alternative. Daneben existiert natürlich immer noch der Klassiker des Netzwerk-Managements, `nagios`, mit `pnp4nagios` für die grafische Auswertung der Ergebnisse.

Moderne Hauptplatinen bieten die Möglichkeit, wesentliche Kenndaten wie Temperatur der wichtigsten Komponenten und Lüfterdrehzahl im Betrieb zu überwachen. Linux verwendet dazu die `libsensors`. Allerdings haben Hersteller von billigen Komponenten auch hier gespart, oder die verwendeten Chipsätze werden von den Werkzeugen von Linux nicht erkannt. So ist es doch ratsam, für einen Cluster, der ja hochverfügbar sein soll, vielleicht etwas mehr zu bezahlen, aber dafür den Betrieb wesentlich entspannter durchzuführen. Der `net-snmp`-Agent bindet die Ergebnisse der Sensoren automatisch ein, falls er beim Start welche findet. So erhält auch ein zentrales Management Zugriff auf diese Systemdaten.

Wenn Sie einen guten Überblick darüber haben, welche Werte für die oben genannten Parameter im normalen Betrieb üblich sind, können Sie Probleme, die sich teilweise langsam aufbauen, schon im Vorfeld erkennen und bekämpfen. Dazu erhält man eine hervorragende Hilfe bei der Entscheidung für neue Hardware, falls die angezeigten Kurven einfach in die Zukunft extrapoliert werden. Eine gute Grafik hat schon manchen Skeptiker überzeugt!

Fehlersuche

Beim Aufbau der ersten Cluster kann es durchaus vorkommen, dass der Cluster sich nicht so verhält, wie man das erwartet hat. Ressourcen entwickeln plötzlich ein Eigenleben und laufen nicht auf den Knoten, die man eigentlich für sie vorgesehen hatte. Oder die GUI zeigt aus unerfindlichen Gründen plötzlich überall Warnungen. Anstatt panisch erst einmal alle Knoten neu zu starten, sollte man (speziell in Testsystemen) dem Fehler auf den Grund gehen, da ein solches Verhalten meistens auf einer fehlerhaften Konfiguration beruht. Manchmal zeigt sich auch, dass ein *Resource Agent* nicht ganz ideal programmiert ist und man durch eine entsprechende Fehlermeldung mithelfen kann, das Gesamtsystem zu verbessern.

Das Wichtigste in diesem Moment ist, Ruhe zu bewahren. Einzelne Ressourcen reagieren ziemlich träge auf Eingaben und benötigen relativ lange, bevor sie ihren Status ändern. Wenn DRBDs starten, kann es eine Weile dauern, bis sich die beiden Knoten darauf verständigt haben, welcher von ihnen jetzt Master wird. Solange können auch alle abhängigen Ressourcen, wie das Filesystem und Applikationen, die das Filesystem nutzen, nicht starten. Manchmal reicht es einfach aus, ein bisschen länger zu warten, und das Problem löst sich von selbst. Hektisches Klicken in der GUI kann eine langsame Ressource ins Nirwana treiben. Diverse Ressourcen brauchen auch schon mal eine Minute, um anzulaufen!

Zur Fehlersuche ist es als Erstes ratsam, sich mithilfe der GUI oder mit `crm_mon` einen Überblick über den aktuellen Zustand des Clusters zu verschaffen. Die einzelnen Komponenten von Linux-HA schreiben sehr viele Einträge ins Logfile, daher kann es schwierig werden, den richtigen Eintrag zu finden. Aber in den meisten Fällen kann der Fehler anhand des Eintrags im Logfile identifiziert werden. Es hilft dabei, mit `grep` nach »ERROR« oder nach dem Namen der Ressource zu suchen.

Wenn das Problem darin besteht, dass sich die Knoten des Clusters untereinander nicht sehen können, kann eine Firewall daran schuld sein. Die Kommunikation von `heartbeat` nutzt Broadcasts auf Port *udp/694*, `OpenAIS` hingegen Multicast-Verkehr an 226.94.1.1 auf Port *udp/5405*. Ist dieser Port auf der gesamten Strecke zwischen den Knoten freigeschaltet? Broadcasts werden von Routern gestoppt, und Multicast-Verkehr wird eventuell nur dann weitergeleitet, wenn Router und Switches entsprechend konfiguriert sind. Sind auf den Knoten `iptables`-Skripte installiert? Oder wurden solche Befehle von Hand eingegeben? Können sich die Knoten gegenseitig anpingen? Stimmt das Routing zwischen den Knoten? Manche Schnittstellen von virtuellen Rechnern kommen mit dem Multicast-Verkehr nicht zurecht, so dass hier ein Problem liegen könnte.

Alle Ressourcen werden mit `crm_resource -L` angezeigt. Wenn eine der konfigurierten Ressourcen einen Fehler im Cluster zeigt, sollte man untersuchen, ob die Ressource außerhalb des Clusters läuft. Bei Diensten kann man mit `netstat -ntlp` oder `-nulp` die Nutzung von TCP- oder UDP-Ports überprüfen. `mount` zeigt alle eingebundenen Dateisysteme, und `ifconfig` (oder besser: die moderne Variante `ip`) zeigt die Konfiguration der Schnittstellen. Bei einer Ressource IP-Adresse kann es vorkommen, dass die Adresse schon auf dem Interface vorhanden ist und deshalb die entsprechende Ressource im Cluster nicht starten kann. Dienste können außerhalb des Clusters gestartet worden sein und den Port blockieren, so dass ein erneutes Starten der Ressource im Cluster einen Fehler meldet. Solche Situationen sollten eigentlich von den RA erkannt werden, und der Start eines bereits laufenden Diensts sollte mit »Erfolg« quittiert werden. Allerdings ist bei vielen einfachen LSB-Agenten (`init`-Skripte) der Befehl `status` nicht implementiert, so dass ein Aufruf mit diesem Parameter einen Fehler ergibt und `pacemaker` somit *nie* erfolgreich überprüfen kann, ob die Ressource außerhalb des Clusters schon gestartet wurde.

Der Administrator kann auch das LSB-Skript von Hand aufrufen oder einen OCF-Agenten, wenn die entsprechenden Umgebungsvariablen von Hand gesetzt wurden. Gibt das Skript bzw. der RA die Ergebnisse zurück, die `pacemaker` erwartet? Beherrscht der Agent den Aufruf mit `status`, und was ist das Ergebnis von

```
# /etc/init.d/skript status; echo $?
```

unter den verschiedenen Bedingungen (Dienst angehalten, gestartet)? Welche Meldungen stehen im Logfile zu dieser Ressource? Das Skript `oct-tester` (siehe Abschnitt »ocf-tester«) hilft ebenfalls dabei, OCF-Ressourcen mit den richtigen Parametern zu starten, um eventuellen Fehlern auf die Spur zu kommen.

Die aktuelle CIB des Clusters kann mit `crm_verify -LV` überprüft werden. Meldet der Befehl irgendwelche Fehler, die sich auf die problematische Ressource beziehen? Einzelne Ressourcen können mit `crm_resource -C -r resourceID` aufgeräumt, also aus dem LRM gelöscht werden. Einzelne Dienste können auch außerhalb des Clusters angehalten und IP-Adressen von Schnittstellen gelöscht werden. Danach können die Ressourcen aus dem Cluster heraus neu gestartet werden. Die Schaltfläche CLEANUP in der GUI löscht unerwünschte Reste einer Ressource aus dem `status`-Teil der CIB und stößt eine neue Überprüfung an. Unerklärliche Blockaden von Ressourcen werden manchmal so beseitigt.

Das Skript `hb_report` erstellt einen Bericht über den aktuellen Status des Clusters und nimmt eine erste Analyse vor. Dieser Bericht kann auch dazu dienen, dem Support die Arbeit zu erleichtern. Mehr zum Skript `hb_report` finden Sie im Abschnitt »hb_report«.

Beim Anhalten mit `/etc/init.d/heartbeat stop` kommt es häufiger vor, dass der Cluster nicht von allein stoppt und der Befehl sehr lange benötigt. Die Ursache hierfür ist eine Ressource, die nicht sauber heruntergefahren wird oder Probleme bei der Übernahme auf dem anderen Knoten macht. Meistens hilft es hier, einfach zu warten. Bevor dem Administrator die Geduld ausgeht und er zu rabiaten Mitteln greift, sollte er erst einmal untersuchen, welche Ressource nicht anhält und warum. Wenn die Ursache gefunden ist, sollte es einfach sein, das Problem zu beseitigen. Ein aufmerksame Analyse der Einträge in der Logdatei führt meist auf die richtige Spur.

Hilft das alles nicht oder ist der Admin mit seinen Rechnern am Ende seiner Geduld, kann er mit einem `kill -9` den `heartbeat master control process` beenden. Alle anderen abhängigen Prozesse werden dann ebenfalls beendet. Nach der Kontrolle, ob wirklich alles beendet ist, kann die Clustersoftware wieder gestartet werden.

Wenn alle Stricke reißen, kann die komplette Definition von Ressourcen und Bedingungen in der CIB mit `cibadmin -E --force` gelöscht werden. Sofern man ein Backup in einem Zustand angefertigt hat, in dem keine Probleme auftraten, kann man das Backup dann zurückspielen. Falls man kein Backup der CIB hat, darf man alle Ressourcen und Bedingungen der CIB neu eingeben.

Sollte keine der Maßnahmen helfen, kann der Administrator den Cluster auf allen Knoten herunterfahren und auf allen Knoten die Information über die Konfiguration manuell löschen. Die Dateien der CIB liegen im Verzeichnis */var/lib/heartbeat/crm*. Mit einem beherzten `rm -r *` (im oben genannten Verzeichnis!) bereinigt der Administrator alle Probleme und natürlich auch die komplette Konfiguration.

`heartbeat`, anders als `OpenAIS`, ist noch ein bisschen hartnäckiger. Im Verzeichnis */var/lib/heartbeat* merkt es sich die `uuid` des eigenen Knotens (Datei: *hb_uuid*), den Zeitstempel der letzten Änderung im Cluster (Datei: *hb_generation*) und zusätzlich alle uuids aller Knoten in der Datei *hostcache*. Will man die komplette Konfiguration löschen, muss man zusätzlich zu allen Dateien der CIB im Verzeichnis *crm* den Zeitstempel löschen. Wenn man alle drei aufgeführten Dateien löscht, ist das auch kein Problem, da heartbeat diese Informationen beim ersten Neustart bzw. bei der ersten Clusterkommunikation neu erzeugt.

Upgrade

Im Betrieb kommt es von Zeit zu Zeit vor, dass eine neue Version der Software aufgespielt werden muss. Manchmal machen es Sicherheitslücken schnell notwendig, eine neue Version der Software aufzuspielen, manchmal wird von den Entwicklern ein neues Feature eingebaut, auf das man schon lange gewartet hat, oder ein Bugfix beseitigt ein lästiges Problem.

Für die einzelnen Applikationen ist das kein Problem, da ja während des Upgrades des Programms auf einem Knoten ein anderer einspringen kann. Problematisch wird es allerdings, wenn die Clustersoftware selbst erneuert werden muss. Clustersysteme sind ja grundsätzlich für eine hohe Verfügbarkeit ausgelegt, deshalb ist jede Störung des Betriebs kritisch. Ein Upgrade der Clustersoftware ist deshalb so brisant, da es eventuell einen Zeitpunkt gibt, zu dem die alte und die neue Version gleichzeitig laufen. Falls sich diese beiden Versionen nicht vertragen, kann das katastrophale Folgen für die Verfügbarkeit des angebotenen Diensts haben.

Durch die fortschreitende Entwicklung müssen verschiedene Szenarien untersucht werden. Einmal gibt es das *Upgrade* zwischen den einzelnen Entwicklungsstufen des Projekts von Linux-HA Version 1 über Version 2 bis schließlich hin zu pacemaker, wobei wahlweise heartbeat oder OpenAIS als Clusterstack zum Einsatz kommen kann. Andererseits muss der Administrator das *Update* innerhalb einer Version beherrschen. So ein Update kann zum Beispiel durch ein Sicherheitsproblem notwendig werden und darf natürlich nicht die Verfügbarkeit des angebotenen Diensts beeinträchtigen.

Die Entwickler haben im Projekt drei Methoden dafür vorgesehen, wie ein Upgrade durchgeführt bzw. ein Update des Systems eingespielt werden kann:

Shutdown/Herunterfahren
    Herunterfahren des Clusters und Upgrade der einzelnen Knoten.
Rolling Upgrade/Fliegender Wechsel
    Jeder Knoten wird separat aus dem Cluster genommen und die Software eingespielt.
Disconnect und Reattach
    Der Cluster wird von der Aufgabe entbunden, die Ressourcen zu verwalten (is-managed). Die neue Version der Software wird eingespielt, und diese übernimmt wieder die Verwaltung.

Die unterschiedlichen Arten des Upgrades haben alle ihre Vor- und Nachteile, und jeder Administrator wird sich in Abhängigkeit von den Erfordernissen seines Netzes für eine Methode entscheiden. Wichtig ist in diesem Zusammenhang, ob während des Upgrades der Dienst ununterbrochen zur Verfügung gestellt werden kann, ob ein Failover vorkommt und wie »verwundbar« das Upgrade durch Fehler des Administrators ist.

Ein kompletter Neuaufbau des Clusters mit neuen Rechnern sollte anstelle eines Upgrades mit alter Hardware ebenfalls in Betracht gezogen werden, gerade dann, wenn die bestehende Installation älteren Datums ist und vielleicht noch entsprechend der Version 1 konfiguriert ist. Bei einem kompletten »Neustart« kann man das Design des Systems optimieren und aus den Erfahrungen lernen, die man mit dem bisherigen Cluster gesammelt hat.

Die einzelnen Kriterien sind kurz in Tabelle 6-1 zusammengestellt:

Tabelle 6-1: Übersicht der einzelnen Verfahren zum Einspielen einer neuen Version der Clustersoftware. Jede einzelne Methode hat ihre Vor- und Nachteile.

	Mögliche Versionsprobleme	Auszeit während des Upgrades	Einfaches Recovery bei Bedienfehler	Failover während des Upgrades
Herunterfahren	Nein	Ja	Nein	Nein
Fliegender Wechsel	Ja	Ja	Ja	Ja
Disconnect & Reattach	Nein	Nein	Nein	Nein

Bei der Entscheidung ist auch zu beachten, dass ein Upgrade mit Wechsel der Clusterkommunikation (von heartbeat zu OpenAIS) mit der Methode »Fliegender Wechsel« nicht möglich ist.

Jegliche Änderung an der Konfiguration des Clusters oder gar ein Upgrade der Clustersoftware muss *unbedingt* vorher an einem Testsystem geübt werden, das eine Kopie des tatsächlichen Systems darstellt. Jeder Cluster verhält sich anders, und falls während des Tests etwas schiefgeht, kann man diesen Fehler im produktiven System vermeiden. Tritt während einer Umstellung am produktiven System ein Problem auf, kann sich schnell Panik ausbreiten, da der Cluster ja aufgebaut wurde, um einen Dienst hochverfügbar anzubieten. Diese kritische Situation kann man im Griff haben, wenn man mit einem Testsystem genügend Erfahrung damit gesammelt hat, Fehler unter Druck zu suchen und zu beheben.

Grundsätzlich sollte man die Version der CIB des produktiven Systems *vor* einer Veränderung *immer* mit crm_verify der neuen Version testen, um Überraschungen zu vermeiden. Die Entwickler garantieren zwar, dass ein Update innerhalb einer Major-Version (z.B. innerhalb von pacemaker 1.x) immer gelingen sollte und jedes Update einer Minor-Version (pacemaker 1.x.y auf 1.x.y+1) ebenfalls. Die Ausnahme innerhalb der Major-Version bildet die Linux-HA-Version 2.0.4. Konfigurationen von Versionen, die kleiner als heartbeat 2.0.4 sind, müssen zuerst auf 2.0.4 gehoben werden und können erst von dort weiter erfolgen. Allerdings sind die Versionen kleiner 2.0.4 so frühe Versionen der Software, dass nur relativ wenige Cluster mit dieser Version tatsächlich im Einsatz sein sollten.

Zwischen heartbeat 2.1.4 und der aktuellen stabilen Version von pacemaker 1.0 haben die Entwickler eine Version 0.6 veröffentlicht. Diese Version war eine Testversion und eigentlich nicht für den produktiven Einsatz gedacht. Deshalb sollten auch sehr wenige kritische Installationen mit dieser Version existieren.

In Tabelle 6-2 sind noch einmal alle kompatiblen Versionen für ein Upgrade mit »fliegendem Wechsel« zusammengefasst. Angegeben ist, welche Versionen die Voraussetzung für die entsprechende höhere Version sind.

Tabelle 6-2: Ein »fliegender Wechsel« auf eine Version der linken Spalte ist immer dann möglich, wenn die Ursprungsversion mindestens der Version der zweiten Spalte entspricht..

Upgrade auf ...	Minimale Version
heartbeat 2.0.0	-
heartbeat 2.0.4	heartbeat 2.0.0
heartbeat 2.1.x	heartbeat 2.0.4
pacemaker 0.6	heartbeat 2.0.8
pacemaker 1.0.x	pacemaker 1.0.0

Man erkennt, dass pacemaker ab Version 1 eine Diskontinuität einbringt, weil kein Upgrade mit »fliegendem Wechsel« auf diese Version möglich ist. Der Administrator hat nur die Alternativen, beim Upgrade einen anderen Weg zu suchen oder das System von Grund auf neu aufzubauen.

Im Folgenden werden die einzelnen Methoden für ein Upgrade bzw. Update detailliert besprochen.

Herunterfahren

Bei dieser Version des Upgrades wird zuerst die Clustersoftware (heartbeat oder OpenAIS) auf jedem Knoten im Cluster abgeschaltet. Das bedingt natürlich eine Auszeit des Diensts, der hochverfügbar sein soll. Allerdings ist diese Methode die sicherste, da zu keinem Zeitpunkt unterschiedliche Versionen der Clustersoftware gleichzeitig im Einsatz sind. Mit den Benutzern wird ein entsprechendes Wartungsfenster vereinbart.

Nachdem heartbeat auf den einzelnen Knoten abgeschaltet wurde, kann auf jedem Knoten separat die neue Software eingespielt werden. Ein kurzer Test mit crm_verify gibt an, ob die neue Version der Software Probleme mit der alten Konfiguration hat. Gleichzeitig kann bei dieser Operation ein Upgrade des darunterliegenden Betriebssystems erfolgen. Bei dieser Methode des Upgrades ist auch ein Wechsel der Clusterkommunikation zu OpenAIS kein Problem.

Danach wird die neue Clustersoftware auf den einzelnen Knoten nacheinander gestartet und die Dienste sind wieder verfügbar.

Vorsichtige Administratoren führen das Upgrade an einem Knoten durch, testen die Konfiguration und schalten den Knoten ein, bevor sie den nächsten Knoten in Angriff nehmen. So existiert immer mindestens ein Knoten mit der alten Version der Software, sollte sich erst beim Start ein Problem mit der neuen Version der Software zeigen. Der neue Knoten kann heruntergefahren werden, und die Funktion des Clusters kann mit dem Knoten, der noch die alte Version der Software hat, wiederhergestellt werden. Danach kann der Administrator den Fehler beheben. Die Auszeit bleibt so relativ gering.

Fliegender Wechsel

Das sogenannte »Rolling Upgrade« führt für jeden einzelnen Knoten nichts anderes als das Herunterfahren sowie Upgrade und Neustart durch. Allerdings erfolgt diese Prozedur für jeden Knoten einzeln, und der Knoten mit der neuen Software wird gestartet, bevor der nächste Knoten abgeschaltet wird. Dies birgt natürlich das Risiko, dass sich die beiden Versionen der Software im Cluster nicht verstehen. Die Entwickler versprechen allerdings, dass so etwas nicht vorkommen sollte.

Diese Methode hat den Vorteil, dass es keine längere Auszeit gibt. Spätestens beim Upgrade des letzten Knotens wechselt der angebotene Dienst aber den Knoten, und somit kann es eine kurze Unterbrechung geben. Abhängig vom Dienst können auch alle bestehenden Verbindungen abreißen und müssen neu aufgebaut werden. Ein Wechsel der Kommunikationsplattform im Cluster ist bei dieser Methode nicht möglich, da sich heartbeat und OpenAIS gegenseitig nicht verstehen.

Alle Bemerkungen von oben über die notwendigen Tests am neuen System treffen natürlich für diese Version des Upgrades ebenfalls zu.

Disconnect und Reattach

Eine interessante Variante des Upgrades bietet das Verfahren »Disconnect & Reattach«. Der klare Vorteil dieser Methode ist, dass es keine Auszeit und kein Umschalten während des Versionssprungs gibt. Allerdings ist der Cluster während der Zeit des Upgrades fehleranfällig. Zudem verlässt sich die Methode sehr stark darauf, dass die einzelnen *Resource Agents* das richtige Ergebnis beim Aufruf mit `status` oder `monitor` liefern, um somit bereits laufende Dienste richtig zu erkennen. Falls diese Aufrufe nicht hundertprozentig richtig implementiert sind, wird es zu Problemen kommen.

Am Anfang des Upgrades wird der bisherige Cluster-Manager von der Aufgabe entbunden, sich um die einzelnen Ressourcen zu kümmern. Für den Cluster global erreicht man dies über das Attribut `is-managed-default` mit dem Befehl:

```
# crm_attribute -t crm_config -n is-managed-default -v false
```

Zudem muss man die einzelnen Ressourcen daraufhin durchsuchen, ob dort ein `is-managed`-Attribut die Vererbung des globalen Attributs verhindert. Falls man ein solches Attribut gefunden hat, muss man es wiederum abschalten:

```
# crm_resource -t primitive -r ResourceID -p is-managed -v false
```

Wenn man nun `heartbeat` auf allen Knoten herunterfährt, wird der aktuelle Zustand der Ressourcen nicht geändert. Laufende Ressourcen werden nicht angehalten. Man kann in Ruhe das Upgrade der Clustersoftware auf jedem Knoten durchführen und testen. Danach kann man `heartbeat` (oder `OpenAIS`) auf allen Knoten starten und überprüfen, ob der Zustand der Ressourcen korrekt erkannt wurde. Erst danach kann man dem neuen *Cluster Resource Manager* wieder die Verantwortung für die Ressourcen übertragen:

```
# crm_attribute -t crm_config -n is-managed-default -v true
```

Ebenso können spezielle Einstellungen für einzelne Ressourcen wiederhergestellt werden:

```
# crm_resource -t primitive -r Resource_id -p is-managed -v true
```

> Bei dieser Art des Upgrades sollten keine Veränderungen vorgenommen werden, bei denen ein Systemstart oder eine andere Auswirkung auf laufende Ressourcen zu erwarten ist. Änderungen des Zustands der Ressourcen werden vom CRM während des Upgrades *nicht* erkannt, und Ressourcen werden bei Problemen *nicht* auf andere Knoten verschoben. Ein Neustart des Netzwerks stellt im Allgemeinen die IP-Adresse des Clusters nicht wieder her, da diese vom Cluster (CRM) verwaltet wird und nicht von der Konfiguration des Netzwerks.

Löschen und Austauschen von Knoten

Vor Zeit zu Zeit steht der Administrator auch vor der Aufgabe, einen Knoten aus dem Cluster zu löschen oder Ersatz für einen ausgefallenen Knoten im Cluster bekannt zu machen.

Unter `OpenAIS` ist es relativ einfach, einen Knoten aus der CIB zu löschen:

```
# cibadmin -D -o nodes -X '<node uname="Knotenname">'
```

Alternativ lautet die `crm`-Notation:

```
# crm node delete Knotenname
```

Natürlich darf der Knoten danach nicht mehr an der Kommunikation im Cluster teilnehmen, da `pacemaker` ihn sonst sofort wieder in die CIB eintragen würde. Mit `heartbeat` ist das schon schwieriger, da dieser Dienst die Mitgliedschaft im Cluster zusätzlich selbst noch einmal verwaltet. Zum Glück bringt das Programm ein eigenes Skript mit, das den überflüssigen Knoten aus der Konfiguration von `heartbeat` löscht.

Die Entwickler schlagen vor, die Clustersoftware auf allen bis auf einen Knoten anzuhalten. Auf dem letzten Knoten ruft man das Skript

```
# hb_delnode Knotenname
```

auf und übergibt dabei den Namen des zu löschenden Knotens als Parameter. Erst danach kann man den Knoten aus der CIB mit dem oben genannten Befehl löschen und die restlichen Knoten neu starten.

Austausch defekter Knoten

Noch komplexer ist der Austausch von Knoten, deren Hardware mit der Zeit altert. Mit `OpenAIS` als Kommunikationsplattform im Cluster muss der neue Rechner dieselbe IP-Adresse und denselben Namen des alten Rechners erhalten. Logischerweise dürfen die Rechner deshalb nicht zur gleichen Zeit am Netz angeschlossen sein. Zudem werden die Dateien */etc/ais/openais.conf* und */etc/ais/authkey* vom alten Rechner benötigt und müssen wieder ins Konfigurationsverzeichnis des neuen Rechners kopiert werden. Nach dem Start der Software sollte der Cluster den neuen Knoten wie den bisherigen erkennen und mitmachen lassen.

Falls der Cluster sich intern mit `heartbeat` unterhält, ist der Austausch wiederum ein Stückchen schwieriger, da der neue Knoten zusätzlich zur IP-Adresse und zum Hostnamen die UUID des alten Rechners übernehmen muss. Nach dem Abschalten des alten Knotens wird seine UUID aus der Datei */var/lib/heartbeat/hostcache* eines laufenden Knotens ermittelt. Die Konfigurationsdateien von `heartbeat` (*ha.cf* und *authkeys*) werden auf dem neuen Rechner eingespielt, und mit dem Befehl

```
# crm_uuid -w UUID
```

erhält der neue Knoten die Kennung des alten Knotens. Danach sollte einer aktiven Beteiligung des Ersatzknotens am Cluster nichts mehr im Wege stehen.

STONITH

In Kapitel 2 »Grundlagen« haben wir gesehen, dass die Unterbrechung der Kommunikation zwischen den Knoten ein katastrophales Ereignis für den Cluster ist. Zwar kann (und sollte!) man die Kommunikation für die Heartbeats redundant auslegen, aber selbst für den unwahrscheinlichen Fall eines Ausfalls sollte der Administrator vorsorgen. Wenn die Kommunikation nicht mehr funktioniert und die beiden Knoten nichts mehr über den Zustand des jeweils anderen wissen können, ist der einzige zuverlässige Weg, die Integrität des Gesamtclusters zu gewährleisten, einen Knoten davon abzuhalten, sich nicht ordnungsgemäß zu verhalten.

Dies kann man erreichen, indem man dem Knoten den Zugang zu Ressourcen verbietet, die er nicht selbst verwaltet. Das können zum Beispiel externe Speicher (SAN, NAS usw.) sein. Der Knoten sollte merken, dass er den gemeinsamen Speicher nicht mehr erreichen kann. Deshalb kann er auch alle davon abhängigen Ressourcen, wie eine Datenbank oder einen Webserver, nicht mehr starten. Falls sich der Administrator für diesen Weg des STONITH entscheidet, muss er sicherstellen, dass der Knoten auch keine Ressourcen startet, die auf den ersten Blick nicht von dem gemeinsamen Speicher abhängen. Typische Ressourcen sind IP-Adressen.

STONITH-Geräte, die den Zugriff auf externe Ressourcen verhindern, sind zum Beispiel die ServeRAID-Controller von IBM. Eine Festplatte wird über einen SCSI-Bus an zwei Rechner angeschlossen. Ein Rechner kann dem Controller im anderen Rechner den Zugriff auf die Festplatte verbieten. Dieser kann folglich das Dateisystem nicht mehr einbinden und die gemeinsamen Daten nicht mehr lesen oder gar schreibend verändern. Natürlich muss das gesamte STONITH-System im Notfall einwandfrei arbeiten, damit es zu keinem Datenverlust kommt.

Wesentlich sicherer und deshalb verbreiteter ist es, einen Knoten per STONITH herunterzufahren. Der eine Weg dazu sind Management-Schnittstellen, die viele Server eingebaut haben. Leider gibt es dazu keinen einheitlichen Standard, sondern jeder Hersteller verlässt sich auf sein eigenes System (IBM: RSA, HP: iLO, DELL: DRAC). Noch wirksamer ist die Steuerung der Stromzufuhr über schaltbare Stromleisten oder UPS-Systeme. Der Vorteil dieser Systeme wird klar, wenn man berücksichtigt, dass die Management-Schnittstellen von Servern natürlich auch von der Stromzufuhr abhängen. Falls ein Knoten nicht mehr auf Heartbeats antwortet, weil der Strom gerade ausgefallen ist, werden die restlichen Knoten im Cluster versuchen, ihn auszuschalten. Das schlägt natürlich fehl, da ja auch das Management-System keinen Strom mehr hat, und die Knoten werden es noch einmal versuchen. Somit verwendet der restliche Cluster einen Teil seiner Rechenleistung darauf, eine erfolgreiche STONITH-Operation durchzuführen. Dieses Spielchen geht so lange weiter, bis die Stromversorgung des fehlerhaften Knotens wieder funktioniert.

Neben diesen STONITH-Geräten, die für den Einsatz im Clusterbetrieb gedacht sind, gibt es noch einige Geräte, die nur zum Testen verwendet werden. Diese Geräte (z.B. SSH) verlassen sich auf die ordnungsgemäße Funktion des Netzwerks zwischen den Knoten, was im Split-Brain-Fall ziemlich unwahrscheinlich ist.

Eine gute Erklärung zum Thema STONITH findet sich auch in der Dokumentation des Projekts[3]. Sie ist für jeden empfehlenswert, der sich ausführlicher mit diesem Thema befassen will.

---

3 http://www.clusterlabs.org/mediawiki/images/f/f2/Crm_fencing.pdf

STONITH-Konfiguration

Damit das STONITH-System im Notfall greifen kann, muss der Administrator dafür sorgen, dass ein STONITH-Agent, der den problematischen Knoten ausschalten kann, auf einem anderen Knoten läuft. Grundsätzlich gibt es zwei Arten von STONITH-Agenten: Die einen werden so konfiguriert, dass sie genau einen anderen Rechner ausschalten können. Ein Beispiel für einen solchen Agenten ist external/ipmi. Anderen Agenten kann der Administrator gleich eine ganze Reihe von möglichen Hosts per Konfiguration mitgeben, wie zum Beispiel dem ibmhmc.

Im ersten Fall muss der Administrator per Platzierung dafür sorgen, dass die STONITH-Ressource, die Knoten A abschalten kann, nicht auf Knoten A läuft. Falls ein Agent eine Reihe von Hosts abschalten kann, ist es natürlich praktisch, diese Ressource zu klonen und auf allen Knoten zu starten. Dann läuft die Ressource garantiert auch auf einem anderen Knoten als dem fehlerhaften.

Um die Ressource zu konfigurieren, muss sich der Administrator darüber klar werden, welche Möglichkeiten ihm zur Verfügung stehen, einen Knoten per Befehl auszuschalten. Besitzen die verwendeten Rechner Management-Schnittstellen? Oder ist im Rechenzentrum eine steuerbare UPS verbaut? Alle STONITH-Ressourcen, die Linux-HA kennt, kann man sich mit stonith -L anzeigen lassen. Ist der passende Agent gefunden, gibt ein

```
# stonith -t agent -h
```

weitere Auskünfte über die benötigten Parameter. Zum Beispiel benötigt external/ipmi folgende Angaben: hostname, ipaddr, userid, passwd und interface. Diese Daten nutzt stonithd anschließend, um zum Beispiel mit dem Programm ipmitool den fehlerhaften Knoten durchzustarten. Da mit dieser Ressource nur ein Host konfiguriert werden kann, muss der Administrator über eine Platzierung dafür sorgen, dass diese Ressource nicht auf dem Knoten läuft, den sie ausschalten soll. Die Konfiguration würde demnach in der Notation für CRM wie folgt aussehen:

```
primitive resIPMInode01 stonith:external/ipmi \
    params hostname="node01" ipaddr="192.168.188.35" \
    userid="USER" passwd="PASSWD" interface="lan"
location locIPMInode01 resIPMInode01 -inf: node01
```

Die Ressource resIPMInode01, die den Knoten node01 ausgrenzen kann, darf nicht auf dem Knoten selbst laufen. Zusätzlich wird für jeden weiteren Knoten im Cluster eine analoge Ressource eingerichtet. Kann die Ressource mehrere Hosts verwalten, ist es natürlich praktischer, eine Ressource für alle Knoten anzulegen und diese dann zu klonen. Als Beispiel, wieder in der CRM-Notation, wird die Konfiguration eines IBM-HMC-Geräts vorgestellt:

```
primitive resIBMHMC stonith:ibmhmc params ipaddr="192.168.188.36"
clone cloneIBMHC resIBMHMC
```

Der `stonithd` jedes Knotens weiß, welcher Knoten abzuschalten ist, und gibt diese Information an das Gerät weiter, das unter der `ipaddr` erreichbar ist. Für die notwendige Authentifizierung hinterlegt der Administrator den öffentlichen SSH-Schlüssel der Knoten.

Weitere Details und die notwendigen Parameter für alle STONITH-Agenten werden in Kapitel 7 besprochen.

Weitere Applikationen

An dieser Stelle seien noch eine Handvoll nützlicher Programme beschrieben, die die Software mitbringt, die für den Betrieb aber nicht unbedingt notwendig sind oder deren Beschreibung im vorherigen Kapitel nicht passte. Auf jeden Fall sind diese Applikationen interessant, um den Cluster noch ausfallsicherer zu machen oder dem Administrator das Leben auf andere Art zu erleichtern.

pingd

Der `pingd` wurde an anderer Stelle (siehe die Abschnitte »Pingnodes/Ping-Knoten« in Kapitel 3, »Erreichbarkeit im Netz« in Kapitel 4 und »Bedingungen« in Kapitel 5) bereits erwähnt. Hier seien der Vollständigkeit halber noch die Optionen nachgereicht, mit denen der Dienst aufgerufen werden kann.

Syntax

    pingd [-V?p:a:d:s:S:Dm:N:Ui:t:n]

--help | -?
: Gibt den Hilfetext aus.

--daemonize | -D
: Startet den Prozess im Hintergrund.

--pid-file | -p *Dateiname*
: Der Name der Datei, in der die PID des neuen Prozesses gespeichert wird. Vorgabe: */tmp/pingd.pid*.

--attr-name | -a *String*
: Der Name des Attributs, in dem das Ergebnis des Netzwerktests abgelegt werden soll. Vorgabe: `pingd`.

--attr-set | -s *String*
: Der Name des Sets des Abschnitts, in dem das Attribut gesetzt werden soll. Vorgabe: `cib-bootstrap-options`.

--attr-section | -S *String*
: Der Name des Abschnitts der CIB, in dem das Attribut gesetzt werden soll. Vorgabe: `status`

`--ping-host | -N` *Rechnername*
: Überwachung des angegebenen Hosts. Um mehrere Knoten zu überwachen, kann diese Option mehrfach angegeben werden.

`--attr-dampen | -d` *Integer*
: Wie lange soll gewartet werden, bevor Änderungen des Zustands wirklich an die CIB übergeben werden (Dämpfung)? Dieser Parameter kann ein Flattern des Zustands verhindern.

`--value-multiplier|-m` *Integer*
: Für jeden erreichbaren Knoten wird diese Ganzzahl zum Wert des Attributs addiert. Vorgabe: 1.

`--ping-interval|-i` *Integer*
: In welchen Zeitabständen sollen die Hosts auf Lebenszeichen überprüft werden? Vorgabe: eine Sekunde.

`--ping-attempts|-n` *Integer*
: Anzahl der unbeantworteten `ICMP echo requests`, bevor der Host für tot erklärt wird. Die Vorgabe ist 2.

`--ping-timeout|-t` *Integer*
: Wie lange soll `pingd` warten, bevor der Host für tot erklärt wird? Die Vorgabe ist hier 2 Sekunden.

> Es ist natürlich noch wichtig, Bedingungen zu konfigurieren, die Ressourcen auf einen anderen Knoten verschieben, wenn keine Ping-Knoten vom aktuellen Knoten mehr erreicht werden können.

apphbd

Unter `heartbeat` bietet der `apphbd`-Dienst eine Schnittstelle, die Applikationen nutzen können, um sich überwachen zu lassen. Falls eine solche Applikation während einer bestimmten Zeit kein Lebenszeichen von sich gegeben hat (einen sogenannten »heartbeat«), schreibt `apphbd` einen entsprechenden Eintrag ins Logfile.

Da kein Dienst sich selbst überwachen kann, kann der `apphbd` den `watchdog`-Mechanismus (siehe Abschnitt »watchdog/softdog«) nutzen. Bei Fehlern einer Applikation kann der `apphbd` einen Recovery-Manager (siehe »recoverymgrd«) aufrufen, der seinerseits versucht, die Applikation wiederherzustellen.

Natürlich müssen die Applikationen die API des Diensts kennen, um sich korrekt registrieren zu lassen und die richtigen Meldungen zu schicken. Die API ist in der Datei *apphb.h* beschrieben. Normale Applikationen müssen also umgeschrieben werden, um diese Schnittstelle nutzen zu können. Viele Applikationen, die mit dem `heartbeat`-Paket ausgeliefert werden, besitzen diese Fähigkeit schon.

In der Konfigurationsdatei *apphbd.cf* können die Namen des Logfiles, der Debug-Datei und ein watchdog-Gerät vorgegeben werden. Daneben können auch verschiedene Plug-ins eingebunden werden. Das einzige Plug-in, das zurzeit existiert, ist der Recovery-Manager, dem Meldungen über Probleme mit registrierten Applikationen weitergereicht werden. Dieser kann dann versuchen, diese Applikationen wieder zum Leben zu erwecken.

Die Entwickler weisen aber darauf hin, dass der Code nicht mehr aktiv gepflegt wird. Deshalb ist von einem Einsatz in produktiven Systemen abzuraten. Beim Einsatz von OpenAIS ist der Dienst sowieso in keinem Fall mehr nutzbar.

recoverymgrd

Leider wird dieser Teil der Software offensichtlich nicht mehr weitergepflegt, so dass zum Beispiel in aktuellen Versionen der Software keine Beispielkonfigurationen mehr vorhanden sind. Deshalb ist von einem Einsatz der automatischen Wiederherstellung der Dienste abzuraten.

watchdog/softdog

Die Idee hinter *watchdog*-Geräten ist eine externe Überwachung des Systemzustandes, da das System sich nicht mehr selbst überwachen kann, wenn gerade irgendein Teil des Kernels nicht mehr wie gewohnt reagiert oder eine Applikation 100 % der Rechenzeit beansprucht. In der Theorie existiert ein externes Gerät, das über eine Schnittstelle */dev/watchdog* zu erreichen ist. Wenn der Kernel sich nicht jede Minute bei dem Gerät meldet, indem er Meldungen in dieses Gerät schreibt, startet das Gerät das System neu. Neben einer Softwarelösung für Linux bieten einige Hauptplatinen, die in Servern verbaut werden, solche Lösungen.

Die Idee entspricht ungefähr dem, was Linux-HA mit STONITH implementiert hat. Bei dieser Methode überwachen sich die Knoten des Clusters gegenseitig. STONITH ist insofern effektiver, da ein intaktes Gerät ein defektes ausschaltet, während sich bei watchdog die Systeme selbst überprüfen. Außerdem überprüft der STONITH-Dienst das watchdog-Gerät nicht. Die Entscheidung über eine Investition in watchdog- oder STONITH-Geräte sollte also immer zugunsten des letzteren Systems ausfallen. Interessant sind watchdog-Systeme als Ergänzung.

Der Linux-Kernel bietet ein watchdog-Modul als Softwarelösung. Das ist zwar nicht so effektiv wie eine externe Lösung in der Hardware, aber besser als gar nichts. In guten Servern ist jedoch auch eine externe Lösung in der Hardware direkt auf der Hauptplatine integriert. Eine gute Beschreibung des Diensts gibt es über die Manpages. Die Konfiguration ist zum Beispiel auf der entsprechenden Seite im Internet beschrieben.[4]

---

4 *http://gentoo-wiki.com/HOWTO_Watchdog_Timer*

In der Konfigurationsdatei von watchdog kann man unter anderem folgende Tests einstellen:
- Erreichbarkeit von Rechnern, ähnlich wie Ping-Knoten.
- Status einer Netzwerkschnittstelle.
- Existenz von vorgegebenen PID-Dateien.
- Verfügbarer Speicher.
- Prozessorlast.
- Überprüfung, ob sich ein bestimmtes File geändert hat. Dieser Test ist besonders für Logfiles geeignet.

Über eigene Skripte kann watchdog auch Maßnahmen einleiten, wenn ein Test fehlschlägt.

Innerhalb von heartbeat kann watchdog in bestimmten Konfigurationen STONITH ersetzen. Allerdings sollte der Administrator genau wissen, was er macht. Das *watchdog*-Gerät kann innerhalb von *ha.cf* in die Konfiguration von heartbeat eingebunden werden. heartbeat schreibt dann ebenfalls in die Datei und verhindert den Neustart.

Unter Linux existiert eine Softwarelösung, das softdog-Paket. Allerdings sind einige Versionen dieses Pakets allergisch gegen ein Schließen der Gerätedatei, die auf Aktivität überprüft wird. Wenn heartbeat diese Datei geöffnet hat, führt ein Beenden von heartbeat mit Schließen der entsprechenden Datei zum sofortigen Neustart des Rechners. Dieses Verhalten empfinden manche Administratoren als recht störend. Um es abzustellen, muss das softdog-Modul beim Systemstart mit der Option nowayout=0 geladen werden, da dies nicht das Standardverhalten ist.

logd

In *ha.cf* kann mit der Option use_logd vorgegeben werden, dass heartbeat anstelle des systemeigenen Logdiensts (syslogd) den eigenen logd nutzt. Der Vorteil dieser Lösung ist, dass keine Meldungen verloren gehen. Alle Dienste von Linux-HA nutzen heartbeat als Kommunikationsplattform. So ist es auch nur natürlich, alle Logmeldungen darüber abzusetzen. Der logd hat den Umzug zu OpenAIS geschafft, so dass dieser Dienst dort auch verfügbar ist.

Der ha_logd öffnet zwei Prozesse: Einer liest alle Meldungen der anderen Dienste und gibt sie an den anderen Prozess weiter. Dieser schreibt die Einträge dann in die Logfiles. Die Größe der Warteschlangen beider Dienste und die Namen der Logfiles können in der Datei *ha_logd.cf* konfiguriert werden. Falls doch einmal eine der Warteschlangen überläuft, kann das festgestellt werden, und eine Bemerkung über eine entsprechende Anzahl verlorener Meldungen wird in die Logdatei geschrieben.

Die Optionen des Konfigurationsfiles sind:

debugfile *Dateiname*
: Name des Logfiles für Debug-Meldungen. Vorgabe: */var/log/ha-debug*.

logfile *Dateiname*
: Name des Logfiles für alle anderen Meldungen. Vorgabe: */var/log/ha-log*.

logfacility *daemon*
: Facility für syslog, die genutzt wird, um die Meldungen ins Logfile zu schreiben. Vorgabe: daemon.

entity *logd*
: Name für den Eintrag im Logfile. Vorgabe: logd.

useapphbd yes|no
: Soll der logd selbst als Applikation im apphbd registriert werden?

sendqlen *N*
: Länge der Warteschlange im Prozess, der die Meldungen der anderen Applikationen einsammelt und an den Prozess weitergibt, der sie dann wegschreibt. Vorgabe: 256.

recvqlen *N*
: Länge der Warteschlange im Prozess, der die Meldungen auf die Logdateien verteilt. Vorgabe: 256.

Weitere Hilfsprogramme

Im täglichen Betrieb haben einige Administratoren zusätzliche Skripte entwickelt, die bei der täglichen Arbeit oder bei der Fehlersuche hilfreich sind. Die Entwickler haben unter anderem das Skript hb_report beigesteuert.

showscores

Das Skript showscores wurde von Dominik Klein in der Mailingliste des Linux-HA-Projekts veröffentlicht. Es stellt die Gesamtpunkte dar, die eine Ressource auf jedem einzelnen Knoten erhalten würde. Das beinhaltet natürlich die Auswertung der Fehleranzahl und der migration-threshold jeder Ressource auf den Knoten. Die aktuelle Version vom April 2009 arbeitet mit dem pacemaker 1.0.2 zusammen.

Man erhält so eine schöne Übersicht darüber, warum welche Ressource auf welchem Knoten mit wie vielen Punkten läuft. Manches unerklärliche Phänomen konnte durch den einfachen Vergleich der Punktzahl schon gelöst werden. Die Ausgabe sieht beispielsweise wie folgt aus:

```
xen12# /usr/local/sbin/showscores.sh
Resource              Score    Node    Stickiness    #Fail    Mig-Thr.
ResDRBD:0             0        xen12   0
resDRBD:0             76       xen11   0
resDRBD:0_(master)    75       xen11   0
```

```
resDRBD:1              -1000000    xen11    0
resDRBD:1              76          xen12    0
resDRBD:1_(master)     75          xen12    0
resFS                  -1000000    xen11    0
resFS                  76          xen12    0
resIP                  0           xen12    0        1    3
resIP                  -1000000    xen11    0
res_SysInfo:0          0           xen12    0
res_SysInfo:0          1           xen11    0
res_SysInfo:1          -1000000    xen11    0
res_SysInfo:1          1           xen12    0
```

DRBD:0 läuft auf dem Knoten *xen11* mit 76 Punkten. Deshalb darf die Ressource DRBD:1 nicht mehr auf dem gleichen Knoten laufen (-INFINITY). Wer von den beiden zum Master wird (hier: *xen11*), handeln beide Ressourcen untereinander aus, wenn keine anderen Bedingungen einen der Knoten bevorzugen. Das Dateisystem resFS darf nicht auf dem Knoten *xen11* laufen, da dort das DRBD Slave ist.

Die Ressource IP-Adresse ist in derselben Gruppe wie das Dateisystem und erreicht deshalb die gleichen Punktezahlen. Die Klon-Ressource SysInfo wird wieder auf beide Knoten verteilt.

Nur die Ressource IP-Adresse hatte bisher einen Fehler. Sie wurde von der Überwachungsoperation aber nur neu gestartet und hat nicht den Knoten gewechselt, da der Cluster drei Fehler dieser Ressource toleriert.

hb_report

Dieses Skript sammelt Informationen über den Cluster und erstellt eine kurze Diagnose. Das ganze Ergebnis der Untersuchung legt das Skript im Verzeichnis */tmp/report* ab. Ebenso wird ein komprimiertes tar-Archiv dieses Verzeichnisses erstellt. Der Autor dieses Skripts, Dejan Muhamedagic, ist ebenfalls einer der Entwickler der Projektsoftware. Dieses Skript war dazu gedacht, bei einem Bugreport alle notwendigen Informationen zu sammeln und in einem Archiv zu bündeln. Natürlich ist ein solches Skript auch für einen externen Support sehr hilfreich. Der Support kann anhand der Daten im Archiv schon eine erste Diagnose stellen, ohne direkten Zugang zum System zu haben.

Der Autor hat zum Programm ein umfassendes *README* verfasst, das in der Dokumentation von heartbeat enthalten ist.

Voraussetzung für das Skript ist das Perl-Modul Date::Manip oder Date::Parse. Ebenfalls hilfreich ist es, andere Knoten per ssh automatisch ohne Angabe des Passworts abfragen zu lassen. In diesem Fall werden die Logdateien beider Knoten ausgewertet.

Die Optionen beim Aufruf sind:
```
hb_report -f {time|"cts:"testnum} [-t time] [-u user] [-l file] [-n nodes]
[-E files] [-p patt] [-L patt] [-e prog] [-MSDCA] Zielverzeichnis
```

-f *Zeit*
: Anfangszeit, um die Logfiles zu durchsuchen. Alternativ kann man auch die Nummer eines CTS-Tests angeben, der als Startzeitpunkt gelten soll.

-t *Zeit*
: Endzeit, um die Logfiles zu durchsuchen. Vorgabe: now.

-n *Knoten*
: Der Administrator kann dem Reportgenerator die Knotennamen mitgeben. Die Option ist additiv, so dass -n Knoten1 -n Knoten2 dasselbe bedeutet wie ein -n Knoten1 Knoten2. Wenn die autojoin-Option genutzt wird, ist es ratsam, alle Knoten hier aufzuführen.

-u *Benutzer*
: Benutzer, der sich per ssh auf den anderen Knoten einloggen kann. Vorgabe: <leer>. Sinnvoll ist der Bericht nur, wenn hb_report als root ausgeführt wird, da einige Befehle, die ausgeführt werden, von normalen Benutzer gar nicht ausgeführt werden dürfen.

-l *Datei*
: Logdatei, die durchsucht werden soll.

-E Datei
: Zusätzliche (Log-)Dateien, die durchsucht werden sollen. Die Vorgabe ist hier */var/log/messages*.

-p *Regexp*
: Regulärer Ausdruck, dessen Ausgabe verhindert wird. Vorgabe: "passw.*".

-L *Regexp*
: Regulärer Ausdruck, nach dessen Vorkommen die Logfiles durchsucht werden sollen. Vorgabe: CRIT:\|ERROR:.

-e *Programm*
: Es wird automatisch ein kurzer Fehlerreport erstellt. Der kann noch vor dem Archivieren bearbeitet werden. An dieser Stelle kann jeder Administrator seinen Lieblingseditor eingeben.

-D
: Editor nicht aktivieren.

-M
: Keine zusätzlichen Dateien (siehe -E) durchsuchen.

-C
: Löschen des erstellten Verzeichnisses. Es bleibt nur das Archiv übrig.

-A
: Zur Kommunikation im Cluster wird OpenAIS genutzt.

-S
: Nur den lokalen Knoten in den Bericht aufnehmen. Die restlichen Knoten werden nicht kontaktiert.

Zielverzeichnis
: Zielverzeichnis, in dem die Dateien abgelegt werden können und in dem das Archiv erstellt wird.

Im Ausgabeverzeichnis werden die Ergebnisse von `ccm_tool`, `crm_mon` und `crm_verify` sowie relevante Abschnitte der Logdateien hinterlegt. Die CIB wird ebenso abgespeichert wie *ha.cf* und wichtige Daten zum Systemzustand (`uptime`, `ps`, `top` und `netstat`). Zudem wird der Status des Knotens (DC, RUNNING) vermerkt. Zum Schluss werden die gesammelten Daten noch analysiert, und auch diese Analyse wird im Verzeichnis abgespeichert.

Die Suche in den Logfiles kann durch Angabe einer Start- und Endzeit begrenzt werden. Für das Format der Zeitangaben sollte eigentlich der normale Menschenverstand genügen. Das Perl-Modul `TimeDate` ist an dieser Stelle relativ tolerant. Falls es dennoch Probleme hat, die Eingabe zu interpretieren, gibt es eine entsprechende Fehlermeldung aus.

> Es werden nur interne Files, wie etwa die CIB, mit -p gesäubert. Alle anderen Ausgaben, wie auch die Logfiles, werden *nicht* gesäubert. Diese Ausgaben müssen gegebenenfalls. noch von Hand bereinigt werden, damit keine sensiblen Daten weitergegeben werden.

Ein Bericht mit `hb_report` ist für Bugreports unbedingt notwendig und hilft den Entwicklern, das Problem schnell zu lokalisieren.

Analyse

Die Analyse der Daten – oder, genauer gesagt, eigentlich nur deren Durchsicht – besteht nun darin,

- die Dateien, die auf den verschiedenen Knoten gesammelt werden, zu vergleichen und eine Kopie im Ausgabeverzeichnis abzulegen, falls sie identisch sind. Andernfalls werden alle Dateien abgelegt.
- Danach werden alle Fehler, Warnungen und Zeilen der Logdateien ausgeben, die der regex nach der Option -L entsprechen.
- Es wird gemeldet, ob es Coredumps gab, und wenn ja, auf welchem Knoten diese auftraten.
- Wiedergabe der Resultate von `crm_verify`.

Ansonsten werden alle gesammelten Daten in einem Unterverzeichnis unter einem Namen abgelegt, der sich nach dem Namen des Knotens richtet.

ocf-tester

Dieses Skript bietet die Möglichkeit, einfache Tests von OCF-Agenten durchzuführen. Die Syntax des Befehls ist:

```
ocf-tester [-Lh] -n resource_name [-o name=value]* /Pfad/zur/Ressource
```

-h

Ausgabe der Hilfe.

-n

Name der Ressource. Dies muss kein Name einer tatsächlich existierenden Ressource sein.

-o

Mit dieser Option können verschiedene Parameter zur Konfiguration der Ressource an das Testskript übergeben werden. Diese Option kann öfter angegeben werden.

-v

Ausführliche Ausgabe.

-L

Nutzt lrmadmin bzw. den lrmd für die Tests.

Beispiele

Falls die Ressource Attribute benötigt, aber keine angegeben werden, meldet der Test einen Fehler:

```
# ocf-tester -n resource_test /usr/lib/ocf/resource.d/heartbeat/IPaddr2
Beginning tests for /usr/lib/ocf/resource.d/heartbeat/IPaddr2...
* rc=2: Validation failed.  Did you supply enough options with -o ?
Aborting tests
```

Dasselbe passiert, wenn zu wenige Parameter mitgegeben werden:

```
ocf-tester -n resource_test -o ip=1.2.3.4 \
/usr/lib/ocf/resource.d/heartbeat/IPaddr2
Beginning tests for /usr/lib/ocf/resource.d/heartbeat/IPaddr2...
* rc=2: Validation failed. Did you supply enough options with -o ?
Aborting tests
```

Der Agent weiß einfach nicht, welche Schnittstelle er nutzen soll. Erst wenn diese auch angegeben wird, ist der Test erfolgreich:

```
# ocf-tester -n resource_test -o ip=1.2.3.4 -o nic=eth0 \
/usr/lib/ocf/resource.d/heartbeat/IPaddr2
Beginning tests for /usr/lib/ocf/resource.d/heartbeat/IPaddr2...
* Your agent does not support the notify action (optional)
* Your agent does not support the demote action (optional)
* Your agent does not support the promote action (optional)
* Your agent does not support master/slave (optional)
* Your agent does not support the reload action (optional)
/usr/lib/ocf/resource.d/heartbeat/IPaddr2 passed all tests
```

Mit diesem ersten Test kann der Administrator die genaue Konfiguration einer OCF-Ressource herausfinden, wenn sie sich hartnäckig gegen die übliche Konfiguration sträubt. Dieses Skript ist ebenfalls dazu gedacht, selbst geschriebene Agenten zu verifizieren.

openais-cfgtool

Ein weiteres wichtiges Werkzeug, um Fehlern in OpenAIS-Verbindungen auf die Spur zu kommen, ist openais-cfgtool. Mit der Option -s zeigt es den Status aller Netzwerkverbindungen im Cluster an:

```
# openais-cfgtool -s
Printing ring status
RING ID 0
    id       = 172.29.56.1
    status   = ring 0 active with no faults
```

Falls die Kommunikation über einen Pfad einmal unterbrochen wurde, setzt OpenAIS den Fehler nicht automatisch zurück, sondern es bedarf eines manuellen Eingriffs vonseiten des Administrators. Diese Aktion fordert die Ausgabe des obigen Kommandos auch unübersehbar ein. Mit der Option -r setzt der Befehl deshalb den Status aller Verbindungen zurück und löscht somit die Fehler.

KAPITEL 7
Agenten

Agenten sind die Verbindung zwischen pacemaker und den binären Programmen, die beim Aufruf des Agenten ausgeführt werden. Agenten sind üblicherweise in der Shell-Skriptsprache bash formuliert. Die Agenten müssen pacemaker gegenüber eine standardisierte Schnittstelle bieten, um die Programme zu starten, zu überwachen und wieder anzuhalten. Zurzeit werden vier dieser Standards unterstützt. Der bekannteste ist sicherlich die *Linux Standard Base* (LSB). Skripte, die dieser Spezifikation genügen, starten bestimmte Programme und halten sie wieder an. Bestimmte Rückgabewerte signalisieren dem aufrufenden Programm, ob die Operation erfolgreich war. Diese Skripte werden meist beim Systemstart von UNIX-Systemen vom allerersten Prozess init aufgerufen, um alle weiteren Prozesse und Dienste zu starten. LSB-kompatible Skripte sollten noch eine status-Operation unterstützen, die über den Zustand des Diensts Auskunft gibt.

Wenn Dienste vom Cluster verwaltet werden sollen, ist die Implementierung der status-Operation unerlässlich, da andernfalls pacemaker keine Möglichkeit hat, Informationen über den Zustand der Ressource zu erhalten, um notfalls bei Problemen Gegenmaßnahmen zu ergreifen.

Zusätzlich zu den LSB-kompatiblen Agenten unterstützt pacemaker OCF-kompatible Skripte. Diese Agenten erlauben es einerseits, das Skript zusätzlich über Parameter zu konfigurieren, andererseits müssen sie eine Reihe von weiteren Operationen unterstützen, die der Nutzbarkeit innerhalb von Clustersystemen dienen.

Um weiterhin eigene Agenten nutzen zu können, die Administratoren für Version 1 von heartbeat entwickelt haben, kann pacemaker ebenfalls Ressourcen über diese Art von Agenten verwalten. Es wird aber empfohlen, diese Agenten weiterzuentwickeln, um sie kompatibel zum OCF-Standard zu machen. Dieser bietet pacemaker noch bessere Möglichkeiten, die Ressourcen zu steuern.

Als letzte Art von Agenten werden Skripte aufgeführt, die STONITH-Geräte verwalten. Sie fallen ein bisschen aus dem Rahmen der üblichen Agenten, da mit ihnen keine Ressourcen, sondern eben STONITH-Schnittstellen bedient werden.

In diesem Kapitel sollen alle Arten von Agenten vorgestellt und alle OCF-kompatiblen Agenten, die mit heartbeat ausgeliefert werden, noch einmal ausführlich erklärt werden. Anhand einiger Beispiele werden dann Einsatz und Konfiguration illustriert.

init-Skripte (LSB-kompatibel)

Die *Linux Standard Base* (LSB) gibt unter anderem eine Spezifikation für init-Skripte vor. Üblicherweise finden sich diese Skripte im Verzeichnis */etc/init.d*. Wenn sie innerhalb von Linux-HA verwendet werden sollen, müssen sie sich vollständig kompatibel zum Standard verhalten.

Die Autoren von Linux-HA bemängeln allerdings auf der Webseite zu diesem Thema[1], dass viele init-Skripte, die mit den Distributionen ausgeliefert werden, sich nicht an die Vorgaben halten. Folgende Tests müssen manuell ausgeführt werden und können einen ersten Hinweis auf die Ursache geben, wenn Probleme auftreten.

Der Dienst Service läuft nicht und wird wie folgt gestartet:

```
# /etc/init.d/service start; echo "Ergebnis: $?"
```

Läuft der Dienst jetzt? War das Ergebnis des Kommandos »0«, also »Erfolg«, zusätzlich zur üblichen Ausgabe? Kennt das Skript den Statusbefehl:

```
# /etc/init.d/service status; echo "Ergebnis: $?"
```

Das Ergebnis muss wiederum »0«, also »Dienst läuft« sein. Ebenso können das Beenden des Dienstes und weitere Kombinationen (zum Beispie das Starten des bereits gestarteten Diensts mit dem Ergebnis »0«) überprüft werden. Die Qualität der Überprüfung des status-Kommandos hängt von der Implementierung ab. Dazu muss der Code des Skripts durchgesehen werden. Die in der LSB definierten Rückgabewerte müssen benutzt werden, um pacemaker mehr Informationen über den Zustand der Ressource zu ermöglichen.

Der Aufruf des Skripts mit status muss definiert sein und die in der LSB definierten Ergebnisse liefern. Viele init-Skripte haben diesen Teil nicht implementiert und sind deshalb für pacemaker so nicht brauchbar. Der Administrator muss in diesen Fall einen eigenen Statusbefehl einbauen, damit die Ressource richtig überwacht werden kann. Eine Ressource ohne status-Befehl wird spätestens beim ersten Ausfall, den der Cluster nicht bemerken kann, dem Administrator Probleme machen.

---

1 *http://www.linux-ha.org/LSBResourceAgent*

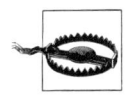

Beim Aufbau vieler Cluster habe ich die Erfahrung gemacht, dass die überwiegende Mehrzahl von init-Skripten aus verschiedenen Gründen nicht brauchbar war. Meistens fehlte aber der status-Aufruf oder war so schlecht implementiert, dass es besser war, ihn gleich neu zu schreiben.

Alle vorhandenen Skripte aus /etc/init.d werden beim Start der GUI ausgelesen und als mögliche Agenten übernommen. Dies kann man zum Beispiel bei der Konfiguration einer neuen Ressource in der GUI erkennen, denn dort sind alle Skripte aufgeführt. Die Agenten sind von der Klasse LSB. Da die GUI auch den Inhalt der Skripte durchsieht, wird ebenfalls die Beschreibung der Skripte (also alles, was nach # Short-Description im Skript steht) übernommen.

heartbeat Version 1

Agenten, die der alten Notation von Version 1 entsprechen, können in neuen Konfigurationen ebenfalls verwendet werden. Sie sind im Prinzip nichts anderes als LSB-Skripte mit etwas veränderten Rückgabewerten. Die einzigen Operationen, die diese Agenten verstehen, sind start, stop und status.

Zusätzlich versteht ein RA der Version 1 wie ein OCF-kompatibler Agent Parameter, die übergeben werden. Der Cluster sucht die Agenten der Version 1 in den Verzeichnissen /etc/ha.d/resource.d und /etc/init.d.

Die meisten Agenten sind inzwischen auf Version 2 (OCF) umgeschrieben, so dass nur noch zwei Agenten im alten Format genutzt werden können. Grundsätzlich soll diese Rückwärtskompatibilität Administratoren helfen, ihre Systeme auf die neue Version umzustellen, ohne sofort alle eigenen Agenten umschreiben zu müssen, die dem alten Format entsprechen. Allerdings sollten die Agenten im Laufe der Zeit dann doch umgeschrieben werden, da die neue Version viele Vorteile bringt. Zur Entwicklung eigener Agenten steht mehr in Abschnitt »Eigene OCF-Agenten«.

Die verbliebenen Agenten, die von den Entwicklern noch nicht portiert wurden, werden in modernen Konfigurationen auch nicht mehr benötigt.

OCF-Agenten von heartbeat

Abgesehen von den oben beschriebenen Ressourcen ist es natürlich sinnvoller, wenn die Agenten selbst wissen, dass sie in einem Clusterverbund laufen und aus dem Cluster heraus über entsprechende Vorgaben konfiguriert werden können. Dazu existieren die Vorgaben des *Open Cluster Framework*[2] (OCF). Diese Skripte müssen neben den bekannten Aktionen start und stop noch folgende beherrschen:

---

2 http://www.opencf.org

monitor
: 0 als Antwort bedeutet, dass alles in Ordnung ist und die Ressource läuft, 7 hingegen heißt, dass die Ressource gestoppt ist. Alle anderen Rückgabewerte bedeuten einen Fehler.

meta-data
: Diese Aktion wird verwendet, um Informationen über diesen Agenten als XML-Schnipsel weiterzugeben. Sie muss mit dem Wert 0 quittiert werden. Diese Informationen werden zum Beispiel von der GUI ausgewertet, um die notwendigen und optionalen Parameter darzustellen.

Daneben sollte der Agent noch folgenden Aufruf beherrschen:

validate-all
: Überprüft alle Parameter, die in den Umgebungsvariablen übergeben wurden. Der Rückgabewert ist 0, wenn alles in Ordnung ist, 2, sollten die Werte nicht in Ordnung sein, und 6, wenn die Ressource falsch konfiguriert ist.

Folgende Aufrufe sind zwar nicht von OCF spezifiziert, müssen für pacemaker jedoch implementiert sein, falls die Ressourcen Multi-State-fähig sein oder als Klone betrieben werden sollen:

promote
: Befördert die lokale Instanz der Ressource zum Master. Der Aufruf muss bei Erfolg den Wert 0 zurückgeben. Die Implementierung dieses Befehls ist nur dann notwendig, wenn diese Ressource Multi-State-fähig sein soll.

demote
: Stuft die lokale Instanz der Ressource zum Slave zurück. Der Aufruf muss bei Erfolg den Wert 0 zurückgeben. Die dieses Befehls ist nur dann notwendig, wenn diese Ressource Multi-State-fähig sein soll.

notify
: Dieser Aufruf wird von pacemaker verwendet, um dem Agenten sogenannte pre- und post-Meldungen zu schicken. So kann die Ressource Nachrichten über den Zustand von Klon-Ressourcen auf anderen Knoten erhalten, falls sich dort der Zustand ändert oder sich bereits geändert hat. Der Aufruf muss den Wert 0 zurückgeben. Wenn im Klon notify="false" gesetzt ist, benötigt der Agent auch diesen Teil der nicht.

Zwei Aufrufe, die die OCF fordert, werden von pacemaker zurzeit nicht genutzt: reload und recover. Dafür gibt es bei einigen speziellen Ressourcen zusätzlich die Möglichkeit, eine »weiche Migration« anzustoßen. Diese Agenten verstehen dann zusätzlich die Aufrufe migrate-to und migrate-from. Mehr zu diesem Thema bei den Beispielen (siehe Abschnitt »Live-Migration«).

Parameter

In den Skripten für die OCF-RA können Variablen verwendet werden, die aus der Konfiguration von pacemaker mit Werten belegt werden können. Beispielsweise kann die IP-Adresse der Ressource IPaddr2 innerhalb der Konfiguration der Cluster (CIB) vorgegeben werden und muss nicht mehr in einer separaten Konfigurationsdatei hinterlegt werden. Änderungen können so sehr schnell über die Konfiguration des Clusters selbst eingegeben werden. Ein weiterer Vorteil dieser Methode ist, dass für ähnliche Ressourcen eventuell nur immer wenige Parameter angepasst werden müssen, aber der RA gleich bleibt.

Alle Attribute des Abschnitts `instance_attributes` jeder Ressource werden von pacemaker als Umgebungsvariable angelegt, bevor der *Resource Agent* aufgerufen wird. Der Name der Variablen setzt sich zusammen aus einer Vorsilbe `OCF_RESKEY_` und dem Namen des entsprechenden Attributs. Wenn also eine Ressource `resIP` wie folgt konfiguriert ist:

```xml
<primitive id="resIP" class="ocf" type="IPaddr2" provider="heartbeat">
  <instance_attributes id="resIP_instance_attrs">
    <nvpair id="a4328726" name="ip" value="192.168.188.115"/>
    <nvpair id="f0d6b2d7" name="nic" value="eth0"/>
    <nvpair id="6416e5e1" name="cidr_netmask" value="24"/>
  </instance_attributes>
</primitive>
```

werden die Variablen `OCF_RESKEY_ip`, `OCF_RESKEY_nic` und `OCF_RESKEY_cidr_netmask` gesetzt und können im Agenten verwendet werden, um die IP-Adresse auf der gegebenen Schnittstelle zu konfigurieren.

Parameter sind, neben ihrem Namen, durch zwei weitere Eigenschaften charakterisiert:

`required`
: Die Angabe dieses Parameters ist notwendig. Ohne eine Angabe kann der Agent nicht funktionieren. In der GUI erscheinen diese Parameter automatisch, und es müssen nur noch die Werte eingegeben werden. Parameter, deren Eingabe optional ist, können in der GUI manuell hinzugefügt werden.

`unique`
: Die Angabe dieses Parameters darf für die Konfiguration eines Agenten nicht mehrfach erfolgen, und der Agent verarbeitet alle Angaben. Ohne diesen Parameter kann eine Angabe mehrfach erfolgen.

Die Eigenschaften der Parameter für einen bestimmten Agenten erhält man immer beim Aufruf des Agenten mit `meta-data`.

Debuggen von OCF-RAs

OCF-RAs sind ganz normale Shell-Skripte, die auch außerhalb von pacemaker aufgerufen werden können. Die Skripte, die im resourceagents-Paket enthalten sind, liegen unter */usr/lib/ocf/resource.d/heartbeat* und können dort eingesehen werden.

Vor dem Aufruf dieser Skripte muss manuell mindestens die Umgebungsvariable

```
# export OCF_ROOT=/usr/lib/ocf
```

gesetzt werden. Andere Umgebungsvariablen können natürlich auch so gesetzt werden. Der Aufruf des RA mit `meta-data` gibt zum Beispiel die Beschreibung der Ressource und des RA aus:

```xml
# /usr/lib/ocf/resource.d/heartbeat/LVM meta-data
<?xml version="1.0"?>
  <!DOCTYPE resource-agent SYSTEM "ra-api-1.dtd">
  <resource-agent name="LVM">
  <version> 1.0 </version>

  <longdesc lang="en">
    Resource script for LVM. It manages an  Linux Volume Manager
    volume (LVM) as an HA resource.
  </longdesc>

  <shortdesc lang="en"> LVM resource agent </shortdesc>

  <parameters>
    <parameter name="volgrpname" unique="0" required="1">
      <longdesc lang="en"> The name of volume group. </longdesc>
      <shortdesc lang="en"> Volume group name </shortdesc>
      <content type="string" default="" />
    </parameter>
    <parameter name="exclusive" unique="0" required="0">
      <longdesc lang="en">
         If set, the volume group will be activated exclusively.
      </longdesc>
      <shortdesc lang="en"> Exclusive activation </shortdesc>
      <content type="string" default="false" />
    </parameter>
  </parameters>

  <actions>
    <action name="start" timeout="30" />
    <action name="stop" timeout="30" />
    <action name="status" timeout="30" />
    <action name="monitor" depth="0" timeout="30" interval="10"/>
    <action name="methods" timeout="5" />
    <action name="meta-data" timeout="5" />
    <action name="validate-all" timeout="5" />
  </actions>
</resource-agent>
```

Mit den manuellen Aufrufen kann überprüft werden, ob der `monitor`-Aufruf richtig implementiert ist, ob immer alle Rückgabewerte der Spezifikation (siehe oben) entsprechen und ob die XML-Ausgabe von `meta-data` vielleicht einen Fehler enthält.

Diese Tests können auch mit dem Kommando `ocf-tester` (siehe Abschnitt »ocf-tester« in Kapitel 6) automatisiert werden.

Im Folgenden werden alle OCF-RAs aufgeführt, die bis Juni 2009 verfügbar waren. Neben der Erläuterung ihrer Konfiguration wird auf Besonderheiten und Anwendungsmöglichkeiten hingewiesen.

AoEtarget (ATA over Ethernet)

Neben dem bekannten iSCSI kann Linux auch Blockgeräte im ATA-Format exportieren, indem die Befehle über eine Ethernet-Verbindung zwischen Initiator (Client) und Target (Server) ausgetauscht werden. Der Agent nutzt den `vblade`-Dienst, der als Target die Verbindung zwischen dem Client und dem lokalen Blockgerät oder der Datei herstellt.

Parameter

`device`
Name eines lokalen Blockgeräts oder einer Datei, die als ATA-Gerät über das Netz exportiert werden soll. Diese Angabe ist notwendig.

`nic`
Schnittstelle, über die das Gerät exportiert werden soll. Diese Angabe ist notwendig.

`shelf`
ATA-over-Ethernet-Shelf-Nummer. Diese Angabe ist notwendig.

`slot`
ATA-over-Ethernet-Slot-Nummer für den Export.

`pid`
Dateiname zur Speicherung der PID des `vblade`-Prozesses. Die Vorgabe ist */var/run/heartbeat/rsctmp/AoEtarget-default.pid*.

`binary`
Pfad zur ausführbaren Datei. Vorgabe ist */usr/sbin/vblade*.

Beschreibung

Das Protokoll funktioniert auf Layer 2 des Netzwerks (Ethernet); es kann folglich nicht geroutet werden. Es dient hauptsächlich dem Aufbau lokaler Speichernetzwerke (SANs).

Der Vorteil gegenüber dem etwas aufwendigeren iSCSI ist, dass Einrichtung und Betrieb einfacher sind. Allerdings sollte sich jeder Architekt überlegen, ob er den geringen Mehraufwand für iSCSI wirklich scheut, da dieses Protokoll doch wesentlich bessere Möglichkeiten im Cluster bietet.

apache

Außer mit dem RA für das System-V-init-Skript kann man den Apache-Webserver noch über ein OCF-kompatibles Skript starten. Dies ist aufgrund der eingebauten Überwachungsmöglichkeit immer dem LSB-RA vorzuziehen. Dieser RA kann sowohl Apache-Server der Version 1.x als auch der Version 2.x verwalten.

Parameter

configfile
: Der vollständige Pfad und Name der Konfigurationsdatei des Apache-Webservers. Dieses File wird durchsucht, um eine Reihe von anderen Parametern des RA zu ermitteln. Dieser Parameter ist notwendig.

httpd
: Der vollständige Pfad und Name der ausführbaren Datei des Webservers. Als Vorgabe wird eine Reihe von möglichen Pfaden (unter anderem auch /usr/sbin/httpd) ausprobiert.

port
: Portnummer, unter der der Webserver auf Erreichbarkeit getestet werden kann. Die Vorgabe hier wird aus der Konfigurationsdatei ausgelesen oder ist 80, wenn dort nichts angegeben ist.

statusurl
: Die URL des Apache-Status-Moduls. Die Vorgabe für dieses Feld wird aus der Konfigurationsdatei ermittelt. Diese URL kann auch eine ganz einfache Adresse sein, die während der Überwachung aufgerufen wird.

testregex
: Angabe eines regulären Ausdrucks, auf den die statusurl bei der Überwachung des Webservers überprüft wird. Die Vorgabe hier ist '</ *body *>[[:space:]]*</ *html *>', was zu Problemen führen kann, wenn in der Seite ein CRLF zwischen body und html auftaucht.

options
: Sonstige Optionen, die an den Apache-Webserver weitergegeben werden (siehe dazu man httpd).

envfiles
: Pfad zu einer Datei, die sonstige Umgebungsvariablen enthält die apache zum Starten benötigt. Es ist gut möglich, dass apache den Dienst versagt, wenn dieser Parameter nicht ordnungsgemäß eingegeben wird. Als Fehlermeldung in der Logdatei findet sich zum Beispiel:
  ERROR: apache2: bad user name ${APACHE_RUN_USER}

Beschreibung

Die Ressource startet den Apache-Webserver mit den vorgegebenen Parametern. In den OPERATIONS (GUI) kann eingestellt werden, wie pacemaker überprüft, ob der Webserver noch lebt. Dazu müssen das Apache-Modul statusurl und das Programm wget installiert sein. Jede andere Webseite kann natürlich ebenfalls überprüft werden. Das monitor-Kommando des Apache RA macht nichts anderes, als die entsprechende Webseite aufzurufen und nach dem vorgegebenen regulären Ausdruck zu suchen. Falls dieser nicht vorkommt oder der Webserver gar nicht antwortet, nimmt pacemaker an, der Server sei tot, und führt die Aktion aus, die bei der Operation eingestellt ist. Das kann von einem Neustart des Webservers bis zur Verlegung der ganzen Ressource auf einen anderen Knoten reichen. Ein Beispiel für die Nutzung der Operationen zur Überwachung der apache-Ressource wird unten gezeigt.

> Üblicherweise überprüft der Agent die Ressource gleich beim Start, ohne dass dies besonders konfiguriert wurde. Das geschieht, um zu testen, ob der Start erfolgreich war. Wenn dann die vorgegebene testregex nicht in der Ausgabe der Seite vorkommt, wird die Ressource sofort wieder gestoppt. Abhilfe schafft hier, eine testregex einzugeben, die tatsächlich auch in der Ausgabe vorkommt.

Beispiel für die Konfiguration eines ApacheRA auf einem Debian Lenny-System:

```xml
<primitive class="ocf" id="resApache" provider="heartbeat" type="apache">
  <operations id="resApache-operations">
    <op id="resApache-op-monitor-10" interval="10" name="monitor" timeout="20"/>
  </operations>
  <instance_attributes id="resApache-instance_attributes">
    <nvpair id="resApache-instance_attributes-configfile"
      name="configfile" value="/etc/apache2/apache2.conf"/>
    <nvpair id="resApache-instance_attributes-httpd" name="httpd"
      value="/usr/sbin/apache2"/>
    <nvpair id="resApache-instance_attributes-testregex"
      name="testregex" value="body"/>
    <nvpair id="resApache-instance_attributes-envfiles"
      name="envfiles" value="/etc/apache2/envvars"/>
  </instance_attributes>
</primitive>
```

Die testregex wurde in diesem Beispiel auf body gesetzt, ein Ausdruck, der in einer HTML-Seite garantiert vorkommt.

AudibleAlarm

Dieser Agent schlägt jede Sekunde hörbaren Alarm, wenn er gestartet ist. Das kann dazu genutzt werden, bei einer Routinekontrolle im Rechenzentrum einen defekten Knoten ohne weitere Zugangsmöglichkeiten (Dokumentation!) ausfindig zu machen. Wenn der

Administrator bestimmte Rechner von dieser nervtötenden Piepserei ausnehmen will, kann er das über den Parameter nodelist tun.

Parameter

nodelist
: Eine Liste mit Knoten, die vom Lärmterror ausgenommen sind.

Die Wartezeit kann im Skript ohne Probleme verändert werden. Wenn das Paket fdutils installiert ist, kann auch noch die LED des Diskettenlaufwerks rhythmisch blinken.

ClusterMon

Der ClusterMon-RA nutzt den Befehl crm_mon, um eine Statusseite mit dem Zustand des Clusters im HTML-Format auszugeben (für die genauen Optionen des Befehls crm_mon siehe Abschnitt »crm_mon« in Kapitel 5). Dieser RA ermöglicht es, der Betriebsmannschaft Zugriff auf die Informationen über den Zustand des Clusters zu geben, ohne gleich Zugriff auf die Kommandozeile der Knoten oder die GUI zuzulassen.

Parameter

user
: Der Benutzer, unter dessen Kennung der Befehl crm_mon im Hintergrund startet. Standard ist der Benutzer von pacemaker, also *root*. Sicher ist es sinnvoll, hier einen anderen Benutzer zu wählen, er muss aber Mitglied der Gruppe *haclient* sein.

update
: Intervall, in dem die Webseite auf den neuesten Stand gebracht werden soll. Die Vorgabe ist hier 15 Sekunden.

extra_options
: Weitere Optionen, die einfach an den crm_mon durchgereicht werden.

pidfile
: Name für die PID-Datei des Prozesses.

htmlfile
: Name der Datei, in die ClusterMon die Ausgabe schreiben soll. Diese Datei kann dann über einen Webserver veröffentlicht werden. Die Angabe ist notwendig.

db2

Resource Agent für die DB2-Datenbank von IBM.

Parameter

instance
: Instanz der Datenbank. Die Angabe ist notwendig.

admin
: Administrator dieser Instanz der Datenbank.

Delay

Diese Ressource fügt bei den einzelnen Aktionen (start, stop, monitor) einfach eine definierbare Wartezeit ein. Sie kann zum Beispiel dazu genutzt werden, zwischen zwei anderen Ressourcen eine kurze Wartezeit einzubauen, damit sich die erste der beiden stabilisiert hat, bevor die zweite startet.

Parameter

startdelay
: Wartezeit beim Start der Ressource. Die Angabe ist notwendig.

stopdelay
: Wartezeit beim Anhalten der Ressource. Die Angabe ist notwendig.

mondelay
: Wartezeit bei der Überwachung der Ressource. Die Angabe ist notwendig.

drbd

Diese Ressource verwaltet *Distributed Redundant Block Devices* (DRBD). Diese stellen eine Art RAID1 auf Ebene der Block-Devices dar und bieten die Möglichkeit, komplette Partitionen von Festplatten zwischen zwei Rechnern zu synchronisieren. Dieser *Resource Agent* ist ein Master/Slave-Skript, kann also die DRBD in den verschiedenen Zuständen abbilden.

Mit Version 8.3.2 der DRBD-Software hat die Firma Linbit ihren eigenen OCF-RA veröffentlicht, der ein bisschen mehr kann als der des heartbeat-Projekts. Mehr zum Einsatz von DRBD finden Sie im Abschnitt »Die Nutzung von DRBD« in Kapitel 8.

Parameter

drbd_resource
: Name der DRBD-Ressource. Der Name muss identisch sein mit dem Namen des DRBD, der im Konfigurationsfile angelegt ist. Dieser Parameter dient der Unterscheidung, falls mehrere DRBD im Konfigurationsfile von DRBD angelegt wurden. Die Angabe ist notwendig.

drbdconf
: Konfigurationsfile, in dem die komplette Konfiguration von DRBD hinterlegt ist. Die Vorgabe ist hier */etc/drbd.conf*.

`clone_overrides_hostname`
: Angabe, ob der uname beim Aufruf des Programms durch den RA durch die Nummer des Klons ersetzt wird. Dies war notwendig, wenn Partitionen auf mehr als zwei Rechnern synchronisiert werden sollen.

  Inzwischen ist dieser Umweg aufgrund der Technik der gestapelten DRBD[3] nicht mehr notwendig.

Anwendung

Applikationen auf Clustersystemen benötigen oft Informationen, die auf allen Knoten vorhanden sein müssen. Dieses Problem wurde im Abschnitt »Shared Data« (siehe Abschnitt »Data Sharing« in Kapitel 2) schon erläutert. DRBD bieten jetzt eine Möglichkeit, ganze Partitionen zwischen Knoten eines Clusters zu replizieren. Das darauf installierte Dateisystem sieht also immer dieselben Daten, egal auf welchem Knoten es abgefragt wird.

Leider hat der *Ressourcen-Agent* für DRBD zwei wesentliche Beschränkungen:

- Es wird immer nur die Synchronisation von zwei Partitionen unterstützt. Es können also nur zwei Knoten gleichzeitig DRBD nutzen.
- Eine der Partitionen ist im Primary-(Master-)Zustand. Von dieser kann gelesen werden, und auf diese kann geschrieben werden. Alle Änderungen werden automatisch auf den anderen Knoten repliziert. Allerdings kann auf den anderen Knoten die Partition im Slave-Modus nicht geöffnet werden. Es ist nicht einmal ein reiner Read-only-Betrieb möglich.

Aus diesen Gründen werden DRBD meist nur in Clustern mit zwei Knoten eingesetzt, die im Aktiv/Passiv-Modus betrieben werden.

Wenn die DRBDs außerhalb des Clusters konfiguriert werden, fallen diese beiden Beschränkungen weg. Mit den gestapelten DRBDs können Daten über drei Knoten synchronisiert werden. Ebenfalls kann auf zwei der Partitionen schreibend zugegriffen werden, so dass hier Clusterdateisysteme (OCFS2, GFS oder GPFS) zum Einsatz kommen können.

In diesem Fall kann der Cluster selbst aber keine Abhängigkeiten zwischen Ressourcen und dem Zustand der DRBD mehr verwalten, so dass diese Methode, obwohl sie auf den ersten Blick so viele Vorteile bieten würde, nicht optimal ist. Im Zusammenhang mit Clusterdateisystemen wird man auch eigentlich sofort an Speichersysteme denken, die per Fiber Channel oder iSCSI an die Knoten des Clusters angebunden sind.

Die Firma Linbit liefert ab der Version 8.3.2 von DRBD einen eigenen Ressourcen-Agent (Provider: `linbit`) aus. Dieser ist fähig, zwei Master-Instanzen im Cluster zu verwalten. Mehr zu diesem Thema und eine Anwendung gibt's im Abschnitt »DRBD: Konfiguration für Fortgeschrittene« in Kapitel 8.

---

3 *http://www.drbd.org/users-guide-emb/s-three-nodes.html*

Dummy

Diese Ressource macht absolut nichts (Sinnvolles), außer dass sie ihren eigenen Zustand (started, stoped) in eine Statusdatei schreibt. Diese Ressource ist zum Testen gedacht. Außerdem bietet dieses Skript einen Rahmen, in dem die komplette Syntax von OCF-Ressourcen schon vorgegeben ist, wenn man einen eigenen Agenten entwickeln will.

Parameter

state
: Der Name der Datei, in die die Ressource ihren aktuellen Zustand schreibt.

eDir88

Da die meisten Entwickler von pacemaker bei SUSE/Novell beschäftigt sind, wird Software aus diesem Hause auch besonders unterstützt. Das eDirectory ist so ein Dienst.

Dieser RA verwaltet eine Instanz des Verzeichnisses. Über die Parameter können verschiedene Instanzen auf einem Rechner verwaltet werden. Dazu wird das Feature »Multiple Instances« der Software benötigt, das ab der Version 8.8 vorhanden ist. Frühere Versionen der Software können daher mit diesem RA nicht verwaltet werden.

Die Entwickler raten dazu, die Konfiguration von eDir auf einem lokalen Verzeichnis zu belassen und die nicht über das Netzwerk zu importieren. Falls der gemeinsame Speicher plötzlich nicht mehr verfügbar ist, wäre die Konfigurationsdatei ebenfalls verschwunden, und das Verhalten des RA wäre nicht mehr vorhersagbar.

Die Zeitvorgaben einer solchen Ressource sollten ebenfalls großzügig gewählt werden. Ein eDir mit *Identity Manager* (IDM) kann für den Start bis zu zehn Minuten benötigen. Falls pacemaker aufgrund einer Zeitüberschreitung den Stecker zieht, bevor die Ressource ordentlich gestartet ist, kann das katastrophale Folgen haben. Der Start kann noch länger dauern, wenn LDAP ebenfalls aktiviert ist. Das ist zu berücksichtigen, wenn die Überwachung die Verfügbarkeit von IDM und LDAP prüft.

Parameter

eDir_config_file
: Konfigurationsdatei für das eDir. Diese Angabe ist notwendig.

eDir_monitor_ldap
: Überwachung von LDAP beim monitor? Vorgabe: Nein.

eDir_monitor_idm
: Überwachung des IDM beim monitor? Vorgabe: Nein.

`eDir_jvm_initial_heap`
: Wert der Java-Umgebungsvariablen DHOST_INITIAL_HEAP. Wenn nichts gesetzt ist, wird die Vorgabe von Java verwendet.

`eDir_jvm_max_heap`
: Wert der Java-Umgebungsvariablen DHOST_MAX_HEAP. Wenn nichts gesetzt ist, wird die Vorgabe von Java verwendet.

`eDir_jvm_options`
: Wert der Java-Umgebungsvariablen DHOST_OPTIONS. Wenn nichts gesetzt ist, wird die Vorgabe von Java verwendet.

Evmsd

Dieser *Resource Agent* verwaltet das *Enterprise Volume Management System* (besser: den EVMS-Prozess) von IBM. Der evmsd bietet einen sehr mächtigen Volume-Manager, über den die verschiedensten Geräte, Volumes und Filesysteme – lokale oder verteilte – genutzt werden können.

Dieser *Resource Agent* nutzt keine Parameter.

> Das EVMS wurde vom Hauptentwickler der Clustersoftware (SUSE/Novell) offiziell zugunsten des cLVM beerdigt. Es ist also nicht zu erwarten, dass besonders auf die Integration des EVMS für pacemaker geachtet wird. Deshalb ist vom Einsatz von EVMS abzuraten.

EvmsSCC

Dieses Skript verwaltet den »EVMS Shared Cluster Container«. Es startet `evms_activate` auf einem Knoten im Cluster.

Dieser *Resource Agent* nutzt keine Parameter.

Filesystem

Die Ressource `Filesystem` wurde eingeführt, um gemeinsam genutzte Daten auf den Knoten eines Clusters adäquat nutzen zu können. Mit einer DRBD- oder einer iSCSI-Ressource importiert der Cluster Blockgeräte. Applikationen können mit diesen erst einmal nicht so viel anfangen, sondern benötigen ein eingehängtes Dateisystem, damit sie Daten lesen und schreiben können.

Die Ressource `Filesystem` schließt nun genau die Lücke, indem sie ein Dateisystem auf einem verteilten Medium verwaltet und ins Dateisystem einbindet. Im Grunde führt der Cluster ein einfaches `mount` aus.

Gemeinsame Daten auf NFS-Dateisystemen können mit diesem Agenten ebenfalls eingebunden werden. Der Agent ersetzt im Cluster einfach den mount-Befehl.

Parameter

device
: Name des Block-Device für das Dateisystem, entsprechend den Optionen -U oder -L von mount oder den Spezifikationen für NFS. Die Angabe wird benötigt.

directory
: Mountpoint, in den das Dateisystem eingehängt werden soll. Die Angabe wird benötigt.

fstype
: Typ des Dateisystems. Die Angabe wird benötigt.

options
: Weitere Optionen, die mit -o an mount weitergereicht werden.

Wenn die Ressource in Verbindung mit DRBD genutzt wird, ist darauf zu achten, dass das Dateisystem nur auf dem Knoten gestartet wird, auf dem DRBD im Zustand Master läuft. Im Zustand Slave kann ein DRBD nicht eingebunden werden! Insofern macht es auch zum jetzigen Zeitpunkt keinen Sinn, ein DRBD mit einem Clusterdateisystem zu formatieren. Es kann immer nur der Master eingebunden werden. Die Situation wird sich ändern, sobald der DRBD-Agent die volle Funktionalität nutzen kann.

Die Verbindung zwischen Block-Device, Filesystem und Applikation, die dieses Dateisystem nutzt, ist meistens so eng, dass es hier sinnvoll ist, eine Gruppe anzulegen.

ICP

Dies ist ein *Resource Agent* für ein Laufwerk an einem clusterfähigen Festplattencontroller der Firma ICP Vortex.

Parameter

driveid
: Die ID des Clusterlaufwerks. Die Angabe ist notwendig.

device
: Der Name des Geräts. Die Angabe ist notwendig.

ids

Dieses Skript ist der *Resource Agent* für eine Informix-Datenbank von IBM.

Parameter

informixdir
: Der Pfad zum Verzeichnis, in dem die Programme der Informix-Datenbank installiert wurden. Er entspricht dem Wert der Umgebungsvariablen INFORMIXDIR. Wurde dieser Parameter nicht angegeben, versucht der Agent, den Wert selbstständig herauszufinden.

informixserver
: Der Name der IDS-Service-Instanz, die verwaltet wird. Er entspricht dem Wert der Umgebungsvariablen INFORMIXSERVER. Wurde dieser Parameter nicht angegeben, versucht der Agent, den Wert selbstständig herauszufinden.

onconfig
: Der Name der Konfigurationsdatei für die Instanz der Datenbank. Diese Datei wird im Verzeichnis /etc gesucht. Er entspricht dem Wert der Umgebungsvariablen ONCONFIG. Wurde dieser Parameter nicht angegeben, versucht der Agent, den Wert selbstständig herauszufinden.

dbname
: Dieser Parameter bestimmt die Datenbank, die genutzt werden soll, um die Ressource zu überwachen. Die Vorgabe ist sysmaster.

sqltestquery
: Der SQL-Befehl, mit dem die Datenbank abgefragt wird, um die Funktion der Ressource zu testen. Die Vorgabe ist 'SELECT COUNT(*) FROM systables;'.

IPaddr

Dieser RA verwaltet eine IP-Adresse als hochverfügbare Ressource. Diese Ressource wird auch in vielen Fällen als Grundlage für einen Dienst im Netzwerk benötigt, so dass es sich meist ebenfalls empfiehlt, eine Gruppe anzulegen.

Parameter

ip
: Die Adresse, die angelegt werden soll. Die Angabe ist notwendig. Falls dieses Feld zwar angelegt wird, aber leer bleibt, kommt es sicher zu sehr unangenehmen Reaktionen des Clusters beim Start der Ressource.

nic
: Die Schnittstelle, die die IP-Adresse erhalten soll. Wenn keine Angabe erfolgt, versucht der Cluster, die Schnittstelle aus der Routingtabelle zu ermitteln. Da dies gerade in virtualisierten Umgebungen schiefgehen kann, ist es besser, diesen Parameter einzugeben.

cidr_netmask
: Die Netzmaske für das Interface, entweder in CIDR-Notation (z.B. 24) oder in alter Notation (z.B. 255.255.255.0). Wenn keine Angabe erfolgt, versucht der Cluster, die Schnittstelle aus der Routingtabelle zu ermitteln. Da dies manchmal schiefgehen kann, ist es besser, diesen Parameter einzugeben.

broadcast
: Broadcast-Adresse für die IP-Adresse. Falls der Parameter leer ist, versucht heartbeat, diese Adresse aus der Netzmaske zu ermitteln.

iflabel
: Eingabe eines zusätzlichen Labels für die IP-Adresse bzw. Schnittstelle.

lvs_support
: Wenn dieser Parameter gesetzt ist, wird eine *Direct Routing*-Konfiguration innerhalb eines LVS-Clusters (siehe Kapitel 9) unterstützt. Wird in solch einer Konfiguration die IP-Adresse angehalten, wird sie nur auf das *Loopback*-Interface verschoben, aber nicht gelöscht. Dies geschieht, um weiterhin Anfragen abzuarbeiten. Die Adressen werden in diesem Fall aber nicht mehr im Netz verbreitet (arp reply).

local_stop_script
: Dieses Skript wird aufgerufen, wenn die Ressource angehalten wird.

local_start_script
: Dieses Skript wird aufgerufen, wenn die Ressource gestartet wird.

ARP_INTERVAL_MS
: Intervall zwischen sogenannten »gratuitous ARPs«, also ARP-Replies, die die neue Hardwareadresse bei einem Wechsel der Ressource im Netz bekannt machen sollen. Voreinstellung: 500 ms.

ARP_REPEAT
: Angabe, wie oft diese neue ARP-Adresse angekündigt werden soll, damit auch wirklich jeder Host im Netz den Wechsel mitbekommt. Vorgabe hier: 10.

ARP_BACKGROUND
: Ruft das Programm, das den ARP im Netz verkündet, im Hintergrund auf. Inzwischen gibt es keinen Grund mehr, diesen Parameter auf on zu setzen.

ARP_NETMASK
: Netzmaske (Layer 2!) für die Verbreitung der neuen ARP-Adresse. Die Vorgabe ist hier FFFFFFFFFFFF.

IPaddr2

Diese Ressource ist Linux-spezifisch und verwaltet ebenfalls eine IP-Adresse. Im Gegensatz zu IPaddr wird nur eine Adresse zur vorhandenen Schnittstelle hinzugefügt (bzw. daraus gelöscht). Die Ressource IPaddr legt dafür eine zusätzliche Schnittstelle *<nic>:1* an.

Zusätzlich kann diese Ressource als Klon angelegt werden. In einer solchen Konfiguration wird eine einfache Lastverteilung zwischen den Knoten des Clusters auf Netzwerkebene eingerichtet. Diese Fähigkeit benötigt das Target CLUSTERIP von iptables, das nicht in allen Distributionen vorhanden ist. Für mehr Informationen siehe Abschnitt »Load-Sharing-Cluster«.

> Falls diese Ressource als Klon konfiguriert wird, die mehrfach im Cluster laufen kann, wird automatisch die Lastverteilung auf Ebene des Netzwerks konfiguriert. Solche Konfigurationen können zu ungewöhnlichen Reaktionen des Clusters führen.

Parameter

Neben den Parametern, die für die IPaddr eingeführt wurden, ist die Konfiguration folgender weiterer Parameter möglich:

mac
: MAC-Adresse, falls die Lastverteilung gewählt wird. Diese Adresse *muss* eine Multicast-MAC-Adresse sein! Das heißt, das niedrigste Bit des ersten Bytes der MAC-Adresse muss 1 sein oder, anders ausgedrückt, das erste Byte der MAC-Adresse muss ungerade sein. Falls dieser Parameter leer ist, wird eine MAC-Adresse automatisch gewählt.

clusterip_hash
: Algorithmus für die Berechnung des Hash, der die Zuständigkeit eines Knotens für ein bestimmtes Paket bestimmt. Möglich sind sourceip, sourceip-sourceport oder sourceip-sourceport-destport. In den meisten Installationen wird sourceip-sourceport sinnvoll sein.

unique_clone_address
: Wenn dieser Parameter auf yes gesetzt wird, zählt der Cluster die ID des Klons zur IP-Adresse hinzu, um so eine eindeutige Adresse im Cluster zu erzeugen.

Load-Sharing-Cluster

Linux-HA-Cluster sind normalerweise nicht dazu ausgelegt, die Last einer Ressource auf mehrere Knoten aufzuteilen. Eine Ressource läuft entweder links oder rechts, nie auf beiden Rechnern. Ausnahmen davon sind Cluster, auf denen unterschiedliche Ressourcen auf unterschiedlichen Knoten laufen. So kann zum Beispiel der Webserver auf einem Knoten laufen und die dazugehörige Datenbank auf einem anderen Knoten. Im Fehlerfall übernimmt ein Knoten die Last des ausgefallenen Knotens. Aber auch hier gilt, dass die Last des Webservers nicht auf beide Knoten aufgeteilt werden kann. Eine Lastverteilung (Load Balancing) ist nur mit LVS-Clustern über das Kernelmodul ipvs möglich (siehe dazu Kapitel 9).

Die einzige Ausnahme davon bietet eine Erweiterung der IPaddr2-Ressource an, die das CLUSTERIP-Modul von iptables nutzt. Falls ein Administrator diese Art der Lastverteilung ausprobieren will, muss er als Erstes prüfen, ob dieses Modul in seiner Lieblingsdistribution enthalten ist. Diese Vorbereitungen, der Hintergrund der Lastverteilung mittels CLUSTERIP und der weitere Aufbau werden auf einer Webseite[4] von Linux-HA beschrieben.

Falls das Modul vorhanden ist, kann man eine Ressource IPaddr2 anlegen. Wie bisher gibt man die IP-Adresse ein. Sobald man allerdings die Ressource als Klon anlegt, wird die Lastverteilung automatisch eingebaut. Die Parameter clone_max und clone_node_max werden entsprechend der Anzahl aktiver Knoten gesetzt, die im Cluster vorhanden sind. In einem Cluster aus zwei Knoten werden beide Variablen auf 2 gesetzt, da ja beim Ausfall eines Knotens der andere beide Klone übernehmen muss. Deshalb ist die Ressource auch als global_unique definiert. Zusätzlich muss noch ein Mechanismus zur Berechnung des Hashwerts ausgewählt werden. Sinnvoll ist hier, clusterip_hash="sourceip-sourceport" zu setzen.

Nachdem die Ressource gestartet ist, kann man die virtuelle IP-Adresse anpingen. Welcher der beiden Knoten antwortet, kann man allerdings nicht vorherbestimmen. Auch ein Einloggen per ssh endet einmal auf dem einen Knoten, ein anderes Mal auf dem anderen Knoten. Auch andere Applikationen, wie zum Beispiel Webserver auf beiden Rechnern, teilen sich jetzt die Aufgabe. Bei einem Failover wird nur der Hashwert auf den anderen Knoten übertragen, so dass ein überlebender Knoten dann für mehr als einen Hashwert zuständig ist.

Als Beispiel ist die Konfiguration eines Clusters mit vier Knoten dargestellt, auf dem eine IP-Adresse als Ressource auf allen vier Knoten gleichzeitig läuft. Alle Knoten teilen sich die Last. Zur Abwechslung habe ich diesmal die Notation für den CRM gewählt:

```
primitive resIP ocf:heartbeat:IPaddr2 \
  op monitor interval="10s" \
  params ip="192.168.188.119" nic="eth0" cidr_netmask="24" \
    clusterip_hash="sourceip" \
  meta resource-stickiness="0"

clone cloneIP resIP meta clone-max="4" clone-node-max="4" \
  target-role="stopped" globally-unique="yes"
```

> Tritt auf einem Knoten ein Fehler auf, wird die Zuständigkeit für den Verkehr dieses Knotens komplett auf einen anderen Knoten und nicht auf alle verbleibenden gleichmäßig verteilt. Intern verschiebt der Cluster nur einen Hashwert vom fehlerhaften Knoten auf einen anderen.

---

4   http://www.linux-ha.org/ClusterIP

> Damit der Hashwert wieder auf den ursprünglichen Knoten zurückkehren kann, sollte die resource-stickiness für diese Ressource gleich 0 gesetzt werden.

IPsrcaddr

In manchen Fällen kann es nötig sein, dass der Verkehr, der von einem Knoten des Clusters selbst ausgeht, von der virtuellen Clusteradresse kommt. Das kann zum Beispiel in VPN-Installationen auf Basis der IPsec, in denen die IP-Adresse Teil des authentifizierten IP-Pakets ist, notwendig werden. Mit dieser Ressource kann eine solche Absenderadresse eingegeben werden.

Parameter

ipaddress
: IP-Adresse, die von dem Knoten als Absenderadresse genutzt wird.

iscsi

Die iSCSI-Ressource nutzt die open-iscsi-Implementierung (siehe Website[5]) eines iSCSI-Initiators, um entfernte Block-Devices per SCSI einzubinden. Somit können Speichernetzwerke, die Kapazitäten per iSCSI anbieten, innerhalb von pacemaker als gemeinsame Datenspeicher genutzt werden.

Das Administrator muss darauf achten, dass die Geräte auf allen Knoten als die gleichen Blockgeräte /dev/sd? eingebunden werden. Dies ist zum Beispiel notwendig, wenn ein Dateisystem als Ressource im Cluster das Blockgerät nutzen will. Die Dateisystemressource erwartet immer, dasselbe Geräte einzubinden. Die Namensgebung kann der Administrator aber mit den Regeln des udev-Systems beeinflussen.

Parameter

portal
: Die Adresse des iSCSI-Portals in der Form {ip_address|hostname}[":"port]. Diese Angabe ist notwendig.

target
: Das iSCSI-Target. Die Angabe ist notwendig.

discovery_type
: Art des Discovery-Mechanismus. Zurzeit wird von open-iscsi nur sendtargets unterstützt, so dass dies auch die Vorgabe ist.

---

5 http://www.open-iscsi.org

iscsiadm
: Pfad zum Programm iscsiadm.

udev
: Wenn die nächste Ressource (zum Beispiel ein Filesystem) von *udev* abhängt, das das entsprechende Gerät für das neue Blockgerät erzeugt, wartet die Ressource, bis dieser Prozess abgeschlossen ist. Bei normal ausgelasteten Rechnern sollte das schnell funktionieren, aber dieser Punkt ist bei einer eventuellen Fehlersuche zu beachten. Wenn *udev* nicht benutzt wird, kann dieser Parameter auf *no* gesetzt werden.

iSCSILogicalUnit

Mit diesem Agenten teilt der Administrator den Cluster mit, dass eine *Logical Unit* (LUN) innerhalb eines iSCSI-Targets exportiert werden soll. Es können mehrere LUNs unter einem Target eingegeben werden. Da das Target (siehe Agent iSCSITarget) zuerst laufen muss, ist es sinnvoll, das Target und die LUN(s) in einer Gruppe zu konfigurieren.

Eine Anwendung dieses Agenten gibt es im Abschnitt »Anwendung: iSCSI-Targets« in Kapitel 8.

Parameter

target_iqn
: Der *iSCSI Qualified Name* (IQN) des Targets, zu dem diese LUN gehört. Die Angabe ist notwendig.

lun
: Die LUN, die den Clients (*Initiators*) präsentiert wird. Die Angabe ist notwendig.

path
: Pfad zum Blockgerät, das veröffentlicht werden soll. Dieses kann auch eine einfache Datei sein, die dann entsprechend genutzt wird. Die Angabe ist notwendig.

implementation
: Der Dienst, der durch den Export genutzt wird. Möglich sind iet oder tgt. Gibt der Administrator nichts ein, versucht der Agent, selbst herauszufinden, was installiert ist, indem er die Programme aufruft. iet, also das Programm ietadm, wird zuerst aufgerufen.

scsi_id
: Die SCSI-ID für diese LUN. Vorgabe ist der Name der Ressource, gekürzt auf 24 Zeichen.

scsi_sn
: Die Seriennummer des Geräts, die den Clients präsentiert wird. Vorgabe ist ein Hashwert des Namens der Ressource, gekürzt auf 8 Zeichen.

vendor_id
: Die ID eines Herstellers, die dem Clients präsentiert wird.

product_id
: Die ID eines Produkts, das dem Client präsentiert wird.

additional_parameters
: Zusätzliche Parameter, die zum Beispiel dem ietadm-Kommando übergeben werden

iSCSITarget

Dieser Agent stellt ein iSCSI-Target als Container für eine oder mehre LUNs zur Verfügung. Die LUNs werden anschließend mit der iSCSILogicalUnit-Agenten erzeugt. Ein Beispiel zum Einsatz dieses Agenten findet sich im Abschnitt »Anwendung: iSCSI-Targets« in Kapitel 8.

Parameter

iqn
: Der vollständige *iSCSI Qualified Name* (IQN), die für dieses Target verwendet werden soll. Das Format ist iqn.JJJJ-MM.umgekehrter.Domänen.Name:optionale.Zeichenkette. Die Angabe ist notwendig.

implementation
: Der Dienst, der durch den Export genutzt wird. Möglich sind iet oder tgt. Gibt der Administrator nichts ein, versucht der Agent, selbst herauszufinden, was installiert ist, indem er die Programme aufruft. iet, also das Programm ietadm, wird zuerst aufgerufen.

tid
: Die ID des iSCSI-Targets. Falls nichts konfiguriert ist, verwendet der Agent einfach die nächste freie ID.

allowed_initiators
: Eine Liste mit Clients (Initiators), die dieses Target nutzen dürfen. Die einzelnen Clients der Liste sind durch ein Leerzeichen getrennt. Ohne Eingabe ist dieses Target für alle Clients freigegeben.

incomming_username
: Benutzername zur Authentifizierung am diesem Target.

incomming_password
: Passwort zur Nutzung dieses Targets.

additional_parameters
: Zusätzliche Parameter, die der Verwaltung des Targets übergeben werden.

ldirectord

Diese Ressource verwaltet den `ldirectord`, der wiederum den `ipvs`-Load-Balancer des Linux-Kernels dynamisch verwaltet.

> Diese Ressource lädt das `ipvs`-Modul des Kernels nicht und sorgt auch nicht für eine Synchronisation der Verbindungstabellen des `ipvs` zwischen den Knoten des Clusters. Der `ldirectord` kümmert sich ausschließlich um die Konfiguration des `ipvs` und die Überwachung der realen Server. Der `ldirectord` geht davon aus, dass das Kernelmodul schon geladen ist und die Synchronisation der Tabellen zwischen den Knoten bereits funktioniert. Mehr dazu in Kapitel 9, »Linux Virtual Server«.

Eine Beispielkonfiguration dafür, wie diese Ressource unter pacemaker eingesetzt werden kann, um einen hochverfügbaren Load-Balancer mit Abgleich der Verbindungstabellen zwischen den Knoten des Clusters aufzubauen, wird in Kapitel 9 beschrieben.

> Dieser *Resource Agent* ist der einzige, der nicht im Programmpaket heartbeat enthalten ist, sondern mit der Applikation ldirectord mitgeliefert wird. Sollte dieser Agent bei der Auswahl der GUI nicht auftauchen, muss man prüfen, ob das Programmpaket installiert ist.

Parameter

configfile
: Der vollständige Pfad zur Konfigurationsdatei. Die Vorgabe ist */etc/ldirectord.cf*.

ldirectord
: Der vollständige Pfad zur ausführbaren Datei. Die Vorgabe ist */usr/sbin/ldirectord*.

LinuxSCSI

Dieser Agent verwaltet die Verfügbarkeit von SCSI-Geräten für den Linux-Kernel. Er entzieht dem Kernel dynamisch den Zugriff auf ein Gerät und fügt es bei Bedarf wieder hinzu. Dieser Agent soll Administratoren davor schützen, versehentlich mit SCSI-Festplatten herumzuspielen, die noch von anderen Knoten verwaltet werden.

> Die Kernelentwickler warnen davor, diese Methode bei einem aktiven Gerät einzusetzen. Sinnvoll ist der Einsatz dieses Agenten, um dafür zu sorgen, dass ein deaktiviertes Gerät auch tatsächlich ausgeschaltet bleibt.

Parameter

scsi
: Die SCSI-Instanz, die verwaltet werden soll. Die Angabe ist notwendig.

LVM

Diese Ressource verwaltet ein *Logical Volume Manager-*(LVM-)Volume innerhalb eines pacemaker-Clusters. Allerdings sollen in Zukunft LMVs mit dem cLVM, also der Clustererweiterung von LVM2, verwaltet werden können.

Parameter

volgrpname
: Der Name der Volume-Gruppe, die verwaltet werden soll.

exclusive
: Falls aktiviert, wird die angegebene LVM-Gruppe exklusiv verwaltet. Die Vorgabe ist hier jedoch false.

MailTo

Dieser Agent schickt jedes Mal eine Mail an den Administrator, wenn sich der Status der Ressource ändert. Wird diese Ressource als letzte Ressource innerhalb einer Gruppe verwendet, erhält der Administrator somit jedes Mal eine Nachricht, wenn es Probleme in der Gruppe gibt.

Damit diese Ressource funktioniert, muss das Programm mail installiert und das Mailsystem des Knotens richtig konfiguriert sein. Eventuell muss dazu ein *Relayhost* im *Mail Transport Agent* (MTA) eingerichtet werden. Die Funktion des Mailsystems sollte manuell geprüft werden, bevor man sich darauf verlässt.

Parameter

email
: Mailadresse des Administrators.

subject
: Betreffzeile für die Mail.

ManageRAID

Dieser Agent verwaltet RAID-Devices unter pacemaker. Der Vorteil gegenüber einem Start im Betriebssystem ist die Überwachungsfunktion, die der Cluster bietet. Diese Ressource greift auf eine spezielle Konfigurationsdatei */etc/conf.d/HB-ManageRAID* zu, in der die einzelnen Geräte noch einmal genau aufgeführt werden müssen.

Die Konfigurationsdatei hat folgendes Format:

```
#    PREFIX_UUID="STRING"
#      UUID of the RAID. (check with mdadm --examine /dev/some_raid_disk)
#
```

```
#   PREFIX_DEV="STRING"
#       The RAID device for this RAID. (e.g. md5)
#       Do NOT provide full path or anything like it...!
#
#   PREFIX_MOUNTPOINT="STRING"
#       Mount point of the RAID device. (e.g. /vz/private/db)
#       Do NOT attach a trailing slash.
#
#   PREFIX_MOUNTOPTIONS="STRING" (e.g. noatime)
#       A comma separated list of options to pass to the
#       mount command via its -o option.
#
#   PREFIX_LOCALDISKS="STRING"
#       All local hard disks which are part of the RAID. (all devices
#       separated by white space with full path)
```

Parameter

raidname
> Name des RAID-Device, das von heartbeat verwaltet werden soll. Dieses Gerät muss in der Konfigurationsdatei angelegt sein. Die Angabe ist notwendig.

> Festplatten kann man vielleicht besser mit den smartmontools überwachen, die Register auf der Festplatte selbst auf Gesundheit abfragen. RAID-Systeme dagegen kann man besser mit mdadm überwachen lassen, das bei einem Fehler eine Mail an den Administrator schickt.

ManageVE

Dieser RA verwaltet virtuelle Umgebungen (sogenannte VE) in der Virtualisierungslösung OpenVZ. Voraussetzung für den Einsatz ist eine Installation von OpenVZ inklusive des Management-Werkzeugs vzctl.

Parameter

veid
> Die ID der virtuellen Umgebung (VE) innerhalb von OpenVZ. Eine Liste mit allen IDs, die unter OpenVZ bekannt sind, erhält man mit vzlist -a. Die Angabe ist notwendig.

Wenn komplette virtuelle Rechner als Ressourcen innerhalb von Linux-HA verwaltet werden, bleibt die Konfiguration relativ einfach. Es tritt aber das Problem auf, dass pacemaker nur noch feststellen kann, ob die virtuelle Instanz als Gesamtsystem funktioniert. pacemaker hat jedoch keine Chance zu überprüfen, ob die Ressourcen innerhalb des virtuellen Systems noch ihren Dienst versehen. Einen Absturz des Apache-Webservers innerhalb eines vom Cluster verwalteten virtuellen Systems kann dieser nicht mehr entdecken, da es ja keine Ressource »Webserver« mehr gibt, sondern nur noch eine Ressource »virtueller Rechner«. Und dieser läuft ja weiterhin. Ein Ansatz, dieses zu ändern, ist im Xen-Agenten oder im generischen Agenten für alle `libvirt`-Systeme für virtuelle Instanzen vorgesehen (siehe Abschnitt »Überwachung der virtuellen Rechner« in Kapitel 8).

Alternativ können Cluster aus virtuellen Instanzen gebildet werden, die dann wieder die Ressourcen direkt überwachen können. Bei diesen Systemen ist aber nicht klar, wie Split-Brain-Situationen gelöst werden können, da entsprechende STONITH-Geräte fehlen.

mysql

Der Agent verwaltet eine Instanz einer MySQL-Datenbank als hochverfügbare Ressource.

Dieser Agent ist ein schönes Beispiel dafür, wie eine gute Überwachung implementiert werden kann. Wenn der Agent mit `monitor` aufgerufen wird, öffnet er eine Testtabelle der Datenbank mit `SELECT * FROM $OCF_RESKEY_test_table`. Wenn diese Aktion fehlschlägt, hat die Datenbank ein Problem.

Parameter

`binary`
    Pfad zur ausführbaren MySQL-Datei. Die Vorgabe ist: */usr/bin/safe_mysqld*.

`config`
    Pfad zur Konfigurationsdatei. Die Vorgabe ist: */etc/my.cnf*.

`datadir`
    Verzeichnis, das die Datenbanken enthält. Die Vorgabe ist: */var/lib/mysql*.

`user`
    Benutzer, als der der Datenbankprozess laufen soll. Die Vorgabe ist: `mysql`.

`group`
    Gruppe, unter der der Datenbankprozess laufen soll. Die Vorgabe ist: `mysql`.

`log`
    Pfad zur Logdatei von MySQL. Die Vorgabe ist: */var/log/mysql.log*.

`pid`
    Pfad zur PID-Datei, die genutzt werden soll. Die Vorgabe ist: */var/run/mysql/mysqld.pid*.

`socket`
    Der Socket, den MySQL nutzen soll. Die Vorgabe ist: */var/run/mysql/mysqld.sock*.

`test_table`
    Tabelle, die in der `monitor`-Funktion überprüft werden soll. Eingabe in der Notation: `Datenbank.Tabelle`. Die Vorgabe ist: `mysql.user`.

test_user
: MySQL-Testbenutzer, der Zugriff auf die Testtabelle hat. Die Vorgabe ist: root.

test_passwd
: Passwort für den Testbenutzer.

enable_creation
: Erzeugt die Testdatenbank, falls sie nicht existiert. Die Vorgabe ist: no.

additional_parameters
: Weitere Parameter, die an mysql durchgereicht werden.

mysql-proxy

Neben dem Agenten für die Datenbank MySQL existiert noch dieser Agent für einen MySQL-Proxy. Er vermittelt sozusagen die Abfragen an die Datenbank und kann sie auf mehrere Hosts verteilen, reduziert also die Last auf einem einzelnen System.

Parameter

binary
: Vollständiger Pfad zur ausführbaren Datei des MySQL Proxy.

defaults_file
: Vollständiger Pfad zur Konfigurationsdatei des MySQL-Proxy.

proxy_backend_addresses
: Adresse und Portnummer des Backend-Servers. Die Vorgabe ist 127:0.0.1:3306.

proxy_read_only_backend_addresses
: Adresse und Portnummer des Backend-Slave-Servers, von dem nur gelesen werden kann.

proxy_address
: Adresse und Portnummer des Proxyservers. Die Vorgabe ist :4040, also alle konfigurierten Adressen und Port 4040. Es ist auch erlaubt, einen Pfad zu einem Unix-Socket vom Format */tmp/mysql-proxy.sock* anzugeben.

admin_address
: Auf welcher Adresse und welchem Port soll der administrative Teil des Servers hören? Vorgabe ist 127.0.0.1:4041.

parameters
: Alle Parameter, die hier eingegeben werden, reicht der *Resource Agent* an den MySQL-Proxydienst weiter.

pidfile
: Der Dateiname für die PID des Prozesses. Die Vorgabe ist */var/run/heartbeat/rsctmp/mysql-proxy-default.pid*.

nfsserver

NFS-Server spielen im Netz meist eine zentrale Rolle, so dass sie ihre Dienste auch hochverfügbar anbieten sollen. Im Abschnitt »Anwendung: Ein hochverfügbarer NFS-Server« in Kapitel 8 wird diese Ressource anhand eines Beispiels noch weiter vorgestellt. Der Agent verwaltet den NFS-Server des Linux-Kernels, um die Notwendigkeiten eines Clusters besser abbilden zu können, als es die einfache LSB-Ressource kann.

Da der NFS-Server sehr Linux-spezifisch ist, wird dieser Agent nicht auf anderen Plattformen funktionieren.

nfs_init_script
: Vollständiger Pfad zum LSB-kompatiblen Skript. Die Vorgabe ist */etc/init.d/nfsserver*.

  Dieser Agent bedient sich der Einfachheit halber beim init-Skript der jeweiligen Distribution, da dieses ja immer ein bisschen von Standard abweichen kann.

nfs_notify_cmd
: Der Failover kann, aus Sicht des Clients, als ein Reboot des Servers betrachtet werden. Der Server schickt dem Client einfach eine *Network Status Monitor*-Meldung (NSM) über den bevorstehenden Umzug der Ressourcen. Der Client ist dann dafür zuständig, Sperren auf die Dateien zu erneuern, die er noch benötigt. Dieser Parameter gibt den vollständigen Pfad zur Datei an, die die NSM-Meldungen verschickt. Die Vorgabe ist */sbin/sm-notify*.

nfs_shared_infodir
: Verweis auf ein Verzeichnis, in dem der Agent Informationen speichern kann, die den NFS-Server betreffen. Über dieses Verzeichnis werden die Informationen zwischen den Knoten ausgetauscht. Dieses Verzeichnis muss, ebenso wie die Daten des NFS selbst, auf einem für alle Knoten zugänglichen Medium (z.B. DRBD) liegen.

nfs_ip
: Die virtuelle IP-Adresse, die für den Zugang zum NFS-Dienst benutzt wird.

oracle

Dieser RA verwaltet eine Instanz einer Oracle-Datenbank.

Parameter

sid
: Die Oracle-SID oder `ORACLE_SID`. Die Angabe ist notwendig.

home
: Das Heimatverzeichnis von Oracle (oder `ORACLE_HOME`). Wenn dieser Parameter nicht angegeben wird, muss die SID mit dem zugehörigen *home*-Verzeichnis in der Datei */etc/oratab* angegeben sein.

user
: Der Benutzer von Oracle (oder `ORACLE_OWNER`). Wenn dieser Parameter nicht angegeben wird, wird er entsprechend dem Besitzer der Datei *$ORACLE_HOME/dbs/*${ORACLE_SID}.ora* gesetzt.

  Falls das nicht funktioniert, muss der Besitzer explizit gesetzt werden.

ipcrm
: Manchmal bleiben IPC-Objekte, die einer Oracle-Instanz gehören, übrig, was dazu führt, dass diese Instanz nicht gestartet werden kann. Es ist nicht leicht, herauszufinden, welches Segment zu welcher Instanz gehört, insbesondere wenn mehrere Instanzen unter demselben Benutzer laufen.

  Im Skript wird das `ipc`-Werkzeug von `oradebug` genutzt. Es ist zwar nicht optimal, das Debugging hierfür zu nutzen, aber der Autor des Agenten kennt keinen anderen Weg, um an die IPC-Informationen zu gelangen. Sollte sich das Format des Trace-Reports ändern, kann das Durchsuchen nach den benötigten Informationen fehlschlagen. Natürlich sind im Skript Tests eingebaut, die verhindern sollen, dass falsche Werte ausgegeben werden.

  Drei Werte sind für diesen Parameter möglich:
  - `none`: Keine Änderungen an den IPC. Der Autor warnt davor, dass diese Einstellung früher oder später zu Problemen führt.
  - `instance`: Der Agent versucht, herauszufinden, welche IPC zu der Instanz gehört, und nur diese zu löschen. Dies ist die Vorgabe und sollte sicher sein.
  - `orauser`: Löscht alle IPCs, die dem Benutzer gehören, unter dessen Konto auch die Instanz läuft. Diese Option sollte nicht verwendet werden, wenn mehrere Instanzen unter einem Benutzer laufen.

  Die zweite Option müsste sicher sein, aber kann nicht garantieren, dass der Oracle-Prozess richtig startet. In so einem Fall ist eine manuelle Bereinigung der IPC-Objekte notwendig.

clear_backupmode
: Methode, die der Agent anwenden soll, um den Backup-Modus aufzuheben.

shutdown_method
: Methode, die der Agent anwenden soll, um Oracle anzuhalten. Die Vorgabe ist `checkpoint/abort`, was den Agenten die Befehle

  `alter system checkpoint;`

  `shutdown abort;`

  ausführen lässt. Falls der Administrator etwas anderes bevorzugt, ist auch noch ein `immediate` möglich, das ein

  `shutdown immediate;`

  auslöst. Der Autor des Agenten ist für weitere Vorschläge dankbar.

oralsnr

Diese Ressource verwaltet einen Oracle-Listener.

Parameter

Zusätzlich zu den oben beschriebenen Parametern `sid`, `home` und `user` wird folgender Wert benötigt:

listener
: Instanz des Listener (oder `listener.ora`), die gestartet werden soll. Die Vorgabe ist hier `LISTENER`.

pgsql

Mit diesem Skript kann `heartbeat` eine `postgresql`-Datenbank hochverfügbar verwalten.

Parameter

pgctl
: Pfad zum `pg_ctl`-Befehl. Die Vorgabe ist: */usr/bin/pg_ctl*.

start_opt
: Optionen, die mit `-o` an `pg_ctl` weitergereicht werden.

ctl_opt
: Weitere Optionen für `pg_ctl`, zum Beispiel `-w` oder `-W`.

psql
: Pfad zum `psql`-Befehl. Die Vorgabe ist: */usr/bin/psql*.

pgdata
: Pfad zum Datenverzeichnis von PostgreSQL. Die Vorgabe ist: */var/lib/pgsql/data*.

pgdba
: Benutzer, der den Prozess startet. Die Vorgabe ist: `postgres`.

pghost
: Hostname oder IP-Adresse, unter der PostgreSQL erreichbar sein soll. Das sollte die IP-Adresse des Clusters sein.

pgport
: Port, den PostgreSQL nutzen soll. Die Vorgabe ist: `5432`.

pgdb
: Datenbank, die zur Überwachung der Ressource genutzt wird. Die Vorgabe ist: `template1`.

logfile
: Pfad zum Logfile von PostgreSQL. Die Vorgabe ist: */dev/null*.

stop_escalate
: Anzahl der Versuche (mit -m fast), bevor -m immediate versucht wird.

pingd

Die Ressource pingd fügt die Anzahl der erreichbaren Ping-Knoten für jeden Host in die CIB ein. Zur Nutzung siehe auch den Abschnitt »Erreichbarkeit im Netz« in Kapitel 4.

Parameter

pidfile
: Pfad zur Datei, in der der pingd seine PID notiert. Die Vorgabe ist: */var/run/heartbeat/rsctmp/pingd-default*.

user
: Benutzer, als der der Prozess gestartet wird. Die Vorgabe ist: root.

dampen
: Wartezeit, ob sich vielleicht noch weitere Änderungen ergeben. Erst danach werden Änderungen tatsächlich in die CIB geschrieben. Siehe dazu auch den Abschnitt »Frei definierbare Kriterien« in Kapitel 4.

set
: Der Name der instance_attribute-Umgebung, in die die Änderungen geschrieben werden sollen. Muss nur selten angegeben werden.

name
: Name des Attributs, das gesetzt werden soll. Dieser Name kann in Bedingungen verwendet werden. Die Vorgabe ist: pingd, obwohl der Agent möglicherweise etwas anderes behauptet.

section
: Abschnitt der CIB, in den das Attribut geschrieben wird. Wird normalerweise nicht geändert.

multiplier
: Zahl, mit der die Anzahl erreichbarer Ping-Knoten multipliziert wird, um die Punkte zu berechnen.

host_list
: Liste mit Ping-Knoten, die abgefragt werden soll. Sind Ping-Knoten bei der Konfiguration von heartbeat eingegeben worden (siehe Abschnitt »Pingnodes/Ping-Knoten« in Kapitel 3), kann dieser Parameter leer bleiben. Dann werden alle diese Gegenstellen verwendet. Ansonsten (OpenAIS) müssen die Ping-Knoten hier konfiguriert werden.

portblock

Dieses Skript blockiert einzelne Ports mithilfe von `iptables`. Alternativ können auch Ports freigegeben werden.

Die Syntax des `iptables`-Befehls, der ausgeführt wird, ist:

```
iptables {-I|-D} INPUT -p <Protokoll> -m multiport --dports port_min[,port_max] \
    -j DROP
```

Das Blockieren beim Start der Ressourcen fügt diesen Befehl in die `INPUT`-Chain ein und löscht diese Regel beim Anhalten der Ressource wieder. Das Freigeben des Ports beim Start der Ressource setzt voraus, dass der Port vorher (außerhalb von `pacemaker`) mit exakt diesem Kommando gesperrt wurde, da `-D` sonst keine Wirkung zeigen kann.

Alternativ kann auch eingegeben werden, dass dieser Port bei laufendem Agenten gesperrt wird.

Parameter

protocol *tcp|udp*
: Protokoll, das blockiert bzw. freigegeben werden soll.

portno *port_min[,port_max]*
: Nummer des/der Ports, der/die blockiert bzw. freigegeben werden soll(en).

action *block|unblock*
: Gibt vor, ob der Port beim Start der Ressource blockiert oder freigegeben werden soll.

Pure-FTPd

Dieser RA verwaltet einen Pure-FTP-Dienst.

Parameter

script
: Pfad zum Skript, das den Dienst startet. Diese Angabe ist notwendig; Die Vorgabe ist: */sbin/pure-config.pl*.

conffile
: Pfad zur Konfigurationsdatei des Dienstes. Die Vorgabe ist: */etc/pure-ftpd/pure-ftpd.conf*.

daemon_type
: Art des Prozesses, der vom Wrapper aufgerufen wird. Gültige Optionen sind:
   - " " für pure-ftpd
   - mysql für pure-ftpd-mysql
   - postgresql für pure-ftpd-postgresql
   - ldap für pure-ftpd-ldap

pidfile
: Pfad zur Datei, in der die PID des Prozesses abgelegt werden kann. Die Vorgabe ist: */var/run/heartbeat/rsctmp/pure-ftpd-default.pid*.

Raid1

Diese Ressource verwaltet ein einfaches RAID1-Device. Das Gerät darf *nicht* von einem init-Prozess (*/etc/fstab*) gestartet werden, sondern muss von pacemaker verwaltet werden.

Parameter

raidconf
: Die Konfigurationsdatei des RAID-Geräts, beispielsweise */etc/mdadm.conf*. Die Angabe wird benötigt.

raiddev
: Das Blockgerät, das genutzt werden soll. Die Angabe wird benötigt.

homehost
: Der Wert für die homehost-Anweisung für mdadm. Dieses Feature wird von mdadm genutzt, um RAIDs vor unerwünschter Aktivierung zu schützen. Es wird empfohlen, RAIDs, die von einem Cluster genutzt werden, mit einer eindeutigen homehost-Kennung zu erzeugen, da sie so nicht aus Versehen von irgendeinem Knoten »auto-assembled« werden können, der sie eigentlich nicht verwalten dürfte.

Route

Dieser Agent manipuliert die Routingtabelle der Knoten, wenn diese vom Zustand der Knoten abhängig ist (aktiv/passiv). Sinnvoll kann das zum Beispiel bei Firewalls sein, bei denen einige Schnittstellen im passiven Zustand keine IP-Adresse haben und diese erst durch den Cluster zugewiesen bekommen. Der Agent kommt dann zum Einsatz, wenn über solche Schnittstellen geroutet wird.

Intern führt der Agent einfach Folgendes aus:

```
ip route add to destination [dev device] [via gateway] [src source]
```

Parameter

destination
: Zielnetzwerk in der CIDR-Notation.

device
: Schnittstelle für den ausgehenden Netzwerkverkehr.

gateway
: IP-Adresse des Gateways für den Verkehr.

source
> IP-Adresse des Absenders für diesen Verkehr. Dieser Parameter ist natürlich nur sinnvoll, wenn die Kommunikation von eigenen Knoten stammt und nicht weitergeleitet ist.

rsyncd

Dieser RA verwaltet den `rsync`-Prozess, der Daten zwischen den Knoten synchronisieren kann.

Es gibt viele Applikationen, die eine relativ langsame Replikation der Daten vertragen. Zum Beispiel kann der Abgleich der Policy bei einer hochverfügbaren Firewall in größeren Zeitabständen erfolgen und benötigt kein DRBD. Die Zeitabstände müssen nur so klein gewählt werden, dass die Wahrscheinlichkeit eines Failover in dieser Zeit nach der Installation einer neuen Policy hinreichend klein ist.

Der `rsync`-Prozess muss deshalb vom `pacemaker` verwaltet werden, da immer vom aktiven System auf das passive System synchronisiert werden muss. Nur pacemaker allein weiß, welcher Knoten gerade aktiv ist, also auf welchem das Skript aktiviert werden muss.

Alternativ kann `rsync` auch so konfiguriert werden, dass der Zeitstempel der kopierten Daten erhalten bleibt und nur ältere Dateien mit neueren überschrieben werden. Somit kann die Synchronisation mit `rsync` auch außerhalb des Clusters stattfinden.

Parameter

binpath
> Pfad zur ausführbaren `rsync`-Datei. Die Vorgabe ist: *rsync*.

conffile
> Pfad zur Konfigurationsdatei von `rsync`. Die Vorgabe ist: */etc/rsyncd.conf*.

bwlimit
> Dieser Parameter erlaubt eine Begrenzung der *durchschnittlichen* Bandbreite, die rsync nutzt. Die Angabe erfolgt in kByte/s.

SAPInstance

Die Abschnitte über die Agenten `SAPDatabase` und `SAPInstance` stammen von Christoph Kurucz von der Firma Realtech Consulting GmbH. Besonders für die Beispiele bin ich sehr dankbar.

Der Ressourceagent `SAPInstance`[6] startet, stoppt und überwacht eine SAP-Instanz.

---

6   SAP Ressource Agents: *http://www.sourceforge.net/projects/sapagents*

Eine SAP-Instanz wird verteilt installiert. Für einen SAP-ABAP-Stack wird eine ABAP-SAP-*Central Services-Instanz* (ASCS), *Primary Application Server* oder *Central Instance* PAS/CI und eine Datenbank benötigt. Für einen JAVA-Stack wird eine SAP-*Central Services-Instanz* (SCS), eine PAS/JC und eine Datenbank benötigt. Optional kann ein *Enqueue Replication Server*[7] (ERS) installiert werden, um ein Speicherabbild der Sperrtabellen auf einem Clusterknoten vorzuhalten.

Parameter

InstanceName
: Der volle Name der SAP-Instanz, der üblicherweise der Name des SAP-Instanzprofils im Format `SAPSID_INSTANZNAME_VIRTHOSTNAME` ist, also zum Beispiel `HB2_DVEBMGS00_saphb2pas`.
: Diese Angabe wird benötigt.

DIR_EXECUTABLE
: Der Pfad zum Verzeichnis des SAP-Kernels, in dem die ausführbaren Dateien `sapstartsrv` und `sapcontrol` zu finden sind.

DIR_PROFILE
: Der Pfad zum Verzeichnis, in dem die SAP-Profile zu finden sind.

START_PROFILE
: Die Angabe des Verzeichnisses der SAP-Profile und des Namens des SAP-START-Profils im Format `START_INSTANZNAME_VIRTHOSTNAME`.

START_WAITTIME
: Die Zeit in Sekunden, die der *Resource Agent* warten soll, bis die SAP-Instanz mit monitor überwacht wird. Dieser Parameter hilft dabei, dass das längere Starten einer Java-Instanz nicht als fehlgeschlagener Start gewertet wird.

MONITOR_SERVICES
: Die SAP-Dienste, die überwacht werden sollen. Diese Dienste sind im *Resource Agent* fest hinterlegt. Möglich sind:
: `disp+work|msg_server|enserver|enrepserver|jcontrol|jstart`
: Mit zusätzlichen Attributen kann die Liste um weitere SAP-Dienste ergänzt werden:
: `<nvpair name="MONITOR_SERVICE" value="MEIN_SAP_SERVICE"/>`

ERS_InstanceName
: Der Name der ERS-Instanz im Format `SAPSID_INSTANZNAME_VIRTHOSTNAME`.

ERS_START_PROFILE
: Die Angabe des Verzeichnisses des SAP-Profils und des Namens des SAP-START-Profils für den ERS.

---

[7] http://help.sap.com/saphelp_nw2004s/helpdata/en/de/cf853f11ed0617e10000000a114084/frameset.htm

AUTOMATIC_RECOVER
: Der Agent versucht genau einen Neustart, wenn der Start nicht geklappt hat. Dazu wird das RDBMS abgebrochen, und es werden entsprechende *Recovery*-Befehle abgesetzt.

DIR_BOOTSTRAP
: Der Pfad zum *bootstrap*-Verzeichnis der J2EE-Instanz, zum Beispiel */usr/sap/HB2/JC00/j2ee/cluster/bootstrap*.

DIR_SECSTORE
: Der Pfad zum Verzeichnis zum *J2EE Security Store*, zum Beispiel */usr/sap/HB2/SYS/global/security/lib/tools*.

DB_JARS
: Der volle Pfad und der Name des *jdbc*-Treibers, um die Verbindung zur Datenbank zu testen. Für SAPAS Java 6.40 und 7.0 wird dieser Parameter aus *bootstrap.properties* gelesen. Ab SAPAS Java-Version 7.1 muss dieser Parameter explizit angegeben werden.

PRE_START_USEREXIT
: Der komplette Pfadname zu einem Skript, das vor dem Start der Ressource ausgeführt werden soll.

POST_START_USEREXIT
: Der komplette Pfadname zu einem Skript, das nach dem Start der Ressource ausgeführt werden soll.

PRE_STOP_USEREXIT
: Der komplette Pfadname zu einem Skript, das vor dem Anhalten der Ressource ausgeführt werden soll.

POST_STOP_USEREXIT
: Der komplette Pfadname zu einem Skript, das nach dem Anhalten der Ressource ausgeführt werden soll.

Beispiel

Ein ABAP-*Primary Application Server* mit dem Instanznamen DVEBMGS02 und dem virtuellen Hostnamen pashost für das SAP-System mit der ID HB2 wird für die Verwaltung durch den *Resource Agent* definiert.

```
<primitive class="ocf" type="SAPInstance" provider="heartbeat"
  id="rsc_SAPInstance_HB2_DVEBMGS02_pashost">
  <instance_attributes id="rsc_SAPInstance_HB2_DVEBMGS02_pashost_instance_attrs">
    <nvpair id="attr_0" name="InstanceName" value="HB2_DVEBMGS02_pashost"/>
    <nvpair id="attr_1" name="AUTOMATIC_RECOVER" value="true"/>
  </instance_attributes>
```

```xml
    <operations>
      <op id="op_start" name="start" timeout="240"/>
      <op id="op_stop" name="stop" timeout="240"/>
      <op id="ip_monitor" name="monitor" interval="20"/>
    </operations>
  </primitive>
```

Das folgende Beispiel zeigt eine etwas unfangreichere Definiton eines ABAP-SAP-*Central Services* ASCS00 und eines *Enqueue Replication Server* ERS10 als Master/Slave-Ressource. Wenn die Instanz eines Knotens zum ASCS befördert wird, stuft der Agent die Instanz des anderen Knotens gleichzeitig zum ERS herab.

```xml
<master_slave id="ms1_sap_HB_ASCS00_ASChost">
  <meta_attributes id="msl_sap_HB2_ASCS00_ascshost_meta_attrs">
    <nvpair id="sap_clone_max" name="clone_max" value="2"/>
    <nvpair id="sap_clone_node_max" name="clone_node_max" value="1"/>
    <nvpair id="sap_master_node_max" name="master_node_max" value="1"/>
    <nvpair id="sap_master_max" name="master_max" value="1"/>
    <nvpair id="sap_globally_unique" name="globally_unique" value="false"/>
    <nvpair id="sap_notify" name="notify" value="true"/>
  </meta_attributes>
  <primitive id="rscSAPInst" class="ocf" type="SAPInstance" provider="heartbeat">
    <instance_attributes id="rsc_SAP_HB2_ASCS00_ascshost_instance_attrs">
      <nvpair id="msInstName" name="InstanceName" value="HB2_ASCS00_ascshost"/>
      <nvpair id="msAUTOMATIC_RECOVER" name="AUTOMATIC_RECOVER" value="true"/>
      <nvpair id="msSTART_PROFILE" name="START_PROFILE"
              value="/sapmnt/HB2/profile/START_ASCS00_ascshost"/>
      <nvpair id="msERS_InstanceName" name="ERS_InstanceName"
              value="HB2_ERS10_ers10host"/>
      <nvpair id="msERS_START_PROFILE" name="ERS_START_PROFILE"
              value="/sapmnt/HB2/profile/START_ERS10_ers10host"/>
    </instance_attributes>
    <operations>
      <op id="ms_start" name="start" timeout="60"/>
      <op id="ms_stop" name="stop" timeout="120"/>
      <op id="ms_monitor" name="monitor" interval="30" timeout="10"
          role="Master"/>
    </operations>
  </primitive>
</master_slave>
```

SAPDatabase

Der *Resource Agent* SAPDatabase startet, stoppt und überwacht das zu einem SAP-System gehörige RDBMS vom Typ MaxDB, IBM DB2 LUW oder Oracle.

Parameter

SID
   Der eindeutige SAP System Identifier, z.B. HB2. Diese Angabe wird benötigt.

DBTYPE
: Typ der verwendeten Datenbank. Möglich sind ADA, ORA oder DB6. Diese Angabe wird benötigt.

DIR_EXECUTABLE
: Der Pfad zum Verzeichnis des SAP-Kernels, in dem die ausführbaren Dateien startdb und R3trans zu finden sind.

NETSERVICENAME
: Der Name des Oracle TNS-Listener.

DBJ2EE_ONLY
: Dieser Wert muss auf TRUE gesetzt werden, wenn ein reiner SAP-Java-Stack installiert ist. Dadurch wird das Verfahren des Monitoring von R3trans auf jdbcconnect umgestellt.

JAVA_HOME
: Dieser Parameter wird nur benötigt, wenn DBJ2EE_ONLY auf true gesetzt wurde. Der Wert steht für den Pfad zum Java Development Kit (JDK).

STRICT_MONITORING
: Dieser Parameter kontrolliert, wie die Ressource überwacht wird. Ist er auf true gesetzt, nutzt der Agent die SAP-eigenen Mittel, um die Funktion zu kontrollieren. Falls Oracle genutzt wird, kann diese Option zu einem unerwünschten Failover führen, wenn der Archiver Probleme macht.

AUTOMATIC_RECOVER, PRE_START_USEREXIT, POST_START_USEREXIT, PRE_STOP_USEREXIT und POST_STOP_USEREXIT
: Diese Parameter haben die gleiche Bedeutung wie beim SAPInstance-Agenten (siehe dazu den Abschnitt »SAPInstance«).

Beispiel

Das Beispiel verwaltet eine Datenbankinstanz vom Typ MaxDB. Sie hat den SAP-System-Identifier HB2. Zusätzlich ist die automatische Wiederherstellung aktiviert. Die Zeitangaben für das Starten, Anhalten und die Überwachung sind nur Beispiele und können je nach Datenbankgröße und Rechnerleistung stark schwanken.

```
<primitive class="ocf" type="SAPDatabase" provider="heartbeat"
        id="rsc_SAPDatabase_HB2">
  <instance_attributes id="rsc_SAPDatabase_HB2_instance_attrs">
    <nvpair id="SAPDatabase_HB2_attr_0" name="SID" value="HB2"/>
    <nvpair id="SAPDatabase_HB2_attr_1" name="DBTYPE" value="ADA"/>
    <nvpair id="SAPDatabase_HB2_attr_2" name="AUTOMATIC_RECOVER" value="true"/>
  </instance_attributes>
  <operations>
    <op id="SAPDatabase_HB2_start" name="start" timeout="360"/>
    <op id="SAPDatabase_HB2_stop" name="stop" timeout="360"/>
    <op id="SAPDatabase_HB2_mon" name="monitor" interval="20" timeout="20"/>
  </operations>
</primitive>
```

scsi2reservation

Dieser Agent markiert den Besitz eines SCSI-Geräts. Er nutzt den Befehl scsi_reserve, ist somit also Linux-spezifisch.

scsi_reserve
: Vollständiger Pfad zum scsi_reserve-Befehl.

sharedisk
: Eine gemeinsam genutzte SCSI-Platte, die der Administrator gern reservieren möchte.

start_loop
: Der Agent versucht mehrmals, das Gerät exklusiv zu belegen, bevor er im Fehlerfall aufgibt. Dieser Parameter bestimmt, wie oft der Agent einen Versuch unternimmt.

SendArp

Dieser RA schickt die Informationen über eine neue MAC-Adresse für eine bestimmte IP-Adresse ins angeschlossene Netzwerk. Durch die RAs, die IP-Adressen verwalten und diese Aufgabe selbst übernehmen, ist dieser RA ziemlich überflüssig geworden.

Parameter

ip
: Die IP-Adresse, für die die neue MAC-Adresse angekündigt werden soll. Die Angabe ist notwendig.

nic
: Schnittstelle, über die die Ankündigung versandt werden soll. Die Angabe ist notwendig.

ServeRAID

Ressourcenskript für IBMs ServeRAID-Controller. Diese Controller bieten die Möglichkeit, dass mehrere Rechner auf dasselbe RAID-Array zugreifen. Die Firmware der Controller sorgt dafür, dass immer nur ein Rechner gleichzeitig von eine Partition liest oder auf sie schreibt. Diese Anordnung ist also ideal für pacemaker-Cluster, da sie dafür sorgt, dass missliebige Knoten nicht mehr auf die Ressourcen zugreifen können. Die Ressource besitzt also ein eingebautes Ausgrenzen der defekten Knoten, und solche Cluster benötigen keine STONITH-Geräte mehr.

Der Agent stellt dem Knoten eine *ServeRAID Merge Group* als ein *ServeRAID Logical Volume* zur Verfügung.

Parameter

serveraid
: Die Nummer des Controllers im System. Diese Angabe ist notwendig.

mergegroup
: Die Merge-Gruppe oder das logische Laufwerk, das eingebunden werden soll. Diese Angabe ist notwendig.

sfex

Das *Shared File EXclusiveness control program* versucht, Zugriffe auf ein gemeinsam genutztes Bockgerät so zu regeln, dass immer nur ein Knoten das Gerät exklusiv nutzen kann. Dazu muss auf dem Gerät, neben der Partition mit den Daten, eine eigene Partition angelegt werden. Der *sfex*-Dienst nutzt diese Partition, um Statusdaten zu hinterlegen.

Statusdaten sind in diesem Fall der Status, also OWNED oder NO_OWNED, der Name des Knotens, der das Gerät gerade nutzt, und ein Zeitstempel, um die Aktualität der Reservierung zu testen.

Weitere Informationen mit einem detaillierten Statusdiagramm des Protokolls finden sich auf der Webseite von Linux-HA[8]. Die Dokumentation von heartbeat enthält auch ein gutes *README.sfex*, in dem die Nutzung des Agenten genau erklärt wird.

Parameter

Der Agent wird mit folgenden Angaben konfiguriert:

device
: Pfad zum Blockgerät, das genutzt werden soll. Üblicherweise fängt der Name mit */dev/...* an.

index
: Der Index ist eine Nummer, die die Ressource angibt, die das Blockgerät nutzen will. Wenn nur eine Ressource (z.B. ein Dateisystem) das Blockgerät nutzen will, ist der Index 1. Nutzen mehrere Ressourcen das Gerät, kann der Agent so die verschiedenen Ressourcen unterscheiden und das Gerät nur dann freigeben, wenn sich die letzte Ressource abgemeldet hat.

collision_timeout
: Wartezeit, bis die Kollision einer Reservierung mit der eines anderen Knotens entdeckt wird. Diese Zeit sollte viel länger sein als ein synchrones Schreiben und Lesen und ist auf 1 Sekunde voreingestellt. Normalerweise ist es nicht nötig, diesen Parameter zu ändern.

---

[8] http://www.linux-ha.org/sfex

monitor_interval
: Intervall zur Überprüfung des Geräts.

lock_timeout
: Diese Zeitspanne gibt an, wie alt ein gültiger Zeitstempel werden darf. Der aktive Knoten muss deshalb den Zeitstempel in kürzeren Abständen erneuern. So wird verhindert, dass ein defekter Knoten das Gerät über einen längeren Zeitraum blockiert.

SphinxSearchDaemon

Der Agent verwaltet den searchd als Ressource.

Parameter

config
: Name der Konfigurationsdatei. Die Vorgabe ist */etc/sphinx/sphinx.conf*.

searchd
: Ausführbare Datei. Die Vorgabe ist */usr/local/bin/searchd*.

search
: Ausführbare Datei, die die Funktion des searchd überwacht. Mithilfe dieses Programms überwacht der Agent die Funktion des Diensts.

testQuery
: Eine Zeichenkette, die zur Überwachung genutzt wird. Die Zeichenkette muss nicht im Index vorkommen. Sie wird lediglich benötigt, um den searchd zu fragen. Die Antwort »kommt nicht vor« zeigt ja auch, dass der Dienst noch funktioniert.

Squid

Mithilfe dieses Agenten kann der Administrator einen Proxyserver hochverfügbar betreiben. Zur Konfiguration werden folgende Parameter genutzt:

Parameter

squid_exe
: Der vollständige Name der ausführbaren Datei des Proxy.

squid_conf
: Der vollständige Name der Konfigurationsdatei des Proxy.

squid_pidfile
: Der vollständige Name einer Datei, in der der Agent die PID des Prozesses hinterlegen kann.

squid_port
: Die Portnummer, unter der der Proxy erreichbar sein soll.

squid_stop_timeout
: Die Zeitdauer, die der Agent auf die Beendigung des Proxy warten soll. Die Vorgabe ist hier 10 Sekunden.

debug_mode
: Wenn dieser Parameter x enthält, werden die Standardausgabe und die Standardfehlerausgabe in die Datei *debug_log* umgeleitet. Möglich ist auch die Angabe von v. Siehe dazu die Dokumentation von squid selbst.

debug_log
: Der Name der Datei, in die die ausführlichen Debug-Informationen geschrieben werden.

Stateful

Dieses Skript zeigt ein Beispiel für eine Ressource, die einen Master- und einen Slave-Zustand kennt. Falls ein Administrator eine eigene Multi-State-Ressource entwickeln will, kann er diese Ressource als Grundlage für seinen Agenten nutzen.

Parameter

state
: Der Pfad zur Datei, in der der Agent den aktuellen Zustand abspeichern soll. Die Vorgabe ist: */var/run/heartbeat/rsctmp/Stateful-{OCF_RESOURCE_INSTANCE}.state*.

SysInfo

Der `SysInfo`-Agent schreibt die wichtigsten Systemparameter in den Status-Abschnitt der CIB, wenn er mit monitor aufgerufen wird. Den Zustand kann man zum Beispiel mit cibadmin auslesen.

Parameter

pidfile
: Name des PID-Files.

delay
: Die Zeit, die dem Agenten zur Stabilisierung der Werte gegeben wird.

Beschreibung

- Jedes Mal, wenn der Agent mit monitor aufgerufen wird, stehen im Status-Abschnitt der CIB die aktuellen Kenndaten des Systems. Der entsprechende Ausschnitt einer Ausgabe mit `cibadmin -Q -o status` kann wie folgt aussehen:

  ```
  <nvpair id="status-probe_complete" name="probe_complete" value="true"/>
  <nvpair id="status-arch" name="arch" value="i686"/>
  <nvpair id="status-os" name="os" value="Linux-2.6.18-4-xen-686"/>
  ```

```
<nvpair id="status-free_swap" name="free_swap" value="150"/>
<nvpair id="status-cpu_info" name="cpu_info" value="Intel(R)
        Celeron(R) CPU 1.70GHz"/>
<nvpair id="status-cpu_speed" name="cpu_speed" value="4304.45"/>
<nvpair id="status-cpu_cores" name="cpu_cores" value="1"/>
<nvpair id="status-cpu_load" name="cpu_load" value="0"/>
<nvpair id="status-ram_total" name="ram_total" value="150"/>
<nvpair id="status-ram_free" name="ram_free" value="50"/>
<nvpair id="status-root_free" name="root_free" value="1.2"/>
<nvpair id="status-fail-count-sysinfo" name="fail-count-sysinfo" value="1"/>
```

- Die Einheit für *swap* und RAM ist MByte; Platz auf der *root*-Partition wird in GByte angegeben. Die Geschwindigkeit der CPU wird auf Linux-Systemen in *bogomips* und bei Apples »Darwin« in GHz angegeben. Andere Betriebssysteme implementiert dieser RA nicht. Anhand des Skripts sollte es aber kein Problem sein, den RA anzupassen, um die Parameter des eigenen Systems zu überwachen.

- Damit der Status auch immer aktuell gehalten wird, muss der RA mit dem Befehl `monitor` aufgerufen werden. Dies ist leicht über die Operationen des Agenten einstellbar.

- Jeder RA sucht auch nur auf dem aktuellen Knoten nach den Werten des Systems. Wenn man also alle Knoten überwachen will, muss die Ressource als Klon konfiguriert werden. Das Meta-Attribut `clone-max` entspricht dabei der Anzahl der Knoten im Cluster, und `clone_node_max` ist 1, da immer nur eine Ressource pro Knoten laufen muss.

- Das Wissen über den Status des Knotens kann man jetzt nutzen, um andere Ressourcen zu verschieben. Im folgenden Beispiel sollen die Knoten daraufhin überwacht werden, wie viel Platz auf der *root*-Partition frei ist, und die Apache-Ressource soll nur dort gestartet werden, wo mehr als 1 GByte Platz ist. Das kann mit folgender Bedingung erreicht werden:

```
<rsc_location id="locApache" rsc="resApache">
  <rule id="prefered_location_Apache" score="100">
    <expression attribute="root_free" id="811939c1" operation="gte"
            value="1"/>
  </rule>
</rsc_location>
```

- Nur wenn auf einem Knoten der Wert eines Eintrags mit dem Namen root_free größer oder gleich 1 ist, erhält dieser Knoten 100 Punkte. Somit sollte immer genügend Platz für die Logdateien des Webservers sein, wenn diese auf der *root*-Partition liegen.

tomcat

Dieser RA verwaltet eine Tomcat-Instanz als HA-Ressource.

Parameter

tomcat_name
: Der Name der Ressource.

script_log
: Der Pfad zu der Datei, in die diese Ressource ihre Logeinträge schreibt.

tomcat_stop_timeout
: Timout für das Beenden von Tomcat.

tomcat_suspend_trialcount
: Die Anzahl der Versuche, Tomcat friedlich zu beenden.

tomcat_user
: Der Benutzername, unter dem diese Ressource gestartet wird.

statusurl
: Eine URL, um den Status der Ressource zu prüfen.

java_home
: Das Home-Verzeichnis von Java. Diese Angabe wird benötigt.

catalina_home
: Das Home-Verzeichnis von Tomcat. Diese Angabe wird benötigt.

catalina_pid
: Der Pfad zu der Datei, in der die PID von Tomcat abgespeichert werden kann.

tomcat_start_opts
: Weitere Optionen, die an den Tomcat weitergereicht werden.

catalina_opts
: Optionen für catalina.

catalina_rotate_log
: Rotation von *catalina.out*.

catalina_rotatetime
: Gibt an, in welchen Zeitabständen *catalina.out* rotiert werden soll.

VIPArip

Diese Ressource verwaltet eine IP-Adresse, die nicht zum eigenen LAN gehört. Die Verwaltung und Verbreitung erfolgt per quagga/ripd.

Parameter

ip
: Die IP-Adresse in einem fremden Subnetz.

nic
: Die Schnittstelle, über die die Informationen über das neue Routing verbreitet werden sollen.

VirtualDomain

Dies ist ein Resource Agent für die Verwaltung eines virtuellen Rechners mittels der Abstraktionsschicht `libvirt`. Über diese Abstraktion können zum Beispiel Xen- oder KVM-Instanzen einheitlich genutzt werden. Zur Nutzung des Agenten siehe auch das Beispiel im Abschnitt »Virtuelle Rechner als Clusterressource« in Kapitel 8.

Parameter

config
: Absoluter Pfad zur Konfigurationsdatei für diesen virtuellen Rechner. Die Datei muss im `libvirt`-Format (XML) vorliegen.

hypervisor
: Der URI des Hypervisors für die Verbindung. Für das genaue Format des URI siehe die Dokumentation von `libvirt`.

force_stop
: Das Anhalten der virtuellen Domäne erfolgt abrupt mit »Destroy« oder Ähnlichem. Diese Option sollte nur gewählt werden, wenn die Domäne keine sanfte Methode erlaubt.

migration_transport
: Mit diesem Parameter konfiguriert der Administrator die Transportmethode für die Verbindung zum entfernten Hypervisor während der Migration. In der Dokumentation von `libvirt` steht, welche Methoden verfügbar sind. Falls nichts eingegeben wird, verwendet der Agent die Vorgabe von `libvirt`.

monitor_scripts
: Dieser Parameter verweist auf eine Reihe von Skripten, die genutzt werden, um die Funktion von Diensten innerhalb der virtuellen Domäne zu testen. Hier kann zum Beispiel eine Webseite abgefragt werden, wenn im virtuellen Rechner ein Webserver läuft.

  Nutzt der Administrator solche Skripte, müssen diese besondere Rücksicht auf `start`- oder `migration_from`-Operationen nehmen und ihr `timeout` dementsprechend anpassen.

vmware

Dieser Agent kontrolliert virtuelle VMware-Rechner.

Parameter

vmxpath
: Der VMX-Konfigurationspfad.

vimshbin
: Der absolute Pfad zur ausführbaren Datei. Die Vorgabe ist */usr/bin/vmware-bin-cmd*.

WAS

Dieses Skript verwaltet einen *Websphere Application Server* (WAS) innerhalb des Clusters. Die Einzelserverlösung nutzt zum Start eine Konfigurationsdatei. Die Advanced-Version der Software nutzt eine Datenbank zur Konfiguration und benötigt deshalb die Angabe eines Ports.

Parameter

config
: Pfad zum Konfigurationsfile. Angabe notwendig. Die Vorgabe ist: */usr/WebSphere/AppServer/config/server-cfg.xml*.

port
: Die Portnummer, auf der die Datenbank angebunden werden soll. Die Vorgabe ist: 9080.

WAS6

Dieser RA verwaltet die Version 6 des *Websphere Application Server* (WAS).

Parameter

profile
: Der Name des Profils, das der Dienst verwenden soll.

WinPopup

Diese Ressource arbeitet ähnlich wie die Ressource MailTo, allerdings schickt sie bei jedem Zustandswechsel eine WinPopup-Nachricht an den Administrator.

Parameter

hostfile
: Eine Datei, in der die Hosts aufgeführt sind, an die die Nachricht geschickt werden soll. Die Angabe ist notwendig.

Xen

Dieses Skript verwaltet einen kompletten virtuellen Rechner als Ressource. Die start- und stop-Befehle von pacemaker werden als create beziehungsweise shutdown übersetzt. Paravirtualisierte Gastsysteme können im Live-Betrieb migriert werden, wenn das Attribut allow_migrate gesetzt ist.

Eine Migration erfolgt immer dann, wenn die Ressource auf einem Knoten nicht mehr laufen kann. Im einfachsten Fall will der Knoten in den Zustand `standby` wechseln. Dann ist eine Migration kein Problem. Schwieriger wird es schon, wenn der Knoten komplett gestorben ist. Dann kann auch der virtuelle Gast nicht mehr migriert werden. Je nach Anwendung muss der Administrator planen, ob er eine Migration zulässt oder nicht. Die Festplatten der virtuellen Rechner müssen dazu natürlich auf gemeinsam genutzten Partitionen liegen.

Parameter

`xmfile`
   Vollständiger Pfad zur Konfigurationsdatei dieses Gastsystems. Die Angabe ist notwendig.

`name`
   Name der virtuellen Maschine.

`allow_migrate`
   Erlaubt eine Live-Migration. Die Angabe ist notwendig.

`shutdown_timeout`
   Beim Anhalten der Ressource versucht der Agent zuerst, die virtuelle Maschine ordentlich mit `xm shutdown` herunterzufahren. Gelingt das in der angegebenen Zeit nicht, erledigt er die Aufgabe mit `xm destroy`.

`allow_mem_management`
   Dieser Parameter erlaubt die dynamische Zuweisung von Arbeitsspeicher beim Start oder Stopp des virtuellen Systems. Die Vorgabe ist, dass eine dynamische Zuweisung nicht erlaubt wird. Die Angabe ist notwendig.

`reserved_Dom0_memory`
   Falls eine dynamische Speicherverwaltung verwendet wird, gibt dieser Parameter an, wie viel Speicher minimal für die *Dom0* reserviert bleibt. Die Vorgabe ist 512 MByte. Die Angabe ist notwendig.

`monitor_scripts`
   Um Dienste zu überwachen, die in den Gastsystemen ablaufen, kann ein Skript angegeben werden, das diese Aufgabe übernimmt. Bei der `monitor`-Operation wird dieses Skript dann mit ausgeführt.

Xinetd

Dieser Agent verwaltet einzelne Dienste innerhalb des `xinet`-Prozesses. Der `xinet`-Dienst selbst muss schon vor dem Start dieser Ressource laufen. Die Verwaltung der einzelnen Dienste geschieht durch Änderung der Dateien, die sie beschreiben. In dieser Datei wird die Zeile `disabled=yes` entsprechend dem gewünschten Status geändert und das HUP-Signal an `xinet` geschickt.

Wenn alle Dienste von xinet von pacemaker verwaltet werden, also keine Dienste außerhalb des Clusters eingetragen sind, stirbt auch der xinet-Dienst, wenn alle einzelnen Dienste beendet werden. Um dies zu vermeiden, muss xinet mit der Option -stayalive gestartet werden. Alternativ kann irgendein Dienst, der nur auf 127.0.0.1 konfiguriert ist, eingerichtet werden.

Parameter

service
: Der Name des Diensts, der von pacemaker unter xinetd verwaltet werden soll. Der Name muss mit dem Dateinamen des Diensts im Verzeichnis */etc/xinet.d* übereinstimmen.

OCF-Agenten von pacemaker

Nachdem die Entwicklung von heartbeat zu pacemaker gewechselt ist, wechseln nach und nach die *Resource Agents* ihren Platz in den Quellen. Der Unterschied ist erst einmal das neue Verzeichnis */usr/lib/ocf/resource.d/pacemaker*. Um diese Ressourcen im Cluster einzusetzen, wird anstelle des üblichen Providers bei der Konfiguration einer Ressource einfach pacemaker eingegeben.

Folgende *Resource Agents* weisen die gleiche Konfiguration auf wie ihre Pendants von heartbeat: ClusterMon, Dummy, Stateful und Sysinfo. Weiterentwickelt bzw. neu dazugekommen sind die Agenten, die im Folgenden vorgestellt werden.

controld

Dieser Agent verwaltet den *Distributed Lock Manager*-Dienst dlm_controld für Clustermeldungen. Clusterdateisysteme, zum Beispiel das *Oracle Cluster File System 2* (OCFS2) oder der clustertaugliche *Logical Volume Manager* (cLVM), benötigen den Mechanismus, um ihre Locks einheitlich auf allen Knoten zu verwalten.

Parameter

args
: Zusätzliche Optionen, die der Agent einfach an den dlm_controld weiterreicht.

configdir
: Absolute Pfadangabe, die bestimmt, wo sich das *configfs* befindet oder wo es eingebunden werden soll. Die Vorgabe ist */sys/kernel/config*.

pingd

Der `pingd` von `pacemaker` ist die Weiterentwicklung des entsprechenden Agenten von `heartbeat`. Deshalb entsprechen die meisten Parameter auch denen des ursprünglichen Agenten (siehe Abschnitt »pingd« in Kapitel 6). Hinzugekommen sind folgende Parameter:

Parameter

`interval`
Intervall zwischen den einzelnen `ICMP echo requests`, die ein Knoten schickt.

`attempts`
Anzahl der Versuche, die Gegenstelle zu erreichen, bevor diese für nicht erreichbar erklärt wird.

`timeout`
Zeit, bis die Gegenstelle für nicht erreichbar erklärt wird.

`options`
Alle weiteren Optionen, die an den `pingd` weitergereicht werden.

Eigene OCF-Agenten

Wie Sie im Beispiel für die neuen Agenten von `pacemaker` schon gesehen haben, werden alle Verzeichnisse unterhalb von *$OCF_ROOT/resource.d* als Namen für Provider interpretiert. Deshalb kann ein Administrator einfach neben *heartbeat* und *pacemaker* ein eigenes Verzeichnis anlegen und Eigenentwicklungen dort ablegen. Beim Start sucht der Cluster in dem Oberverzeichnis nach Verzeichnissen und Agenten. Der Name des Verzeichnisses wird als `provider` einer Ressource übernommen. Der Name des neuen Skripts gibt den Namen des neuen RA innerhalb von `pacemaker` vor.

Jeder neue Agent muss natürlich die Operationen `start`, `stop`, `monitor` und `meta-data` verarbeiten können und die definierten Ergebnisse (siehe den Abschnitt »OCF-Agenten von heartbeat«) liefern. Neben der OCF-Spezifikation muss der Agent noch die Operation `validate-all` beherrschen. Sobald der Agent als Klon eingesetzt werden soll, muss er auch den Befehl `notify` verstehen, und Multi-State-Ressourcen müssen zusätzlich noch `promote` und `demote` verstehen.

Parameter, die in der Konfiguration von `pacemaker` als `instance_attributes` angelegt werden, übergibt der Cluster dem Skript, indem die entsprechenden Umgebungsvariablen gesetzt werden. Als Vorsilbe fügt `pacemaker` jeder Variablen noch `OCF_RESKEY_` hinzu (siehe dazu ebenfalls den Abschnitt »OCF-Agenten von heartbeat«).

Für die Funktion des Agenten ist vor allem die Güte der Überwachung durch `monitor` entscheidend. Wenn der Cluster ein Fehlverhalten der Ressource nicht feststellen kann, kann er auch nicht entsprechend darauf reagieren, und der Dienst wird nicht hochverfügbar angeboten.

Als Ausgangspunkt kann ein LSB-Skript für den entsprechenden Dienst verwendet werden. Als Rahmen für die Anforderungen eines OCF-Agenten innerhalb von pacemaker kann die Dummy-Ressource genutzt werden. Diese kann unter einem neuen Namen in das eigene Verzeichnis kopiert werden. Die Teile, die aus dem ursprünglichen LSB-Agenten wiederverwendet werden sollen, können einfach an die entsprechenden Stellen der neuen Ressource kopiert werden, vorausgesetzt, die ursprüngliche Software steht unter einer Lizenz, die das zulässt. Der Code aus dem status-Teil kann für die Überwachung genutzt werden. Allerdings muss der Code auf seine Qualität geprüft werden, und die Rückgabewerte müssen so angepasst werden, dass pacemaker etwas damit anfangen kann.

Der Entwickler muss festlegen, welche Parameter sinnvoll als Variablen an das Skript übergeben und welche innerhalb einer Konfigurationsdatei eingegeben werden. Im Allgemeinen hängt das von der Anzahl der Variablen ab. Wenige Variablen können innerhalb von pacemaker festgelegt werden. Werden es zu viele, wird die Konfiguration innerhalb der Ressource leicht unübersichtlich. Deshalb ist es besser, viele Optionen innerhalb einer Datei zu konfigurieren und dem Agenten nur den Pfad dieser Datei als Variable mitzugeben. Ein typischer Kandidat für eine Variable innerhalb von pacemaker ist auch der Pfad zur ausführbaren Datei, um den Agenten unabhängig von einer spezifischen Distribution zu halten. Weitere Vorschläge wären ein Verzeichnis für die Daten, die die Applikation nutzt, der Benutzer, als der der Prozess gestartet werden soll, oder eine Datei, in der die PID des Prozesses abgelegt werden kann.

Damit Administratoren in Zukunft eine Chance haben, den Agenten zu nutzen, sind aussagekräftige Namen für die Variablen und eine gute Dokumentation unabdingbar. Die wichtigste Dokumentation ist hierbei sicherlich die Ausgabe der meta-data-Operation. Aber auch aussagekräftige Kommentarzeilen im Skript haben schon manch anderem Administrator die Fehlersuche wesentlich vereinfacht.

Das neue Skript sollte anfangs manuell daraufhin getestet werden, ob es auch in allen Situationen die richtigen Rückgabewerte liefert:

- Die Ressource läuft nicht. Ein Aufruf mit monitor liefert 7.
- Die Ressource starten, wobei der Rückgabewert 0 sein muss. Prüfen, ob der Dienst auch tatsächlich funktioniert.
- monitor liefert jetzt 0.
- Die Ressource noch einmal starten. Der Rückgabewert ist immer noch 0.
- Die Ressource anhalten. Der Rückgabewert ist 0. Prüfen, ob der Dienst auch tatsächlich gestoppt wurde.
- monitor liefert jetzt 7.
- Ressource noch einmal anhalten. Der Rückgabewert ist 0.

Danach kann die Ressource noch einmal gestartet und der Dienst mutwillig durch Killen des Prozesses, Löschen einer Datenbank oder einer Konfigurationsdatei gestört werden.

Der Fantasie sind hierbei keine Grenzen gesetzt. `iptables` zur Blockierung des Netzwerks kann an dieser Stelle auch sehr hilfreich sein. Die anschließende `monitor`-Operation muss den Fehler bemerken und durch einen entsprechenden Rückgabewert ungleich 0 signalisieren.

Der Entwickler sollte den Dienst, der hochverfügbar angeboten werden soll, sehr gut kennen und somit viele der Probleme, die im alltäglichen Betrieb auftauchen können. All diese Probleme müssen durch die Überwachung entdeckt und zuverlässig an `pacemaker` gemeldet werden.

Danach kann der neue Agent mit dem Skript `ocf-tester` (siehe Abschnitt »ocf-tester« in Kapitel 6) automatisch geprüft werden.

Ist der Entwickler der Meinung, dass sein neu programmierter Agent sei von allgemeinem Interesse, kann er ihn in der Mailingliste[9] veröffentlichen. Neue Agenten werden im Allgemeinen sehr schnell aufgenommen, und man kann sie schon in der nächsten stabilen Version wiederfinden.

STONITH-Agenten

Die STONITH-Agenten sind das Bindeglied zwischen `pacemaker` und den Geräten, die den Wunsch in der wirklichen Welt umsetzen. Solche Geräte können zum Beispiel steuerbare Stromleisten oder unterbrechungsfreie Stromversorgungen sein. Gesonderte Management-Systeme für Rechner, um diese getrennt vom eigentlichen Netz zu verwalten, eignen sich (bedingt) ebenso wie reine Softwarelösungen wie `ssh`. Natürlich können virtuelle Instanzen (z.B. unter `vmware`) immer über den Gastrechner abgeschaltet werden.

Der Prozess des Abschaltens ist wie folgt definiert:

1. Die Kommunikation zwischen einem Knoten und dem restlichen Cluster ist gestört. Das heißt, dieser Knoten verliert die Verbindung zum Cluster. Nach der `deadtime` (definiert in `crm_config`) bemerkt der Cluster, dass er einen Knoten nicht mehr erreichen kann.
2. Der *Designated Coordinator* (DC) im Teilcluster mit Quorum versucht, alle nicht mehr erreichbaren Knoten abzuschalten. Falls die STONITH-Ressource, die zum Abschalten dieser Knoten notwendig ist, im anderen Teilcluster lief, funktioniert das natürlich nicht.
3. Der CRM verteilt entsprechend der Vorgabe (Status des `quorum` und der `no_quorum_policy`) die Ressourcen neu. Somit wird auch die STONITH-Ressource auf dem DC im Teilcluster mit `quorum` neu gestartet.

---

[9] *http://lists.linux-ha.org/mailman/listinfo/linux-ha, linux-ha@lists.linux-ha.org*

4. Zeigt 2) keine positive Reaktion, wird noch einmal versucht, die fehlerhaften Knoten abzuschalten. Da die notwendige Ressource jetzt im Teilcluster mit DC gestartet ist, kann diese Operation auch erfolgreich durchgeführt werden.
5. Je nach Art des Abschaltens (poweroff|reboot) bleibt der Knoten abgeschaltet oder startet neu. Im ersten Fall muss der Administrators eingreifen, um den Rechner wieder anzuschalten, im zweiten Fall versucht der Rechner, nach dem Neustart wieder Anschluss an den Cluster zu finden. Gelingt ihm das nach der initdead-Zeit nicht, verbleibt er offline und startet keine Ressourcen.

> Eine STONITH-Ressource kann sich nie selbst töten! Diese Bedingung ist im stonithd fest hinterlegt. Dies ist natürlich sinnvoll, da ansonsten der überlebende Teil des Clusters keine positive Rückmeldung vom STONITH-Gerät erhalten würde und weiterhin über den Status des fehlerhaften Teils im Unklaren wäre. Die einzige Ausnahme hiervon ist der suicide-Agent, der zum Testen eingesetzt werden kann.

Der Befehl stonith selbst ist wie folgt definiert:

Syntax

```
stonith -h
stonith [-sh] -L
stonith [-sh] -t stonith-device-type -n
stonith [-sh] -t stonith-device-type {-p stonith-device-parameters |
    -F stonith-device-parameters-file | name=value...} [-c count] -lS
stonith [-sh] -t stonith-device-type {-p stonith-device-parameters |
    -F stonith-device-parameters-file | name=value...} [-c count]
    -T {reset|on|off} nodename
```

Optionen

-F *Optionsdatei*
> Der Pfad zu einer Datei, die weitere Optionen spezifiziert. Um die Syntax dieser Optionsdatei für die jeweiligen STONITH-Geräte zu bestimmen, kann man stonith -t *Geraetetyp* -n (z.B. stonith -t rps10 -n) aufrufen.
>
> Alle Parameter müssen in einer Zeile aufgeführt werden, getrennt durch Leerzeichen.

-h
> Zeigt die Hilfe zu einem Gerät an. Diese Hilfe ist sehr umfangreich und listet alle Geräte mit ihren Konfigurationsparametern auf. Man kann diese Ausgabe auch als Entscheidungshilfe für die Beschaffung von STONITH-Geräten heranziehen.

-L
> Gibt eine Liste mit allen Gerätetypen aus. Mehr über diese Gerätetypen erfährt man beim anschließenden Aufruf mit -t.

-l
: Gibt alle Knoten aus, die vom angegebenen Gerät verwaltet werden.

-t *Gerätetyp*
: Gerätetyp für die STONITH-Aktion. Eine Liste aller möglichen Gerätetypen erhält man mit -L.

-p *Stonith-Parameter*
: Parameter, die direkt an das STONITH-Gerät weitergegeben werden. Das Format für die Parameter ist dasselbe wie für die Optionsdatei (siehe oben).

-S
: Zeigt den Status des STONITH-Geräts an.

-s
: Unterdrückt Fehlermeldungen an die Standardausgabe.

-n
: Ausgabe der Parameter zur Konfiguration eines STONITH-Geräts.

-c *Anzahl*
: Führt die Aktion (-l, -S oder -T) so oft aus, wie angegeben.

-T reset|on|off
: Die Aktion, die mit dem Knoten durchgeführt werden soll.

Mit dem Befehl -T kann man auch manuell testen, ob STONITH richtig konfiguriert wurde und der andere Knoten tatsächlich neu startet.

Um einen Überblick zu erhalten, kann man sich mit der Option -L alle möglichen Geräte ausgeben lassen. Für ein spezielles Gerät (-t) kann man sich mit -h eine längere Beschreibung der zugehörigen Konfigurationsparameter anzeigen lassen. Die Parameter werden mit -n auch in Kurzform ausgegeben.

Im Folgenden werden die Geräte einzeln besprochen.

apcmaster

Der *MasterSwitch* für unterbrechungsfreie Stromversorgungen (USV) der Firma APC lässt sich per telnet steuern. Solche Geräte sind ideal, um den anderen Knoten vom Stromnetz zu trennen. Die Parameter

    ipaddr
    login
    password

werden benötigt, um sich bei der USV einzuloggen. Der *MasterSwitch* kann nur eine telnet-Session gleichzeitig beantworten. Weitere Anfragen werden blockiert. Das kann bei der monitor-Operation der Ressource ein Problem darstellen, wenn jemand gleichzeitig auf dem Server des *MasterSwitch* arbeitet.

apcmastersnmp

Der MasterSwitch der Firma APC ist ebenfalls über das Protokoll SNMP steuerbar. Die Parameter hierfür sind:

```
ipaddr
port
community
```

Bei dieser Art der Ansteuerung tritt die oben beschriebene Blockade nicht auf.

apcsmart

Teurere USVs der Firma APC beherrschen das Protokoll *APCSmart* und können somit direkt über eine serielle Schnittstelle gesteuert werden. Die Parameter zur Kontrolle dieses Geräts sind:

```
ttydev
hostlist
```

baytech

Die Firma Baytech bietet schaltbare Stromleisten an. Diese werden per `telnet` angesprochen. Die notwendigen Parameter sind wie bei APC:

```
ipaddr
login
password
```

cyclades

Schaltbare Stromleisten stellt auch die Firma cyclades her. Zur Ansteuerung werden die gleichen Parameter wie bei den anderen `telnet`-Geräten genutzt.

drac3

Der *DELL Remote Access Controller* (drac) akzeptiert XML-Befehle über HTTPS. Zur Konfiguration benötigt er wiederum folgende Parameter:

```
host
login
password
```

Der DC kann den Zustand des nicht mehr erreichbaren Knotens über die Remote-Administration steuern. Diese sollte separat vom eigentlichen Netzwerk geführt werden, damit sie von einem Ausfall der normalen Leitungen (`heartbeat!`) nicht betroffen ist.

Der technische Fortschritt macht auch hier nicht halt, und deshalb sind neuere Server von DELL mit dem Protokoll DRAC5 erhältlich.

external/drac5

DRAC5 beschreibt die aktuelle Version von Dells DRAC. Der Agent nutzt diese Schnittstelle, um ungehorsame Knoten zur Räson zu bringen. Mehr Informationen finden Sie auf der Webseite des Herstellers[10]. Die Parameter sind:

```
hostname
ipaddr
userid
```

external/hmchttp

Dieser Agent bedient die Webschnittstelle von IBMs HMC. Somit sind alle daran angeschlossenen Server steuerbar. Mehr Informationen finden Sie wieder auf der Seite des Herstellers[11]. Die notwendigen Parameter sind:

```
hostlist
hmc_ipaddr
user
password
```

Dieses Gerät kann mehrere Hosts verwalten, die alle in der hostlist eingetragen sein müssen.

external/ibmrsa

Dieser STONITH-Agent nutzt den *Remote Supervisor Adapter* (RSA) der Firma IBM, um Server aus deren *xSerie* zu steuern. Diese Einschubkarte kann den Rechner herunterfahren, aber auch wieder anschalten. Die Konfigurationsparameter, die der Agent benötigt, sind:

```
hostname
ipaddr
userid
passwd
typebm
```

Dabei ist der hostname der Name des abzuschaltenden Rechners. Die weiteren Parameter beziehen sich auf den Zugang zum RSA und den benutzten Typ {ibm|ipmi}, wobei ibm der Vorgabewert ist. Da man nur einen Rechner pro Ressource eintragen kann, wird für jeden Knoten eine eigene STONITH-Ressource benötigt.

---

10 *http://www.dell.com*
11 *http://www.ibm.com*

external/ibmrsa-telnet

Die Steuerung der RSA-Karten kann auch per telnet erfolgen, somit ist die Installation der RSA-Software auf den Knoten nicht notwendig. Als Parameter sind bei diesem Agenten nur

```
nodename
ip_address
username
password
```

notwendig. Die Bedeutung entspricht derjenigen des ibmrsa-Agenten.

external/ipmi

Ursprünglich haben die Firmen Dell, Intel und NEC das *Intelligent Platform Management Interface* (IPMI) ins Leben gerufen, um eine standardisierte Schnittstelle zur Fernwartung anzubieten. Dieser Agent kann mit Adaptern umgehen, die sich an die Definition dieser Schnittstelle halten, bzw. mit Serverplatinen, die den *Baseboard Management Controller* integriert haben. Die Steuerung erfolgt mit ähnlichen Parametern wie die des ibmrsa-Agenten:

```
hostname
ipaddr
userid
passwd
```

external/kdumpcheck

Dieser Agent prüft per ssh, ob ein anderer Knoten gerade einen Kernel-Dump schreibt und deswegen nicht ansprechbar ist. Da der Test über ssh ausgeführt wird, ist dieser Agent für den produktiven Einsatz nicht zu empfehlen. Die Parameter sind:

```
hostlist
identity_file
```

external/rackpdu

Dieser Agent nutzt die steuerbaren Stromleisten der Firma APC, die für die Rackmontage angeboten werden. Die Kommunikation erfolgt per SNMP, so dass folgende Parameter benötigt werden:

```
host
community
outlet
```

Der host ist dabei der Hostname oder die IP-Adresse der Steckdosenleiste, die community das Passwort für den schreibenden Zugang zum SNMP-Agenten und outlet die Nummer der Steckdose, die ausgeschaltet werden soll.

external/riloe

Dieser Agent nutzt die *Remote Insight Lights-Out Edition*-Fernwartung der Firma HP, die diese bei ihren Servern nutzt. Diese Geräte sind Einschubkarten, die in den Knoten installiert und über ein (eventuell separates) Netz gesteuert werden. Die Konfiguration dieses Agenten erfolgt über folgende Parameter:

```
hostlist
ilo_hostname
ilo_user
ilo_password
ilo_can_reset
ilo_protocol
ilo_powerdown_method
```

Die `hostlist` gibt eine Liste mit Hosts an, in der der abzuschaltende Knoten enthalten sein muss. Die restlichen Parameter bestimmen die Kommunikation mit der ILO-Karte. Da es verschiedene Versionen der Karten und des eingesetzten Protokolls gibt, sind hier mehrere Parameter notwendig. Die genauen Werte entnehmen Sie am besten dem Handbuch zu Ihrer Installation oder der Webseite von HP[12].

Da diesem Agenten eine Liste mit Hosts übergeben werden kann, skaliert er besser als die oben besprochenen Agenten.

external/sbd

Der *Split-Brain-Detector* (SBD) nutzt ein gemeinsam verwendetes Speichermedium, um über diesen Weg noch Nachrichten auszutauschen, wenn der normale `heartbeat` nicht mehr funktioniert. Somit kann ein Knoten eine Nachricht zur Abschaltung in eine Datei auf der Festplatte schreiben. Der andere Knoten liest die Nachricht und schaltet sich daraufhin selbst ab.

Dieser Mechanismus verlangt ein bisschen Kooperation vom schadhaften Knoten und ist auch nicht so sicher wie der Griff zum Stromschalter. Zudem funktioniert der Mechanismus weder auf RAID- noch auf DRBD-Geräten. Die Verwendung und die notwendige Konfiguration sind auf einer eigenen Webseite des Projekts beschrieben[13]. Als Parameter wird nur das `sbd`-Gerät selbst benötigt, auf das beide Knoten lesen und schreiben können.

external/ssh

Dieser Agent schaltet den anderen Knoten per `ssh` ab. Dieser Agent ist ausschließlich zum Testen gedacht und sollte nicht in produktiven Systemen eingesetzt werden. Der

---

12 *http://www.hp.com*
13 *http://www.linux-ha.org/SBD_Fencing*

Grund ist klar: Wenn heartbeat keine Pakete mehr mit dem anderen Knoten austauschen kann, ist die Wahrscheinlichkeit hoch, dass die Kommunikation per ssh ebenfalls fehlschlägt.

Dafür ist die Konfiguration dieses Agenten relativ einfach. Er benötigt nur eine hostlist mit allen Knoten. Außerdem müssen sich die Knoten gegenseitig per ssh ohne Passwort einloggen können. Das bedeutet, die RSA-Schlüssel der Knoten müssen auf allen anderen hinterlegt werden.

Der Agent wird im Rahmen eines Beispiels (siehe Abschnitt »Beispiele«) genauer vorgestellt.

external/vmware

Als Parameter zum Abschalten eines virtuellen Rechners über VMware wird nur der Name des Rechners benötigt, der den Knoten beherbergt: device_host.

Der Agent übergibt diesem Rechner den Namen des Rechners, der auszuschalten ist. Auch dieser Agent ist mit Bedacht einzusetzen. Wenn der (virtuelle) Knoten nicht mehr erreichbar ist, ist die Wahrscheinlichkeit hoch, dass dessen Host auch nicht über das Netzwerk erreichbar ist.

external/xen0

Analog zu VMware lässt sich ein virtueller Rechner einer *domU*-Domäne von Xen auch über dessen *dom0* abschalten. Die Parameter, die dieser Agent benötigt, sind die hostlist der Rechner, die auf dieser *dom0* liegen, und den Rechnernamen der *dom0*. Der Agent loggt sich per SSH ein und fährt die *domU* mit Xen-Bordmitteln herunter.

Wie VMware ist dieser Agent auch nur zum Testen gedacht und eignet sich nicht für einen produktiven Cluster.

external/xen0-ha

Dieser Agent ist ein Skript für mehrere *domU*-Rechner, die einen HA-Cluster bilden. Alle *domU*-Rechner laufen auf einem HA-Cluster der beteiligten *dom0*-Rechner. In der Realität gibt es bessere Lösungen, um virtuelle HA-Cluster aufzubauen. Mehr Informationen zu dieser speziellen Architektur gibt es jedoch auf einer Seite[14] des Projekts.

Konfigurierbare Parameter sind die Liste mit abschaltbaren Rechnern der *domU*-hostlist, die Adresse, unter der der *dom0*-Cluster zu finden ist (dom0_cluster_ip) und noch ein timeout-Wert.

---

14 *http://www.linux-ha.org/DomUClusters*

ibmhmc

Die *Hardware Management Console* (HMC) ist ein Management-System für Rechner der i5-, p5- und pSerie von IBM. Eine HMC kann auch mehrere Rechner verwalten. Als Parameter ist nur die Angabe der IP-Adresse der HMC notwendig: `ipaddr`.

Mit der Option -1 kann die HMC nach allen Geräten (Knoten) gefragt werden, die sie verwaltet. Sind alle Knoten im Cluster in der HMC definiert, kann eine Klon-Ressource auf allen Knoten im Cluster gestartet werden. So ist sichergestellt, dass jeder Knoten im Notfall jeden anderen schnell abschalten kann.

ipmilan

Dieser Agent bietet eine zweite Implementierung des IPMI-Protokolls. Vor dem Einsatz dieses Protokolls sollte man immer die Funktion der Steuerung des anderen Rechners mit dem `impitool` prüfen. Erst danach sollte der Administrator sich an die Konfiguration und den Test des Agenten wagen – anfangs natürlich auch von der Kommandozeile aus. Erst wenn das funktioniert, kann er die Konfiguration mit folgenden Parametern in den Cluster eingeben:

hostname
: Name des IPMI-Geräts im DNS. Alternativ kann man auch die IP-Adresse angeben.

ipaddr
: IP-Adresse des IPMI-Geräts.

port
: Portnummer, unter der der Dienst erreichbar ist. Die Vorgabe ist `udp/623`.

auth
: Der Typ, der bei der Autorisierung verwendet wird. Zur Auswahl stehen `none`, `straigt`, `md2` und `md5`.

priv
: Privileg-Ebene des Benutzers. Möglich sind `operator` und `admin`.

login
: Der Benutzername, den der Agent verwendet, um die Befehle abzusetzen.

password
: Das Passwort, das den Zugang für den oben genannten Benutzer ermöglicht.

meatware

Der meatware-Agent gibt eine Meldung darüber aus, welcher Rechner jetzt neu zu starten ist, und wartet auf die Rückmeldung eines Operators aus Fleisch und Blut, der gerade den Netzstecker von diesem Rechner gezogen hat. Dieser Agent sollte auch nur zum Testen dienen, da die Reaktionszeiten dieses Agenten doch beträchtlich länger sind als diejenigen der automatisierten Agenten. Als Parameter benötigt er wiederum nur eine Liste mit möglichen Kandidaten, die abgeschaltet werden können: hostlist.

null

Seinem Namen entsprechend macht dieser Agent tatsächlich gar nichts und sollte nur zu Testzwecken eingesetzt werden. Die Konfiguration geschieht ebenfalls über eine Liste aller Knoten des Clusters: hostlist.

nw_rpc100s

Diese Agenten können die Produkte *RPC100S* der Firma *Micro Energetics* (Stromleisten mit einer seriellen Schnittstelle) steuern. Als Parameter werden die TTY-Schnittstelle und die Nummer der Steckdose, die ausgeschaltet werden soll, übergeben:

    ttydev
    hostlist

rcd_serial

Dieser Agent steuert ein einfaches STONITH-Gerät, das, wird es am seriellen Port des einen Knotens angeschlossen, die Restlogik des anderen Knotens steuert. Dieses Gerät lässt sich ohne großen Aufwand aus einigen Bauteilen selbst zusammenlöten. Eine Anleitung dazu findet sich im Web.[15] Die Parameter, die der Agent benötigt, sind:

    hostlist
    ttydev
    dtr|rts
    msduration

Die Bedeutung der einzelnen Parameter und der komplette Bauplan werden in der *README*-Datei erklärt, die in der Dokumentation von heartbeat enthalten ist.

rps10

Diese Agenten können die Produkte RPS10 der Firma *Western Telematic Inc.* (Steuergeräte, die eine Steckdose mit RS-232-Schnittstelle besitzen) steuern. Mehrere dieser Geräte können in Serie hintereinandergeschaltet und über verschiedene Adressen angesteuert werden. Der Konfigurationsparameter ist serial_to_targets, also die Adresse des Geräts, das ausgeschaltet werden soll.

Dieses Gerät wird allerdings von der Herstellerfirma seit November 2006 nicht mehr unterstützt, so dass dieser Agent nur noch historische Bedeutung hat.

---

15 *http://www.scl.co.uk/rcd_serial/README.rcd_serial*

ssh

Wie beim externen ssh-Gerät funktioniert dieser interne STONITH-Agent ebenfalls wieder mit einer hostlist.

Die Unterschiede zwischen diesen beiden Agenten bezüglich ihrer Funktion sind marginal. Auch dieser Agent ist für produktive Systeme nicht geeignet.

> Der interne ssh-Agent nutzt den atd auf dem Zielsystem. Dieser muss installiert sein, sonst funktioniert der Neustart nicht.

suicide

Dieser Agent soll genau das machen, was man dem Namen nach vermuten kann. Er fährt den Knoten, auf dem er läuft, herunter. Dazu benötigt der Agent keine weiteren Parameter. Vorstellbar ist der Einsatz dieses Agenten in Clustern mit zwei Knoten auf nur einem Knoten. So wäre beim Ausfall der internen Kommunikation dafür gesorgt, dass nur ein Knoten überlebt.

Dieser Agent ist der einzige, der den eigenen Knoten als Ziel nutzen darf. Allerdings raten die Entwickler vom Einsatz dieses Agenten in produktiven Systemen ab. Dieser Agent kann logischerweise keine Rückmeldung an das aufrufende System mehr absetzen, da sowohl der Agent als auch die Clustersoftware abgeschaltet sind. Deshalb ist der Gesamtzustand des Clusters weiterhin unbestimmt. Und diese Unsicherheit zu beseitigen, ist ja gerade das Ziel des STONITH-Systems.

wti_nps

Die Geräte der Firma *wti* (siehe bei *RPS10 weiter oben*) verwalten Stromanschlüsse über einen Controller, der per telnet ansprechbar ist. Die Parameter sind:

    ipaddr
    password

Leider gilt für diese Geräte die gleiche End-of-Life-Warnung des Herstellers wie für die RPS10-Geräte, so dass dieser Agent in Zukunft an Bedeutung verlieren dürfte.

Beispiele

Damit die Verwendung von STONITH-Agenten klarer wird, sollen hier noch einmal explizit zwei Beispiele aufgeführt werden. Als Erstes wird das Prinzip anhand des ssh-Agenten verdeutlicht, und im Anschluss daran wird die Verwendung des IBMHMC-Agenten erklärt.

Der ssh-Agent

Eine Voraussetzung für den Einsatz dieses STONITH-Agenten ist, dass sich die Knoten auf den jeweils anderen Knoten als Benutzer *root* ohne Passworteingabe einloggen können. Das erreicht man, indem man den öffentlichen RSA-Schlüssel des Benutzers auf allen anderen Rechnern im Verzeichnis */root/.ssh/authorized_keys* (oder *authorized_keys2* bei Nutzung von DSA-Schlüsseln) hinterlegt.

Mit dem Befehl stonith kann dann manuell geprüft werden, ob das Gerät richtig konfiguriert ist und so funktioniert wie geplant:

```
xen01:~# stonith -t external/ssh -p "xen01 xen02" -l -S
stonith: ssh device OK.
xen01
xen02
```

Die Option -l veranlasst stonith, alle Knoten auszugeben, die dieses STONITH-Gerät verwaltet. Da diese vorher mit der Option -p eingegeben wurden, ist die Ausgabe auch nicht weiter verwunderlich. Durch die Option -S gibt stonith den Status aus. Im obigen Fall ist alles in Ordnung.

Äquivalent wäre der Aufruf des Kommandos entsprechend der Notation von Version 2:

```
xen01:~# stonith -t external/ssh hostlist="xen01 xen02" -l -S
```

In dieser Notation wird die Übergabe der Parameter des STONITH-Agenten, die in der CIB definiert sind, noch deutlicher. An dieser Stelle kann man noch testen, ob der Neustart des anderen Knotens wirklich funktioniert:

```
xen01:~# stonith -t external/ssh hostlist="xen01 xen02" xen02
```

Zur Konfiguration benötigt der ssh-Agent lediglich eine hostlist mit der Angabe aller Knoten, die verwaltet werden können. Alle STONITH-Aktionen werden vom DC durchgeführt. Dieser kennt seinen eigenen Namen und weiß, zu welchem Knoten die Kommunikation gestört ist. Somit kann er per ssh gezielt diesen Knoten ausschalten, vorausgesetzt, er erreicht ihn noch. Die Definition der STONITH-Ressource sieht wie folgt aus:

```
<primitive id="stonithSSH" class="stonith" type="ssh" provider="heartbeat">
  <instance_attributes id="stonithSSH_instance_attrs">
    <nvpair id="23e022b9" name="hostlist" value="xen01 xen02"/>
  </instance_attributes>
</primitive>
```

Die einfache Ressource läuft natürlich nur auf einem Knoten des Clusters. Zum Testen wird die Ressource auf dem aktuellen DC platziert oder geklont sie, so dass diese Ressource auf beiden Knoten läuft.

Damit sich die Knoten gegenseitig auch tatsächlich ausschalten können, muss das noch über das entsprechende Attribut im Abschnitt crm_config der CIB erlaubt werden:

```
<crm_config>
  <cluster_property_set id="cib-bootstrap-options">
    (...)
```

```
        <nvpair id="cib-bootstrap-options-stonith-enabled" name="stonith-enabled"
                value="true"/>
     </cluster_property_set>
  </crm_config>
```

Anschließend kann man die Kommunikation im Cluster stören, allerdings ohne die `ssh`-Verbindung zu unterbrechen. Am einfachsten geht das mit `iptables` auf dem DC:

```
xen01:~# iptables -I INPUT -u udp --dport 694 -j DROP
```

Bei `OpenAIS` ist hier natürlich Port 5405 zu blockieren. Danach kann sich der Administrator zurücklehnen, die Logdateien beobachten und zuschauen, wie der andere Knoten durchstartet, im Beispiel `xen02`. Während des Systemstarts muss der Administrator natürlich die Kommunikation im Cluster auf dem DC wieder mit folgendem Befehl zulassen:

```
xen01:~# iptables -D INPUT -u udp --dport 694 -j DROP
```

Nach dieser Operation kann der zweite Knoten erneut beim Cluster mitmachen und Ressourcen übernehmen.

Falls der Administrator vergisst, die Kommunikation zuzulassen, ist das auch nicht weiter tragisch, da ein Knoten nach einem Systemstart erst Verbindung zum Cluster benötigt, bevor er Ressourcen übernehmen kann. Dieses Verhalten lässt sich über Parameter steuern.

Der IBMHMC-Agent

Die Konfiguration des `ibmhmc`-Agenten ist noch einfacher, da das HMC-Gerät selbst weiß, welche Knoten angeschlossen sind. Zudem muss der Zugriff von den Knoten auf die HMC per Schlüsselaustausch ebenfalls schon zugelassen sein. Danach kann die Konsole (hier: 192.168.188.121) nach den verwalteten Geräten (Knoten) abgefragt werden:

```
# stonith -t ibmhmc ipaddr=192.168.188.121 -l
xen31
xen32
xen33
```

In der HMC sind drei angeschlossene Knoten definiert, so dass jeder einzelne dieser Knoten über diese Konsole verwaltet werden kann. Die Notation oben entspricht wieder der Übergabe der Parameter, wie sie in Version 2 definiert ist. Natürlich müssen die Knotennamen innerhalb der HMC den Knotennamen innerhalb des Clusters entsprechen. Die Ressource, die auf dem Cluster angelegt wird, sieht jetzt wie unten dargestellt aus. Damit sie auf allen Knoten des Clusters läuft, wird sie einfach geklont:

```
<clone>
   (...)
   <primitive id="resStonithIBMHMC" class="stonith" type="ibmhmc"
             provider="heartbeat">
      <instance_attributes id="resStonithIBMHMC_instance_attrs">
```

```xml
            <nvpair id="stonith_ipaddr" name="ipaddr" value="192.168.188.121"/>
         </instance_attributes>
      </primitive>
   </clone>
```

Somit läuft dieser STONITH-Agent auf allen Knoten, und jeder Knoten kann jeden anderen durchstarten, falls dieser sich ungebührlich verhält.

KAPITEL 8
Beispielszenarien

In diesem Kapitel werden endlich alle einzelnen Informationen aus den vorangegangenen Kapiteln zusammengetragen, um anhand einiger Beispiele die Möglichkeiten darzustellen, die der Einsatz eines Clusters bietet. Folgende Szenarien wurden ausgewählt:

- Nutzung von DRBD als *Shared Storage*: die Nutzung gemeinsamer Daten hat zentrale Bedeutung innerhalb eines Clusters. Der Einsatz von DRBD als Beispiel für einen solchen gemeinsamen Datenspeicher wurde deshalb bewusst an den Anfang der Liste der Beispiele gestellt.
- Ein Dateiserver, der per NFS-Dienst anderen Clients Plattenplatz zur Verfügung stellt. Natürlich soll dieses Dateisystem »immer« verfügbar sein. Gezeigt wird in diesem Beispiel ein NFSv4-Server, der Ressourcen auf ein DRBD-Gerät exportiert. So sind die Dateien auch nach einen Failover sofort wieder verfügbar.
- Ein SAN, das die Dateien per iSCSI exportiert. Mit dieser Technik spart sich der Administrator den Umweg über die Dateisysteme des zweiten Beispiels. Das Ziel ist der kostengünstige Aufbau eines hochverfügbaren TByte-SAN aus Standardkomponenten.
- Virtuelle Rechner als Ressource: pacemaker betrachtet ganze virtuelle Rechner als Ressource und jongliert sie zwischen den Knoten hin- und her. Mit der Abstraktionsschicht libvirt zwischen dem Cluster und der eigentlichen Virtualisierung ist es dem Cluster egal, ob die Rechner Xen oder KVM nutzen.
- Firewall: Eine Firewall ist per Definition ein Single-Point-of-Failure, da sie der einzige Übergang zwischen internem und externem Netz sein soll. Da ist es umso wichtiger, dass dieser potenzielle Schwachpunkt entschärft und der Übergang hochverfügbar gestaltet wird. Da die VPN-Endpunkte meistens auch auf Firewalls gelegt werden, gehört eine Betrachtung zur Einbindung dieser Ressourcen ebenfalls in diesen Abschnitt.

Jedes Beispiel beginnt mit einfachen Anwendungen, die die Grundlage für viele Clustersysteme bilden können und so oder ähnlich wahrscheinlich oft eingesetzt werden. Der Schwierigkeitsgrad jedes Beispiels steigert sich bis hin zu »experimentell«. So sollten die letzten Abschnitte des NFS-Servers und der virtuellen Rechner nicht unbedingt als Kochrezept für einen produktiven Server genutzt werden. Vielmehr sind sie als Ansporn zu eigenen Experimenten gedacht, die zeigen, wofür man einen guten Cluster so einsetzen kann.

Die Nutzung von DRBD

Die Nutzung eines gemeinsamen Datenspeichers (*Shared Storage*) in hochverfügbaren Systemen ist von zentraler Bedeutung. Im Fall eines Fehlers auf einem System wäre es im Prinzip ideal, wenn der Knoten, der einspringt, im selben Zustand weiterarbeiten kann, in dem der Fehler des ersten Knotens aufgetreten ist. Für den Datenabgleich innerhalb der Applikation ist natürlich die Applikation selbst zuständig. Ein Programm wie Linux-HA, das beliebige Ressourcen hochverfügbar anbietet, ist nicht in der Lage, den Datenaustausch innerhalb der Applikation zu verwalten. Dafür müssen spezielle Mechanismen innerhalb der Applikation sorgen. Beispiele hierfür sind Replikationen von LDAP, SQL-Datenbanken oder des DNS-Systems.

Ein Linux-HA-Cluster kann allerdings sehr wohl für einen Abgleich der Daten auf Ebene der Blockgeräte, also der Festplatten, sorgen. Die Applikation hierfür sind die *Distributed Redundant Block Devices* (DRBD). Sie sorgen dafür, dass zwei Block-Devices in zwei Knoten den gleichen Datenstand haben. Beim Ausfall des einen Knotens kann der andere diese Partition einbinden und weiterarbeiten.

Die Vorteile von DRBD sind:

- Replikationen zwischen zwei Knoten sind möglich. Nachdem DRBD läuft, muss sich der Administrator keine Sorgen mehr um die Konsistenz der Daten auf beiden Knoten machen.
- DRBD sind ideal mit einem eigenen Agenten in Linux-HA eingebunden. Die Integration funktioniert meist ohne Probleme.
- Bedingungen innerhalb von Linux-HA können sich auf den Zustand des lokalen Block-Device beziehen. Weitere Ressourcen (beispielsweise ein Dateisystem) können dort gestartet werden, wo das Block-Device als Master läuft.

Ein Nachteil von DRBD ist:

- In der aktuellen Version kann der *Resource Agent* nur ein Gerät im Master-Zustand verwalten, obwohl DRBD 8 auch mit zwei Geräten im Zustand Master klarkäme. Das Slave-Device kann nicht – auch nicht *read-only* – eingebunden werden. Somit ist der Einsatz von Clusterfilesystemen wie OCFS2 auf diesen Geräten in einem aktuellen Linux-HA-Cluster ebenfalls nicht sinnvoll, da diese Filesysteme ihre Vorteile, beispielsweise das Einbinden von mehreren Knoten, nicht ausspielen können.

Die Version 8 von DRBD kann im Prinzip Blockgeräte auf beiden Knoten im Master/Master-Status betreiben. Somit würde der Einsatz eines Clusterfilesystems hier sinnvoll sein. DRBD in Verbindung mit einem Filesystem, das für einen Betrieb im Cluster ausgelegt ist, bietet einen effizienten Lock-Mechanismus, der für die Konsistenz der Daten sorgt, auch wenn zwei Knoten gleichzeitig in dieselbe Datei schreiben wollen. Aber leider ist der *Resource Agent* des Linux-HA-Projekts (noch) nicht dafür ausgelegt. Der nächste Abschnitt »Das Clusterdateisystem OCFS Version 2« beschäftigt sich in der fortgeschrittenen Konfiguration mit zwei Mastern und einem Clusterdateisystem.

Abbildung 8-1 zeigt das Prinzip von DRBD im Cluster. Die Daten auf dem gemeinsamen Medium können entweder selbst im Cluster genutzt (Datenbank!) oder als hochverfügbarer Dateiserver exportiert werden.

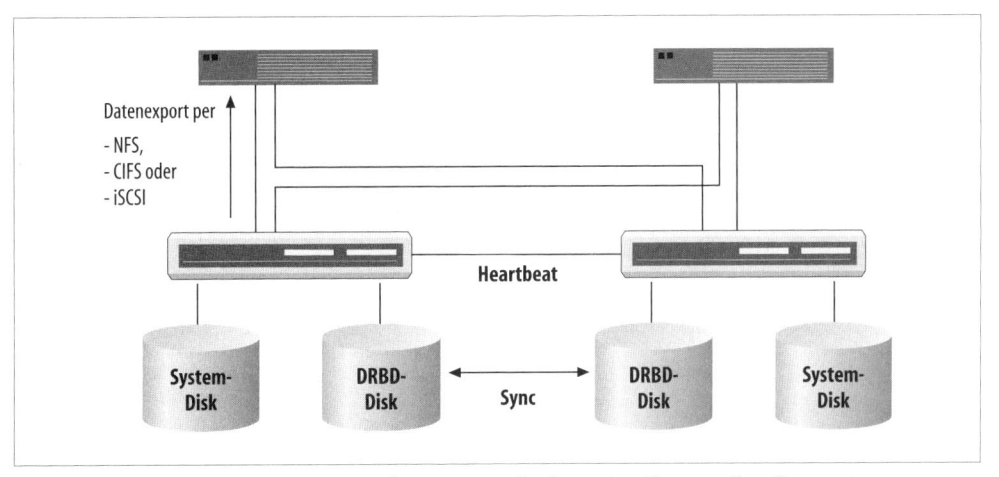

Abbildung 8-1: Prinzip von DRBD im Cluster. Entweder kann der Cluster selbst die gemeinsamen Daten nutzen oder sie als Fileserver exportieren.

Alternativ kann der Cluster natürlich immer an einen externen Speicher (SAN/NAS) angebunden werden. Damit ist das Problem der konsistenten und hochverfügbaren Datenhaltung sozusagen ausgelagert.

Installation von DRBD

Die DRBD-Software besteht aus zwei Teilen: einem Kernelmodul und den Werkzeugen (*Utilities*), die die neu erstellten Block-Devices verwalten. Bei vielen Distributionen ist das passende Kernelmodul schon in übersetzter Form enthalten. So müssen die beiden Pakete nur mit yast oder yum installiert werden. Bei Debian existiert das Modul ab Lenny als fertiges Paket und muss nicht mehr aus den Quellen mit dem `module-assistant` übersetzt werden, wie es noch bei Etch der Fall war.

Egal auf welcher Distribution der Administrator den Cluster aufbaut, nach der Installation der Pakete sollte sich das Kernelmodul drbd mit modprobe einbinden lassen. Die Geräte */dev/drbd0 usw.* erscheinen erst nach dem Start des Kernelmoduls, was üblicherweise */etc/init.d/drbd* übernimmt.

> Bei virtuellen Xen-Rechnern kann es vorkommen, dass die */dev/drbd?* nicht automatisch angelegt werden. In solchen Fällen kann man die Geräte mit folgendem Befehl einfügen:
>
> ```
> for i in 'seq 0 15' ; do mknod -m 0660 /dev/drbd$i b 147; done
> ```
>
> Dieser Befehl muss unter Umständen auch in das Startskript oder den *Resource Agent* eingebaut werden.

> Die Blockgeräte auf den beiden Knoten sollten eine identische Anzahl an Blöcken haben. Wenn das Backup-Device später als das Master-Device gestartet ist und weniger Blöcke hat als die erste Partition, meldet der Master »The peer's disk size is too small!« und bleibt im Standalone-Modus. Alternativ kann man die Größe mit dem Parameter size im Konfigurationsabschnitt disk begrenzen.

Konfiguration und Tests

Die Konfiguration von DRBD geschieht in */etc/drbd.conf*, die auf beiden Knoten des Clusters identisch sein muss. Am besten wird die Datei aus dem der Software beigelegten Beispiel angepasst und dann auf den zweiten Knoten kopiert. Eine einfache Konfiguration sieht wie folgt aus:

```
common {
  syncer { rate 100M; }
}
resource r0 {
  protocol C;
  handlers {
    pri-on-incon-degr "echo o > /proc/sysrq-trigger ; halt -f";
    pri-lost-after-sb "echo o > /proc/sysrq-trigger ; halt -f";
    local-io-error "echo o > /proc/sysrq-trigger ; halt -f";
  }
  startup {
    degr-wfc-timeout 120;    # 2 Minuten.
  }
  disk {
    on-io-error    detach;
  }
  net {
    after-sb-0pri disconnect;
    after-sb-1pri consensus;
    after-sb-2pri disconnect;
    rr-conflict disconnect;
  }
```

```
    syncer {
      rate 10M;
      al-extents 257;
    }
    on left {
      device    /dev/drbd0;
      disk      /dev/sda3;           # Hier das richtige Backend-Gerät angeben.
      address   172.29.45.1:7788;    # Hier die richtige Adresse eintragen.
      flexible-meta-disk  internal;
    }
    on right {
      device    /dev/drbd0;
      disk      /dev/sda3;           # Hier das richtige Backend-Gerät angeben.
      Address   172.29.45.2:7788;    # Hier die richtige Adresse eintragen.
      meta-disk internal;
    }
}
```

Mit dieser Konfiguration werden jeweils die lokalen Block-Devices /dev/sda3 auf den Knoten *left* und *right* als Block-Device /dev/drbd0 innerhalb der Ressource r0 verwendet. Für die weiteren Optionen zur Konfiguration der DRBD sei auf die ausführlich kommentierte Konfigurationsdatei /etc/drbd.conf oder die Dokumentation von DRBD[1] verwiesen.

Besonderes Augenmerk sollte der Administrator auf die drei Optionen after-sb-* legen. Falls der Cluster aus irgendeinem Grund in eine Split-Brain-Situation gerät, in der die beiden Spiegelhälften des DRBD sich nicht mehr sehen können, ist hier vorgegeben, was DRBD machen soll, wenn das Kommunikationsproblem behoben ist. Die Vorgaben gelten natürlich nur, wenn in der Zwischenzeit beide Master waren, es also nicht klar ist, welche Daten autoritativ sind.

after-sb-0pri

Meldet sich nach einem Problemfall keine der beiden Hälften automatisch als primärer Datenspeicher, gibt es die folgenden Möglichkeiten:

disconnect: Verbindung unterbrechen und auf die heilenden Hände des Administrators warten.

discard-older-primary: Die Daten des Knotens, der später vom Primary zum Secondary zurückgestuft wurde, werden überschrieben, um automatisch einen konsistenten Datenstand zu erreichen und einen Knoten wieder als primär starten zu können.

discard-least-changes: Die Daten des Knotens, der in der Problemzeit weniger Blöcke geändert hat, werden überschrieben, um automatisch einen konsistenten Datenstand zu erreichen und einen Knoten wieder als primär starten zu können.

---

1 http://www.drbd.org

`discard-node-NAME`: Automatische Synchronisation zum Knoten *Name*, dessen Daten überschrieben werden, um automatisch einen konsistenten Datenstand zu erreichen und einen Knoten wieder als primär starten zu können.

after-sb-1pri

Falls sich nach der Auszeit ein Knoten als primär und einer als sekundär meldet, sollte es eigentlich keine Probleme geben. Die möglichen Optionen sind:

`disconnect`: Verbindung unterbrechen und auf die heilenden Hände des Administrators warten.

`consensus`: Verwerfen der Daten des sekundären Knotens, wenn das `after-sb-0pri`-Verfahren zum selben Ergebnis kommen würde. Ansonsten Verbindung abbrechen.

`violently-as0p`: DRBD soll immer das Ergebnis des obigen Verfahrens nutzen. Diese Option ist potenziell gefährlich.

`discard-secondary`: Verwerfen der Daten des Knotens, der sich als sekundär gemeldet hat.

`call-pri-lost-after-sb`: Auswertung des obigen Verfahrens. Wenn dabei der bisherige Secondary Recht bekommt, wird dieser in eine Kernel-Panik getrieben.

after-sb-2pri

Melden sich beide Knoten als primär zurück, kann der Administrator zwischen folgenden Optionen wählen:

`disconnect`: Die Verbindung zwischen den beiden DRBD wird unterbrochen.

`violently`: Eine Synchronisation auf einen primären Knoten wird erlaubt. Hier gewinnt der erste Knoten, der primär wird. Diese Option ist gefährlich und kann Daten zerstören.

`call-pri-lost`: DRBD ruft ein externes Programm auf, um das Problem zu lösen.

Der aufmerksame Leser wird sicherlich bemerkt haben, dass innerhalb von DRBD keine redundante Kommunikation vorgesehen ist. Deshalb sollte sich der Administrator spätestens jetzt Gedanken über den Einsatz von `bond`-Schnittstellen machen, um die Kommunikation zwischen den Knoten des Clusters abzusichern. `bond`-Schnittstellen haben auch den Vorteil, dass der Durchsatz auf den Leitungen erhöht wird. Wenn ein DRBD mit mehreren 100 GByte Daten neu synchronisiert wird, macht sich das durchaus positiv bemerkbar. Kommt `heartbeat` zum Einsatz, könnte man auch noch den `dopd`-Dienst verwenden, der die redundante Kommunikation im Cluster nutzt, um eine Spiegelhälfte auszuschalten, wenn die übliche DRBD-Kommunikation nicht mehr funktioniert. Dies ist bei `OpenAIS` nicht mehr möglich. Deshalb haben die Entwickler von Linbit zusätzlich eine Möglichkeit geschaffen, Spiegelhälften per `ssh` auszuschalten. Dieses Verfahren ist dann auch nicht mehr notwendig (aber dennoch empfehlenswert!), wenn man sowohl den Cluster als auch DRBD über eine `bond`-Schnittstelle sprechen lässt.

Vor dem produktiven Einsatz von bond sollte man aber wirklich testen, was sie versprechen. *Alle* `icmp echo request` sollten noch zurückkommen, auch wenn man eine Verbindung unterbricht, indem man eines der Kabel abzieht. Manche Schnittstellen reagieren nicht auf dieses Problem, und es kommt nur noch die Hälfte der ausgesandten Pakete an.

Auf beiden Knoten muss nun zuerst das Blockgerät mit den Metadaten des DRBD mit folgendem Befehl initialisiert werden:

```
# drbdadm create-md r0
```

> Wenn die Metadaten von DRBD auf dem Blockgerät selbst gespeichert werden, muss die Partition mindestens 256 MByte groß sein. Bei kleineren Partitionen beschwert sich `drbdadm`. Alternativ können die Metadaten auch auf einem separaten Blockgerät verwaltet werden. Diese Variante ist auch schneller.

Danach müssen die *DRBD*-Geräte mit ihren Backend-Geräten verbunden werden. Dazu gibt der Administrator folgendes Kommando ein:

```
# drbdadm attach r0
```

r0 ist hierbei die DRBD-Ressource, die in der Konfigurationsdatei festgelegt wurde. Nachdem mit folgendem Befehl (auf beiden Knoten) die Synchronisierung der DRBD eingerichtet wurde:

```
# drbdadm syncer r0
```

werden beide Ressourcen miteinander verbunden:

```
# drbdadm connect r0
```

Der letzte Befehl muss auf beiden Knoten zur gleichen Zeit eingegeben werden, damit sich die Ressourcen gegenseitig finden. In der Konfigurationsdatei ist ein Zeitlimit vorgegeben, das festlegt, wie lange eine Ressource nach dem Gegenstück sucht, bevor sie auf den Standalone-Modus schaltet. Alle drei Befehle (`attach`, `syncer` und `connect`) können auch zu einem `drbdadm up` zusammengefasst werden.

In der Datei */proc/drbd* hält das Kernelmodul den Status der Ressourcen fest. Der Inhalt der Datei

```
# cat /proc/drbd
version: 8.0.14 (api:86/proto:86)
GIT-hash: bb447522fc9a87d0069b7e14f0234911ebdab0f7 build by phil@fat-tyre, 2008-11-12 16:
40:33
 0: cs:Connected st:Secondary/Secondary ds:Inconsistent/Inconsistent C r---
    ns:0 nr:0 dw:0 dr:0 al:0 bm:0 lo:0 pe:0 ua:0 ap:0
```

zeigt, dass sich die beiden Knoten gegenseitig sehen können (`cs: Connected`), dass beide Partitionen als Secondary eingebunden sind (`st: Secondary/Secondary`) und dass der Status nicht passt (`ds: Inconsistent/Inconsistent`). Die Inkonsistenz der Daten ist klar: Bisher hat niemand vorgegeben, welche Partition der beiden die autoritative ist, geschweige denn sinnvolle Daten geschrieben.

Der Administrator muss sich nun überlegen, welcher Knoten der primäre werden soll. Werden beide Knoten neu eingerichtet, ist die Wahl den Vorlieben des Administrators überlassen. Wenn auf einer Festplatte schon ein DRBD eingerichtet war und die Daten dieser Partition nicht zerstört werden sollen, wird diese die primäre Partition. Auf diesem Knoten wird die erste volle Synchronisation angestoßen, und damit werden die Daten der anderen Partition überschrieben:

```
left# drbdadm -- --overwrite-data-of-peer primary r0
```

In der Datei */proc/drbd* kann man nun den Fortschritt des Datentransfers zwischen den Knoten verfolgen. Ein Datenvolumen von 100 GByte über eine Leitung von 1 GByte/s benötigt circa eine Viertelstunde. Ein bisschen Zeit sollte man der Synchronisation deshalb schon lassen, bevor die Replikation abgeschlossen und der DRBD-Verbund voll einsatzfähig ist. Danach sollte der Status des DRBD wie folgt aussehen:

```
version: 8.0.14 (api:86/proto:86)
GIT-hash: bb447522fc9a87d0069b7e14f0234911ebdab0f7 build by phil@fat-tyre,
2008-11-12 16:40:33
 0: cs:Connected st:Primary/Secondary ds:UpToDate/UpToDate C r---
    ns:956316 nr:10208 dw:966604 dr:701 al:164 bm:15 lo:0 pe:0 ua:0 ap:0
    resync: used:0/61 hits:47 misses:7 starving:0 dirty:0 changed:7
    act_log: used:0/257 hits:238935 misses:176 starving:0 dirty:12 changed:164
```

Natürlich kann man die primäre Partition schon nutzen, um zum Beispiel mit

```
left# mkfs.ext3 /dev/drbd0
```

ein Dateisystem anzulegen. Aber bei einem Ausfall des primären Systems, bevor die Synchronisation abgeschlossen ist, sollte man keine Wunder vom sekundären System erwarten.

Mit

```
left# mnt /dev/drbd0 /mnt
```

wird das DRBD auf dem primären Knoten (*left*) eingehängt, und testweise wird eine Datei angelegt:

```
left# echo "Hallo" > /mnt/testdatei
```

Nachdem man sich vergewissert hat, dass die Datei auch wirklich mit dem richtigen Inhalt erzeugt wurde und die Synchronisation abgeschlossen ist, wird das Verzeichnis mit umount /mnt wieder ausgehängt. Als Test für die Synchronisation kann der zweite Knoten jetzt zum Master befördert werden (was den ersten Knoten automatisch zum Slave macht), und man kann sich den Inhalt der Testdatei ansehen:

```
right# drbdadm primary all
right# mount /dev/drbd0 /mnt
right# cat /mnt/testdatei
Hallo
```

Wenn dort derselbe Inhalt erscheint, der auf dem Knoten *left* eingegeben wurde, funktioniert die Synchronisation.

Einbindung in Linux-HA

Nachdem der Test außerhalb der Clustersoftware funktioniert hat, kann man damit beginnen, die DRBD als Ressource in Linux-HA einzubinden. DRBD ist eine typische Multi-State-Ressource, da die Ressource auf einem Cluster außer in den Zuständen Started und Stopped noch im gestarteten Zustand als Master und Slave vorliegen kann. Deshalb versteht der drbd-RA folgende zusätzliche Befehle:

promote
: Befördert ein Block-Device vom Zustand Slave zum Master.

demote
: Stuft ein Block-Device aus dem Zustand Master zum Slave zurück.

Die entsprechende Definition der Ressource ist:

```
<master_slave id="msDRBD" notify="true" globally_unique="false">
  <meta_attributes id="msDRBD_meta_attrs">
    <nvpair id="msDRBD_metaattr_clone_max" name="clone_max" value="2"/>
    <nvpair id="msDRBD_metaattr_clone_node_max" name="clone_node_max" value="1"/>
    <nvpair id="msDRBD_metaattr_master_max" name="master_max" value="1"/>
    <nvpair id="msDRBD_metaattr_master_node_max" name="master_node_max"
            value="1"/>
    <nvpair id="msDRBD_metaattr_notify" name="notify" value="true"/>
    <nvpair id="msDRBD_metaattr_globally_unique" name="globally_unique" value="false"/>
  </meta_attributes>
  <primitive id="resDRBD" class="ocf" type="drbd" provider="heartbeat">
    <instance_attributes id="resDRBD_instance_attrs">
      <nvpair id="79c502d3" name="drbd_resource" value="r0"/>
    </instance_attributes>
  </primitive>
</master_slave>
```

Mit dieser Definition wird eine Multi-State-Ressource erstellt, die zweimal im Cluster vorkommen kann, maximal jedoch einmal pro Knoten. Zusätzlich darf sich auch nur eine Instanz im Zustand Master befinden. Das Attribut notify=true bestimmt, dass der Agent über Änderungen im Cluster informiert werden soll, und globally_unique=false gibt an, dass zwei Ressourcen auf einem Knoten nicht unterscheidbar sind. Der einzige notwendige Parameter, drbd_resource, gibt die Ressource an, die in der Konfigurationsdatei von DRBD angelegt wurde.

Nachdem der Cluster die Block-Devices verwaltet, kann ein Filesystem auf diesem Gerät unter Kontrolle des Clusters eingerichtet werden. Linux-HA bringt einen entsprechenden RA (Filesystem) mit, der ebenfalls OCF-kompatibel ist, sich also gut überwachen lässt. Die Definition zum Einbinden des oben erzeugten Dateisystems (ext3) auf dem Gerät */dev/drbd0* unter */mnt/drbd* lautet:

```
<primitive id="resFilesys" class="ocf" type="Filesystem" provider="heartbeat"
  <meta_attributes id="resFilesys_meta_attrs">
    <nvpair id="resFilesys_metaattr_target_role" name="target-role"
            value="stopped"/>
```

```
      </meta_attributes>
      <instance_attributes id="resFilesys_instance_attrs">
         <nvpair id="a5a35064" name="fstype" value="ext3"/>
         <nvpair id="60d594c2" name="device" value="/dev/drbd0"/>
         <nvpair id="c5b4b7ce" name="directory" value="/mnt/drbd"/>
      </instance_attributes>
   </primitive>
```

Es ist nur eine einfache Ressource notwendig, da sie lediglich einmal im Cluster vorkommt. Zunächst wird die Ressource im angehaltenen Zustand erzeugt (target-role="stopped"), da die Bedingungen zur Anordnung und Co-Lokation noch fehlen. Mit diesen Bedingungen soll die Ressource `Filesystem` nur dort starten, wo das Block-Device als `Master` läuft, und auch erst nach dem Block-Device gestartet werden. Dies kann mit folgenden Bedingungen erreicht werden:

```
   <rsc_colocation id="colFSDRBD" rsc="resFilesystem" score="INFINITY"
              with-rsc="msDRBD" with-rsc-role="Master"/>
   <rsc_order id="orderDRBDFS" first="msDRBD" first-action="promote"
              then="resFilesystem" then-action="start"/>
```

Mit der Bedingung für die Anordnung wird festgelegt, dass das `Filesystem` erst nach der Beförderung des Blockgeräts zum `Master` (first-action="promote") gestartet wird. Diese feine Unterscheidung zur einfachen Anordnung ist wichtig, da das Block-Device auf dem zweiten Knoten schon gestartet ist und der Versuch, das Dateisystem auf dem `Slave` zu starten, zu einem Fehler führt. Ebenso bindet die Bedingung für die Co-Lokation die Ressource `Filesystem` an den `Master`. Die Stärke der Bindung (INFINITY) ist notwendig, damit das Dateisystem beim Neustart des Blockgeräts ebenfalls neu gestartet wird.

Werden Applikationen per Paketverwaltung (rpm, deb) eingebunden, werden eventuell Benutzer und Gruppen für die neuen Applikationen angelegt. Verschiedene Distributionen nutzen einfach die nächsten freien Benutzernummern oder Gruppennummern für diese neuen Benutzer. Somit kann es je nach Installationsreihenfolge passieren, dass dieselben Benutzer (z.B. wwwrun) auf beiden Knoten unterschiedliche Nummern haben. Ein Filesystem erkennt Benutzer aber nur anhand der Nummer, so dass das Filesystem die Dateien auf den gemeinsam genutzten Block-Devices auf beiden Knoten unterschiedlichen Benutzern zuordnet. Die Applikation auf einem Knoten kann also unter Umständen nicht auf die Daten der Applikation des anderen Knotens zugreifen.

Als Lösung kann man nur eine neue Gruppe mit derselben numerischen ID auf beiden Knoten anlegen, in der die Applikationen beider Knoten Mitglieder sind. Für gemeinsame Dateien muss diese Gruppe Lese- und eventuell Schreibrechte besitzen.

Nachdem die Ressourcen alle ordnungsgemäß gestartet wurden, muss man sich davon überzeugen, dass die Umschaltung zwischen den Knoten funktioniert. Auf dem Knoten, auf dem aktuell das Dateisystem eingebunden ist und auf dem folglich auch das Block-Device als `Master` läuft, kann eine Datei erzeugt werden. Der Fehler wird simuliert, indem dieser Knoten in den Stand-by-Modus geht. Die Ressourcen sollten in der gewünschten Reihenfolge angehalten und auf dem anderen Knoten wieder gestartet werden. Ein kurzer Blick auf das neu eingebundene Dateisystem und die Überprüfung des Inhalts der Testdatei zeigen, dass das Umschalten im Fehlerfall reibungslos funktioniert hat.

Rettung nach einem Problem

Falls wider Erwarten doch einmal ein Problem aufgetaucht ist, bei dem die beiden Knoten sich nicht mehr sehen konnten und beide DRBD-Hälften angehalten wurden und nicht mehr verbunden sind, muss der Administrator eingreifen und bestimmen, welcher Knoten jetzt der primäre wird. Mit dieser Entscheidung werden die Daten des dann sekundären Knotens überschrieben.

Ein solcher Eingriff ist immer dann notwendig, wenn das DRBD nach dem Start des Clusters nicht sauber hochfährt und die Logdatei lapidar »Split-Brain detected, dropping connection!« meldet. Der Status der beiden *DRBD* in */proc/drbd* lautet dann `cs:StandAlone` oder `cs:WFConnection`.

Die Dokumentation von DRBD[2] gibt für einen solchen Fall vor, dass der Administrator auf dem Knoten, dessen Daten überschrieben werden soll

```
# drbdadm secondary Ressource
```

eingibt, wobei als Option die Ressource anzugeben ist, die in der Konfigurationsdatei verwendet wurde. Mit einem

```
# drbdadm -- --discard-my-data connect Ressource
```

werden die Daten endgültig zur Vernichtung freigegeben. Falls sich der andere Knoten schon aus der Kommunikation verabschiedet hatte (`cs:StandAlone`), muss die Verbindung auf diesem neu angestoßen werden:

```
# drbdadm connect Ressource
```

DRBD: Konfiguration für Fortgeschrittene

In diesem Abschnitt möchte ich kurz auf die Möglichkeiten eingehen, die DRBD bietet, wenn man zwei Primaries konfiguriert. Die Firma Linbit hat in der neuesten Version 8.3.2 einen eigenen *Resource Agent* veröffentlicht, der auch in der Lage ist, zwei primäre DRBD im Cluster zu verwalten. Sobald aber zwei Blockgeräte vorhanden sind, auf die gleichzeitig geschrieben werden kann, steht dem Einsatz von Clusterdateisystemen nichts mehr im Wege. In diesem Beispiel möchte ich daher den Einsatz des *Oracle Cluster Filesystems* (OCFS2) zeigen.

---

2 *http://www.drbd.org/docs/working*

Als Basissystem verwende ich OpenSUSE 11.1. Wie wir später noch sehen werden, benötigt das Clusterdateisystem eine Verwaltung der Dateisperren, die auf allen Knoten läuft und Informationen austauscht. Außerdem müssen die Clusterdienste von OCFS2 mit dem *Distributed Lock Manager* (DLM) zusammenarbeiten, was sie wiederum nur in einem neuen Kernel können. Alle diese Voraussetzungen sind zur Zeit des Schreibens nur in OpenSUSE und SLES11 gegeben. Mit der Zeit werden ein aktueller Kernel und das DLM-Paket natürlich auch in anderen Distributionen erhältlich sein.

> Dieser Abschnitt ist wirklich nur für die erfahrenen Clusterbauer gedacht. Die gezeigten Techniken sind teilweise noch sehr jung und die Konfigurationen noch nicht so ausgereift. Dies nur als Warnung, falls es doch nicht so klappt, wie hier beschrieben.

Ein neues DRBD

Wie oben gesagt, enthält die übliche Installation der Clustersoftware keinen DRBD-RA, der zwei primäre DRBD verwalten könnte. Dazu wird der neue RA benötigt, der in Linbits Software ab Version 8.3.2 enthalten ist. Die Firma veröffentlicht die Software als Source-Code[3]. Wer den bequemen Weg von Binärpaketen für die eigene Distribution gehen will, kann diese bei Linbit beziehen. Dieser Weg bringt auch die Sicherheit eines Supports im Fehlerfall. Für alle anderen ist spätestens hier die Übersetzung des Kernelmoduls notwendig.

Nachdem die Software heruntergeladen ist, wird sie mit

```
# tar xvzf drbd-8.3.2.tar.gz
```

entpackt. Für die Übersetzung sind noch die Quellen des Kernels (oder zumindest die Header) `make`, `gcc`, `automake`, `autoconf` und `flex` notwendig. Danach wechselt der Administrator in das Verzeichnis der neuen Software und kann diese übersetzen:

```
# cd drbd-8.3.2
# make clean all
# make install
```

Meistens ist es sinnvoll, gleich mit `make rpm` ein RPM-Paket zu bauen, das dann auf allen Rechnern installiert werden kann. Nach der Installation kann man überprüfen, ob sich das neue Kernelmodul mit `modprobe drbd` laden lässt.

Nur der Vollständigkeit halber sei die Installation unter Debian gezeigt: Hier hilft der `module-assistant` bei dieser Aufgabe. Einen angepassten Code gibt es im Backports-Repository. Mit einem

```
deb http://www.backports.org/debian lenny-backports main contrib non-free
```

---

3 *http://oss.linbit.com/drbd*

in der Datei */etc/apt/sources* von Debian Lenny ist der Paketverwaltung die neue Quelle schnell beigebracht. Nach einem `apt-get update` kann man den Quellcode der neuesten Version mit

```
# apt-get -t lenny-backport drbd8-source drbd-utils
```

laden. Aufgrund der Abhängigkeiten wird der Assistent, der die Kernelmodule übersetzt, ebenfalls mit installiert. Die Übersetzung des Moduls erledigt der Assistent mit einem

```
# module-assistant auto-install drbd8
```

automatisch. Wem das zu viel Schreibarbeit ist, der darf die Zeile gern mit einem `m-a a-i drbd8` abkürzen.

Die Konfiguration der DRBD, egal welcher Distribution, entspricht der von oben (Abschnitt »Die Nutzung von DRBD«) mit folgenden Änderungen:

```
resource Ressource {
  startup {
    become-primary-on both;
    ...
  }
  net {
    # allow-two-primaries;
    after-sb-0pri discard-zero-changes;
    after-sb-1pri discard-secondary;
    after-sb-2pri disconnect;
    ...
  }
  ...
}
```

Die Option `allow-two-primaries` wird erst einmal noch nicht eingeschaltet. Wie oben beschrieben, werden die beiden DRBD mit `drbdadm create-md`, `attach` und `syncer` eingerichtet und mit `connect` verbunden, wobei wiederum die Daten einer Spiegelhälfte mit den Daten der anderen überschrieben werden. Erst wenn die Synchronisation vollständig durchgelaufen ist, kann man in der Konfiguration `allow-two-primaries` einschalten. Danach dürfen auch beide Hälften gleichzeitig primär werden:

```
# drbdadm primary Ressource
```

Zum Ausprobieren kann das neue Blockgerät schnell einmal mit *ext3* formatiert und auf beiden (!) Knoten eingehängt werden. Eine Datei, die auf dem einen Knoten geschrieben wurde, sollte sofort auf dem anderen Knoten sichtbar sein.

Nach diesem Test muss das Dateisystem wieder ausgehängt werden. Ein normales Dateisystem, das sich nicht der Tatsache bewusst ist, dass es im Cluster läuft, ist auf den DRBD keine gute Idee. Früher oder später wollen beide Knoten auf dieselbe Datei zugreifen, und dann kommt es zu Problemen. So einen Fall kann nur ein Dateisystem abfangen, das sich des Clusters bewusst ist und benutzte Dateien für den Zugriff durch andere sperrt (Locking).

Der Einbau in den Cluster erfolgt mit Bordmitteln des Clusters. Allerdings muss man beachten, den `Ressourcen-Agent` für DRBD des Providers Linbit auszuwählen:

```
primitive resDRBD ocf:linbit:drbd \
  params drbd_resouce="r0" \
  op monitor interval="20" role="Master" timeout="20" \
  op monitor interval="30" role="Slave" timeout="20"
  ms msDRBD resDRBD meta resource-stickines="100" notify="true" master-max="2"
```

Zwei primitive Ressourcen eines DRBD-RA von Linbit bilden eine Multi-State-Ressource. Die Besonderheit ist jetzt, dass diese Ressource zweimal im Cluster als Master auftreten darf.

Der Distributed Lock Manager (DLM)

Der nächste Baustein in der Konfiguration ist der *Distributed Lock Manager*. Im Verzeichnis des OpenSUSE-Buildservers (siehe Abschnitt »Installation unter openSUSE« in Kapitel 3) findet sich auch eine aktuelle Version dieser Software. Da dieses Verzeichnis sowieso für die Installation der Clustersoftware eingerichtet wurde, kann man auch gleich die `libdlm2` mit installieren.

Die Integration des Programms `dlm_controld.pcmk` und der dazugehörigen Kernelmodule in den Cluster ist wiederum einfach. Das erledigt der Ressource Agent `control` des Providers pacemaker:

```
primitive resDLM ocf:pacemaker:controld op monitor interval="120s"
clone cloneDLM resDLM meta globally-unique="false" interleave="true"
colocation colDLMDRBD inf: cloneDLM msDRBD:Master
order ordDRBDDLM inf: msDRBS:promote cloneDLM:start
```

Die beiden Bedingungen sorgen dafür, dass der Lockdaemon nur auf dem Knoten starten darf, auf dem das DRBD als Master vorliegt. Der Dienst bietet die Infrastruktur, die o2cb nutzt. Es gibt also keine eigene Clusterkonfiguration für OCFS mehr.

Das Clusterdateisystem OCFS Version 2

Als Letztes bleibt noch, OCFS2 selbst zu installieren. Die passende Version findet sich wiederum auf dem OpenSUSE-Buildserver. Von diesem werden die `ocfs-tools` ausgewählt. Aufgrund der Abhängigkeiten wird das passende Kernelmodul für OCFS2 mit installiert.

Das Dateisystem benötigt für die Infrastruktur den o2cb-Dienst. Da die komplette Konfiguration durch den DLM und `OpenAIS` übernommen wurde, gibt es keine Konfigurationsdateien mehr. Es bleibt nur noch, den Dienst zu starten. Das übernimmt wiederum der Cluster, um auch diesen Dienst hochverfügbar zu halten. Die Konfiguration sieht wie folgt aus:

```
primitive resO2CB ocf:ocfs2:o2cb op monitor interval="120s"
clone cloneO2CB resO2CB meta globally-unique="false" interleave="true"
```

```
colocation colO2CBDLM inf: cloneO2CB cloneDLM
order ordDLMO2CB inf: cloneDLM cloneO2CB
```

Der einfache Dienst wird geklont, um auf beiden Knoten zu laufen. Die Bedingungen sorgen wiederum dafür, dass der Dienst auf einem Knoten nur nach dem DLM gestartet werden kann.

Im letzten Schritt formatiert der Administrator ein Blockgerät mit dem neuen Dateisystem. Nachdem er sich vergewissert hat, dass */dev/drbd0* auf dem Knoten auch wirklich primär ist und beide DRBD verbunden sind, kann er das Gerät mit einen OCFS2-Dateisystem beschreiben:

```
# mkfs -t ocfs2 /dev/drbd0
```

Natürlich wirkt sich die Formatierung auch auf das DRBD des anderen Knotens aus. Nun muss die komplette Konfiguration in den Cluster übernommen werden.

```
primitive resFS ocf:heartbeat:Filesystem \
  params device="/dev/drbd0" directory="/mnt" fstype="ocfs2" \
  op monitor interval="120s"
clone cloneFS resFS meta interleave="true" globally-unique="false"
colocation colFSO2CB inf: cloneFS cloneO2CB
order ordO2CBFS inf: cloneO2CB cloneFS
```

Die beiden Blockgeräte werden der Einfachheit halber unter */mnt* eingehängt. Als Metaattribut ist zusätzlich `interleave="true"` angegeben, so dass die beiden Instanzen von OCFS2 unabhängig voneinander starten können, sobald ein o2cb-Dienst gestartet ist.

Die Kontrolle

```
# cat /sys/fs/ocsf2/cluster_stack
```

liefert mit `pcmk` die Antwort, dass tatsächlich `pacemaker` und damit `OpenAIS` zur Kommunikation genutzt wird. Die Übersicht `crm_mon` über den Zustand des Clusters zeigt, dass auch alle Ressourcen richtig gestartet wurden:

```
Online: [ suse1 suse2 ]
Master/Slave Set:
        Masters: [ suse1 suse2 ]
Clone Set: cloneDLM
        Started: [ suse2 suse1 ]
Clone Set: cloneO2CB
        Started: [ suse2 suse1 ]
Clone Set: cloneFS
        Started: [ suse1 suse2 ]
```

Dieser Aufbau ist wieder hart an der Grenze der Entwicklung. Aber mit der Zeit werden die Programme auch in die wichtigsten Distributionen aufgenommen und stehen dann vielen Anwendern zur Verfügung.

Auf Basis dieses Clusters mit redundantem Zugriff auf die Informationen können die folgenden Projekte realisiert werden. Mit zunehmender Stabilität der Programme steht auch einem produktiven Einsatz nichts mehr im Weg.

Fehlersuche

Gerade in so einem komplexen Aufbau können viele Fehler auftreten. Die Ressourcen reagieren nicht wie erwartet, oder das DRBD verabschiedet sich plötzlich mit einer Meldung über Split-Brain. Jedem Fehler muss nachgegangen werden, bis die tatsächliche Ursache gefunden ist.

Viele Ressourcen können anfangs oder während des Aufbaus und Bastelns tatsächlich einen anderen Status haben, als in der GUI oder in der Statusanzeige dargestellt. Dann hilft es, dem CRM bzw. seinem Wissen über die Welt mit einem `crm_resource -P` oder `crm_resource -R` auf die Sprünge zu helfen. Auch hat es sich bewährt, die Ressourcen mit `crm_resource -C` noch einmal aufzuräumen. Meistens erhalten sie nach der erneuten Prüfung den richtigen Status.

Während des Tests kann auch ein Fehlerzähler so weit aufgelaufen sein, dass eine Ressource nicht mehr zum Start zu bewegen ist. Bei solchen Symptomen hilft es, sich einmal schnell alle Fehlerzähler mit `crm_mon -1f` anzeigen zu lassen und notfalls aufzuräumen. Ein fehlgeschlagener Start einer Ressource setzt den Fehlerzähler auf INFINITY!

Falls eine Ressource besonders lange dazu braucht, zu starten oder eine Operation direkt im Anschluss an den Start durchzuführen, kann das daran liegen, dass die `monitor`-Operation ein `start-delay` gesetzt hat. Das hat zur Folge, dass die Überwachung der Ressource nach dem Start um diese Zeitspanne aufgeschoben wird. Da der CRM für eine Ressource immer nur eine Operation durchführen kann, können in dieser Zeit auch keine anderen Operationen erledigt werden. Ein Löschen dieses Parameters oder ein Heruntersetzen auf einen vernünftigen Wert hat schon manche unerklärliche Verzögerung beseitigt.

Wenn alles so funktioniert, wie der Administrator es sich vorstellt, können auf dieser Basis die beiden Knoten die Daten als Dateiserver im Netzwerk (per NFS oder CIFS) veröffentlichen. Möchte sich der Administrator den Umweg über die Dateisysteme (OCFS2, NFS) sparen, kann er die Daten der Bockgeräte auch gleich per iSCSI freigeben. Der Charme einer solchen Lösung mit zwei primären Partitionen im DRBD ist, dass die beiden Knoten des Clusters unterschiedliche Wege anbieten. iSCSI-Initiatoren (Clients) können dann auch das Multipath-Modul nutzen.

Zusammengefasst kann man sagen, dass sich mit dieser Technik ein extrem preisgünstiges, aber dennoch hochverfügbares *Storage Area Network* (SAN) im TByte-Bereich ohne Probleme aufbauen lässt. Aber kehren wir zuerst zu den klassischen Dateiservern zurück.

Anwendung: Ein hochverfügbarer NFS-Server

Ein Beispiel für eine einfache Anwendung des replizierten Dateisystems ist es, diese Dateien Clients als Dateiserver per NFS zur Verfügung zu stellen. Dies wird am Beispiel eines Debian-Clusters gezeigt; andere Distributionen verwenden eventuell unterschiedliche Startmechanismen. Entsprechende Anleitungen sind im Internet zu finden, und die Abweichungen dürften ebenfalls gering ausfallen. Alternativ kann der Fileserver die Verzeichnisse Windows-Clients auch per CIFS (Samba) zur Verfügung stellen, oder es kann mit iSCSI-Targets ein eigenes SAN aufgebaut werden.

In dieser Beschreibung werde ich mich auf NFSv4 konzentrieren. Erstens hat Version 4 gegenüber den alten Versionen 2 und 3 Performance- und Sicherheitsvorteile. Allein deshalb sollte man auf die neue Version umsteigen. Zudem gibt es im Internet genügend Anleitungen[4], die einen hochverfügbaren NFSv3-Server beschreiben. Die meisten Anleitungen sind um das Jahr 2006 entstanden und nutzen noch heartbeat und nicht pacemaker als Cluster-Manager. Aber nach der aufmerksamen Lektüre dieses Buchs sollte es dem Leser nicht schwerfallen, die Beispiele aus dem Netz auf die neue Konfiguration umzuschreiben. Eine Migration auf Version 4 sollte auch kein größeres Problem sein, da alle aktuellen Distributionen diese Version schon nutzen können.

Der hochverfügbare NFS-Server benötigt eine eigene IP-Adresse und natürlich den NFS-Dienst. Für die Adresse existiert ein eigener Agent nach OCF-Standard, aber der NFS-Dienst muss sich über das init-Skript in den Cluster integrieren.[5]

Zuerst muss aber der NFS-Dienst installiert werden. Unter Debian geschieht das auf beiden Knoten mit:

```
# apt-get install nfs-kernel-server
```

Andere Distributionen bringen ihre eigenen Paketverwaltungen mit. Unter Debian wird automatisch noch das Paket nfs-common installiert, das die notwendigen Grundlagen für den NFS-Dienst bietet.

Da der NFS-Dienst von pacemaker verwaltet werden soll, darf er beim Systemstart nicht automatisch gestartet werden. Dazu wird der Dienst angehalten, und mit update-rc.d wird dem System beigebracht, den Dienst auch bei einem Neustart nicht zu starten:

```
# /etc/init.d/nfs-kernel-server stop
# /etc/init.d/nfs-common stop
# update-rc.d -f nfs-kernel-server remove
# update-rc.d -f nfs-common remove
```

Dies geschieht auch wieder auf beiden Knoten. Andere Distributionen verwenden hier chkconfig, um die Dienste zu verwalten, die beim Systemstart auszuführen sind.

Um Version 4 von NFS nutzen zu können, muss der idmap-Dienst gestartet werden, der die IDs der Benutzer der Clients in Werte umwandelt, die der Server versteht. Bei einem Debian-Lenny-System wird dazu in der Datei */etc/defaults/nfs-common* ein NEED_IDMAP=yes

---

4 *http://www.howtoforge.com/high_availability_nfs_drbd_heartbeat*
5 Aufmerksamen Lesern ist sicher aufgefallen, dass ein eigener OCF-RA für einen NFS-Server existiert. Allerdings wurde dieser so kurzfristig in das Projekt aufgenommen, dass ich keine Zeit hatte, ihn ausführlich zu testen. Für dieses Beispiel greife ich daher auf den LSB-Agenten zurück.

eingetragen. SUSE-Distributionen verwalten den Dienst eigenständig unter `init`. Eine komplette Anleitung für einen hochverfügbaren NFSv4-Server für Red Hat-ähnliche Distributionen findet sich auch auf einer Webseite[6] des Linux-HA-Projekts.

Ein weiteres Problem für einen NFS-Cluster ist, dass der neue Server nach einen Failover erst einmal nichts über die Dateien weiß, die ein bestimmter Client gerade geöffnet hatte. Der Mechanismus, dieses Problem des Lockings in alten Versionen von NFS zu beheben, besteht darin, die Clients zu fragen, welche Dateien sie gerade verwendet haben. Derselbe Mechanismus wird auch bei einem Neustart des Servers genutzt. Der Daemon schickt eine Meldung an alle Clients, die in den Listen verzeichnet sind: »Hilfe, ich habe eure Locks vergessen. Bitte meldet sie noch einmal an.« Die Clients waren dann dafür zuständig, die Sperren auf die Dateien zu erneuern. Alte Versionen von NFS pflegten diese Listen in Dateien im Verzeichnis */var/lib/nfs*. Im Cluster blieb nichts weiter zu tun, als dieses Verzeichnis auf ein gemeinsam genutztes Medium zu legen, und schon hatte man das Problem gelöst.

In der neuen Version NFSv4 ist der Client jetzt ganz allein für die Verwaltung der Locks zuständig. Dazu nutzt er einen Polling-Mechanismus. Der Server informiert die Clients jetzt nicht mehr über einen Neustart oder einen Failover im Cluster. Das Problem besteht darin, dass der Server ja auch zweimal hätte durchstarten können und der Client dann dementsprechend mit seinen Locks durcheinanderkommt. In der neuen Version verwaltet der Server zwar auch Listen von Clients, aber für einen ganz anderen Zweck: Er nutzt diese Listen, um Clients davon abzuhalten, Locks einzufordern, die sie auf dem Server schon längst verloren haben. Für den Cluster ändert sich wenig: Die Dateien im Verzeichnis */var/libv/nfs* müssen, genau wie die Daten des NFS, auf einem gemeinsam genutzten Medium abgelegt werden.

Es bleibt nur ein Problem: In der neuen Version gibt es einige Dienste, die ein *rpc_pipefs* nutzen. Es dürfte schwierig werden, das auf ein gemeinsames Medium auszulagern. Deshalb wird dieses Verzeichnis lokal angelegt, und alle Konfigurationen, speziell des `idmapd`, werden angepasst. Zuerst müssen allerdings alle Dienste, die mit NFS zusammenhängen, auf beiden Knoten angehalten werden. Dann sucht der Administrator im Verzeichnis */etc* und allen Unterverzeichnissen nach Vorkommen von *rpc_pipefs*. In Debian wird man in den Dateien */etc/idmap.conf* und */etc/init.d/nfs-common* fündig. Auf beiden Knoten werden alle Vorkommen des Dateinamens von */var/lib/nfs/rpc_pipefs* in */var/lib/rpc_pipefs* geändert, die Dienste werden gestoppt, und das Verzeichnis selbst wird verschoben:

```
# mv /var/lib/nfs/rpc_pipsfs /var/lib
```

Auf einem Knoten wird das gemeinsam genutzte Medium eingehängt, und die restlichen Dateien werden aus */var/lib/nfs* in ein Verzeichnis darauf verschoben. Im Beispiel verwende ich das oben angelegte */mnt/drbd*:

```
# mv /var/lib/nfs /mnt/drbd
```

---

6 http://www.linux-ha.org/HaNFS

Das ursprüngliche Verzeichnis wird durch einen Link an diese Stelle ersetzt:

```
# ln -sn /mnt/drbd/nfs /var/lib/nfs
```

Auf dem Knoten, auf dem bisher das DRBD als Secondary lief, wird das Verzeichnis /var/lib/nfs gelöscht und durch den Link ersetzt.

Als letzter Stolperstein bleibt der Hostname, den `rcp.statd` für den eigenen Rechnernamen verwendet. Üblicherweise sucht sich `statd` den Namen mit *gethostname()*, aber im Cluster können wir den Namen des jeweiligen Knotens nicht gebrauchen. Deshalb muss `statd` beim Start der Name (oder die IP-Adresse) des Clusters als Option übergeben werden. In Debian ist die Option in /etc/defaults/nfs-common:

```
STATDOPTS="-n nfs-server"
```

In anderen Distributionen findet sich diese Einstellung unter /var/sysconf/nfs. Alternativ kann der Administrator die Option natürlich manuell ins Startskript einbauen. Natürlich muss auch noch festgelegt werden, was der NFS-Server exportieren soll. Dafür ist, wie bisher, die Datei /etc/exports zuständig. Allerdings muss in NFSv4 zusätzlich das oberste Verzeichnis mit der Dateisystemkennung »0« angegeben werden. Sinnvoll ist es auch, alle weiteren Dateisysteme mit einer eindeutigen ID zu kennzeichnen. So werden Probleme beim Wiederfinden der Dateien nach einen Schwenk im Cluster von vornherein ausgeschlossen. Im Beispiel sieht die Datei /etc/exports folgendermaßen aus:

```
# Beispiel für NFSv4:
/mnt/drbd/exports     *(rw,sync,fsid=0)
/mnt/drbd/exports/tmp *(rw,sync,fsid=1001)
```

Diese Datei muss wiederum auf beiden Knoten gleich sein. Jeder Administrator darf natürlich noch weitere Optionen eingeben, die die Benutzerverwaltung absichern. Die Option sync ist in einem Cluster unerlässlich, auch wenn sie Performance kostet!

Einbau im Cluster

Nach der Konfiguration des Diensts selbst erhält der Cluster die Verantwortung für Start und Stopp der NFS-Dienste, zur Abwechslung mal wieder in der Notation von crm:

```
primitive resDRBD ocf:heartbeat:drbd params drbd_resource="r0"
primitive resFilesystem ocf:heartbeat:Filesystem \
   params device="/dev/drbd0" directory="/mnt/drbd" fstype="ext3"
primitive resIP ocf:heartbeat:IPaddr2 \
   params ip="192.168.188.173" nic="eth0" cidr_netmask="24"
primitive resNFScommon lsb:nfs-common
primitive resNFSServer lsb:nfs-kernel-server
group groupNFS resFilesystem resNFScommon resNFSServer resIP
ms msDRBD resDRBD meta notify="true"
colocation colNFSDRBD inf: resFilesystem msDRBD:Master
order ordDRBDNFS : msDRBD:promote resFilesystem:start
```

> Bei einem NFS-Server ist es wichtig, dass der Cluster-Manager *zuerst* den Dienst startet und erst *dann* die IP-Adresse. Falls der Cluster schon unter der IP-Adresse antwortet, aber der Dienst noch nicht bereit ist, kann es vorkommen, dass ein Client auf eine Anfrage die Fehlermeldung "icmp port unreachable" erhält. Der Client bricht die NFS-Verbindung daraufhin ab. Wenn die IP-Adresse im Netz nicht erreichbar ist, versucht es der Client einfach später noch einmal, und die Verbindung kommt zustande.

Als Erstes sollte der Administrator überprüfen, ob der Failover im Cluster reibungslos funktioniert. Dazu wird ein paarmal jeweils der aktive Knoten auf Stand-by gesetzt. Der Cluster hält die Ressourcen an, macht den bisherigen DRBD-Secondary zum Master und startet die Ressourcen wieder schön der Reihe nach. Sollte das nicht der Fall sein, steht garantiert ein Hinweis zur Ursache in der Logdatei.

Außerdem müssen die Rechte im Verzeichnis */mnt/exports/tmp* so gesetzt werden, dass ein Benutzer auf einem Client darauf schreiben darf. Dann steht einem

```
# mount -t nfs4 -o udp 192.168.188.173:/tmp /mnt
```

auf dem Client nichts mehr im Wege. Sicherheitshalber wird das Netzwerkprotokoll UDP (-o udp) verwendet. NFSv4 nutzt eigentlich das TCP-Protokoll. Da dieses Protokoll aber einen Status kennt und dieser Status im Cluster nicht mit übernommen werden kann, ist UDP im Cluster sinnvoller.

Mit einem

```
# touch /mnt/testdatei
```

versucht der vorsichtige Administrator erst einmal, ob er auf dem neuen Dateisystem schreiben darf. Wenn das gelingt, erzeugt er mit

```
# while :; do date +"%s  %c -- $i" | tee -a /mnt/nfstest.log ; sleep 1 ; ((++i)); done
```

jede Sekunde einen Eintrag in der Datei *nfstest.log* auf dem neuen Dateisystem.

Ein Failover, erzwungen mit `crm_standby -N node`, das den aktiven Knoten in Tiefschlaf versetzt, zwingt den NFS-Server, auf den anderen Knoten zu wechseln. Der Client und die *nfstest.log*-Datei bekommen davon aber relativ wenig mit:

```
(...)
1247516108  Mo 13 Jul 2009 22:15:08 CEST -- 84
1247516109  Mo 13 Jul 2009 22:15:09 CEST -- 85
1247516111  Mo 13 Jul 2009 22:15:11 CEST -- 86
1247516130  Mo 13 Jul 2009 22:15:30 CEST -- 87
1247516131  Mo 13 Jul 2009 22:15:31 CEST -- 88
1247516133  Mo 13 Jul 2009 22:15:33 CEST -- 89
(...)
```

Zwischen Datensatz 86 und 87 hatte die Ressource eine Auszeit von 19 Sekunden, aber kein einziger Datensatz ging verloren.

Synchronisation der Konfiguration

Nachdem der Aufbau so schön funktioniert, müssen wir dafür sorgen, dass Änderungen in der Konfiguration immer auf beiden Knoten durchgeführt werden. Wenn zum Beispiel die Datei */etc/exports* nur auf dem gerade aktiven Knoten gepflegt wird, sind sämtliche Änderungen nach einem Failover nicht mehr aktiv. Eine Möglichkeit wäre, diese Konfiguration ebenfalls auf der DRBD-Partition abzulegen.

Da sich die Konfigurationsdateien, im Gegensatz zu den Daten eines NFS, nur sehr langsam ändern, kann man diese Dateien auch nur per `rsync` abgleichen. Als Beispiel soll hier die Synchronisation der Dateien */etc/exports* gezeigt werden. Wenn der Administrator immer die Clusteradresse nutzt, um die Konfiguration zu ändern, muss `rsync` im Hintergrund dafür sorgen, dass die aktuelle Datei auf den passiven Knoten übertragen wird. Folgende Zeile in der `crontab` sorgt dafür, dass die Konfiguration von Knoten *node1* auf Knoten *node2* übertragen wird:

```
*/5 * * * * /usr/bin/rsync -e ssh -tu /etc/exports node2:/etc/
```

Da aber nie festgelegt wird, welcher Knoten aktiv oder passiv ist, wird der Datenabgleich in beide Richtungen eingerichtet. Auf Knoten *node2* muss bei der Konfiguration der `crontab` natürlich *node1* eingegeben werden, und die Schlüssel der Rechner müssen in */root/.ssh/authorized_keys* des anderen Knotens hinterlegt werden, damit der Dateiaustausch ohne Passwort funktioniert. Jetzt sorgt `crontab` dafür, dass das Skript zwischen beiden Knoten alle fünf Minuten synchronisiert wird.

Die Option `-tu` passt dabei auf, dass die Originalzeit der Datei erhalten bleibt und eine neuere Version nicht durch eine alte Version überschrieben wird.

An dieser Stelle ist der hochverfügbare NFS-Server einsatzbereit. Fortgeschrittene Administratoren wollen dem einfachen Dienst natürlich noch das Sahnehäubchen »Sicherheit« verpassen. Dazu kann man die Authentifizierung des Clients dem Kerberos-Dienst überlassen. Als schöner Nebeneffekt ist gleichzeitig auch der komplette Datenverkehr zwischen Client und Server verschlüsselt.

NFSv4 und Kerberos

NFSv4 kann auch wunderbar mit dem kerberos-Dienst zusammenarbeiten, um so eine abgesicherte Infrastruktur aufzubauen, in der Clients ohne Zutun eines Benutzers, also ohne Benutzername und Passwort, das NFS nutzen können. Dazu erhält jeder Beteiligte (NFS-Server und -Client) ein Zertifikat, mit dem er sich gegenüber einer zentralen Instanz, dem Ticketserver, ausweisen kann. Von diesem Server erhält der Client ein Ticket, das ihm die Türen zu allen Diensten öffnet, die ihm erlaubt sind, ohne dass er sich dort noch einmal speziell anmelden müsste, da der Server der zentralen Ticketinstanz vertraut.

So ein Ticket können sich natürlich – ein weiteres Element in der Welt von kerberos – Benutzer auch besorgen und damit auch die freigeschalteten Dienste in Anspruch nehmen. Deshalb spricht man im Zusammenhang mit Benutzern auch von einem *Single-Sign-On-System*. Einmal am zentralen Ticketserver angemeldet, ist mit dem Ticket in der Hinterhand keine weitere Authentifizierung für andere Dienste mehr notwendig. Wie kann man jetzt NFSv4 als Dienst in kerberos nutzen?

Zur Einrichtung von Kerberos unter NFSv4 existieren viele Anleitungen im Internet.[7] Wer es genau wissen will, kann auch auf das Kerberos-Buch[8] aus dem Hause O'Reilly zurückgreifen. Da die Anleitungen sehr gut sind und detailliert die Vorgehensweise beschreiben, werde ich an dieser Stelle nicht mehr auf die Konfiguration eines NFSv4-Servers mit Authentifizierung durch Kerberos eingehen.

Vielmehr interessiert ja der Aufbau eines Clusters mit dieser Funktion. Und hier gibt es leider ein kleines Problem: Der `gsssvcd`-Dienst, der als Teil des Kerberos-Systems für die Authentifizierung benötigt wird, erfragt den Hostnamen mittels `gethostname()`, der natürlich den dedizierten Namen des Knotens zurückliefert und nicht den Namen des Clusters. Auch die Tickets und Schlüssel in Kerberos werden grundsätzlich auf die Hostnamen ausgestellt. Auf jedem Knoten müsste also ein Kerberos-Principal (die Entsprechung zu einem Schlüssel) für den Knoten und den Cluster liegen, aber mit unterschiedlichen Namen. Und genau damit hat der `gsssvcd`-Dienst ein Problem, da er nur einen Hostnamen nutzen kann.

Ondrej Palkovsky hat im März 2009 einen Patch[9] veröffentlicht, der dieses Problem löst, indem er bei `gsssvcd` mehrere Hostnamen mit der Option `-h` zulässt. Leider ist der Patch noch in keiner Distribution angekommen und auch noch in keinem offiziellen Patch enthalten, so dass der Administrator, der eine wirklich sichere NFSv4-Installation einführen will, die `nfs-utils` neu übersetzen muss.

Anwendung: iSCSI-Targets

Alternativ zum Export der DRBD-Partition über ein Dateisystem, egal ob NFS oder CIFS (`samba`), kann der Cluster die Blockgeräte auch direkt per iSCSI im Netz anbieten. Clients können den Plattenplatz als SCSI-Devices einbinden – eine ideale Konstellation, wenn man ein eigenes Low-Cost-SAN realisieren will.

Es gibt für Linux gute Implementierungen, die einen iSCSI-Initiator, also den Client, realisieren.[10] Zwei Projekte haben sich im April 2005 vereint, und die Entwicklung erfolgt jetzt unter dem Namen `linux-iscsi` (Achtung, der Paketname ist `open-scsi`!). Bei dieser

---

7 *http://www-theorie.physik.unizh.ch/~dpotter/howto/kerberos* und *https://help.ubuntu.com/community/NFSv4Howto*
8 J. Garman, »Kerberos: The Definitive Guide«. O'Reilly, 2003.
9 *http://linux-nfs.org/pipermail/nfsv4/2009-March/010072.html*
10 *http://www.open-iscsi.org* und *http://linux-iscsi.sourceforge.net*

Implementierung kann Linux eine Partition von einem entfernten iSCSI-Target lokal einbinden. Für einen Export des eigenen Speichers per iSCSI, wie es für ein einfaches SAN notwendig ist, ist ein iSCSI-Target als Dienst notwendig. Auf dieser Seite sind die Implementierungen für Linux sehr dünn gesät. Ein vielversprechendes Projekt ist zum Beispiel das *iSCSI Enterprise Target*[11].

In jeder aktuellen Distribution sind die Pakete inzwischen enthalten. In Debian Lenny installiert man die Software, je nach aktueller Kernelversion, mit:

```
# apt-get install iscsitarget-modules-2.6.26-2-686 iscsitarget
```

Das Konzept von iSCSI ist es, unter einem Target eine oder mehrere logische Einheiten (*Logical Unit*, LUN) zu bündeln, die von den Clients importiert werden können. Das Target ist unter einem einheitlichen *iSCSI Qualified Name* (IQN) erreichbar. Damit die IQN eindeutig ist, wird sie für jedes Target neu erstellt. Jede IQN wird mit der Zeichenfolge iqn. eingeleitet, der ein Datum der Form JJJJ-MM. folgt. Dann erscheint der Name des Rechners in umgekehrter Notation. Der Rechner san.beispiel.de wird so zu de.beispiel.san. Danach kann der Administrator optional noch eine beliebige Zeichenkette eingeben, die helfen soll, das Target zu identifizieren. Diese Identifikation wird mit einem Doppelpunkt (:) vom Rest abgetrennt. Wenn man zum Beispiel das Gerät */dev/drbd0* exportieren will, könnte die IQN so aussehen: iqn.2009-09.de.beispiel.san:drbd0.

Das Target verwaltet auch die Authentifizierung und Autorisierung von Rechnern bzw. Benutzern, die den angebotenen Speicherplatz nutzen wollen. Dazu werden bei Bedarf Benutzernamen und Passwörter unter einem Target angelegt sowie Listen von Rechnern, denen der Zugriff gewährt werden soll.

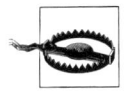

> Das RFC 3720 gibt an, dass das Passwort aus mindestens zwölf Zeichen bestehen muss. Windows-Rechner halten sich zur Abwechslung einmal an diese Vorgabe. Wenn das SAN also auch von Windows-Rechnern genutzt werden soll, muss das Passwort wirklich so lang sein.

Unter einem Target werden dann eine oder mehrere LUN eingerichtet. Die LUNS benötigen zur Konfiguration eigentlich nur die IQN des Portals, die LUN, die den Clients präsentiert wird, und das Blockgerät, das unter dieser Kennung exportiert wird.

> Das Gerät in der LUN-Konfiguration kann jedes Block-Device sein, aber auch virtuelle Block-Devices, wie zum Beispiel LVM, SoftRAID oder reguläre Dateien. Interessant ist der Einsatz von LVMs, bei denen die einzelnen Partitionen im Betrieb veränderbar sind und bei denen eine rudimentäre Snapshot-Funktionalität implementiert ist.

---

11 *http://iscsitarget.sourceforge.net*

Der pacemaker-Cluster nutzt natürlich nicht mehr das init-Skript, sondern bringt seinen eigenen OCF-kompatiblen *Resource Agent* mit. Der iSCSITarget-Agent erzeugt das Portal, und der iSCSILogicalUnit stellt die LUNs dort ein. In pacemaker wird das Ganze sinnvollerweise als Gruppe aus Target und LUN(s) abgebildet. Wenn man */dev/drbd0* auf dem Cluster *san.beispiel.de* exportieren will und dieser unter der IP-Adresse 192.168.188.105 erreichbar ist, lautet die Konfiguration:

```
primitive resTarget ocf:heartbeat:iSCSITarget \
    params iqn="iqn.2009-09.de.beispiel.san:drbd0"
primitive resLUN ocf:heartbeat:iSCSILogicalUnit \
    params path="/dev/drbd0" target_iqn="iqn.2009-09.de.beispiel.san:drbd0" lun="0"
primitive resIP ocf:heartbeat:IPaddr2 \
    params ip="192.168.188.105" cidr_netmask="24" nic="eth0"
group groupSAN resTarget resLUN resIP
```

Zusatzlich habe ich gleich eine IP-Adresse konfiguriert, unter der das Target im Cluster erreichbar sein soll. Die Bedingungen, um das Target an den Master des DRBD zu binden, sind analog zum vorherigen Beispiel:

```
colocation colTargetDRBD inf: resTarget:Started msDRBD:Master
order ordDRBDTarget inf: msDRBD:promote resTarget:start
```

Bei einem Fehler auf den aktiven Knoten schwenken die Ressourcen um, das DRBD auf dem bisherigen passiven Knoten wird Master, und der Cluster exportiert wiederum dieselben Daten, die ja zuvor immer vom DRBD abgeglichen wurden.

Leider verlässt sich der iSCSITarget-Agent darauf, dass die Kernelmodule schon geladen sind und der iet-Dienst ebenfalls gestartet ist. Fehlen diese, meldet er einen Fehler zurück, und die Ressource kann nicht starten. Deshalb kann der Administrator das Modul durch das init-Skript beim Systemstart laden. Die normale Konfiguration bleibt einfach leer. Besser ist es natürlich, wenn der Dienst als LSB-Ressource auch vom Cluster verwaltet wird und in der Gruppe integriert ist:

```
primitve resIETD lsb:iscsitarget
group groupSAN resIETD resTarget resLAN
```

Im Beispiel oben habe ich keine Authentifizierung zur Absicherung des Zugangs eingebaut. Diese zusätzlichen Attribute würden die Konfiguration von oben nur unübersichtlich machen. Das Prinzip wird aber durch eine einfache Konfiguration klar. Im Betrieb sollte der Zugang natürlich durch Benutzername und Passwort abgesichert werden. Für das Target existieren solche Attribute direkt, und für die LUNs können sie über das Attribut additional_parameter eingerichtet werden.

Noch ein Wort der Mahnung, bevor eifrige Administratoren den kompletten Speicherbedarf der Firma auf einen iSCSI-SAN-Cluster nach diesem Muster umstellen. Die LUN kann man von mehreren Clients aus einbinden. Das iSCSI-Target wehrt sich auch nicht dagegen, wenn dies gleichzeitig geschieht. Ist auf dem Blockgerät ein normales Dateisystem eingerichtet, ist das eine sichere Methode, Datenmüll zu produzieren. Der Administrator muss dafür sorgen, dass zu einem bestimmten Zeitpunkt immer nur ein Client die

LUN nutzt, oder alternativ ein clusterfähiges Dateisystem (OCFS2, GFS, GPFS, Lustre usw.) mit einem entsprechenden Locking-Mechanismus einrichten.

Der iSCSI-Client

Auf der anderen Seite, also auf dem Rechner, der das exportierte Blockgerät einbinden will, muss eine Software installiert sein, die als iSCSI-Initiator arbeitet. Unter Linux wird das meist das `open-iscsi` Paket sein. Der Befehl, um die komplette Konfiguration zu steuern, ist `iscsiadm`. Das Kommando versteht mehrere Betriebsarten. Im Entdeckermodus (Option: `-m discovery`) sucht er bestimmte iSCSI-Portale nach den exportierten Geräten ab und speichert die Informationen in lokalen Dateien. Eine Konfiguration für das oben angelegte Gerät können wir zum Beispiel auf dem Client automatisch mit

```
# iscsiadm -m discovery -t sendtargets -p Knotenname:Port
```

einlesen. Der Knotenname sollte sich dabei in die IP-Adresse des Clusters auflösen, und der Port ist standardmäßig 3260, wenn auf dem Server nichts anderes konfiguriert wurde. Die Konfigurationsdatei für das neu angelegte Gerät findet sich unter */etc/iscsi/nodes/iqn. 2009-09.de.beispiel.san.drbd0/192.168.188.105,3260,1/default*.

Ein

```
# iscsiadm -m node -l
```

bindet das Gerät ein, und es erscheint als neuer Eintrag unter */dev/sd?*. Mit den üblichen Bordmitteln (`fdisk`) wird das Gerät partitioniert und ein neues Dateisystem angelegt (`mkfs`). Ein mount hängt es in den Dateibaum von Linux ein, und der Anwender bekommt fast nicht mit, dass er auf eine Festplatte schreibt, die nicht lokal im Rechner verbaut ist. Für die weitere Dokumentation und die automatische Einbindung ins Dateisystem sei auf die Dokumentation von `open-iscsi` verwiesen.

Für das iSCSI-Gerät existiert der `iscsi`-*Resource Agent*, der mindestens die Parameter portal, also den Hostrechner, und target benötigt. Damit lässt sich auch das zentrale SAN der Firma für den eigenen Cluster nutzen. Es ist sinnvoll, das iSCSI-Gerät und das Dateisystem als Gruppe zu konfigurieren:

```
primitive resISCSI ocf:heartbeat:iscsi \
  params discovery_type="sendtargets" portal="192.168.188.105" \
    target="iqn.2009-09.de.beispiel.san:drbd0"
primitive resFS ocf:heartbeat:Filesystem \
  params device="/dev/sdc1" directory="/mnt" fstype="ext3"
group groupStorage resISCSI resFS
```

Leider verlässt sich der `iscsi`-Agent darauf, dass die Kernelmodule schon geladen sind und der Dienst auch bereits läuft. Fehlen sie, meldet er einen Fehler zurück, und die Ressource kann nicht starten. Deshalb kann der Administrator das Modul durch das init-Skript beim Systemstart laden oder den Dienst als LSB-Ressource im Cluster einbauen. Die normale Konfiguration bleibt einfach leer.

Ist auf dem Server eine Authentifizierung notwendig, um das entfernte SCSI-Gerät zu nutzen, muss der Administrator auch diese Daten in der Definition der iSCSI-LUN hinterlegen (siehe oben). Anstelle von

```
node.session.auth.authmethod = none
```

gibt er die Daten aus der Konfiguration des Targets ein:

```
node.session.auth.authmethod = CHAP
node.session.auth.username = Benutzername
node.session.auth.password = Passwort
```

Virtuelle Rechner als Clusterressource

In den letzten Jahren hat die Virtualisierung von Servern einen enormen Auftrieb erfahren. Die Firma VMware[12] war sicherlich Pionier auf diesem Gebiet, und solange sie keine ernst zu nehmende Konkurrenz hatte, waren die Preise für ihre Produkte entsprechend hoch. In letzter Zeit bieten offene Lösungen wie zum Beispiel Xen oder KVM interessante Alternativen an. Wenn allerdings die physikalische Hardware, auf der viele Server virtualisiert sind, Probleme macht, hat das um so gravierendere Konsequenzen.

Kommerzielle Angebote von *VMware* und *XenSource*[13], das inzwischen von Citrix aufgekauft wurde, bieten hochverfügbare Clusterlösungen auf zwei (oder mehr) Rechnern, auf denen virtuelle Rechner als Ressourcen je nach Bedarf verschoben werden können. Mit einem Linux-HA-Cluster und ein paar zusätzlichen Programmen ist ein solcher Aufbau natürlich ebenfalls möglich.

Grundlage bleibt ein gemeinsam genutzter Speicher, der die Festplatte der virtuellen Rechner als Datei beherbergt. Der komplette virtuelle Rechner wird vom Cluster als Ressource verwaltet. Im Fehlerfall startet das DRBD als Master auf dem anderen Knoten und anschließend den virtuellen Rechner, der auf demselben Datenstand weitermachen kann.

Für die Virtualisierung nutze ich KVM, da diese Lösung, im Gegensatz zu Xen, Einzug in den Kernel gefunden hat und deshalb in allen aktuellen Distributionen bereits enthalten ist. Mit der `libvirt` als Zwischenschicht, die die eigentliche Virtualisierung von der Verwaltung der Ressourcen abstrahiert, kann man sich das Leben besonders einfach machen – insbesondere da die `libvirt` eine Menge schöner Verwaltungswerkzeuge mitbringt.

Voraussetzung für die ganze Virtualisierung ist allerdings, dass der Prozessor das unterstützt. Ansonsten wird er für den virtuellen Rechner emuliert, was ein unerträglich zähes Verhalten zur Folge hat. Die notwendigen Flags im Prozessor werden mit

```
# egrep '(vmx|svm)' --color=always /proc/cpuinfo
```

---

12 *http://www.vmware.com*
13 *http://citrix.com/English/ps2/products/product.asp?contentID=683148*

abgefragt. Wenn vms (Intel) oder svm (AMD) erscheint, ist der Prozessor in der Lage, die Virtualisierung in Hardware abzubilden.

Installation von KVM und libvirt

Die folgende Anleitung für Debian Lenny wurde größtenteils aus dem HOWTO[14] übernommen. Aus Platzgründen habe ich ein paar Details nicht so ausführlich beschrieben. Im Zweifelsfall kann man im Original noch einmal nachlesen. Die notwendigen Programme sind in den Paketen kvm, libvirt-bin und virtinst zu finden, die deshalb installiert werden müssen. Damit der aktuelle Benutzer (wahrscheinlich root) die ganze Virtualisierung auch vornehmen darf, muss er Mitglied der Gruppe libvirt sein:

```
# adduser root libvirt
```

Um dem neuen virtuellen Rechner auch Zugriff auf das Netzwerk zu verschaffen, muss auf der entsprechenden Schnittstelle eine Bridge eingerichtet werden. Das erledigt der Administrator, indem er mit

```
# apt-get install brigde-utils
```

die entsprechenden Programme installiert und in der Datei */etc/network/interfaces* die Konfiguration eingibt:

```
auto Schnittstelle
iface Schnittstelle inet manual

auto br0
iface br0 inet static
        address Adresse
        netmask Netzwerkmaske
        gateway Gateway
        bridge_ports Schnittstelle
        bridge_fd 9
        bridge_hello 2
        bridge_maxage 12
        bridge_stp off
```

Dabei müssen die Parameter *Schnittstelle*, *Adresse*, *Netzwerkmaske* und *Gateway* natürlich an die Bedürfnisse des eigenen Netzes angepasst werden, und das Netzwerk muss neu gestartet werden. Details zu den Parametern der Konfiguration finden sich in der Dokumentation zu Linux-Bridges[15].

Auf dem Rechner des Administrators oder auf dem Knoten wird zusätzlich die GUI zur Steuerung der virtuellen Instanzen installiert. Sie findet sich im Paket virt-manager. Über diese GUI kann der Administrator später die einzelnen virtuellen Rechner verwalten und auf sie zugreifen.

---

14 http://www.howtoforge.com/virtualization-with-kvm-on-a-debian-lenny-server
15 http://www.linuxfoundation.org/en/Net:Bridge

Bevor der erste virtuelle Rechner eingerichtet wird, sollte sich der Administrator über den gemeinsam genutzten Speicher zwischen den Knoten des Clusters Gedanken machen. Im Fall eines Problems auf einem Knoten sollte der zweite Knoten sofort einspringen können. Dazu muss dieser Zugriff auf das aktuelle Abbild der Festplatten des virtuellen Rechners haben. Möglich ist hierbei wieder die Einrichtung von DRBD und eines lokalen Dateisystems. Als Alternative nutze ich in diesem Beispiel NFS. Auf einem Knoten wird das Netzwerkdateisystem */export/virtshare* unter */mnt/nfs* eingehängt, auf das später die Daten des virtuellen Rechners gespeichert werden:

```
# mount -t nfs remote_host:/mnt/nfs
```

Jetzt kann mithilfe des Programms `virt-install` der erste virtuelle Rechner auf diesem Host eingerichtet werden:

```
# virt-install --connect qemu:///system -n vm01  -r 512  -f /mnt/nfs/vm01.qcow2 \
     -s 4 -c debian-502-i386-netinst.iso --os-type linux --os-variant debianLenny \
     --accelerate --network=bridge:br0 --hvm --vnc
```

Der Rechner vm01 (Debian Lenny) wird mit 512 MByte RAM definiert. Die 4 GByte große Festplatte liegt in der Datei */mnt/nfs/vm01.qcow2*, und als Installations-CD findet ein aktuelles ISO-Image von Debian Verwendung. Außerdem nutzt der Rechner KVM zur Beschleunigung und die Schnittstelle *br0* als Bridge. Alle möglichen Optionen für die Einrichtung eines virtuellen Rechners werden auf den man-Seiten von `virt-install` gut erklärt.

Nachdem der Rechner eingerichtet ist, startet der Administrator den `virt-manager` und richtet die Verbindung zum Clusterknoten mit dem neuen Rechner ein. Falls der Manager lokal auf dem Knoten installiert ist, existiert die qemu:///session schon, andernfalls ist die Verbindung mit ADD CONNECTION mit der Definition qemu+ssh://root@*Knoten1*/system schnell eingerichtet und mit einem Doppelklick gestartet. Natürlich fragt der Manager an dieser Stelle nach dem Passwort für den SSH-Zugang. Danach sollte er ungefähr das Bild aus Abbildung 8-2 zeigen, da der Rechner noch nicht gestartet wurde:

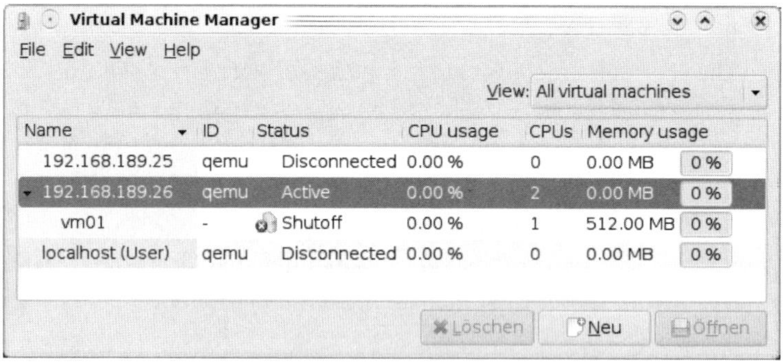

Abbildung 8-2: Der neue virtuelle Rechner im Fenster des Managers. Er ist zwar definiert, aber noch nicht gestartet.

Wiederum ein Doppelklick auf den virtuellen Rechner öffnet ein Fenster zum Rechner, ein Klick auf RUN (oben links) startet ihn, und die Installation beginnt. Eine textbasierte Einrichtung sollte für diesen Test genügen, besonders da der Platz der Festplatte mit 4 GByte knapp bemessen ist. Nach dem üblichen Neustart steht der neue Rechner dem Administrator vollständig zur Verfügung.

> In kritischen Situationen ist ein Konsolenzugang zum virtuellen Rechner besonders wertvoll. In der /etc/inittab wird der Kommentar vor der Zeile
>
> ```
> T0:23:respawn:/sbin/getty -L ttyS0 9600 vt100
> ```
>
> entfernt und der Rechner neu gestartet. Danach erreicht man die Konsole des virtuellen Rechners auch über `virsh console vm01` vom Hostrechner aus.

Clustern des Rechners

Natürlich wollen wir das neue Spielzeug auch gleich hochverfügbar haben, so dass der neue Rechner in den Cluster eingebaut wird. Zuerst muss aber die Definition des neuen Rechners auf den anderen Knoten kopiert werden. Diese Definition findet sich in /etc/libvirt/qemu/vm01.xml. Damit Änderungen in der Definition auch auf beiden Knoten synchron gehalten werden, sollte man sie im NFS-Verzeichnis ablegen oder per `rsync` abgleichen lassen (siehe Abschnitt »Synchronisation der Konfiguration«).

Der gesamte Aufbau erfolgt so, wie in Abbildung 8-3 dargestellt.

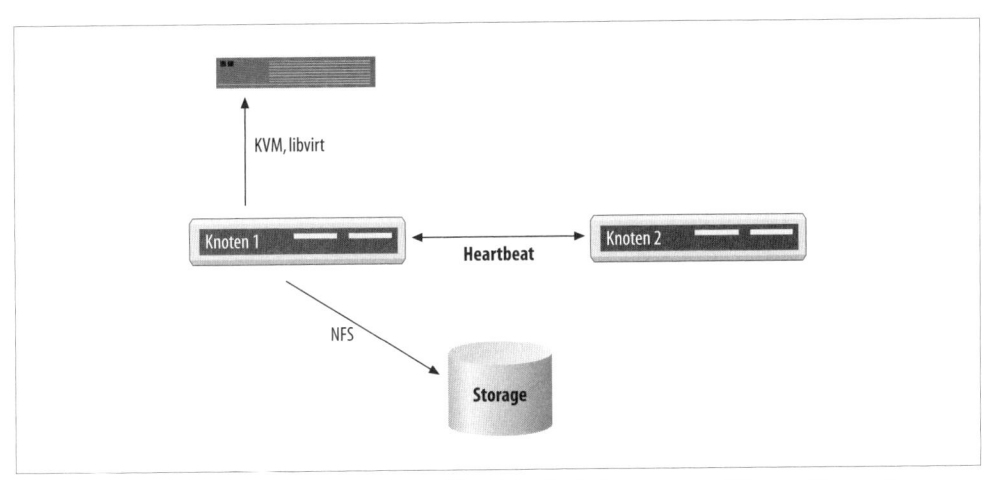

Abbildung 8-3: Ein virtueller Rechner (KVM, libvirt) läuft als Ressource im Cluster. Als gemeinsamen Speicher nutzen die beiden Knoten des Clusters einen NFS-Server. Im Fehlerfall kann der zweite Knoten auf denselben Datenstand zugreifen.

Der virtuelle Rechner bildet mit dem NFS-Dateisystem eine Gruppe, so dass der Rechner immer dort startet, wo das NFS schon eingebunden ist:

```
primitive resNFS ocf:heartbeat:Filesystem \
  operations op monitor interval="20" timeout="40" \
  params device="nfs-server:/export/virtshare" directory="/mnt/nfs" fstype="nfs"
primitive resVM01 ocf:heartbeat:VirtualDomain \
  operations op monitor interval="10" timeout="30" \
  params config="/etc/libvirt/qemu/vm01.xml"
group groupVirtual resNFS resVM01
```

Eleganterweise exportiert der NFS-Server ein logisches Volume (mit LVM), das nach Bedarf vergrößert werden kann. Auch Snapshots im laufenden Betrieb sind mit dieser Technik möglich. Der *Resource Agent* `VirtualDomain` kümmert sich um virtualisierte Rechner und verwendet die `libvirt` für die Verwaltung. Das hat den Vorteil, dass derselbe Agent sowohl für die Technik Xen als auch für KVM eingesetzt werden kann.

Überwachung der virtuellen Rechner

Der Cluster-Manager hat ein spezielles Problem mit virtuellen Rechnern: Bei »normalen« Ressourcen kann der Manager über seine Agenten feststellen, ob die Ressourcen noch das tun, wozu sie gedacht sind. Bei einem Apache-Webserver ruft der Agent zum Beispiel beim Aufruf mit `monitor` eine Webseite auf und vergleicht die Ausgabe mit einem regulären Ausdruck. Bei einem virtuellen Rechner ist das nicht mehr so einfach. Der Cluster-Manager kann über seinen Agenten nur noch feststellen, ob der virtuelle Rechner auf dem Host läuft oder ob der Rechner an sich gerade Probleme macht. Der Manager kann aber mittels des normalen Agenten nicht mehr feststellen, ob der virtuelle Rechner noch das macht, was der Administrator von ihm will. Diese Anforderung ist auch zu viel für den einfachen Agenten, denn es gibt sehr viele Einsatzszenarien für virtuelle Rechner.

Deshalb bietet der Agent eine Schnittstelle, mit der der Administrator die Funktion des Rechners testen kann. Realisiert ist diese Schnittstelle als einfacher Aufruf von Skripten. Der Code des Agenten liest sich wie folgt:

```
for script in ${OCF_RESKEY_monitor_scripts}; do
  script_output="$($script 2>&1)"
  script_rc=$?
  if [ ${script_rc} -ne ${OCF_SUCCESS} ]; then
    # A monitor script returned a non-success exit
    # code. Stop iterating over the list of scripts, log a
    # warning message, and propagate $OCF_ERR_GENERIC.
    ocf_log warn "Monitor command \"${script}\" for domain ${DOMAIN_NAME} \
      returned ${script_rc} with output: ${script_output}"
    rc=$OCF_ERR_GENERIC
    break
  else
    ocf_log debug "Monitor command \"${script}\" for domain ${DOMAIN_NAME} \
      completed successfully with output: ${script_output}"
  fi
done
```

Mit dem Instance-Attribut `monitor_scripts` konfiguriert der Administrator eine Liste von Skripten, die 0 zurückgeben, wenn der Test erfolgreich war. Alles andere zählt als Misserfolg und lässt den virtuellen Rechner im Zweifelsfall seinen Platz wechseln. Diese Liste mit den Skripten ist mithilfe einfacher Leerzeichen unterteilt.

Dem Administrator bleibt es überlassen, selbst einfache Skripte zu entwickeln, die überwachen, ob der virtuelle Server noch das macht, wofür er gedacht ist. Inspirieren lassen kann er sich von den anderen *Resource Agents* oder vom Programm `mon`. Dieses Paket bietet im Verzeichnis */usr/lib/mon/mon.d* eine Sammlung von Perl-Skripten, die verschiedene Dienste testen und das Ergebnis entsprechend melden. Ein Skript für den Webserver *www.virtual.host* kann deshalb zum Beispiel so aussehen:

```
#!/bin/bash
/usr/lib/mon/mon.d/http.monitor www.virtual.host | grep -q "www.virtual.host: ok"
exit $?
```

Dieses ausführbare Skript, als */usr/local/sbin/check_www* abgespeichert, kann als Wert für die `monitor_scripts` genutzt werden.

Live-Migration

Leider startet der virtuelle Rechner noch bei jedem Failover durch, so dass alle Verbindung abreißen. Schön wäre es, wenn der Cluster den virtuellen Rechner bei Bedarf in Echtzeit auf den anderen Knoten verschieben könnte. Neudeutsch nennt man das auch eine *Live-Migation des virtuellen Gasts*.

Die Programmpakete `KVM`, `qemu` und `libvirt`, die in der aktuellen Debian Lenny-Distribution enthalten sind, kennen dieses Kunststück noch nicht. Allerdings ist die Entwicklung nicht stehen geblieben, und die aktuellen Versionen beherrschen diesen Trick. Vorab aber eine Warnung an dieser Stelle: Der komplette folgende Abschnitt ist noch sehr nahe an der Entwicklung und nicht gut erprobt! Das beschriebene System kann deshalb zum Ausprobieren aufgebaut werden, sollte aber in Produktionsumgebungen nur mit größter Vorsicht einsetzt werden.

Die Pakete müssen dabei in folgenden Versionen vorliegen:

- KVM >= 79
- `qemu` >= 0.10
- `libvirt` >= 0.6.2

Passende Versionen finden sich zum Beispiel im `unstable`-Zweig von Debian, so dass dieses Repository eingerichtet werden muss, um die Pakete von dort zu beziehen. Nach der Installation kann das unsichere Repository wieder ausgebaut werden.

Der Aufbau aus Abbildung 8-3 wird jetzt erweitert und ist in Abbildung 8-4 dargestellt.

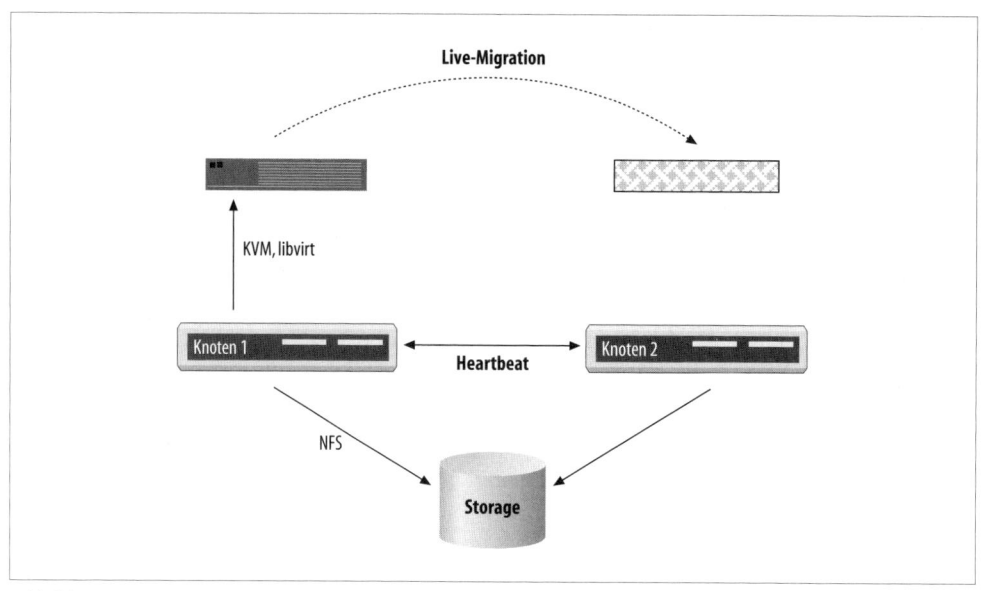

Abbildung 8-4: Wenn beide Knoten gleichzeitig auf den Speicher zugreifen können, kann der VirtualDomain Resource Agent den virtuellen Rechner auch im laufenden Betrieb von Knoten 1 auf Knoten 2 verschieben.

Für die Konfiguration löschen wir als Erstes die Gruppe und klonen das NFS, das ja auf beiden Knoten zur Verfügung stehen soll:

```
primitive resNFS ocf:heartbeat:Filesystem \
    operations op monitor interval="20" timeout="40" \
    params device="192.168.188.110:/export/virtshare" directory="/mnt/nfs" \
        fstype="nfs"
clone cloneNFS resNFS
```

Danach legen wir wieder die virtuelle Maschine an, diesmal allerdings mit ein paar eingebauten Tricks:

```
primitive resVM01 ocf:heartbeat:VirtualDomain \
    meta is-managed="true" allow-migrate="true" target-role="stopped" \
    operations op monitor interval="10" timeout="30" \
    params config="/etc/libvirt/qemu/vm01.xml" migration_transport="ssh"
```

Der *Resource Agent* verwendet den zusätzlichen Parameter migration_transport, um die Art der Verbindung zur libvirt des anderen Knotens einzurichten. Aus dem Wert ssh wird intern ein qemu+ssh://*Knoten*/system, wobei der *Knoten* durch den Namen des anderen Knotens ersetzt wird. Ich verwende für den Transport das Protokoll ssh, da ich es auch für die Verbindung des virt-manager einsetze. Damit die Migration später auch funktioniert, muss der Administrator natürlich die öffentlichen Schlüssel von *root* des Knotens auf dem jeweils anderen Knoten hinterlegen, so dass ein Einloggen ohne Passwortabfrage funktioniert.

Zusätzlich fällt das Metaattribut `allow-migrate` auf. Dieses weist den Cluster-Manager an, eine Migration zu versuchen. Dazu hat der *Resource Agent* `VirtualDomain` zwei zusätzliche Operationen:

migrate_to
: Wenn die Ressource von einem Knoten auf den anderen umzieht, wird der RA so auf dem bisherigen Knoten aufgerufen. Zusätzlich weist der Cluster der Umgebungsvariablen `OCF_RESKEY_meta_migrate_target` noch den Knotennamen zu, auf den die Ressource umziehen soll. Mit diesen Informationen kann sich der Agent das Kommando

  `virsh ${VIRSH_OPTIONS} migrate --live $DOMAIN_NAME ${remoteuri}`

  zusammenbasteln. Den Namen der Domäne sucht er sich selbst aus der Konfigurationsdatei, und die URI des anderen `libvirt` erstellt er wie oben beschrieben.

migrate_from
: Ein kurzer Blick in den Sourcecode des Agenten verrät, dass der Knoten bei einem Aufruf mit diesem Kommando nichts anderes macht, als zu warten, bis der Umzug erfolgreich war. Die Umgebungsvariable `OCF_RESKEY_meta_migrate_from` wird nur zum Logging benutzt.

Eine Migration ist natürlich nur dann möglich, wenn der andere Knoten noch lebt und keinen harten Tod gestorben ist. In diesem Fall wird die Ressource natürlich neu gestartet. Eine Migration ist immer dann sinnvoll, wenn ein Knoten zur Wartung heruntergefahren werden soll oder die Netzwerkanbindung ein Problem macht.

Die Ressource des virtuellen Rechners wird im Zustand `target-role="stopped"` angelegt, da die obligatorischen Bedingungen fehlen, die den Gast an ein laufendes NFS binden:

```
colocation colVM01NFS inf: resVM01 cloneNFS
order ordNFSVM01 inf: cloneNFS resVM01
```

Danach steht einem Start des virtuellen Rechners mit

```
# crm_resource -d target-role  -r resVM01 --meta
```

nichts mehr entgegen. Da der kluge Administrator bei der Installation des virtuellen Rechners (siehe Abschnitt »Installation von KVM und libvirt«) schon eine feste IP-Adresse und den SSH-Dienst eingerichtet hat, ist ein Einloggen ganz einfach. Zum endgültigen Test des Aufbaus, der Migration »bei lebendigem Leib«, gibt man folgendes Kommando auf dem virtuellen Rechner ein:

```
# while :; do date +"%s  %c -- $i" ; sleep 1; (( ++i )); done
```

Von einem anderen Rechner im Netz kann man die virtuelle Instanz zur Kontrolle ebenfalls noch anpingen. Ein

```
# crm_resource -M -r resVM01
```

vertreibt den virtuellen Rechner von seinem aktuellen Standort, und er wandert auf den anderen Knoten. Ein Benutzer, der auf dem virtuellen Rechner arbeitet, bekommt, abgesehen von einer kurzen Pause, davon nichts mit. Die Ausgabe auf dem Rechner lautet:

```
# while :; do date +"%s   %c -- $i" ; sleep 1; (( ++i )); done
(...)
1248193122  Tue 21 Jul 2009 06:18:42 PM CEST -- 4
1248193123  Tue 21 Jul 2009 06:18:43 PM CEST -- 5
1248193124  Tue 21 Jul 2009 06:18:44 PM CEST -- 6
1248193125  Tue 21 Jul 2009 06:18:45 PM CEST -- 7
1248193126  Tue 21 Jul 2009 06:18:46 PM CEST -- 8
1248193127  Tue 21 Jul 2009 06:18:47 PM CEST -- 9
```

Die Migration erfolgte nach der dritten Zeile. Sogar die Zeit ist kontinuierlich vergangen. Anschließend muss sich der Rechner damit beeilen, sie irgendwann nachzustellen. Von außen gesehen, gab es doch eine Auszeit von 10 Sekunden

```
64 bytes from 192.168.189.27: icmp_seq=52 ttl=64 time=0.333 ms
64 bytes from 192.168.189.27: icmp_seq=53 ttl=64 time=0.453 ms
64 bytes from 192.168.189.27: icmp_seq=54 ttl=64 time=0.382 ms
64 bytes from 192.168.189.27: icmp_seq=64 ttl=64 time=0.424 ms
64 bytes from 192.168.189.27: icmp_seq=65 ttl=64 time=0.406 ms
64 bytes from 192.168.189.27: icmp_seq=66 ttl=64 time=0.398 ms
```

zwischen Ping Nummer 54 und 64. Aber diese Zeit verkraftet jede ordentliche TCP/IP-Verbindung.

> Vergessen Sie nicht, die Platzierungsbedingung, die der Cluster durch die Migration eingefügt hat, wieder zu löschen!

Mit diesem Aufbau kann man sich seinen Traum von (fast) beliebig vielen virtuellen und hochverfügbaren Rechnern erfüllen, die man nach Belieben zwischen den Knoten eines Clusters hin und her verschieben kann.

Eine hochverfügbare Firewall mit VPN-Endpunkt

In diesem Abschnitt wird eine hochverfügbare Firewall als Beispielanwendung für pacemaker vorgestellt. Die Policy wird mit fwbuilder (siehe Webseite des Projekts[16]) erzeugt und auf die Knoten aufgespielt. Der eigentliche Clou dieses Beispiels ist aber die Synchronisierung der Tabelle, die die aktuellen Verbindungen der aktiven Firewall auflistet, mit dem passiven System. So können bestehende Verbindungen beim Failover übernommen und müssen nicht neu geöffnet werden.

Diese Anleitung legt keinen Wert auf den perfekten Aufbau der Firewall als Sicherheitssystem, sondern vielmehr auf den Aspekt der Hochverfügbarkeit. Es existieren komplette

---

16 http://www.fwbuilder.org

Bücher, die sich nur mit der Konfiguration der perfekten Firewall unter Linux[17] auseinandersetzen. Solche Systeme hier zu beschreiben, würde den Rahmen dieses Kapitels bei Weitem sprengen.

Verfechter von OpenBSD-Systemen werden an dieser Stelle auch auf die Möglichkeiten von hochverfügbaren Firewalls mit dem *Common Address Redundancy Protocol* (CARP)[18] verweisen. Diesem Argument kann man nur entgegnen, dass jedes System seine Vorzüge und Nachteile hat. Am sichersten ist ein System aber immer, wenn der Administrator über ein fundiertes Wissen vom System verfügt und nicht nur die Firewall gemäß einer Anleitung aus dem Internet zusammengebastelt hat, ohne die eingesetzte Technik (egal ob pf oder iptables) wirklich zu verstehen.

Die Idee der Firewall ist es, die dedizierten Adressen der Netzwerkschnittstellen schon im Betriebssystem zu setzen. Ebenso wird der Regelsatz der Firewall bereits während des Systemstarts geladen. So kann gewährleistet werden, dass auch das passive System sowohl geschützt als auch erreichbar ist. Dieses Beispiel versucht nur einen Regelsatz zu verwenden und diesen auf beiden Knoten zu synchronisieren. Der Vorteil dieser Methode ist sicherlich, nur noch einen Regelsatz für den gesamten Firewall-Cluster zu haben. Änderungen werden einmal eingetragen und nicht in zwei Regelsätzen gepflegt.

Die Clustersoftware pacemaker verwaltet nur noch die virtuellen IP-Adressen des Clusters auf dem internen und dem externen Interface der Knoten. Die Ressource firewall ist als LSB-Skript realisiert und schaltet noch das ip_forward des Kernels ein oder aus. Der Start der Ressource firewall führt zusätzlich einmal das Firewallskript aus, damit Änderungen, die sich auf dem bisher passiven Knoten angesammelt hatten, auch tatsächlich in den aktiven Regelsatz übernommen werden.

Neben den virtuellen IP-Adressen der Schnittstellen kann die Firewall natürlich noch weitere Ressourcen verwalten. Im Zusammenhang mit den Schnittstellen bieten sich natürlich sofort Routen als Ressourcen in HA an. Das können einerseits statische Routen sein, die über die entsprechende OCF-Ressource verwaltet werden, andererseits auch ein Routingdienst (OSPF, BGP usw.), der von pacemaker auf dem aktiven Knoten gestartet wird.

Grundsystem

Eine Linux-Firewall stellt heute keine großen Anforderungen an die Hardware mehr. Moderne Server können ohne Probleme einen Datenstrom von 100 MBit/s weiterleiten. Ein Datenstrom von 1 GBit/s ist da schon anspruchsvoller, aber sollte mit entsprechender Ausrüstung des Rechners auch kein Problem sein. Der Administrator muss eine entsprechend große Festplatte einplanen, wenn die Logdateien lokal gespeichert werden sollen.

---

17 »Linux Firewalls – Ein praktischer Einstieg«. 1. Auflage, O'Reilly 2006

18 *http://www.countersiege.com/doc/pfsync-carp*

Besser ist es, gerade in größeren Umgebungen, einen zentralen Logserver aufzubauen. Aus Erfahrung baue ich Server grundsätzlich nur noch mit gespiegelten Festplatten (RAID1) auf, da der finanzielle Aufwand für eine zweite Harddisk in keinem Verhältnis zu dem Ärger nach einem Ausfall steht.

Netzwerk

Der Firewall-Cluster basiert auf zwei Servern mit jeweils mindestens drei Netzwerkschnittstellen. Eine Schnittstelle zeigt zum internen LAN, eine nach außen, und über eine dritte kommunizieren die Knoten untereinander. Schöner (und sicherer) ist es, die Kommunikation im Cluster über zwei Schnittstellen oder ein *bond*-Interface zu lenken. Der Aufbau ist in Abbildung 8-5 dargestellt. Weitere Schnittstellen sind hier nicht berücksichtigt, können aber für eine DMZ eingeplant werden.

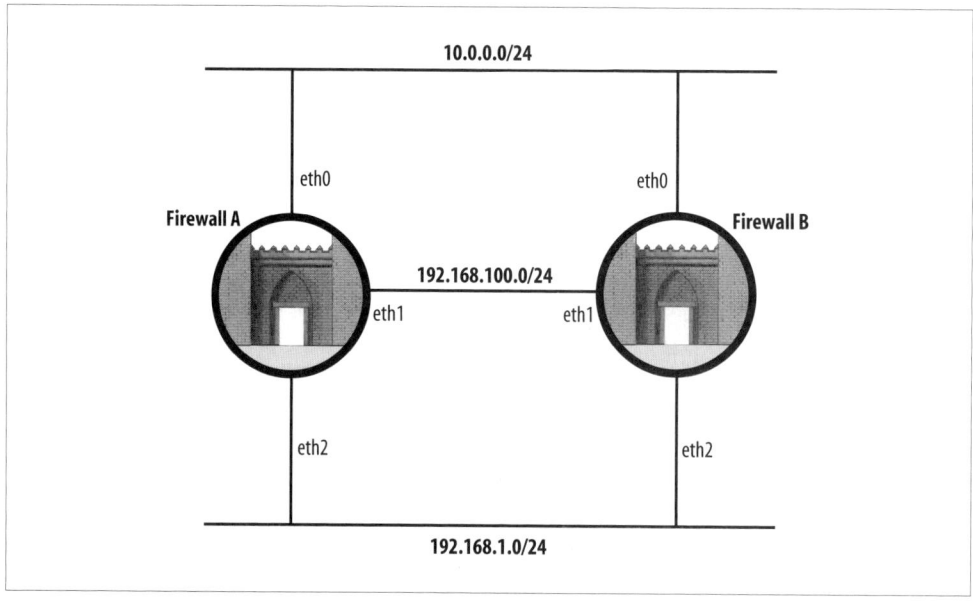

Abbildung 8-5: Schematischer Aufbau des Firewall-Clusters im Netzwerk, wie er im Text beschrieben wird. Ein passiver Firewallknoten kann dann einspringen, wenn der aktive Knoten Probleme bekommt.

Die Kenndaten des Clusters und der Knoten sind noch einmal in Tabelle 8-1 zusammengefasst:

Tabelle 8-1: Zusammenfassung der Netzwerkschnittstellen, der dedizierten IP-Adressen der Systeme und der virtuellen Adressen des Clusters für die hochverfügbare Firewall.

	Knoten FWA	Knoten FWB	Cluster
externe Schnittstelle	eth0	eth0	-
heartbeat- Schnittstelle	eth1	eth1	-

Tabelle 8-1: Zusammenfassung der Netzwerkschnittstellen, der dedizierten IP-Adressen der Systeme und der virtuellen Adressen des Clusters für die hochverfügbare Firewall. (Fortsetzung)

	Knoten FWA	Knoten FWB	Cluster
interne Schnittstelle	eth2	eth2	-
externe IP-Adresse	10.0.0.2	10.0.0.3	10.0.0.1
interne IP-Adresse	192.168.1.2	192.168.1.3	192.168.1.1
heartbeat-IP-Adresse	192.168.100.2	192.168.100.3	-

Um eine wirklich hochverfügbare Anbindung ans Netzwerk zu gewährleisten, sollte der Administrator auch externe und interne *bond*-Schnittstellen einplanen. Zusammen mit ebensolchen Interfaces für die DMZ kommen schnell acht Anschlüsse zusammen, die gerade in flachen Servern Probleme bereiten. Jedes weitere angeschlossene Netzwerk fordert wiederum zwei Schnittstellen von jedem Knoten im Cluster, so dass auch die Quadport-Karten schnell an ihre Grenzen stoßen.

Eine Alternative dazu sind virtuelle Schnittstellen, sogenannte VLANs. Über solche Konstruktionen existieren wiederum unterschiedliche Auffassungen. Ich bin der Meinung, dass gegen eine Trennung der unterschiedlichen Zonen mittels VLAN nichts einzuwenden ist, wenn der Administrator wirklich weiß, was er tut, und dass ein Fehler in der Konfiguration leicht zu einem Sicherheitsproblem werden kann. Aber der Administrator, der eine hochverfügbare Firewall selbst einrichtet, sollte sowieso wissen, was er macht.

Das Betriebssystem

Als Basis soll wiederum eine normale Debian Lenny-Distribution in der Minimalversion – also ohne grafische Oberfläche, Dienste oder sonstigen Schnickschnack – genügen. Mit `netstat -nlp` kann man überprüfen, ob irgendein Dienst außer dem notwendigen ssh läuft. Dieser Dienst wird benötigt, um den Regelsatz auf die Firewall aufzuspielen.

Puristen werden einwenden, dass es für eine Firewall bessere Betriebssysteme oder Distributionen gibt. Zu diesem Einwand, wie zu allen folgenden, die sich auf die Sicherheit des Systems beziehen, sei auf die oben erwähnten Bücher verwiesen.

Natürlich sind alle hier beschriebenen Techniken nicht auf die Debian-Distribution beschränkt, sondern universell einsetzbar. Jeder Administrator sollte sich also seine eigene Lieblingsdistribution auswählen. Ich weiß von einem Administrator, der die beschriebene Technik erfolgreich auf eine *shorewall*[19] angepasst hat. Er hat mir auch versprochen, ein entsprechendes HOWTO zu schreiben.

Der spätere Abgleich der Verbindungstabellen benötigt einen aktuellen Kernel. Außerdem braucht man aktuelle Versionen der Programme und Bibliotheken. Diese Versionen

---

19 http://www.shorewall.net

sind noch nicht in den Distributionen enthalten, die zu dem Zeitpunkt gängig waren, als dieser Text geschrieben wurde. Deshalb muss sich der Administrator selbst um einen Kernel einer Version größer oder gleich 2.6.29 kümmern. Eine aktuelle Version für Debian Lenny ist zum Beispiel im testing-Zweig enthalten.

Zusätzlich werden aktuelle Versionen der Pakete conntrack und conntrackd sowie die passenden Versionen der Bibliotheken libnfnetlink und libnetfilter-conntrack benötigt. Für Debian findet man sie wiederum im testing-Zweig. Wenn man die Firewall auf Basis von Debian aufbaut, kann man nach dieser Operation das testing-Repository wieder aus den Quellen löschen, um sich ansonsten auf die stabilen Pakete zu beschränken.

Die Firewall im Cluster

Der Cluster kümmert sich um die Verteilung der virtuellen IP-Adressen und der Firewall-Ressource selbst. In der Beispielkonfiguration fasse ich alle IP-Adressen (extern, intern) zu einer Gruppe zusammen und starte die Ressource Firewall in Abhängigkeit von der Gruppe. Da kein eigener Agent für eine Firewall existiert, können wir ein init-Skript als Grundlage unseres eigenen Agenten nutzen. Weil alle virtuellen IP-Adressen an anderer Stelle im Cluster verwaltet werden, bleibt für die Firewall im Prinzip nur noch die Kontrolle der Einstellung ip_forward im Kernel und die Kontrolle über die Policy übrig. Für das Programmpaket fwbuilder existieren diverse init-Skripte, bei Debian ist ein entsprechendes Skript im Paket fwbuilder-common enthalten.

Die zentralen Punkte des Skripts ändern wir, um es als LSB-kompatible Ressource verwenden zu können:

```
(...)
SCRIPT=/etc/'uname -n'.fw
NAME=fwbuilder
(...)
case "$1" in
  start)
      echo -n "Starting firewall:"
      $SCRIPT 2>/dev/null
      echo "1" > /proc/sys/net/ipv4/ip_forward
      echo "$NAME."
      ;;
  stop)
      echo -n "Stopping firewall: "
      echo "0" > /proc/sys/net/ipv4/ip_forward
      echo "$NAME."
      ;;
  status)
      if [ 'cat /proc/sys/net/ipv4/ip_forward' = "1" ]
        then echo "$NAME forwarding"
           exit 0
        else echo "$NAME not forwarding"
           exit 3
```

```
        fi
    ;;
(...)
```

Der Status der Ressource wird über den Status der Paketweiterleitung im Kernel ermittelt. Zur Sicherheit wird das Firewall-Skript beim Start der Ressource noch einmal ausgeführt. Warum dies notwendig ist, wird im nächsten Abschnitt deutlich.

Alle Elemente der Firewall werden nun in der Konfiguration des Clusters zusammengefasst. Die Notation wird für die crm-Subshell angegeben:

```
primitive resFirewall lsb:firewall \
    operations $id="resFirewall-operations" op monitor interval="15" timeout="15"
primitive resIPext ocf:heartbeat:IPaddr2 \
    operations $id="resIPext-operations" op monitor interval="10s" timeout="20s" \
    params ip="10.0.0.1" nic="eth0" cidr_netmask="24"
primitive resIPint ocf:heartbeat:IPaddr2 \
    operations $id="resIPint-operations" op monitor interval="10s" timeout="20s" \
    params ip="192.168.1.1" nic="eth2" cidr_netmask="24"
group groupIPs resIPext resIPint
colocation colFirewallIP inf: resFirewall groupIPs
order ordIPFirewall : groupIPs resFirewall
```

Natürlich könnte man die Ressource resFirewall auch als letztes Mitglied in die Gruppe packen, aber mit der vorgeschlagenen Konstruktion kann man noch einen Trick einbauen: Wenn die Firewall sehr viele Schnittstellen mit entsprechend vielen IP-Adressen verwaltet, kann es teilweise sehr lange dauern, bis alle Adressen nacheinander gelöscht und auf dem anderen Knoten neu gestartet werden – kurz gesagt: Ein Failover braucht sehr lange.

Wenn die Gruppe als Metaattribut die Eigenschaft ordered="false" erhält, kann der Cluster alle Ressourcen, die Mitglieder der Gruppe sind, gleichzeitig starten und auf die serielle Abarbeitung verzichten. Das bedeutet in der Praxis einen deutlichen Zeitgewinn beim Failover – im Testaufbau reduzierte sich dieser von circa 30 auf weniger als 3 Sekunden.

Firewall mit fwbuilder

Das Programm fwbuilder bietet eine intuitiv und einfach bedienbare GUI, mit der auch komplexe Regelsätze übersichtlich dargestellt werden können. Das Programm übersetzt diese für Linux dann in ein iptables-Skript und installiert sie per ssh automatisch auf den Firewalls. Gleichzeitig wird die Policy auch ausgeführt, so dass der neue Regelsatz aktiviert wird. Für eine weiterführende Dokumentation des Programms fwbuilder sei auf die Webseite[20] verwiesen. Für die Arbeit mit einem Cluster wird Version 3 benötigt, da Version 2 noch keine Verweise zwischen den Regelsätzen unterschiedlicher Firewalls zulässt. Auf der Webseite gibt es Binärpakete für alle gängigen Distributionen.

---

20 *http://www.fwbuilder.org*

Für unser Beispielsystem legen wir beide Firewalls getrennt an. Auf jeder Firewall werden alle Schnittstellen konfiguriert, sowohl diejenigen, die für die clusterinterne Kommunikation benötigt werden, als auch die Schnittstellen, auf denen später die virtuellen IP-Adressen hochverfügbar angeboten werden. Auf allen Schnittstellen werden sowohl die dedizierten Adressen eingegeben als auch die virtuellen Adressen des Clusters. In der GUI stellt sich unser Beispielcluster deshalb wie in Abbildung 8-6 gezeigt dar.

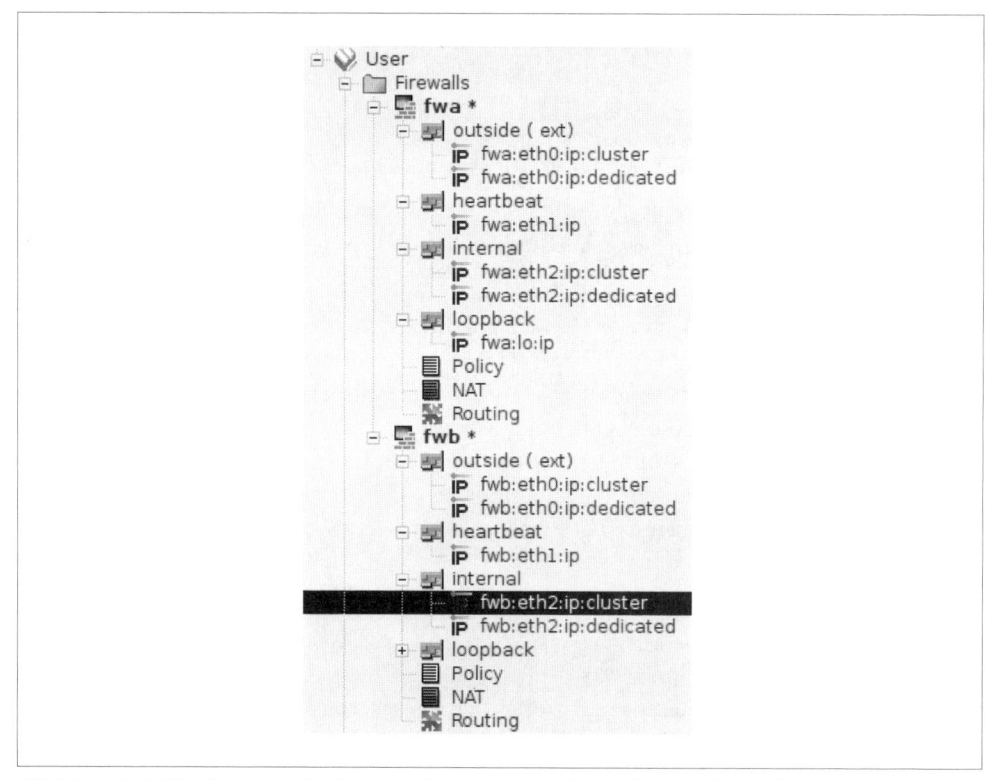

```
User
└── Firewalls
    ├── fwa *
    │   ├── outside ( ext)
    │   │   ├── ip fwa:eth0:ip:cluster
    │   │   └── ip fwa:eth0:ip:dedicated
    │   ├── heartbeat
    │   │   └── ip fwa:eth1:ip
    │   ├── internal
    │   │   ├── ip fwa:eth2:ip:cluster
    │   │   └── ip fwa:eth2:ip:dedicated
    │   ├── loopback
    │   │   └── ip fwa:lo:ip
    │   ├── Policy
    │   ├── NAT
    │   └── Routing
    └── fwb *
        ├── outside ( ext)
        │   ├── ip fwb:eth0:ip:cluster
        │   └── ip fwb:eth0:ip:dedicated
        ├── heartbeat
        │   └── ip fwb:eth1:ip
        ├── internal
        │   ├── fwb:eth2:ip:cluster
        │   └── ip fwb:eth2:ip:dedicated
        ├── loopback
        ├── Policy
        ├── NAT
        └── Routing
```

Abbildung 8-6: Konfiguration der Schnittstellen im »fwbuilder«. Alle Interfaces erhalten die dedizierten IP-Adressen. Die Clusterschnittstellen aller Knoten erhalten zusätzlich die virtuellen IP-Adressen.

> In der nächsten Version des fwbuilder ist die Custerfunktion schon eingebaut. Dort können dann einzelne Firewall-Objekte zu einem Clusterobjekt hinzugefügt werden. Eine Testversion der Software ist im Versionszweig 3.1 der Software bereits erhältlich.

Der Regelsatz

Jeder Knoten erhält erst einmal nur einen Regelsatz, der den Knoten selbst betrifft. Der Übersichtlichkeit halber ist der Regelsatz auf das Mindeste beschränkt. Regel Nummer 0 verbietet Pakete mit offensichtlich gefälschten Absenderadressen (Anti-Spoofing), die nächste Regel erlaubt der Firewall, mit sich selbst zu reden. Die nächsten zwei Regeln erlauben die Kommunikation zwischen den beiden Knoten im Cluster. Mit Regel Nummer 4 dürfen sich interne Clients per SSH auf dem Knoten einloggen. Weiter ist es der Firewall selbst erlaubt, Namen über einen internen Server aufzulösen. Ansonsten wird jede weitere Kommunikation von der und zur Firewall unterbunden. Die letzte Regel im Regelsatz jedes Knotens verweist auf eine gemeinsame Policy, in der alle weiteren Beziehungen geregelt werden. fwbuilder übersetzt nun die Regelsätze und erzeugt Skripte jeweils für die beiden Rechner. In diesen Skripten erscheint der Teil, der die Firewall selbst betrifft, zuerst und dann erst der gemeinsame Teil, der für beide Firewalls identisch ist. Deshalb dürfen in diesem gemeinsamen Teil die Firewalls selbst nicht mehr auftauchen. Der Vorteil dieses Vorgehens ist, dass die meisten Regeln nur einmal in der gemeinsamen Policy eingetragen werden und fwbuilder dafür sorgt, dass die Regeln im Skript für die beiden Firewalls erscheinen und dort auch installiert werden. Der dedizierte Regelsatz für die *fwa* ist in Abbildung 8-7 dargestellt.

	Source	Destination	Service	Interface	Direction	Action	Time	Options	Comment
0	fwa, heartbeat, internal	Any	Any	outside			Any		anti spoofing rule
1	Any	Any	Any	loopback		✓	Any		
2	Any	fwa	UDP heartbeat	heartbeat		✓	Any		Cluster traffic
3	fwa	Any	UDP heartbeat	heartbeat		✓	Any		Cluster traffic
4	internal	fwa	TCP ssh	All		✓	Any		SSH Access to firewall is permitted
5	fwa	internal ser	DNS	All		✓	Any		Firewall uses one of the machines
6	Any	fwa	Any	All			Any		All other attempts to connect to
7	Any	Any	Any	All		Policy-Cluster	Any		

Abbildung 8-7: Firewall-Richtlinie, wie sie vom Programm »fwbuilder« grafisch dargestellt wird. Gezeigt ist der dedizierte Regelsatz des Knotens »fwa«, der die Kommunikation von und zur »fwa« regelt. Jede weitere Kommunikation wird im Regelsatz »Policy-Cluster« geregelt, auf den dieser Regelsatz in der letzten Regel verweist.

Bei der Konfiguration der Firewall selbst kann in den Optionen zum Betriebssystem eingestellt werden, ob die Option ip_forward des Kernels im Skript gesetzt werden soll. Da pacemaker diese Option verwalten soll, muss bei dieser Option »Keine Änderung« gewählt werden. Bei der Konfiguration von Firewalls schließe ich gern das Firewall-Objekt selbst beim Ziel »beliebig« nicht mit ein. So habe ich eine bessere Kontrolle über das Verhalten der Firewall selbst. Bei den ersten beiden Regeln im obigen Beispiel muss die Firewall selbst in den Optionen der Regel wiederum bei »beliebig« mit eingeschlossen werden.

Der Administrator muss fwbuilder noch mitteilen, dass das Skript beim Start die Schnittstellen nicht prüfen soll und auch die IP-Adressen nicht konfigurieren soll (EIGENSCHAFTEN DER FIREWALL → SCRIPT OPTIONEN).

Der Regelsatz, nicht das init-Skript, sollte beim Systemstart ausgeführt werden, so dass jeder Knoten auch schon vor dem Start des Clusters geschützt ist. Das gilt auch, wenn der Knoten im passiven Zustand ist. Bei Debian kann man in der Konfigurationsdatei für die Schnittstellen ein Kommando eingeben, das nach dem Start des Interface ausgeführt wird. Für den Knoten *fwa* muss man bei der letzten Schnittstelle in */etc/network/interfaces*

```
iface eth2 inet static
    address 10.0.0.2
    netmask 255.255.255.0
    post-up /etc/fwa.fw
```

eingeben. Beim anderen Knoten, *fwb*, muss die Adresse geändert werden. Das Skript muss schon auf den Rechnern existieren. Danach sollte der Regelsatz beim Systemstart automatisch geladen werden.

Die nächste Version von fwbuilder

In der nächsten Version von fwbuilder, die im Juli 2009 als Alphaversion erhältlich war, ist die Clusterfunktion schon eingebaut. Zwei Firewalls kann man zu einem Clusterobjekt zusammenfassen. Der fwbuilder verwaltet dann nur noch einen Regelsatz im Clusterobjekt. fwbuilder übersetzt den Regelsatz des Clusters automatisch in zwei unterschiedliche Skripte für die jeweiligen Knoten und installiert sie. Die Regeln, die für den Firewall-Cluster benötigt werden, wie zum Beispiel die Clusterkommunikation und der Abgleich der Verbindungstabellen (siehe Abschnitt »Abgleich der Verbindungstabellen«), werden automatisch angelegt.

Ein Vorgeschmack auf die neue Version von fwbuilder gibt Abbildung 8-8. Dargestellt ist eine Policy für den Transport von ICMP-Paketen in einem IPv6-Netz nach den Vorgaben von RFC 4890.

Abgleich der Verbindungstabellen

Das oben beschriebene System funktioniert zuverlässig. Allerdings findet kein Austausch der Informationen über den Zustand einer Verbindung statt. iptables kann TCP-Verbindungen automatisch neu in die interne Verbindungstabelle eintragen, wenn der Kernel ein neues ACK-Paket vom Client erhält. Allerdings funktioniert dieser Mechanismus bei einem doppelten Failover nicht zuverlässig und funktioniert auch für kein anderes Netzwerkprotokoll (UDP, ...).

Verbindungen müssen deshalb meistens bei einem Failover ohne Abgleich der Verbindungstabellen neu aufgebaut werden, da die neue Firewall nichts über den Zustand der TCP-Verbindung weiß, die der bisherige Knoten verwaltet hatte.

Lange Zeit gab es zur Synchronisation der Tabellen zwischen den Knoten das netfilter-Modul ct_sync, das aber nicht allzu stabil lief. Eine neue Entwicklung bietet daher das Modul conntrack an. Dieses Modul beinhaltet den conntrackd, der einerseits die interne

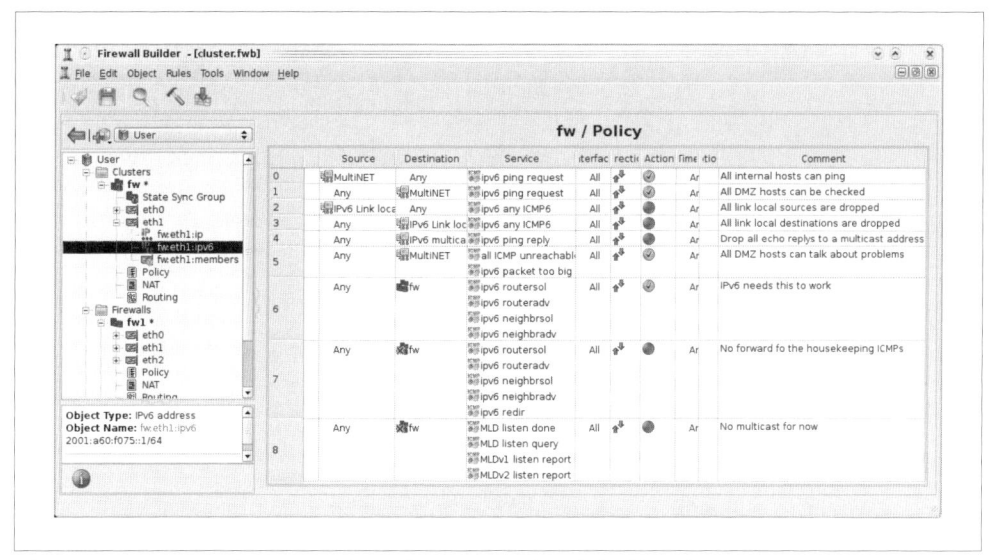

Abbildung 8-8: Vorgeschmack auf die nächste Version des »fwbuilder«, bei der Firewalls zu Clustern zusammengefasst werden können.

Verbindungstabelle überwacht und andere Knoten über Änderungen per Multicast informiert. Andererseits pflegt der Prozess auch eine Tabelle mit Verbindungen, über die er von anderen Knoten informiert wurde. Bei Bedarf kann man mit einem einfachen Befehl die externe Tabelle in die interne übernehmen und somit die Informationen über den Zustand einer anderen Firewall übernehmen. Mehr Informationen zu dem Modul finden sich auf der Webseite[21] des Projekts.

Im Debian-testing-Repository ist eine neue Version verfügbar, die wie oben beschrieben installiert wird. In der Dokumentation des Pakets ist eine Beispielkonfiguration für den keepalived angegeben. Die Konfigurationsdatei in */etc/conntrackd/conntrackd.conf* lautet für unser Beispiel auf dem Knoten *fwa* folgendermaßen – die ausführlichen Kommentare in der ursprünglichen Beispieldatei mit weiteren Erklärungen und Beispielen wurden aus Platzgründen entfernt:

```
Sync {
  Mode FTFW {
  }
  Multicast {
    IPv4_address 225.0.0.50
    Group 3780
    IPv4_interface 192.168.100.2
    Interface eth1
    SndSocketBuffer 1249280
```

---

21 *http://people.netfilter.org/pablo/conntrack-tools*

```
      RcvSocketBuffer 1249280
      Checksum on
    }
  }
  General {
    (...)
  }
  NetlinkBufferSize 2097152
  NetlinkBufferSizeMaxGrowth 8388608
  Filter From Userspace {
    Protocol Accept {
      TCP
    }
    Address Ignore {
      IPv4_address 127.0.0.1          # loopback
      IPv4_address 192.168.100.0/24   # All sync network
      IPv4_address 10.0.0.1           # virtual external IP
      IPv4_address 10.0.0.2           # real external IP
      IPv4_address 192.168.1.1        # virtual internal IP
      IPv4_address 192.168.1.2        # real internal IP
    }
  }
}
```

Wichtig sind die Einstellungen zum Synchronisationsverkehr, der im Beispiel als Multicast an die Zieladresse 225.0.0.50 und die Gruppe 3780 über die Schnittstelle *eth1* geht. Damit der conntrackd keine Verbindungen abgleicht, die den Knoten selbst betreffen und bei einem Fehler nicht mit übernommen werden können, existiert der Abschnitt `Address Ignore {}`. Einstellungen, die identisch mit der Vorgabe aus der Dokumentation sind, wurden mit (...) abgekürzt. Eine angepasste Konfiguration muss natürlich auch für den Knoten *fwb* erstellt und installiert werden.

Der conntrackd wird auf beiden Knoten beim Systemstart gestartet und kann somit die Änderungen in der Zustandstabelle zwischen dem aktiven und dem passiven System abgleichen. Jetzt muss man nur noch dem passiven Knoten sagen, dass er die Einträge in der externen Tabelle, die den Zustand auf dem aktiven System widerspiegeln, bei der Übernahme der Ressource in die interne Tabelle eintragen soll. Die notwendigen Befehle stammen wiederum aus der Dokumentation des Pakets. Der `start`-Abschnitt des Firewall-*Resource Agents* (siehe oben) wird um die folgenden Zeilen erweitert:

```
CONNTRACKD_CONF=/etc/conntrackd/conntrackd.conf
CONNTRACKD=/usr/sbin/conntrackd
(...)
start)
  echo -n "Starting $DESC: "
  $SCRIPT 2>/dev/null
  $CONNTRACKD -C $CONNTRACKD_CONF -c   # external cache kernel
  $CONNTRACKD -C $CONNTRACKD_CONF -f   # flush all caches
  $CONNTRACKD -C $CONNTRACKD_CONF -R   # resync kernel external
```

```
      $CONNTRACKD -C $CONNTRACKD_CONF -B    # send bulk update
      echo "1" > /proc/sys/net/ipv4/ip_forward
      echo "$NAME."
   ;;
```

Das Start/Stopp-Skript der Dokumentation von conntrackd prüft nach jedem Befehl den Erfolg. Wiederum aus Platzgründen habe ich diese Zeilen weggelassen. Die Dokumentation des conntrackd sagt ebenfalls, dass bei einem Stopp der Ressource das Firewall-Skript um folgende Zeile zu erweitern ist:

```
stop)
   echo -n "Stopping $DESC: "
   echo "0" > /proc/sys/net/ipv4/ip_forward
   $CONNTRACKD -C $CONNTRACKD_CONF -t      # shorten timeout
   $CONNTRACKD -C $CONNTRACKD_CONF -n      # request resync
   echo "$NAME."
;;
```

Die Dokumentation gibt noch einen Test von conntrackd -s vor, der den Daemon bei Problemen sauber neu startet. Diese Zeilen in das Firewall-Skript einzubauen, bleibt dem Leser als Hausaufgabe überlassen.

Der conntrackd muss beim Systemstart anlaufen. Dies kann über die verfügbaren init-Skripte geschehen, oder man überlässt heartbeat diese Aufgabe. Mit der Zeile

```
respawn root /usr/sbin/conntrackd -d
```

in der *ha.cf* erledigt heartbeat dies und startet den conntrackd sogar neu, sollte er einmal stehenbleiben. Mit OpenAIS als Clusterstack fällt diese Option leider weg, und der Administrator muss sich selbst um den Start des Diensts kümmern.

Im Oktober 2009 hat Dominik Klein einen Multi-State-Agenten für den conntrackd entwickelt. Dieser Agent sollte demnächst in den Paketen auftauchen. Dann kann man diesen Agenten nutzen, um eine hochverfügbare Firewall aufzubauen. Mit entsprechenden Bedingungen muss die Firewall-Ressource dann nur noch an die Master dieser Ressource gebunden werden.

> Die Anleitung zu conntrack sagt ebenfalls, dass es ein Problem mit der Verfolgung des TCP-Fensters im Kernel gibt und diese Verfolgung ausgeschaltet werden soll. Das geschieht mit dem Befehl:
>
> ```
> # echo 1 > /proc/sys/net/ipv4/netfilter/ip_conntrack_tcp_be_
>   liberal
> ```
>
> Diese Einstellung kann man in irgendeinem File für den Systemstart setzen oder auch in der start-Funktion von */etc/init.d/firewall*. In den neueren Versionen der Kernels mit einer Version > 2.6.22 wird diese Einstellung nicht mehr notwendig sein.

Natürlich muss die Firewall auch die Synchronisation der Verbindungstabellen zulassen. Im fwbuilder wird dazu einfach in den Regeln, die die Kommunikation im Cluster zulassen, das Protokoll UDP/3780 hinzugefügt. Danach muss die Policy natürlich auf beiden Knoten neu installiert werden.

Nach dem Einbau dieser Synchronisation der Verbindungstabelle kann man auch einen langen Download anstoßen und einen Fehler in der Firewall provozieren. Der Download sollte dann höchstens ein bisschen stocken, aber sofort weiterlaufen. Ebenso sollten mehrfache Failover zwischen den beiden Knoten der Datenübertragung nichts anhaben können.

Damit der Cluster auch in der Praxis funktioniert, muss die Verbindung zum Netzwerk (pingd) eingebaut werden, und alle Ressourcen müssen mittels monitor kontinuierlich auf ihren Zustand überprüft werden. Anhand der Tests kann die Konfiguration so weit optimiert werden, dass ein Failover keine Auswirkungen hat, die die Benutzer bemerken könnten. Zu dieser Optimierung gehört sicherlich, die Zeit vom Auftreten eines Netzwerkproblems bis zur Entdeckung durch pingd bzw. der Reaktion des Clusters mit einem Failover zu minimieren.

VPN

Ein heikles Thema bei hochverfügbaren Firewall-Clustern sind immer wieder verschlüsselte Verbindungen (VPN). Da der Schlüssel stets mit dem aktiven Knoten ausgehandelt wird, muss dieser beim Failover vom bisher passiven Knoten übernommen werden. Viele VPN-Implementierungen unterstützen eine solche Übernahme nicht.

Unter Linux sind die bekanntesten VPN-Techniken *OpenVPN* und *IPsec*. Die verbreiteten IPsec-Implementierungen beruhen im Prinzip alle auf *FreeS/WAN*, das heute als *OpenS/WAN* oder *StrongS/WAN* firmiert. Im Folgenden sollen beide Techniken (*OpenVPN* und *IPsec*) im Firewall-Cluster eingebaut werden.

IPsec mit OpenS/WAN

Die klassische Variante für VPNs sind IPsec-Tunnel. Für Linux haben sich aus dem ursprünglichen Projekt FreeS/WAN die Varianten OpenS/WAN und StrongS/WAN entwickelt. Ich möchte im Folgenden auf die Konfiguration von OpenS/WAN unter pacemaker eingehen.

Zuerst wird das Paket über die Paketverwaltung eingespielt, und die benötigten Tunnel werden in *ipsec.conf* eingerichtet. Zu beachten ist, dass jeweils die externe Clusteradresse als Wert der Option left= (oder right=) eingetragen wird. Falls die Authentifizierung über RSA-Schlüssel oder Zertifikate erfolgt, müssen diese natürlich auf beiden Knoten identisch sein.

Danach muss man die Funktion des Startskripts /etc/init.d/ipsec untersuchen. Im Fall von Debian Lenny haben die Entwickler ganze Arbeit geleistet, und das Skript verhält sich konform zu den Vorgaben der LSB. Es existiert ein status-Abschnitt, der die richtigen Ergebnisse liefert, start und stop verhalten sich auch kooperativ.

Zur Sicherheit kann der Administrator das Skript noch einmal manuell überprüfen und dann die Ressource in die Konfiguration von pacemaker übernehmen. Am besten wird eine eigene Gruppe mit den Ressourcen firewall und ipsec eingerichtet. Diese Gruppe ist dann abhängig von der Gruppe der IP-Adressen.

Bei einem Failover wird OpenS/WAN auf dem zweiten Knoten neu gestartet, und alle Tunnel müssen neu ausgehandelt werden. Die Konfigurationsoption keyingtries=0 in *ipsec.conf* gibt für solche Fälle vor, dass ständig versucht wird, den Tunnel neu aufzubauen. Typischerweise beträgt die Auszeit in solchen Fällen zehn Sekunden.

Zusätzlich kann die Gegenseite noch mithelfen, die Verfügbarkeit des IPsec-Tunnels hochzuhalten. Neue Versionen von OpenS/WAN haben die *dead peer detection* (dpd) entsprechend RFC 3706 eingebaut. Die Konfiguration übernehmen folgende Parameter:

dpddelay
: Wenn ein bestehender Tunnel *dpddelay* Sekunden keinen Verkehr mehr gesehen hat, schickt ein Endpunkt eine »Hallo«-Nachricht an die Gegenseite (R_U_THERE), die der andere Endpunkt mit einem »Ja« (R_U_THERE_ACK) beantworten muss.

dpdtimeout
: Falls der erste Endpunkt während dieser Zeit keine Antwort bekommt oder keinen Verkehr sieht, nimmt er an, dass die Gegenstelle Probleme hat, und macht das, was die nächste Option vorgibt.

dpdaction
: Wenn ein VPN-Endpunkt zu dem Schluss kommt, dass die Gegenstelle nicht mehr antwortet, hat er drei Möglichkeiten zu reagieren: Mit einem hold versetzt er die Routen zur Gegenstelle in Tiefschlaf und wartet, bis sich die Gegenseite wieder anmeldet. Wenn der Administrator clear vorgibt, löscht er einfach die Verbindung aus dem Gedächtnis, und mit einem restart versucht er selbst, die Verbindung neu auszuhandeln.

Die unterschiedlichen Aktionen sind in verschiedenen Situationen sinnvoll. In einer festen Verbindung zwischen zwei Endpunkten mit festen IP-Adressen kann man restart konfigurieren. Falls die Gegenstelle aber ein mobiler Client ist, der gerade die Internetverbindung abgebaut hat, ohne sich ordnungsgemäß abzumelden, ist clear am sinnvollsten. Der Administrator kann die entsprechenden Parameter in den jeweiligen Abschnitten der Konfiguration *ipsec.conf* setzen.

OpenVPN

Ein alternatives Projekt – OpenVPN[22] – bietet eine sehr schöne Lösung für VPN-Installationen. Alle IP-Pakete werden mit SSL verschlüsselt und als neues Paket zum Server geschickt. Der vorgegebene Port ist hierbei udp/1194, er kann aber in der Konfiguration geändert werden. Diese Konstruktion löst viele Probleme, die VPN-Clients eventuell mit Firewalls oder NAT-Übergängen haben. Zum Beispiel lassen sich die Pakete auch über Port tcp/443 als HTTPS-Verkehr tarnen und können so auch von einem Webproxy weitergeleitet werden.

Neben der obligatorischen Linux-Variante gibt es eine einfach zu bedienende Windows-Version, die sogar als GUI erhältlich ist und sich in die Taskleiste des Betriebssystems einklinkt. So kann auch ein normaler Windows-Benutzer fast keine Fehler beim Aufbau des verschlüsselten Tunnels machen. Der Administrator behält mit der Verwaltung der Zertifikate alle Fäden in der Hand.

Um den OpenVPN-Server hochverfügbar zu machen, müssen gegenüber einer einfachen Installation einige weitere Einstellungen in dessen Konfigurationsdatei vorgenommen werden:

local *IP-Adresse*
> Diese Option gibt an, über welche IP-Adresse der Server seine Dienste anbietet. Dies muss natürlich die Clusteradresse sein.

keepalive *Zeitspanne Zeitüberschreitung*
> Der Server reicht diese Werte beim Aufbau einer Verbindung an den Client weiter. Mit dieser Einstellung schickt der Client alle *Zeitspanne* Sekunden einen ping an den Server, um die Verbindung zu testen, wenn keine andere Kommunikation in dieser Zeit erfolgt ist. Gleichzeitig dienen diese Pakete dazu, eventuelle Verbindungstabellen von Firewalls zu aktualisieren. Falls der Server nach *Zeitüberschreitung* immer noch nicht geantwortet hat, wird der Tunnel neu aufgebaut. Die Vorgaben hierzu sind 10 Sekunden und 120 Sekunden. Je nach Gefühl kann der Administrator diese Werte auch weiter heruntersetzen. Ich verwende gern 5 und 30 Sekunden.

Das init-Skript von OpenVPN, das mit der Debian Lenny-Distribution verteilt wird, hat keine status-Funktion. Diese wird aber von pacemaker benötigt, um den Zustand des Diensts festzustellen. Folgende Funktion löst das Problem fürs Erste, ist aber sicher keine gute Implementierung der Funktionalität:

```
PIDFILE=/var/run/openvpn.server.pid
STATUSFILE=/etc/openvpn/openvpn-status.log
(...)
case "$1" in
(...)
status)
```

---

[22] *http://www.openvpn.org*

```
    if [ ! -e $PIDFILE ]
      then exit 3
    fi

    NOW=`date +%s`       # now in seconds since 1970
    VPNSTATUS=`stat -c "%Y" $STATUSFILE`   # mtime of the statusfile
    DIFF=$(($NOW - $VPNSTATUS))
    if [ $DIFF -gt 180 ]  # older than 180 sec?
      then exit 3     # old status file should not happen
      else exit 0     # consider the server running
    fi
    ;;
  (...)
  esac
```

Ist alles eingegeben und wurde die LSB-Ressource OpenVPN zur Gruppe groupFirewall hinzugefügt, kann der Aufbau getestet werden. Nach dem Umschalten zwischen den beiden Knoten sollte der ping zu einem internen Server per VPN 30 Sekunden lang ins Leere laufen, und der Client sollte dann eine neue Verbindung aufbauen.

Der Client erhält bei einem Failover wahrscheinlich eine neue IP-Adresse vom Server. Deshalb werden alle bestehenden Verbindungen abreißen. Falls der neue Server dieselben IP-Adressen an die Clients verteilen soll wie der fehlerhafte Knoten, muss die Datei *ipp.txt* zwischen beiden Knoten synchronisiert werden. Dies kann wiederum mit rsync geschehen, jedoch mit dem Risiko, dass die Synchronisation nicht schnell genug erfolgt. Alternativ kann OpenVPN so konfiguriert werden, dass diese Datei auf einem DRBD-Gerät gespeichert wird.

Die komplette Firewall-Konfiguration

Abschließend soll noch einmal der komplette Ressourcenabschnitt der HA-Firewall im Zusammenhang in der Notation für crm gezeigt werden:

```
primitive resFirewall lsb:firewall \
    operations op monitor interval="15" timeout="15"
primitive resIPext ocf:heartbeat:IPaddr2 \
    meta target-role="started" \
    operations op monitor interval="10s" timeout="20s" \
    params ip="10.0.0.1" nic="eth0" cidr_netmask="24"
primitive resIPint ocf:heartbeat:IPaddr2 \
    operations op monitor interval="10s" timeout="20s" \
    params ip="192.168.1.1" nic="eth2" cidr_netmask="24"
primitive resIPsec lsb:ipsec operations op monitor interval="15" timeout="15"
primitive resOpenVPN lsb:openvpn \
    operations op monitor interval="15" timeout="15"
primitive resPingd ocf:pacemaker:pingd \
    operations op monitor interval="10" timeout="20" \
    params multiplier="100" host_list="10.0.0.254"
```

```
group groupFirewall resFirewall resIPsec resOpenVPN
group groupIPs resIPext resIPint
clone clonePingd resPingd
location locIPs groupIPs rule pingd: defined pingd
colocation colFWIP inf: groupFirewall groupIPs
order ordIPFW : groupIPs groupFirewall
rsc_defaults resource-stickiness="10" migration-threshold="3"
```

Im vollständigen Beispiel ist auch die Überwachung des Netzwerks (Über den Default-Router 10.0.0.254) eingebaut. Damit die Ressourcen nicht wild hin- und herspringen, habe ich eine resource-stickiness von 10 eingegeben. Maximal dreimal dürfen Ressourcen auf einem Knoten bei der Überwachung (überall eine monitor-Operation!) einen Fehler melden; danach verschiebt der Cluster sie endgültig auf den anderen Knoten.

Mit einer solchen Konfiguration steht einer hohen Verfügbarkeit des Gesamtsystems Firewall nichts mehr im Weg. Der Fantasie des Lesers bleiben zusätzliche Ressourcen überlassen, wie statische Routen, Routing-Daemons (quagga!) oder ein professionelles Bandbreitenmanagement (QoS).

KAPITEL 9
Linux Virtual Server

Wie eingangs (Kapitel 1, »Einleitung«) schon dargestellt wurde, bietet der Linux Virtual Server (LVS) eine Lastverteilung auf viele Server im Hintergrund. Die Leistung eines solchen Load-Balancer ist eigentlich nur durch den Durchsatz der Hardware als Router begrenzt. Da sich das Projekt LVS die hohe Skalierbarkeit zum Ziel gesetzt hat und Linux-HA dagegen die hohe Verfügbarkeit, ergänzen sich beide Systeme perfekt, um einen hochskalierbaren und hochverfügbaren Cluster für die Lieblingsapplikation zu bauen.

Der LVS-Director als Ressource unter Linux-HA

Linux-HA hat den großen Vorteil, dass Dienste, die von pacemaker verwaltet werden, hochverfügbar angeboten werden können. pacemaker kontrolliert die Ressourcen und startet diese im Fehlerfall auf einem Knoten, der sie weiterhin anbieten kann.

Das Ziel des Linux-HA-Projekts war es allerdings nie, diese Dienste auch skalierbar für hohe Lasten anzubieten. Jeder Dienst kann nur immer von einem Knoten angeboten werden. Falls dieser für die nachgefragten Lasten nicht mehr ausreicht, hilft es nur, einen größeren Server zu verwenden. Diese Methode skaliert natürlich nicht besonders gut, und irgendwann sind auch die finanziellen Grenzen dieses Vorgehens erreicht.

Als Alternative bietet sich das Projekt *Linux Virtual Server* (LVS, siehe Abschnitt »Linux Virtual Server (LVS)« in Kapitel 1) an. Ein Modul im Kernel (ip_vs) implementiert einen Switch auf Layer 4 auf dem sogenannten Director. Dieser verteilt eingehende TCP/IP-Pakete an die angeschlossenen realen Server, die die tatsächliche Arbeit verrichten und die Antwortpakete dann an den Client zurückschicken. Durch geschickte Algorithmen beim Verteilen der Pakete sind Installationen mit mehreren Hundert realen Servern im Hintergrund möglich. Beim Ausfall eines Rechners im Hintergrund verteilt der Director neue Pakete an andere Rechner, so dass der Dienst auch mit hoher Verfügbarkeit angeboten werden kann.

Das Kernelmodul bietet allerdings nur den grundsätzlichen Rahmen des Switches auf Layer 4. Es wird ein zusätzliches Programm benötigt, das folgende Funktionen übernimmt:

- Konfiguration des Kernelmoduls aus einer *verständlichen* Konfigurationsdatei. Die Konfiguration des Kernelmoduls ip_vs erfolgt direkt mit Befehlen des ipvsadm-Tools, die in einem Skript abgelegt werden – keine besonders prickelnde Methode, um die Konfiguration für Menschen verständlich zu halten.
- Überwachung der realen Server. Wenn ein realer Server im Hintergrund ausfällt, muss irgendein Dienst dies bemerken.
- Änderung der Konfiguration des Kernelmoduls beim Ausfall eines realen Servers. Wenn der Zusatzdienst bemerkt hat, dass ein realer Server ausgefallen ist, muss er auch das Kernelmodul dynamisch im Betrieb instruieren, keine neuen Verbindungen mehr diesem Server zuzuweisen.
- Wiederherstellung der ursprünglichen Konfiguration, falls der reale Server wieder erreichbar ist.

Im Folgenden soll als zusätzliches Programm, das diese Funktionen bietet, der ldirectord verwendet werden. Der Vorteil dieses Dienstes ist, dass dafür der OCF-RA existiert, der sehr schön in pacemaker-Cluster integriert ist. Problematisch an LVS-Installationen ist jedoch, dass der Director selbst einen *Single Point of Failure* darstellt. Beim Ausfall des Directors sind mit einem Schlag alle realen Server nicht mehr erreichbar, und der Dienst ist ausgefallen. Der Director selbst lässt sich ohne Probleme unter pacemaker hochverfügbar aufbauen.

Der Aufbau des Systems ist in Abbildung 9-1 dargestellt. Ein Director nimmt Pakete für die Cluster-IP-Adresse an und verteilt diese Pakete (entsprechend den bestehenden Verbindungen) an zwei reale Server im Hintergrund. Diese bearbeiten die Aufrufe der Webseiten und beantworten sie. Die Antwortpakete werden ebenfalls über den Director zurückgeroutet.

Die IP-Adressen und die Schnittstellen sind in Tabelle 9-1 noch einmal zusammengefasst:

Tabelle 9-1: Zusammenfassung der Netzwerkschnittstellen, der dedizierten IP-Adressen der Systeme und der virtuellen Adressen des Clusters für den LVS-Cluster.

	Schnittstelle	Director 1	Director 2	realer Server 1	realer Server 2
extern	dediziert	192.168.0.1	192.168.0.2	-	-
	Cluster-IP (CIP)	192.168.0.3	-	-	-
intern	dediziert	192.168.200.1	192.168.200.2	192.168.200.16	192.168.200.17
	Cluster-IP (DIP)	192.168.200.3			
heartbeat	dediziert	192.168.201.1	192.168.201.2		

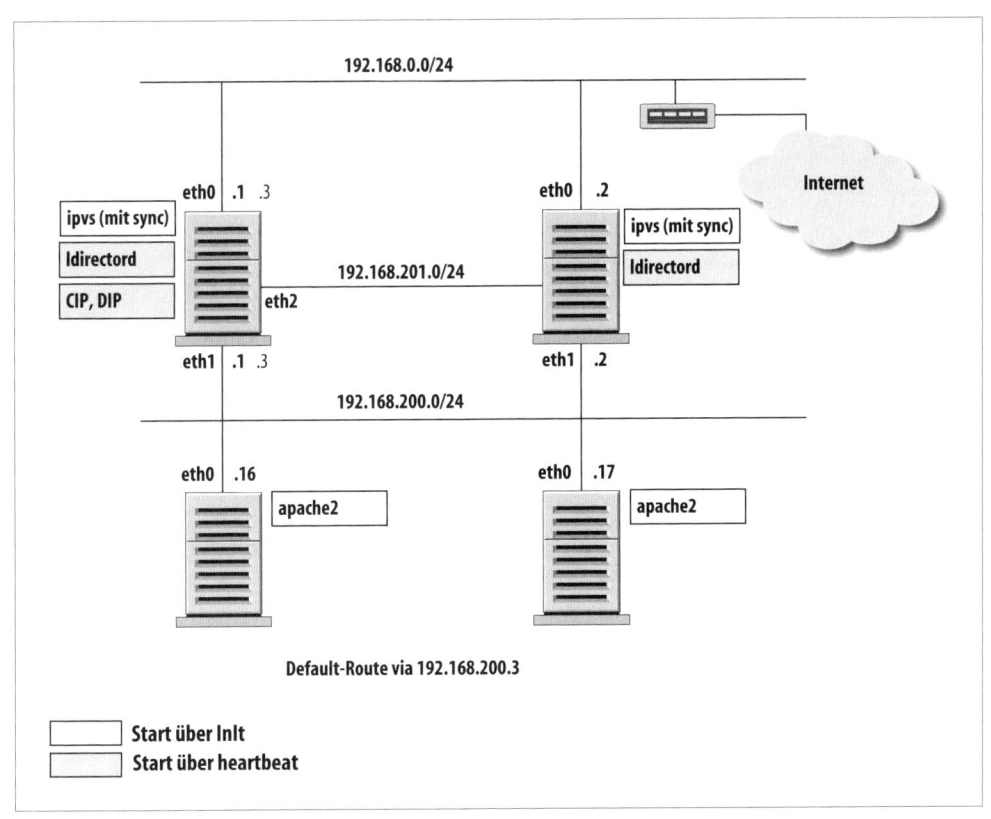

Abbildung 9-1: Aufbau des LVS-Clusters, der im Text beschrieben wird. Ein hochverfügbares Pärchen von Load-Balancern (Director) verteilt die Last auf die beiden Server im Hintergrund.

Der Aufbau soll nur der Demonstration des Prinzips dienen und hat gegenüber einem Design für einen tatsächlichen produktiven Einsatz zwei Nachteile:

- Wenn die Last so klein ist, dass sie von zwei realen Servern bewältigt werden kann, ist es wenig sinnvoll, ein System aus vier Servern aufzubauen. An dieser Stelle könnte die localhost-Fähigkeit von LVS genutzt werden, um die realen Webserver zusammen mit dem Director auf insgesamt zwei Servern unterzubringen.
- Cluster, die mit Lastverteilung arbeiten, sollten mehr als zwei reale Server nutzen. Falls im Laufe der Zeit die Last pro System auf mehr als durchschnittlich 50 % ansteigt, darf keiner der realen Server ausfallen, da sonst der verbleibende überlastet wäre. In der Realität würde dieses Szenario sogar früher eintreten, da auch kurzfristige Lastspitzen bei einer wesentlich geringeren durchschnittlichen Last den verbleibenden Server in die Knie zwingen können. Gute Clustersysteme sollten daher immer mindestens drei reale Server im Hintergrund nutzen, die dann maximal bis zu 40 % ausgelastet sein können. Danach sollte der Cluster um weitere Server vergrößert werden.

Das Kernelmodul

Das Kernelmodul ist in den meisten gängigen Distributionen enthalten und muss nur noch installiert werden. Das Paket heißt unter Debian nach dem Userland-Programm zur Konfiguration ipvsadm. In anderen Distributionen ist die Nomenklatur ähnlich.

Das Programm wird dazu genutzt, den virtuellen Server im Linux-Kernel zu konfigurieren. Nach dem ipvsadm-Befehl folgt die Operation, die der Administrator konfigurieren will:

```
# ipvsadm BEFEHL [Protokoll] Dienstadresse [Optionen]
# ipvsadm befehl [Protokoll] Dienstadresse Serveradresse [Optionen]
```

Kommandos mit Großbuchstaben beziehen sich dabei auf den virtuellen Server, der unter der Cluster-IP-Adresse (CIP) erreichbar ist. Befehle in Kleinbuchstaben bestimmen das Verhalten des Kernelmoduls in Bezug auf die realen Server im Hintergrund.

Mit dem Befehl -A richtet der Administrator einen neuen virtuellen Server ein. Als Minimum muss er Angaben zur virtuellen Adresse (-t) und dem Verteilalgorithmus (-s) machen. So wird mit

```
# ipvsadm -A -t 192.168.0.3:80 -s rr
```

auf der Clusteradresse ein virtueller Webserver (Port 80) eingerichtet, der die eingehenden Verbindungen einfach der Reihe nach an die vorhandenen realen Webserver weitergibt. Mit dem Befehl -E kann der Administrator einen eingerichteten virtuellen Server bearbeiten (*edit*) und mit -D wieder löschen (*delete*). Anstelle eines TCP-Diensts (Option -t) lassen sich mit -u auch UDP-Dienste verteilen.

Alle eingerichteten virtuellen Server lassen sich mit dem Befehl -L ( ) anzeigen:

```
# ipvsadm -L
IP Virtual Server version 1.2.1 (size=4096)
Prot LocalAddress:Port Scheduler Flags
  -> RemoteAddress:Port          Forward Weight ActiveConn InActConn
TCP  192.168.0.3:www rr
```

Die Antwort ist eine Übersicht über die Konfiguration, die bisher nur den virtuellen Server zeigt, und ein bisschen Statistik. Will der Administrator mehr wissen, kann er sich mit den Optionen --stats oder --rate weitere Informationen anzeigen lassen. Alle bestehenden Verbindungen gibt ipvsadm -L aus, wenn man mit -c danach fragt. Alle Zählerstände von verteilten Paketen, der Datenmenge usw. werden mit -Z zurückgesetzt. Sollte der Administrator einmal die Übersicht über alle eingerichteten virtuellen Server verloren haben, kann er mit -C (*clear*) alle auf einen Schlag löschen.

Im Beispiel werden die Verbindungen der Reihe nach (*Round Robin*, rr) an die realen Server verteilt. Wie im ersten Kapitel erwähnt wurde, lässt LVS noch eine Reihe weiterer Mechanismen zu. Eine Übersicht mit einer Erklärung dazu, wie das entsprechende Verfahren funktioniert und welche Option man beim Parameter -s eingeben muss, findet sich in den man-Seiten zu ipvsadm.

Der virtuelle Server kann bisher keine einzige Anfrage beantworten, da noch keine realen Server konfiguriert sind. Dies kann der Administrator durch Befehle in Kleinbuchstaben erledigen. So fügt er einem virtuellen Dienst mit -a einen realen Server hinzu, an den der Kernel die eingehenden Verbindungen weiterleiten darf. Entsprechend den Befehlen von oben kann man die Konfiguration mit -e bearbeiten, und mit -d kann ein realer Server wieder gelöscht werden. In unserem Beispiel existieren zwei Server (Option -r), die die Anfragen beantworten:

```
# ipvsadm -a -t 192.168.0.3:80 -r 192.168.200.16:80 -m
# ipvsadm -a -t 192.168.0.3:80 -r 192.168.200.17:80 -m
```

Wichtig ist die Eingabe der Art der Paketweiterleitung. Im Beispiel werden die Pakete mit NAT (Option -m) an den richtigen Server weitergeleitet. Alternativ gibt es die Optionen -i für einen IP-in-IP-Tunnel und -g für die Methode »Gateway«, die auch oft als »direktes Routing« bezeichnet wird. Die Methoden wurden bereits in der Einleitung zu diesem Buch beschrieben.

Weitere Optionen bei der Einrichtung eines realen Servers sind:

- -p, --persistent *[Timeout]*. Sollen weitere eingehende Verbindungen eines Clients an denselben Server verteilt werden? Wenn diese Option eingegeben wird, landet ein Client immer beim selben realen Server. Dies ist zum Beispiel notwendig, wenn die Verbindung verschlüsselt ist *(https)*.

- -M, --netmask *Netzmaske*. Diese Option bestimmt, wie spezifisch die Verbindung zwischen Client und Server ist. In der Regel wird immer nur ein Cient an einen Server gebunden. Da einige Provider mit Zwangsproxys es aber nicht schaffen, denselben Kunden immer über denselben Proxyserver zu lenken, kann der Administrator mit dieser Option die Granularität der Bindung festlegen. Mit 255.255.255.0 werden zum Beispiel alle Clients auf einem Klasse-C-Netz immer an denselben Server weitergeleitet.

- -w, --weight *Gewichtung*. Mit bestimmten Verteilmechanismen (zum Beispiel *weighted round robin* o.Ä.) lassen sich verschiedenen Servern verschiedene Gewichtungen zuweisen. So kann man bestimmen, dass ein neuer Server im Pool mehr Verbindungen verarbeiten kann.

  Auf jeden Fall gibt ein Wert von 0 hier an, dass keine neuen Verbindungen an einen realen Rechner verteilt werden. Pakete, die zu einer bestehenden Verbindung gehören, leitet der Director weiterhin an den entsprechenden Rechner weiter. Diese Option ist sehr nützlich, wenn ein bestimmter realer Server gewartet werden soll. Man setzt sein Gewicht auf 0, wartet, bis keine Verbindungen mehr existieren, und kann dann mit dem Update loslegen.

- -x, --u-threshold *obere_Grenze* und -y, --l-threshold *untere_Grenze*. Mit diesen Optionen kann der Administrator bestimmen, dass bestimmten Servern Verbindungen in bestimmten Grenzen zugeteilt werden. So kann man mit -x zum Beispiel festlegen, dass dieser reale Server nicht mehr als die angegebenen Verbindungen zugeteilt bekommt.

Damit der virtuelle Server funktioniert, muss nur noch die Paketweiterleitung im Kernel mit

```
# echo 1 > /proc/sys/net/ipv4/ip_forward
```

freigeschaltet werden, und ein

```
# telnet 192.168.0.3 80
```

von außen sollte auf einen der Rechner verteilt werden. Den genauen Weg der Pakete auf der externen und internen Schnittstelle des Director kann man mit `tcpdump` verfolgen. Die Verbindung sollte in der Statistik der Director auftauchen (`ipvsadm -L -s`).

Damit das Antwortpaket des realen Servers an den Client zurückgelangt, muss das Routing dieses Servers natürlich wieder zurück zum Director bzw. zu dessen Adresse im lokalen Netz (DIP) zeigen. Der Director muss die Antwort mit den gespeicherten NAT-Informationen zurückübersetzen und erst dann an den Client ausliefern.

Wenn direktes Routing oder IP-in-IP-Tunnel als Mechanismus zur Weiterleitung der Pakete genutzt wird, muss das ARP-Announcement auf den realen Servern für die VIP ausgeschaltet werden. Das erreicht man am einfachsten, indem man die VIP auf der lokalen Schnittstelle (`lo`) einrichtet, für die externe Schnittstelle die Kernelparameter `arp_announce` auf 2 setzt und `arp_ignore` 1 zuweist. Damit die Einstellungen auch den nächsten Systemstart überleben, werden sie in der Datei */etc/sysctl.conf* festgehalten:

```
net.ipv4.conf.eth0.arp_ignore = 1
net.ipv4.conf.eth0.arp_announce = 2
net.ipv4.conf.all.arp_ignore = 1
net.ipv4.conf.all.arp_announce = 2
```

Mit einem `sysctl -p` werden die Änderungen im aktiven Betrieb ohne Systemstart übernommen.

Die Einstellungen `arp_announce` und `arp_ignore` sind in der Dokumentation des Kernels erklärt:

arp_announce *INTEGER*. Definiert verschiedene Restriktionen, eine lokale Absender-IP-Adresse in ARP-Anfragen anzukündigen, die auf einer Schnittstelle versandt werden:

0: Jede lokale Adresse, die auf irgendeiner Schnittstelle konfiguriert ist, wird verwendet (Vorgabe).

1: Versuch, eine lokale Adresse zu vermeiden, die nicht im Subnetz des Ziels liegt. Dieser Modus ist sinnvoll, wenn der Zielhost, der über eine bestimmte Schnittstelle erreichbar ist, eine Absenderadresse benötigt, die in seinem Subnetz liegt, um auf der empfangenden Schnittstelle zu antworten. Wenn der Linux-Kernel diese Anfrage schickt, überprüft er alle IP-Adressen daraufhin, ob sie im Subnetz der Zieladresse liegen, und verwendet die passende Adresse. Falls es keine Übereinstimmung gibt, gelten die Vorgaben von Wert 2 (siehe unten).

2: Der Kernel nutzt immer die »beste« lokale Adresse im ARP-Paket. In diesem Modus wird die Absender-IP-Adresse ignoriert, und der Kernel wählt die lokale Adresse nach folgendem Muster: Er sucht nach der primären IP-Adresse in allen Subnetzen auf der ausgehenden Schnittstelle, die die Zieladresse enthalten. Wenn keine Adresse gefunden wird, wird die erste Adresse der ausgehenden Schnittstelle verwendet, und zwar in der Hoffnung, mit dieser Adresse eine Antwort auf die ARP-Anfrage zu erhalten.

Der maximale Wert aller Konfigurationsparameter aus *conf/{all,interface}/arp_announce* wird genutzt.

arp_ignore INTEGER. Mit diesem Parameter legt der Administrator fest, wie der Kernel auf ARP-Anfragen nach einer lokal definierten IP-Adresse antwortet.

0: Der Kernel antwortet auf jede lokal definierte IP-Adresse, egal auf welcher Schnittstelle sie definiert ist (Vorgabe).

1: Der Kernel antwortet nur, wenn die IP-Adresse lokal auf der Schnittstelle konfiguriert ist, auf dem die ARP-Anfrage eingegangen ist.

2: Der Kernel antwortet nur, wenn die IP-Adresse auf der eingehenden Schnittstelle konfiguriert ist und die Absender-IP-Adresse im selben Subnetz liegt.

3: Der Kernel antwortet nicht auf Anfragen nach IP-Adressen mit dem Gültigkeitsbereich host, sondern nur für *global-* und *link-*Adressen.

4-7: Reserviert.

8: Es gibt grundsätzlich keine Antwort.

Der maximale Wert aller Konfigurationsparameter aus *conf/{all,interface}/arp_announce* wird genutzt.

Neben der Einrichtung des virtuellen Servers und der realen Server mit dem Befehl ipvsadm kann das Kernelmodul zusätzlich die Tabellen der bestehenden Verbindungen zwischen verschiedenen LVS-Instanzen synchronisieren. Somit sind auch hochverfügbare Installationen mit einem aktiven und einem Stand-by-System möglich. Mehr dazu finden Sie weiter unten.

Auch macht es keinen Spaß, die ganze Konfiguration mit ipvsadm-Befehlen einzurichten. Dafür gibt es, wie oben schon gesagt, den ldirectord. Im Weiteren überlassen wir die Einrichtung des Kernelmoduls diesem Dienst.

Start durch init

Das Kernelmodul wird nicht von pacemaker verwaltet. Ein Problem im Kernel kann von pacemaker nicht gelöst werden, und deshalb wird dieses Modul auf allen Knoten des Clusters installiert. Das init-Skript dient meistens dazu, eine bestimmte Konfiguration zu laden. Da dies im Beispielcluster durch ldirectord erledigt wird, ist diese Funktion des init-Skripts nicht notwendig. Eine weitere Funktion ist allerdings, die Synchronisation des Zustands der Verbindungen über den Director (Connection Table) zwischen dem aktiven und dem passiven System zu initialisieren. Da grundsätzlich nicht statisch festgelegt werden kann, welcher der beiden Knoten der aktive ist und somit den Master-Daemon der Synchronisation starten muss, führt das zu einem Problem. Zwar könnte man das Problem mit einer Multi-State-Ressource umgehen, aber die Entwickler haben noch eine einfachere Lösung ermöglicht. Auf jedem Knoten kann die Synchronisation sowohl als Master als auch als Slave gleichzeitig gestartet werden. Somit ist die Aktualisierung des Zustands der Verbindungen immer gesichert, egal auf welchem Knoten der Director aktiv ist und auf welchem Knoten passiv.

Um die Synchronisierung sowohl als Master als auch als Slave auf jedem Knoten zu starten, müssen im start-Abschnitt des init-Skripts folgende Zeilen eingetragen werden:

```
IPVSADM="/sbin/ipvsadm"
IFACE="eth2"
$IPVSADM --start-daemon master --mcast-interface $IFACE
$IPVSADM --start-daemon backup --mcast-interface $IFACE
```

Natürlich müssen die beiden Dienste auch im stop-Teil wieder angehalten werden.

Die Konfiguration von ldirectord

Wie oben bereits erwähnt, nutzen wir den ldirectord zur Konfiguration des Kernelmoduls und zur Überwachung der realen Server im Hintergrund. Falls ein Server nicht mehr antwortet, wird er aus dem Pool herausgenommen, indem ldirectord die Konfiguration des Kernelmoduls dynamisch anpasst. Beantwortet der Server die Anfragen wieder, bekommt er erneut seinen Anteil an der Kommunikation.

Der Dienst nutzt eine für Menschen einfach verständliche Konfigurationsdatei. Am Anfang werden ein paar Definitionen zum allgemeinen Verhalten des Director festgelegt. Besonders interessant ist die Option quiescent=[yes|no]. Ist diese Option auf no gesetzt und fällt ein realer Server aus, wird er komplett aus der Konfiguration entfernt. Wenn die Option yes lautet, wird sein Gewicht nur auf 0 gesetzt. Sobald der Server wieder auf die Anfragen von ldirectord antwortet, wird er in jedem Fall wieder in die Konfiguration aufgenommen.

Anschließend folgen die Definitionen der virtuellen Server. Jeder einzelne, von denen übrigens mehrere auf einem Director laufen dürfen, werden mit einer Zeile in der Datei *ldirectord.cf* eingerichtet. Wichtig ist, dass diese Zeile nicht eingerückt wird. Auf diese Definition folgen die Befehle, die diesen virtuellen Server bestimmen, also zum Beispiel die realen Server im Hintergrund. Diese Zeilen folgen auf die Definition des virtuellen Servers und sind eingerückt. Die genaue Syntax lautet:

```
virtual=CIP:Port
    real=IP:Port Methode
    scheduler=Verteilalgorithmus
    protokol=tcp|udp
      (Weitere Optionen)
```

Die Zeile real= kann beliebig oft wiederholt werden, um alle realen Server in den Pool aufzunehmen. Die restlichen Optionen beziehen sich hauptsächlich auf die Überprüfung der realen Server. Um die Webserver aus dem Beispiel oben zu testen, lautet die komplette Konfiguration:

```
virtual=192.168.0.3:80
    real=192.168.200.16:80 masq
    real=192.168.200.17:80 masq
    scheduler=rr
    protocol=tcp
    fallback=127.0.0.1:80 masq
    service=http
    #persistent=600
    #netmask=255.255.255.255
    checktype=negotiate
    checkport=80
    request="index.html"
    receive="Test Page"
```

Die Optionen service, checktype, checkport, request und receive legen fest, dass den Servern auf Port 80 eine HTTP-Anfrage nach der Seite *index.html* geschickt wird. In der Antwort erwartet der ldirectord »Test Page«. Andere Dienste werden mit anderen Tests überprüft. In der Konfigurationsdatei, die in der Dokumentation zu finden ist, sind viele Beispiele für die verschiedensten Dienste aufgeführt. Für einen virtuellen Webserver ist die Option fallback interessant. Falls gar kein realer Server mehr zur Verfügung steht, liefert LVS diese Seite aus.

Die Konfiguration von ldirectord bietet noch viele weitere Optionen, die alle in der Dokumentation man ldirectord beschrieben werden. Dort sind auch noch alle verfügbaren Dienste und deren Verwendung noch einmal genau beschrieben.

Generell kann ein virtueller Server im ip_vs-Modul nicht nur mit CIP:Port definiert werden, sondern auch über eine Markierung des netfilter-Moduls. Dann lautet die Definition des virtuellen Servers in *ldirectord.cf*:

```
virtual=42
    (...)
```

Der virtuelle Server nimmt damit alle Pakete entgegen, die iptables mit dem fwmark 42 markiert:

```
# iptables -t mangle -A PREROUTING -j CONNMARK –restore-mark
# iptables -t mangle -N LVS_RULE
# iptables -t mangle -A PREROUTING  -p tcp -m multiport --dports 80,443 \
    -d 192.168.0.3 -m state --state NEW  -j LVS_RULE
# iptables -t mangle -A LVS_RULE -j MARK   --set-mark 42
# iptables -t mangle -A LVS_RULE -j CONNMARK --save-mark
```

Wird ein virtueller Server nach dieser Methode eingerichtet, kann der Administrator die ganze Mächtigkeit des netfilter-Moduls nutzen. Näheres zum Paketfilter des Kernels finden Sie unter man iptables. So können alle möglichen Protokolle auf viele Server im Hintergrund verteilt werden.

Dynamische Änderungen

Ein weiteres Schmankerl des ldirectord ist, dass er auf Änderungen in der Konfiguration automatisch reagieren kann. Falls in der *ldirectord.conf* ein

```
autoreload = yes
```

eingetragen ist, beobachtet der Dienst die Datei. Ändert sie sich und ist die *mtime* der Datei ebenfalls neuer als die der bisherigen Konfiguration, lädt der Dienst die neue Konfiguration automatisch. Auf Änderungen der Konfiguration reagiert der Dienst deshalb von allein. Ein manuelles

```
/etc/init.d/ldirectord reload
```

ist mit dieser Option nicht mehr notwendig. Diese Fähigkeit ist besonders interessant, wenn mehrere *Load-Balancer* von einer zentralen Instanz mit ihren Konfigurationen versorgt werden.

Der ldirectord als Ressource im Cluster

Die Bezeichnungen »Master« und »Slave« sind in unserem Beispiel nicht ganz zutreffend, da der Director auf beiden Knoten in keinem unterschiedlichen Status (aktiv/passiv) vorliegt. Da die Tabelle mit den Verbindungen auf beiden Knoten vollständig synchronisiert wird und das Kernelmodul auf beiden Knoten geladen wird, ist der Zustand der beiden Knoten identisch. Der Unterschied zwischen den Knoten besteht allein darin, dass nur auf einem der Knoten die IP-Adresse des LVS-Clusters (CIP) läuft. Somit werden lediglich an diesen Knoten Pakete weitergeleitet.

Die Cluster-IP-Adresse (CIP) ist daher die ideale Ressource, die von pacemaker verwaltet werden kann. Daneben kann ldirectord ebenfalls von pacemaker verwaltet werden. Da die Konfiguration von ldirectord auf beiden Knoten identisch ist und der Dienst auf beiden Knoten gestartet wird, könnte das Programm auch außerhalb des Clusters von init gestartet werden. pacemaker ermöglicht aber zusätzlich noch eine Überwachung des ldirectord mittels einer monitor-Operation. Der Vorteil des Starts von ldirectord innerhalb von pacemaker ist somit die Möglichkeit zur Überwachung des Diensts selbst. Da beide Knoten identisch konfiguriert sind, kann ldirectord als Klon-Ressource betrieben werden.

Die Konfigurationsdatei für den ldirectord kann als Attribut konfiguriert werden. Somit lautet die Definition der Klon-Ressource für den LVS-Cluster:

```xml
<clone id="cloneLdir">
  <meta_attributes id="cloneLdir_meta_attrs">
    <nvpair id="cloneLdir_metaattr_clone_max" name="clone_max" value="2"/>
    <nvpair id="cloneLdir_metaattr_clone_node_max" name="clone_node_max" value="1"/>
  </meta_attributes>
  <primitive id="resLdir" class="ocf" type="ldirectord" provider="heartbeat">
    <operations>
```

```xml
        <op id="531e3651" name="monitor" description="Monitor" interval="20"
                            timeout="10" disabled="false" role="Started"
                            prereq="quorum" on_fail="restart"/>
      </operations>
      <instance_attributes id="resLdir_instance_attrs">
        <nvpair id="b4a2ecf5" name="configfile" value="/etc/ldirectord.cf"/>
      </instance_attributes>
    </primitive>
  </clone>
```

Die Cluster-IP-Adressen

Der gesamte LVS-Cluster braucht noch mindestens eine IP-Adresse, die von ldirectord als CIP benötigt wird. Der Knoten, auf dem diese Ressource läuft, ist der aktive Knoten. Tritt ein Problem auf, wird die IP-Adresse des Clusters (CIP) einfach auf den anderen Knoten verschoben. Da dort schon ein ldirectord läuft und der Status beider Kernelmodule synchronisiert ist, können einfach alle bestehenden Verbindungen fortgesetzt werden. Die CIP im Beispiel oben wäre 192.168.0.3.

Falls der LVS-Cluster die Pakete an die realen Server, wie im Beispiel oben, per NAT weiterreicht, muss noch eine weitere IP-Adresse konfiguriert werden. Diese dient als Default-Route für die beiden realen Server. Im Beispiel ist dies die Adresse 192.168.200.3. Die beiden IP-Adressen werden der Ordnung halber in einer Gruppe zusammengefasst. Die Definition der Gruppe ist somit:

```xml
<group id="groupIPs">
  <meta_attributes id="groupIPs_meta_attrs">
    <nvpair name="ordered" id="group_order" value="false"/>
  </meta_attributes>
  <primitive class="ocf" type="IPaddr2" provider="heartbeat" id="resCIP">
    <instance_attributes id="resCIP_instance_attrs">
      <nvpair id="CIP_ip" name="ip" value="192.168.0.3"/>
      <nvpair id="CIP_nic" name="nic" value="eth0"/>
      <nvpair id="CIP_cidr" name="cidr_netmask" value="24"/>
    </instance_attributes>
  </primitive>
  <primitive class="ocf" type="IPaddr2" provider="heartbeat" id="resDIP">
    <instance_attributes id="resDIP_instance_attrs">
      <nvpair id="DIP_ip" name="ip"  value="192.168.200.3"/>
      <nvpair id="DIP_nic" name="nic" value="eth1"/>
      <nvpair id="DIP_cidr" name="cidr_netmask" value="24"/>
    </instance_attributes>
  </primitive>
</group>
```

Die Ressourcen der Gruppe werden nicht geordnet gestartet. Dieser Trick bringt einen kleinen Zeitvorteil beim Start, da beide IP-Adressen gleichzeitig gestartet werden können. Sie müssen nicht aufeinander warten.

Diese Gruppe kann nur dort laufen, wo eine Ressource `resLdir` existiert. Deshalb wird folgende Co-Lokation definiert:

```
<rsc_colocation id="colocationIPsLdir" res="groupIPs" with-res="cloneLdir"
        score="INFINITY"/>
```

Zusätzlich sollte der gesamte Aufbau mit einer Klon-Ressource `pingd` überwacht werden, damit eventuelle Ausfälle des Netzwerks bemerkt werden.

In Tests für diesen Aufbau kann man mit `watch ipvsadm -Lnc` auf beiden Knoten beobachten, wie die Verbindungen zwischen aktivem und passivem Director synchronisiert werden. Bei Ausfall des aktiven Director (Stand-by) während eines großen Downloads bleibt der Balken, der den Fortschritt auf dem Client anzeigt, für etwa zwei Sekunden stehen. Danach erfolgt die Umschaltung der IP-Adressen, und der Download geht weiter, *ohne* dass der Benutzer diesen neu anstoßen muss – eine echte Hochverfügbarkeit, so wie der Benutzer es sich wünscht!

KAPITEL 10
Überwachung und Sicherheit

Nachdem ein Cluster aufgebaut ist, beginnen die Nacharbeit und der Betrieb. Ein alter Physiker-Spruch besagt: »*No job is finished until the paperwork is done.*« Das gilt auch für die Dokumentation der Konfiguration, damit andere ebenfalls eine Chance bekommen, zu verstehen, was der Autor der Konfiguration eigentlich wollte und warum es genau so gemacht wurde und nicht anders. Auf die Dokumentation soll hier aber nicht vertiefend eingegangen werden. Jeder hat dabei seinen eigenen Stil.

Für den Betrieb gibt es ein ganz anderes Problem: Wie kann ein Operator (Administrator) den Betrieb möglichst effizient gestalten? Sicher ist es nicht ideal, immer die GUI geöffnet zu haben, um zu sehen, ob gerade ein Knoten des Clusters ein Problem hat und eine Ressource auf einem anderen Knoten gestartet wurde. Außerdem wurde eingangs gezeigt, dass die Verfügbarkeit entscheidend von automatisierten Systemen zur Erkennung und Behebung von Fehlern abhängt (siehe Abschnitt »Hochverfügbarkeit« in Kapitel 1).

Für diese Aufgabe gibt es Netzwerk-Management-Systeme (NMS). Die Zusammenarbeit zwischen Linux-HA und einem solchen NMS soll am Beispiel von nagios[1] dargestellt werden. Im zweiten Teil dieses Kapitels wird dann auf die Sicherheit von Linux-HA eingegangen, ebenfalls ein wichtiges Thema im Betrieb.

Überwachung

Wie wird überwacht, ob der Cluster noch das macht, was er soll, oder ob ein Knoten inzwischen Probleme hat? Von Zeit zu Zeit auf die GUI zu sehen ist zwar möglich, aber nicht praktikabel und ganz sicher nicht ökonomisch. Sinnvoller ist es, die Überwachung der Funktion des Clusters dem (hoffentlich) vorhandenen NMS zu übertragen. Grundsätzlich ist es hier sinnvoll, auf bewährte Standards zurückzugreifen. Das mit Abstand am

---

1 http://www.nagios.org

weitesten verbreitete Protokoll für das Management im Netzwerk ist sicherlich das *Simple Network Management Protocol* (SNMP). Management-Systeme wie HP Openview, IBM Tivoli, CA Unicenter oder die freien Gegenstücke nagios, OpenNMS oder Zabbix verwenden dieses Protokoll, um Systeme im Netzwerk auf ihren Zustand abzufragen. Im Folgenden wird die Überwachung eines Clusters mit dem populären Open-Source-Monitoring-Werkzeug nagios näher erklärt.

Ein kurzer Exkurs über SNMP

Als Grundlage für die folgende Betrachtung des SNMP-Agenten des Linux-HA-Projekts wird hier kurz auf das Protokoll SNMP eingegangen, und die Vorteile der Verwendung von Standards im Gegensatz zu proprietärer Software werden erläutert.

Alle Management-Systeme müssen Informationen über die zu überwachenden Ressourcen (Hosts oder Dienste) sammeln. Dazu dient üblicherweise das SNMP-Protokoll. Der Manager befragt sogenannte Agenten auf dem zu überwachenden System über den Zustand der Ressource, und der Agent antwortet mit einem entsprechenden Wert. Hier ist es ein bisschen verwirrend, dass die entsprechende Software ebenfalls »Agent« heißt – wie die Skripte von Linux-HA zur Verwaltung der Ressourcen.

Da SNMP standardisiert und auf nahezu allen Netzwerkgeräten und Hosts installiert ist, egal welches Betriebssystem auf dem Rechner läuft, kann man leicht den Zustand aller Ressourcen abfragen und verwalten. Agenten gibt es nicht nur für alle bekannten Betriebssysteme, sondern für fast alle Anwendungen – von Firewalls bis zu Datenbanken. Aufgrund der Standards ist es auch kein Problem, dass Manager und Agenten plattformübergreifend kommunizieren, also ein HP Openview auf Solaris einen Exchange Server auf Windows 2003 überwacht. Die Agenten sind meist so detailliert, dass der Operator alle wirklich benötigten Informationen erhält.

Im Gegensatz dazu verstärkt sich in den letzten Jahren der Trend, proprietäre Plug-ins einzusetzen, die zusätzlich zur Applikation auf den zu überwachenden Servern zu installieren sind. Diese Plug-ins überwachen nur eine Applikation und sind natürlich zwischen verschiedenen Plattformen und Management-Systemen inkompatibel. Solche Trends sind bei kommerzieller Software, bei der ein solcher Zusatz leicht 1.000 Euro kosten kann, aus Herstellersicht verständlich, aus der Sicht eines Anwenders im besten Fall fragwürdig.

Deshalb wird an dieser Stelle das SNMP-System von Linux-HA vorgestellt und die Überwachung mittels nagios erklärt. Für die Grundlagen von SNMP und zur genauen Definition von *Object Identifier* (OID) und *Management Information Base* (MIB) sei auf die entsprechende Literatur[2] verwiesen.

---

2 *Essential SNMP*, O'Reilly 2005

Der SNMP-Subagent von Linux-HA

Ein Linux-HA-Cluster bringt seinen eigenen SNMP-Subagenten mit, der sich über das AgentX-Protokoll bei NetSNMP, dem Standard-Agenten unter Linux, einklinkt. Manchmal ist der Subagent bei fertigen Binärpaketen von Linux-HA nicht mit einkompiliert, so dass man spätestens hier selbst übersetzen muss. Meistens hat man aber Glück, und der Übersetzer hat daran gedacht. Tatsächlich ist mir noch kein Paket untergekommen, bei dem der Subagent nicht mit enthalten war. Ein kleiner Fallstrick bleibt: Der Agent ist im Paket pacemaker-mgmt enthalten und fehlt natürlich, wenn nur das Grundpaket pacemaker installiert wird.

Wenn selbst übersetzt wird, müssen Sie bei der Konfiguration mit ./ConfigureMe einfach --enable-snmp-subagent angeben. Dann wird beim Übersetzen das Programm hbagent erzeugt und die zugehörige MIB (*LINUX-HA-MIB.mib*) beim Installieren im Verzeichnis */usr/share/snmp/mibs* abgelegt. Bei fertigen Distributionen können die Pfade natürlich abweichen. Die OIDs des Linux-HA-Projekts sind unter enterprises.4682 zu finden.

Leider stammt der SNMP-Subagent aus dem heartbeat-Paket und wurde noch nicht vollständig an OpenAIS angepasst. Der Subagent muss wissen, dass er jetzt seine Informationen von einem anderen Clusterstack bezieht. Vor dem Start des Subagenten muss der Administrator deshalb eine entsprechende Umgebungsvariable setzen:

```
# export HA_cluster_type=openais
```

In NetSNMP kann man den Subagenten per AgentX einbinden. Dazu muss man die Zeile (master agentx) im Abschnitt Subagent control der Konfigurationsdatei *snmpd.conf* des Agenten freischalten und den Master-Agenten des Systems neu starten. Mit folgendem Befehl kann man überprüfen, ob der Master-Agent einen Socket für AgentX geöffnet hat:

```
# netstat -na | grep agentx
unix 2 [ ACC ] STREAM LISTENING 3156 /var/run/agentx
```

Schließlich muss man dafür sorgen, dass der Subagent beim Start des Clusters auch anläuft. Dazu nutzt man die Möglichkeiten der Konfiguration des Clusters und trägt folgende Zeile in der ha.cf ein:

```
# respawn root /usr/lib/heartbeat/hbagent
```

Die respawn-Option sorgt dafür, dass ein beendeter Prozess wieder anläuft. *root* als uid für diesen Prozess ist nicht schön, aber notwendig, da er sich sowohl mit dem Cluster (uid=hacluster) als auch mit den SNMP-Agenten (uid z.B. snmpd) unterhalten muss. Alternativ könnte man auch eine gemeinsame Gruppe erzeugen. Der Start in einem Cluster auf OpenAIS-Basis ist nicht so elegant. Hier muss der Administrator mit den üblichen Bordmitteln dafür sorgen, dass der Agent startet. Ein leiser Tod des Agenten ist jedoch nicht katastrophal für die Funktion des Clusters selbst, wird von der Überwachung schnell entdeckt und kann dementsprechend schnell behoben werden.

Wichtig für die Überwachung ist in erster Linie `LHALiveNodeCount` (OID=enterprises. 4682.1.2.0), der die Anzahl der aktiven Knoten im Cluster angibt. Wenn diese von `LHATotalNodeCount` abweicht, gibt es ein Problem. Eine komplette Übersicht über die Informationen, die der Subagent zu bieten hat, erhält man, wann man den ganzen Teilbaum mit `snmpwalk` abfragt:

```
# snmpwalk -v1 -cpublic -mLINUX-HA-MIB Knoten enterprises.4682
```

Natürlich muss dazu noch der SNMP-Agent richtig konfiguriert sein und dieser Community Zugang gewähren. Die komplette Ausgabe dieses Kommandos könnte wie folgt aussehen (der Übersichtlichkeit halber wurden nur ein Knoten und eine Ressource eingerichtet):

```
LINUX-HA-MIB::LHATotalNodeCount.0 = Counter32: 1
LINUX-HA-MIB::LHALiveNodeCount.0 = Counter32: 1
LINUX-HA-MIB::LHACurrentNodeID.0 = INTEGER: 1
LINUX-HA-MIB::LHAResourceGroupCount.0 = Counter32: 0
LINUX-HA-MIB::LHANodeName.1 = STRING: xen11
LINUX-HA-MIB::LHANodeType.1 = INTEGER: normal(1)
LINUX-HA-MIB::LHANodeStatus.1 = INTEGER: active(3)
LINUX-HA-MIB::LHANodeUUID.1 = STRING: bc13e29c-a82b-4a0d-82e3-b392b3d6f1f2
LINUX-HA-MIB::LHANodeIFCount.1 = Counter32: 1
LINUX-HA-MIB::LHAIFName.1.1 = STRING: eth0
LINUX-HA-MIB::LHAIFStatus.1.1 = INTEGER: up(1)
LINUX-HA-MIB::LHAMemberName.0 = STRING: xen11
LINUX-HA-MIB::LHAMemberAddress.0 = Hex-STRING: 00 05 08 A8 FD 05 08 00 00 00 00 A8 FD 05
08 00
00 00 00 00 00 00 00 00 00 00 00 00 00 00 00 00
00 00 00 00 00 00 00 00 00 00 00 00 00 00 00 00
00 00 00 D8 DC 05 08 00 00 00 00 00 00 00 00 00
LINUX-HA-MIB::LHAMemberClusterName.0 = STRING:
LINUX-HA-MIB::LHAMemberIsMember.0 = INTEGER: true(1)
LINUX-HA-MIB::LHAMemberLastChange.0 = INTEGER: nochange(1)
LINUX-HA-MIB::LHAMemberBootTime.0 = Timeticks: (0) 0:00:00.00
LINUX-HA-MIB::LHAHBVersion.0 = STRING: 2.1.3
LINUX-HA-MIB::LHAKeepAlive.0 = STRING: 1000ms
LINUX-HA-MIB::LHADeadTime.0 = STRING: 30000ms
LINUX-HA-MIB::LHADeadPing.0 = STRING: 30000ms
LINUX-HA-MIB::LHAWarnTime.0 = STRING: 15000ms
LINUX-HA-MIB::LHAInitDead.0 = STRING: 30000ms
LINUX-HA-MIB::LHABaudRate.0 = STRING: 19200
LINUX-HA-MIB::LHAAutoFailBack.0 = INTEGER: on(1)
LINUX-HA-MIB::LHAStonith.0 = STRING: N/A
LINUX-HA-MIB::LHAStonithHost.0 = STRING: N/A
LINUX-HA-MIB::LHARespawn.0 = STRING: N/A
LINUX-HA-MIB::LHAResourceName.1 = STRING: resource_IP
LINUX-HA-MIB::LHAResourceType.1 = INTEGER: primitive(1)
LINUX-HA-MIB::LHAResourceNode.1 = STRING: xen11
LINUX-HA-MIB::LHAResourceStatus.1 = INTEGER: started(2)
LINUX-HA-MIB::LHAResourceIsManaged.1 = INTEGER: managed(1)
LINUX-HA-MIB::LHAResourceFailCount.1 = INTEGER: 0
LINUX-HA-MIB::LHAResourceParent.1 = STRING:
```

Anstelle der lebenden Knoten im Cluster könnte man auch die Fehlerzähler der einzelnen Ressourcen (LHAResourceFailCount) abfragen und eine Überwachung einbauen.

Wird der Subagent in einem OpenAIS-Cluster gestartet, kann er auf die Informationen, die er auf heartbeat bezieht, nicht mehr zurückgreifen. Deshalb liefert er dann nur noch die LHAResource-Tabelle aus. Diese ist mit dem Fehlerzähler aussagekräftig genug.

> Der Subagent zeigt manchmal, dass eine heartbeat-Schnittstelle »down« ist. Das ist der Fall, wenn ucast für die Kommunikation genutzt wird. Der Subagent nutzt die Informationen, die heartbeat ihm zur Verfügung stellt. Der Cluster selbst beurteilt eine Schnittstelle danach, ob er ein versandtes Paket auch selbst wieder empfängt. Das ist beim üblichen bcast oder mcast kein Problem, nur eben beim ucast. Die Funktion des Clusters beeinflusst die fehlerhafte Anzeige aber nicht.

In den Tabellen des Subagenten erscheinen alle Ressourcen, die gerade laufen oder bei denen der Fehlerzähler nicht 0 ist. Bei Ressourcen, die keine Fehler zeigen und angehalten sind, geht der Subagent davon aus, dass der Administrator sich wohl etwas dabei gedacht hat, sie anzuhalten, und beachtet diese Ressourcen nicht weiter. Wenn anstelle der zehn konfigurierten Ressourcen bei der Abfrage des Agenten plötzlich nur noch acht Einträge auftauchen, sind die fehlenden Ressourcen wohl administrativ abgeschaltet worden.

nagios und das SNMP-Plug-in

nagios ist ein Werkzeug zur Überwachung der Funktion von Rechnern und Diensten im Netz. Zustände der überwachten Ressourcen werden dem Operator mit »Grün« (= alles in Ordnung), »Gelb« (= Warnung) und »Rot« (= Problem aufgetreten) über eine Weboberfläche signalisiert. Zusätzlich wird entsprechend den konfigurierten Eskalationsstufen der Administrator per Mail gewarnt oder der Verantwortliche der Ressource zusätzlich per SMS alarmiert. Das Grundprogramm nagios greift auf sogenannte Plug-ins zurück, um die eigentlichen Tests durchzuführen. Inzwischen gibt es viele Plug-ins, die auf dem zu überwachenden Rechner installiert werden müssen, um dort eine ganz spezielle Aufgabe zu übernehmen. Ein weiteres wichtiges Plugin ist check_snmp, das sich leicht zur Überwachung jeder Applikation erweitern lässt, die einen SNMP-Agenten bietet.

Leider bietet nagios ausschließlich eine Überwachung des aktuellen Zustands der Ressourcen und nur eine ungenaue Historie, die lediglich die Zustände »Rot«, »Gelb« und »Grün« aufzeichnet – genauer gesagt, eigentlich sogar nur den Wechsel zwischen den Zuständen. Eine genaue Verfolgung der Werte einer Ressource (so das sinnvoll ist!) lässt sich nur über zusätzliche Programme erreichen, wie zum Beispiel über pnp4nagios.

Überwachung des Clusters per SNMP

Aber zurück zur Überwachung des Clusters per nagios und SNMP. In den *commands.cfg* (Dokumentation siehe Webseite[3]) im Konfigurationsverzeichnis von nagios lässt sich ein neues Kommando definieren, das den Zustand des Clusters abfragt. Wenn der Cluster aus zwei Knoten besteht, sähe die entsprechende Definition so aus:

```
define command {
  command_name check_snmp_myCluster
  command_line $USER1$/check_snmp -H $HOSTADDRESS$ -o .1.3.6.1.4.1.4682.1.2.0 \
               -w 2: -c 2:
}
```

LHALiveNodeCount wird abgefragt, und der Zustand ist »kritisch«, wenn die Antwort nicht 2 oder größer ist. In diesem Fall ist es nicht sinnvoll, einen Zustand der Warnung einzuführen, sondern es wird gleich auf »kritisch« geschaltet, wenn ein Knoten ausgefallen ist. Bei größeren Clustern mit mehr Knoten kann das anders sein. Diese Abfrage funktioniert natürlich nur bei heartbeat-Clustern.

Alternativ könnte man den Fehlerzähler einer besonders kritischen Ressource überprüfen:

```
define command {
  command_name check_snmp_resource_IP
  command_line $USER1$/check_snmp -H $HOSTADDRESS$ -o .1.3.6.1.4.1.4682.8.1.7.1 \
               -w 1: -c 1:
}
```

Jeder Rückgabewert, der größer als 0 ist, bedeutet sofort einen kritischen Zustand. Wenn der Fehlerzähler größer als 0 ist, hatte die Ressource schon einen Fehler.

Überwachung des Fehlerzählers

Noch eleganter als die Abfrage der Fehlerzähler für jede einzelne Ressource ist natürlich eine Abfrage, die alle Fehlerzähler berücksichtigt. Das folgende Skript, das als nagios-Plug-in nutzbar ist, summiert alle Fehlerzähler, egal wie viele Ressourcen konfiguriert sind. Wenn ein Fehler aufgetreten ist, meldet es eine Warnung, und wenn zwei oder mehr Fehler in den Büchern stehen, ist der Zustand kritisch. Das Skript beruht auf einer Vorlage von der Webseite des Projekts. Im Kern holt es sich mit snmpwalk alle Fehlerzähler und bildet die Summe mit awk. Es bedarf vielleicht noch der einen oder anderen Überarbeitung, aber im Grunde genommen verrichtet es seine Arbeit.

```
#!/usr/bin/perl -w
#
# check_snmp_failcount.pl - nagios plugin
#
# Copyright (C) 2009 Michael Schwartzkopff
#
```

---

3 *http://nagios.sourceforge.net/docs/3_0/objectdefinitions.html#command*

```perl
# This program is free software; you can redistribute it and/or
# modify it under the terms of the GNU General Public License
# as published by the Free Software Foundation version 3.
#
# This program is distributed in the hope that it will be useful,
# but WITHOUT ANY WARRANTY; without even the implied warranty of
# MERCHANTABILITY or FITNESS FOR A PARTICULAR PURPOSE.  See the
# GNU General Public License for more details.
#
# You should have received a copy of the GNU General Public License
# along with this program; if not, write to the Free Software
# Foundation, Inc., 59 Temple Place - Suite 330, Boston, MA
# 02111-1307, USA.
#
# Report bugs to:  misch@multinet.de
#
# 28.06.2009 Version 0.1

use strict;
use Getopt::Long;
use vars qw($PROGNAME);
use lib "/usr/lib/nagios/plugins"; ## Pfad zur utils.pm
use utils qw ($TIMEOUT %ERRORS &print_revision &support);

sub print_help ();
sub print_usage ();

my ($opt_V, $opt_h, $opt_C, $opt_P, $opt_H, $opt_p, $opt_o, $opt_r, $opt_w, $opt_c, $opt_t);
my ($result, $message, $age, $size, $st);

$PROGNAME="check_snmp_failcounter";

$opt_C="public";
$opt_P="1";
$opt_H="";
$opt_p=161;
$opt_o="";
$opt_r="";
$opt_w="1";
$opt_c="2";
$opt_t="10";

Getopt::Long::Configure('bundling');
GetOptions(
        "V"   => \$opt_V, "version"    => \$opt_V,
        "h"   => \$opt_h, "help"       => \$opt_h,
        "C=s" => \$opt_C, "community"  => \$opt_C,
        "P=s" => \$opt_P, "protocol=s" => \$opt_P,
        "H=s" => \$opt_H, "hostname"   => \$opt_H,
        "p=i" => \$opt_p, "port"       => \$opt_p,
        "w=s" => \$opt_w, "warning=s"  => \$opt_w,
        "c=s" => \$opt_c, "critical=s" => \$opt_c,
        "t=i" => \$opt_t, "timeout"    => \$opt_t);
```

```perl
if ($opt_t) {
        $TIMEOUT=$opt_t;
}

# Just in case of problems, let's not hang Nagios
$SIG{'ALRM'} = sub {
        print "UNKNOWN - Plugin Timed out\n";
        exit $ERRORS{"UNKNOWN"};
};
alarm($TIMEOUT);

if ($opt_V) {
        exit $ERRORS{'OK'};
}

if ($opt_h) {
        print_help();
        exit $ERRORS{'OK'};
}

if (! $opt_H) {
        print "No Hostname specified\n\n";
        print_usage();
        exit $ERRORS{'UNKNOWN'};
}

sub print_usage () {
(...)
}
sub print_help () {
        print "Copyright (c) 2009 Michael Schwartzkopff\n\n";
        print_usage();
        print "\n";
        print "  host   Give me some Host to work with\n";
        print "  <help> This output\n";
        print "\n";
        support();
}

my @args = ("/usr/bin/snmpwalk -v1 -c".$opt_C." ".$opt_H." \
  1.3.6.1.4.1.4682.8.1.7 | while read line ; \
  do /usr/bin/awk -F\": \" '/: / {sum += \$2}END{print sum}'; \
  done");

$result = `@args`;
my $excode = $?;

if ( $excode != 0) {
  print "Error executing the command.\n";
  exit $ERRORS{'UNKNOWN'};
}
```

```
if ( $result !~ /\D/) {
  print "Error executing the command.\n";
  exit $ERRORS{'UNKNOWN'};
}

if ( $result == 0) {
  print "OK\n";
  exit $ERRORS{'OK'};
}

if ($result == 1) {
  print "Warning\n";
  exit $ERRORS{'WARNING'};
}

if ($result > 1) {
  print "Critical\n";
  exit $ERRORS{'CRITICAL'};
}

print "Error executing the command.\n";
exit $ERRORS{'UNKNOWN'};
```

Aus Platzgründen habe ich das Skript um die Funktion print_usage() gekürzt, die ich einfach aus der Vorlage übernommen habe.

Die Krönung: check_multi

Die Krönung der Überwachung mit nagios ist allerdings ein Test mit dem check_multi-Plug-in von Matthias Flake.[4] Dieses Plug-in prüft viele Parameter auf einmal und gibt das Ergebnis gebündelt an nagios weiter. Der Autor hat für einen Linux-HA-Cluster ebenfalls eine passende Konfiguration auf seiner Webseite veröffentlicht:[5]

```
# heartbeat.cmd
#
# Copyright (c) 2008 Matthias Flacke (matthias.flacke at gmx.de)
#
# This program is free software; you can redistribute it and/or
# modify it under the terms of the GNU General Public License
# as published by the Free Software Foundation; either version 2
# of the License, or (at your option) any later version.
#
# This program is distributed in the hope that it will be useful,
# but WITHOUT ANY WARRANTY; without even the implied warranty of
# MERCHANTABILITY or FITNESS FOR A PARTICULAR PURPOSE.  See the
# GNU General Public License for more details.
#
```

---

4 *http://my-plugin.de/wiki/projects/check_multi/start*
5 *http://my-plugin.de/wiki/projects/check_multi/examples/halinux*

```
# You should have received a copy of the GNU General Public License
# along with this program; if not, write to the Free Software
# Foundation, Inc., 59 Temple Place - Suite 330,
# Boston, MA  02111-1307, USA.
#
# heartbeat.cmd dynamically determines the heartbeat ressources
# and checks its state
#
# Call: check_multi -f heartbeat.cmd -r 15 \
# -s HOSTADDRESS=$HOSTADDRESS$ -s COMMUNITY=<community string>

command [ nodes_total ] = snmpget  -v 1 -c $COMMUNITY$ \
  -Ovqa $HOSTADDRESS$ 1.3.6.1.4.1.4682.1.1.0
command [ nodes_alive ] = snmpget  -v 1 -c $COMMUNITY$ \
  -Ovqa $HOSTADDRESS$ 1.3.6.1.4.1.4682.1.2.0
command [ nresources ] = snmpwalk -v 1 -c $COMMUNITY$ \
  $HOSTADDRESS$ 1.3.6.1.4.1.4682.8.1.2 | wc -l

eeval   [ get_resources ] = \
  for (my $i=1; $i<=$nresources$; $i++) { \
  my $name=`snmpget  -v 1 -c $COMMUNITY$ -Ovqa \
    $HOSTADDRESS$ 1.3.6.1.4.1.4682.8.1.2.$i`; \
  chomp $name; $name=~s/[^A-Za-z0-9_-]*//g; \
  parse_lines("command [ $name ] = check_multi -r 15 " . \
  "-x 'command [ name ] = snmpget  -v 1 -c $COMMUNITY$ \
    -Ovqa $HOSTADDRESS$ 1.3.6.1.4.1.4682.8.1.2.$i' " . \
  "-x 'command [ type ] = snmpget  -v 1 -c $COMMUNITY$ \
    -Ovqa $HOSTADDRESS$ 1.3.6.1.4.1.4682.8.1.3.$i' " . \
  "-x 'command [ state ] = snmpget  -v 1 -c $COMMUNITY$ \
    -Ovqa $HOSTADDRESS$ 1.3.6.1.4.1.4682.8.1.5.$i' " . \
  "-x 'command [ failcount ] = check_snmp -H $HOSTADDRESS$ \
    -l \"\" -o .1.3.6.1.4.1.4682.8.1.7.$i -w 0 -c 0:1' " . \
  "-x 'command [ managed ] = snmpget -v 1 -c $COMMUNITY$ \
    -Ovqa $HOSTADDRESS$ 1.3.6.1.4.1.4682.8.1.6.$i' " . \
  "-x 'command [ node ] = snmpget -v 1 -c $COMMUNITY$ \
    -Ovqa $HOSTADDRESS$ 1.3.6.1.4.1.4682.8.1.4.$i' " . \
  "-x 'command [ parent ] = snmpget  -v 1 -c $COMMUNITY$ \
    -Ovqa $HOSTADDRESS$ 1.3.6.1.4.1.4682.8.1.8.$i' ); \
  } \
  $i;
```

Diese Konfiguration prüft TotalNodeCount und LiveNodeCount, sucht sich alle Ressourcen rekursiv und prüft die Fehlerzähler für alle gefundenen Ressourcen. Ein Fehler einer Ressource ergibt eine Warnung, mehr Fehler lassen den Dienst kritisch rot leuchten.

Wie auf der Webseite beschrieben, kann man folgende Definitionen in seine nagios-Konfiguration einfügen:

```
define command {
  command_name    check_snmp_cluster
  command_line    $USER1$/check_multi -f heartbeat.cmd -r 15 \
    -s HOSTNAME=$HOSTADDRESS$ -s COMMUNITY=public
}
```

```
define service {
    name                    heartbeat
    service_description     heartbeat cluster
    host_name               nodeA, nodeB
    check_interval          5
    check_command           check_snmp_cluster
}
```

Danach überwacht nagios den kompletten Cluster. Auf der Seite des Diensts werden die Ergebnisse der einzelnen Prüfungen detailliert dargestellt. Das Ergebnis für einen Beispielcluster ist in Abbildung 10-1 dargestellt.

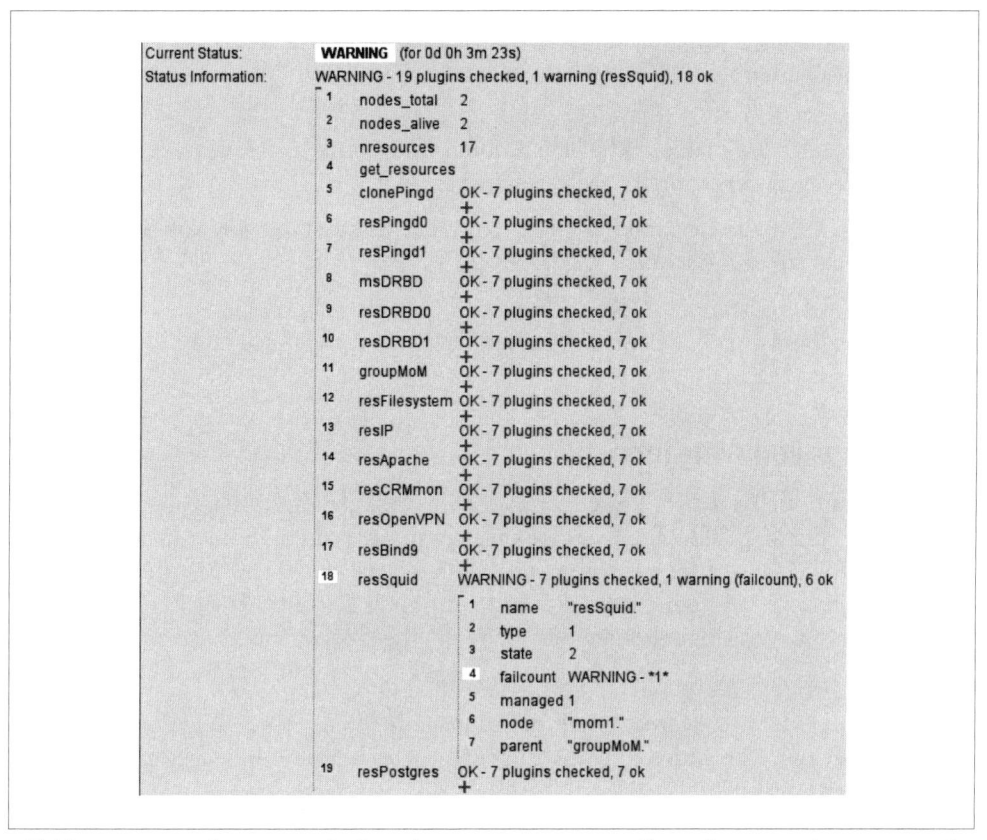

Current Status:	**WARNING** (for 0d 0h 3m 23s)	
Status Information:	WARNING - 19 plugins checked, 1 warning (resSquid), 18 ok	
	1 nodes_total 2	
	2 nodes_alive 2	
	3 nresources 17	
	4 get_resources	
	5 clonePingd	OK - 7 plugins checked, 7 ok
	6 resPingd0	OK - 7 plugins checked, 7 ok
	7 resPingd1	OK - 7 plugins checked, 7 ok
	8 msDRBD	OK - 7 plugins checked, 7 ok
	9 resDRBD0	OK - 7 plugins checked, 7 ok
	10 resDRBD1	OK - 7 plugins checked, 7 ok
	11 groupMoM	OK - 7 plugins checked, 7 ok
	12 resFilesystem	OK - 7 plugins checked, 7 ok
	13 resIP	OK - 7 plugins checked, 7 ok
	14 resApache	OK - 7 plugins checked, 7 ok
	15 resCRMmon	OK - 7 plugins checked, 7 ok
	16 resOpenVPN	OK - 7 plugins checked, 7 ok
	17 resBind9	OK - 7 plugins checked, 7 ok
	18 resSquid	WARNING - 7 plugins checked, 1 warning (failcount), 6 ok
		1 name "resSquid."
		2 type 1
		3 state 2
		4 failcount WARNING - *1*
		5 managed 1
		6 node "mom1."
		7 parent "groupMoM."
	19 resPostgres	OK - 7 plugins checked, 7 ok

Abbildung 10-1: Ergebnis eines »check_multi-Tests« in »nagios«. Alle Prüfungen werden automatisch nur so weit aufgeklappt, wie es notwendig ist. Die Ressource resSquid hat ein Problem »(failcount=1)« und zeigt deshalb eine Warnung. Natürlich kann sich der Administrator auch genau über den Zustand der anderen Ressourcen informieren, indem er das kleine Pluszeichen anklickt.

An dieser Stelle möchte ich noch einmal Matthias Flake für seine Hilfe bei der Konfiguration des Plug-ins danken.

SNMP-Traps des Clusters

Die kontinuierlichen Abfragen bezüglich des Zustands verursachen natürlich auch eine gewisse Last auf dem Netzwerk und auf dem Netzwerk-Management-System. Deshalb kann man die passiven Tests[6] von nagios nutzen und Traps auswerten, die der SNMP-Subagent bei Änderungen des Status des Clusters schickt. Wichtige Traps (oder die quittierten Informs von SNMPv3) des Subagenten sind:

LHANodeStatusUpdate
: Informationen zu Knoten und Status, wenn ein Knoten den Status ändert.

LHAIFStatusUpdate
: Informationen zu Knoten, Interface und Status, wenn ein Interface eines Knotens den Status ändert.

LHAResourceStatusUpdate
: Informationen zu Name, aktuellem Knoten und Status der Ressource werden bei einem Wechsel des Status einer Ressource versandt.

Eine ziemlich spartanische Sammlung mit Hinweisen zur Auswertung von SNMP-Traps in nagios findet sich auf der Website[7] des Projekts.

Wenn eine solch vollständige Überwachung des Clusters mit automatischer Benachrichtigung des Administrators über aufgetretene Fehler aufgebaut ist, kann eigentlich fast nichts mehr schiefgehen.

SNMP-Traps von crm_mon

Da der hbagent auch aus dem Programmpaket heartbeat stammt, ist es abzusehen, dass er über kurz oder lang nicht mehr verfügbar sein wird. Als Alternative kann der Administrator das Universalwerkzeug crm_mon für diesen Zweck einsetzen. Mit der Option -S *Manager* schickt das Programm bei jeder Änderung eines Zustands einer Ressource einen Trap an den Netzwerk-Management-Server. Wenn die Überwachung also per

```
# crm_mon -S Manager -d
```

in Hintergrund gestartet wurde, erhält der Manager bei jeder Änderung eine Warnung. Um den korrekten Versand von Traps zu prüfen, wird auf dem Manager die Autorisierung von Traps mit einem

```
echo "disableAuthorization" > /etc/snmptrapd.conf
```

ausgeschaltet und der Empfang von Nachrichten mit snmptrapd -Lo -f gestartet. Wird die Ressource resDummy angehalten, erhält der Manager folgende Nachricht:

```
2009-10-03 23:32:50 172.29.56.16 [UDP: [172.29.56.16]:38984->[172.29.56.17]]:
DISMAN-EVENT-MIB::sysUpTimeInstance = Timeticks: (1254605570) 145 days, 5:00:55.70
```

---

6 http://nagios.sourceforge.net/docs/3_0/passivechecks.html

7 http://nagios.sourceforge.net/docs/3_0/int-snmptrap.html

```
SNMPv2-MIB::snmpTrapOID.0 = OID: SNMPv2-SMI::enterprises.32723.1
SNMPv2-SMI::enterprises.32723.1.1 = STRING: "suse1"
SNMPv2-SMI::enterprises.32723.1.2 = STRING: "resDummy"
SNMPv2-SMI::enterprises.32723.1.3 = STRING: "stop"
SNMPv2-SMI::enterprises.32723.1.4 = STRING: "ok"
SNMPv2-SMI::enterprises.32723.1.5 = INTEGER: 0
SNMPv2-SMI::enterprises.32723.1.6 = INTEGER: 0
SNMPv2-SMI::enterprises.32723.1.7 = INTEGER: 0
```

Leider existiert zu der neuen Enterprise-OID 32723 des pacemaker-Projekts noch keine MIB, so dass der Trapd die Werte oben nicht weiter interpretieren kann. Die Entwickler haben aber versprochen, diese MIB nachzuliefern. Bis dahin muss man im Quellcode spicken. Die Bedeutung der OID ist in Tabelle 10-1 zusammengefasst:

Tabelle 10-1: Bedeutung der OIDs des pacemaker-Projekts unter enterprises.32723.

Object Identifier	Beschreibung
enterprises.32723.1.1	Name des Knotens auf dem die Änderung durchgeführt wurde.
enterprises.32723.1.2	Name der Ressource, deren Status sich geändert hat.
enterprises.32723.1.3	Operation, die die Änderung ausgelöst hat.
enterprises.32723.1.4	Ausgabe der Operation.
enterprises.32723.1.5	Status der Ressource.
enterprises.32723.1.6	Rückgabewert der Operation.
enterprises.32723.1.7	Erwarteter Rückgabewert der Operation.

Diese Traps kann wiederum nagios aufnehmen und die interne Repräsentation des Status einer Ressource entsprechend ändern.

Sicherheit

Die Sicherheit war bei der Entwicklung der *heartbeat*-Software immer ein Thema. Experten durchforsten den Code periodisch auf mögliche Schwachstellen. Deshalb sind bisher relativ wenige Schwachstellen für ein so komplexes Projekt bekannt geworden. Das letzte bekannte Sicherheitsproblem tauchte im August 2006 auf und wurde in Version 2.0.7 behoben.

Trotzdem gibt es einige Punkte anzumerken.

Clusterkommunikation

Die Kommunikation im Cluster mit heartbeat ist nicht verschlüsselt. In den üblichen Szenarien, in denen Cluster eingesetzt werden (innerhalb eines Rechenzentrums), ist dies auch nicht notwendig. Die Kommunikation ist hingegen sehr wohl authentifiziert, also mit kryptografischen Methoden signiert. Somit kann kein Unbefugter sich einfach als Teil des Clusters ausgeben und den Betrieb stören. Der Aufwand der Authentifizierung geht sogar so weit, dass die Entwickler einen Schutz gegen Replay-Attacken in heartbeat eingebaut haben, also Attacken, bei denen vorher aufgezeichnete Pakete später noch einmal an den Rechner geschickt werden.

Falls dennoch eine Verschlüsselung der Kommunikation zwischen den Knoten des Clusters notwendig wird, liegt dies außerhalb der Möglichkeiten von heartbeat. Allerdings gibt es mit IPsec und den Linux-Implementierungen (FreeS/WAN und den Nachfolgeprojekten) eine praktikable Lösung für dieses spezielle Problem. OpenAIS, die Alternative zu heartbeat, kann selbst direkt verschlüsseln.

Die sicherste Variante für die Kommunikation im Cluster ist immer noch ein einfaches gekreuztes Ethernet-Kabel, wenn die zwei Knoten eines Clusters nahe beieinanderstehen.

GUI

Die Kommunikation zwischen der GUI und dem mgmtd ist dagegen gut verschlüsselt. Zwischen dem Arbeitsplatz des Administrators und den Knoten des Clusters muss also nicht extra ein IPsec-Tunnel aufgebaut werden.

Der mgmtd, also der Server, der die Anfragen der GUI beantwortet, fragt zwar nach einem Benutzernamen und dem zugehörigen Passwort, bevor er Zugang gewährt. Was allerdings fehlt, ist eine Möglichkeit, vorzugeben, dass der Server nur an bestimmten Netzwerkschnittstellen lauscht und nur bestimmte Rechner (IP-Adressen) Zugang erhalten. Wenn der Server gestartet ist, ist er auf allen Schnittstellen von allen Rechnern aus ansprechbar. Dieser Missstand kann nur mit lokalen Firewalls auf den Knoten behoben werden, die Zugang zu Port tcp/5560 lediglich von bestimmten Rechnern aus gewähren.

Der GUI mangelt es an einem Rollenkonzept. Jeder Benutzer, der als Mitglied der Gruppe haclient authentifiziert ist, darf alle Aktionen durchführen – bis hin zur totalen Zerstörung der Konfiguration. Diese Freizügigkeit ist vielleicht gegenüber einem Rechenzentrumsbetrieb zu großzügig, besonders wenn es nur darum geht, die Funktion des Clusters zu überwachen, um im Notfall die Administratoren zu alarmieren.

Diese einfache Überwachung kann man aber auch außerhalb der GUI durch ein Netzwerk-Management oder durch ein Webinterface aufbauen. Als sicherheitsbewusster Administrator muss man bereits während der Konzeption des Clusters an diese Möglichkeit denken.

Tatsächlich ist auch aus anderen Gründen vom exzessiven Einsatz der GUI im produktiven Betrieb abzuraten. In der grafischen Oberfläche ist schnell einmal ein falscher Knopf gedrückt, und die Folgen eines solchen Fehlklicks können katastrophal sein. Wenn der Administrator die Befehle von Hand eingibt, braucht das wesentlich mehr Zeit und bietet dem Gehirn des Admins noch die Chance, mit der Geschwindigkeit der Finger mitzuhalten. Die Frage fällt aber mehr unter den Aspekt »*safety*« und nicht unter die Rubrik »*security*«. Dieses Problem hat jedoch sehr wohl einen wesentlichen Einfluss auf die Verfügbarkeit der Dienste im Cluster. Nach Ausfällen der Hard- und Software sind Fehler des Administrators die nächsthäufige Ursache für Ausfälle!

Zugangskontrolle

Alle Prozesse, die von `heartbeat` oder `OpenAIS` gestartet werden, laufen normalerweise unter der Kennung `nobody` oder `hacluster`. Möglichst wenige Prozesse starten unter der *root*-Kennung. Dazu gehören natürlich `heartbeat` oder der `ais`-Prozess selbst.

Über den Parameter `apiauth` der Konfigurationsdatei von `heartbeat` lässt sich detailliert festlegen, welcher Benutzer (`uid`) bzw. welche Gruppe (`gid`) Zugriff auf welche Client-API erhält. Der Vorgabewert ist hier »kein Zugriff«, so dass jeder Administrator selbst wissen muss, was er hier freigibt.

Natürlich ist es wichtig, sichere Passwörter für die Benutzerkonten zu vergeben, gegen die der `mgmtd` Anfragen von GUI-Clients prüft. Normalerweise ist dies der Benutzer `hacluster`, aber es können weitere Benutzer als Mitglieder der Gruppe `haclient` eingerichtet werden.

Grundsätzlich gelten natürlich die gleichen Regeln wie für jedes andere Serversystem auch: Eine Überwachung auf ungewöhnliche Systemmeldungen erhöht nicht nur die Chance auf eine sehr hohe Verfügbarkeit der Dienste, sondern bietet auch den besten Schutz gegen Angriffe. Nur wenn ich mein eigenes System wirklich gut verstanden habe und die Art der Angriffe kenne, kann ich mich dagegen wehren.

ANHANG
Die Konfigurationsdateien

Im Folgenden sollen noch einmal alle Optionen für die Konfiguration von heartbeat und OpenAIS bzw. corosync besprochen werden. Die Parameter sind logisch gruppiert. Vorgabewerte sind unterstrichen.

Die Konfiguration von heartbeat in ha.cf

Die Beschreibung dieser Konfigurationsdatei ist nur noch aus historischen Gründen in der zweiten Auflage des Buchs verblieben. Falls ein Administrator einen reinen heartbeat-Cluster als »Altlast« übernimmt, kann er hier die Bedeutung der Optionen nachschlagen.

Für die Installation von neuen Clustern sollte nur noch OpenAIS bzw. corosync für die Kommunikation im Cluster verwendet werden. Die Beschreibung der Optionen dieser Programme folgt im nächsten Abschnitt.

apiauth
> Mit dieser Anweisung kann man bestimmen, welchen Benutzern (UID) oder Gruppen (GID) die Nutzung bestimmter APIs (Dienste) erlaubt ist. Die Syntax ist:
>
>   apiauth apigroupname uid=uid1, uid2, ... gid=gid1, gid2, ...
>
> Die UIDs oder GIDs können als Listen angegeben werden. Mindestens eine der Angaben ist notwendig. Wenn beide Angaben existieren, sind Verbindungen von einem Prozess erlaubt, der entweder unter einer der UIDs läuft oder unter einer der GIDs. Wird nichts konfiguriert, gelten folgende Vorgaben:
>
>   ipfail   uid=hacluster
>   ccm   gid=haclient
>   ping   gid=haclient
>   cl_status   gid=haclient
>   lha-snmpagent   uid=root
>   crm   uid=hacluster

Bei der Konfiguration gibt es eine besondere API-Gruppe namens default. Eine entsprechende Konfiguration bestimmt die UIDs und GIDs für alle APIs, die nicht anders angegeben werden.

debugfile *Datei*
: Datei, in die Debug-Meldungen geschrieben werden. Die Vorgabe ist */var/log/ha-debug*.

Logfile *Datei*
: Logdatei für andere Meldungen. Die Vorgabe ist */var/log/ha-log*.

logfacility *Einrichtung*
: Einrichtung für Logs an syslog. Die Vorgabe ist local0.

Wenn einer der Parameter debugfile, logfile oder logfacility definiert ist, wird er auch genutzt. Sind debugfile und logfile nicht definiert, logfacilty aber schon, werden alle Nachrichten und Debug-Meldungen an syslog weitergereicht. Das kann dazu führen, dass das syslog sehr schnell aufgefüllt wird. Wenn die logfacility nicht definiert ist, werden die beiden Logdateien für die Meldungen genutzt. Sind diese ebenfalls nicht definiert, werden die Vorgaben für die beiden Dateien genutzt.

keepalive *Intervall*
: Die Zeit zwischen zwei heartbeat-Nachrichten zwischen den Knoten. Die Vorgabe ist 2.

Die Vorgabe für Einheiten bei Zeitangaben sind Sekunden. Ein Wert von 2 bedeutet also 2 Sekunden. Andere Einheiten müssen angegeben werden. Ein Wert von 500 ms bedeutet dann eine halbe Sekunde.

deadtime *Auszeit*
: Die Ausfallzeit von heartbeat-Nachrichten, bevor ein Knoten für tot erklärt wird. Wenn dieser Wert zu klein gesetzt wird, kann es zu unerwünschten Ausfällen kommen, nur weil ein Knoten nicht schnell genug antworten kann. Das kann insbesondere dann vorkommen, wenn ein Knoten unter hoher Last arbeitet. Die Vorgabe ist 30.

warntime *Warnzeit*
: Die Zeit, bevor eine Meldung über ausbleibende Nachrichten eines anderen Knotens in die Logdatei geschrieben wird. Die Entwickler beschreiben folgende Methode, um den optimalen Wert dieser beiden Zeiten zu bestimmen:

   a. Setzen Sie deadtime auf 60 Sekunden oder noch höher.
   b. Setzen Sie warntime auf einen realistischen Wert für deadtime. Dies können zum Beispiel 10 Sekunden sein.
   c. Lassen Sie den Cluster ein paar Wochen unter Volllast laufen.
   d. Nach dieser Zeit kann man die Logfiles nach Meldungen nach den längsten Werten für eine überschrittene warntime durchforsten. Die deadtime sollte dann auf einen doppelt so hohen Wert gesetzt werden – dies natürlich nur, wenn in der Zwischenzeit kein tatsächlicher Abbruch der Kommunikation stattgefunden hat. Die warntime sollte auf einen etwas geringeren Wert gesetzt werden.

e. Der Cluster sollte in der Folgezeit weiterhin bezüglich entsprechender Fehlermeldungen beobachtet werden, und gegebenenfalls müssen die Werte angepasst werden.

initdead *Zeit*
: Bei einigen Systemen ist eine gewisse Zeit für den Systemstart nötig, bis sich das Netzwerk stabilisiert hat und andere Systemressourcen gestartet wurden. Dieser Parameter gibt an, wie lange *heartbeat* nach dem Systemstart warten soll, bis die Subsysteme gestartet werden und der Knoten somit Ressourcen übernehmen kann. Diese Zeit sollte ungefähr doppelt so lang sein wie die normale deadtime. Die Vorgabe ist 120 Sekunden

udpport *Port*
: Angabe des Ports für die Kommunikation im Cluster, wenn IP-Schnittstellen genutzt werden. Die Vorgabe ist 694.

baud *Geschwindigkeit*
: Geschwindigkeit für die Kommunikation im Cluster, wenn serielle Schnittstellen genutzt werden. Die Vorgabe ist 19200.

serial *Gerätedatei*
: Name des seriellen Ports für die Kommunikation im Cluster. Beispiele sind:

Linux:	*/dev/ttyS0*
FreeBSD:	*/dev/cuaa0*
FreeBSD 6.x:	*/dev/cuad0*
Solaris:	*/dev/cua/a*

bcast *Schnittstelle*
: Name der IP-Schnittstelle für Kommunikation im Cluster. Beispiele:

| Linux: | *eth0* |
| Solaris: | *le0* |

Die Angabe mehrerer Schnittstellen (mit Leerzeichen als Trennsymbol) ist möglich.

mcast *Schnittstelle Mcast_Gruppe Port TTL Loop*
: Kommunikation im Cluster über Multicast. Angaben sind:

Schnittstelle	IP-Schnittstelle für die Kommunikation im Cluster.
Mcast_Gruppe	Multicast-Gruppe, die für die Kommunikation genutzt wird. Die Gruppe muss aus dem Bereich 224.0.0.0/4 stammen.
Port	Port, der für die Multicast-Kommunikation genutzt werden soll. Der Wert muss mit dem Wert für udpport (siehe oben) übereinstimmen.
TTL	Angabe der TTL-Werte für die Multicast-Pakete (0–255).
Loop	Bestimmt, ob die Pakete an das eigene Interface zurückgegeben werden sollen. Sinnvoll ist hier nur, den Wert auf 0 zu setzen.

ucast *Schnittstelle Peer-IP-Addr*
: Die Kommunikation im Cluster erfolgt über Unicast-Pakete. Es können mehrere dieser Zeilen eingegeben werden. Die Angaben sind:

    Schnittstelle   IP-Schnittstelle

    Peer-IP-Addr   Adresse des Knotens im Cluster, an die Pakete geschickt werden sollen.

auto_failback
: Diese Option bestimmt, ob Ressourcen automatisch auf ihren ursprünglichen Knoten zurückwechseln, sobald dieser wieder verfügbar wird, oder ob sie auf dem aktuellen Knoten verbleiben, bis dieser einen Fehler zeigt oder bis der Administrator eingreift. Die möglichen Werte sind:

    on   Automatisches Zurückspringen der Ressourcen

    off   Kein automatisches Zurückspringen der Ressourcen

    legacy   Unterstützt auto_failback in Clustern, bei denen noch nicht alle Knoten diese Option unterstützen. Sie ist besonders beim Upgrade nützlich.

    auto_failback hat bei Konfigurationen entsprechend Version 2 und 3 keine Bedeutung mehr und wurde durch die default_stickiness ersetzt.

stonith *Stonith_Typ Konfig-Datei*
: Diese Option kann genutzt werden, wenn mindestens ein STONITH-Device vorhanden ist. Die Konfigurationsdatei muss vom Administrator auf allen Knoten manuell verteilt werden.

stonith_host *Rechner Stonith_Typ Parameter ...*
: Mehrere STONITH-Devices können mit dieser Option verwaltet werden. Die Parameter dieser Option sind:

    Rechner   Name des Knotens, von dem dieses Gerät aus angesprochen werden kann. Wenn jeder Knoten dieses Gerät ansprechen kann, wird [1] angegeben.

    Stonith_Typ Typ des STONITH-Geräts.

    Parameter... Parameter, die zur Konfiguration des Geräts benötigt werden.

    Da hier meistens sensible Zugangsdaten zu STONITH-Geräten (Passwörter usw.) hinterlegt sind, ist es keine gute Idee, jedem Einsicht in diese Datei zu gewähren, wenn die Konfiguration von STONITH-Geräten in der *ha.cf* erfolgt.

watchdog *Gerätedatei*
: Weist heartbeat an, ein Watchdog-System zu nutzen. In bestimmten Fällen kann ein solches Gerät ein Ersatz für das STONITH-Device sein. In jedem Fall ist es aber eine

---

1 http://en.wikibooks.org/wiki/Linux_Kernel_Drivers_Annotated/Character_Drivers/Softdog_Driver

sinnvolle Ergänzung zu STONITH. Unter Linux kommt meist das Kernelmodul softdog (siehe Wikiseite[2]) zum Einsatz.

Beim Ausbleiben einer Meldung vom Watchdog-Device veranlasst heartbeat einen Neustart des Knotens, und zwar eine Sekunde nachdem der Knoten sich für tot erklärt hat. heartbeat versucht auch, das System an einem Neustart zu hindern, um einen manuellen Eingriff zu erzwingen. Allerdings hängt dieses Verhalten entscheidend von den Einstellungen in der /etc/watchdog.conf ab beziehungsweise von den Optionen, mit denen das Kernelmodul geladen wurde. Mehr dazu auf einer Webseite des Linux-HA-Projekts.[3]

node Knoten ...
: Mit dieser Option wird festgelegt, welche Knoten Mitglied im Cluster sind. Es können mehrere Knoten angegeben werden. Der Name des Knotens muss mit der Ausgabe von uname -n übereinstimmen. Beliebte Fallen sind hier die Groß- und Kleinschreibung von Rechnernamen. Deshalb ist es ratsam, grundsätzlich alle Rechnernamen kleinzuschreiben.

autojoin
: Diese Option ermöglicht es, erweiterbare Cluster aufzubauen, ohne im Voraus den Namen aller Knoten zu wissen. Da die komplette Kommunikation im Cluster authentifiziert (aber nicht verschlüsselt) erfolgt, können nur Knoten automatisch in den Cluster aufgenommen werden, die den Schlüssel kennen. Die möglichen Optionen sind:

   none
   : Kein Autojoin.

   other
   : Andere Knoten, nicht der eigene, dürfen automatisch beim Cluster mitmachen. Der eigene Knoten muss in einer node-Option aufgeführt sein.

   any
   : Jeder beliebige, auch der eigene, darf beim Cluster mitmachen, sofern er das Passwort kennt.

ping Ping-Knoten ...
: Einrichten von sogenannten Ping-Knoten. Diese Knoten werden von jedem Knoten des Clusters einmal pro Sekunde angesprochen, um so die Funktion des Netzwerks zu überprüfen. Über entsprechende Bedingungen kann eingerichtet werden, dass Ressourcen nur auf den Knoten laufen, die eine gute Verbindung zum Netzwerk haben.

  Auf diesen Ping-Knoten können keine Ressourcen laufen. Es ist auch nicht sinnvoll, Knoten des Clusters als Ping-Knoten zu verwenden, da diese ja schon per heartbeat abgefragt werden.

---

[2] http://en.wikibooks.org/wiki/Linux_Kernel_Drivers_Annotated/Character_Drivers/Softdog_Driver
[3] http://www.linux-ha.org/softdog

ping_group *Gruppe Ping-Knoten ...*
Eine Gruppe von Ping-Knoten wird eingerichtet. Wenn nur einer der Knoten der Gruppe erreichbar ist, gilt die ganze Gruppe als erreichbar. Mit dieser Option kann erreicht werden, dass Ressourcen nicht zwischen den Knoten hin- und herspringen, wenn einmal ein Router eines hochverfügbaren Routerpärchens nicht erreichbar ist.

hbaping *FC-Kartenname*
Mit dieser Option kann die Funktion des *Fiber Channel Bus* (FC-Bus) überprüft werden, analog zum ping im Netzwerk.

Eine Bibliothek mit der Funktion erhält man vom Hersteller der Karte. Eine API als Schnittstelle zwischen *heartbeat* und der FC-Karte erhält man über die Webseite bei Sourceforge[4]. Nachdem *hbaapi.h* nach */usr/include* kopiert wurde, kann die API übersetzt und die neue *libHBAAPI.so* nach */usr/lib* kopiert werden.

Den Namen der Karte erhält man mit *hbaapitest*. Ziemlich am Anfang der längeren Ausgabe des Programms steht eine Zeile entsprechend Adapter number 0 is named: *FC-Kartenname*. Dieser Name muss in der Konfiguration verwendet werden.

respawn *userid /Pfad/zum/Programm*
heartbeat kontrolliert alle Programme, die mit der respawn-Option gestartet werden. Sie werden automatisch neu gestartet, wenn sie aus irgendeinem Grund beendet werden, es sei denn, der Rückgabewert des Programms war 100. Die *userid*, unter der das Programm gestartet wird, ist die erste Option jeder Zeile und das Programm die zweite Option.

> Es ist eine schlechte Angewohnheit, Programme als root zu starten, wenn sie nicht selbstständig nach dem Start die Identität wechseln. Die beiden Prozesse, die von heartbeat als root gestartet werden (siehe unten), ändern ihre User-ID und laufen tatsächlich als nobody.

Falls der Cluster entsprechend Version 2 (crm on) gestartet wird, gelten automatisch folgende Einstellungen für respawn:

```
respawn    hacluster    ccm
respawn    hacluster    cib
respawn    root         stonithd
respawn    root         lrmd
respawn    hacluster    crmd
```

hopfudge *Anzahl*
Um mögliche Schleifen beim Aufbau von serieller *heartbeat*-Kommunikation mit mehreren Knoten zu vermeiden, werden diese Pakete nach einer bestimmten Anzahl von Knoten verworfen (siehe Kapitel 6, »Serielle Kommunikation«). Diese Anzahl ist die Summe aus der Anzahl der Knoten und dem hopfudge-Wert. Die Vorgabe ist 1.

---

4 *http://hbaapi.sourceforge.net*

deadping *Zeit*
: Die Zeit, nach der ein Ping-Knoten für nicht erreichbar erklärt wird. In schnellen Netzen (LAN) kann diese Zeit relativ kurz gewählt werden. Wenn dieser Wert zu kurz gewählt wurde, kann ein unerwünschtes Umschalten der Ressourcen erfolgen, obwohl der Ping-Knoten vielleicht nur kurzzeitig nicht erreichbar war. Der Wert, der eingegeben wird, ist abhängig von der Güte des Netzwerks. Zu hohe Werte bedingen eine lange Zeit, bis der Ausfall bemerkt wird, und ein zu kleiner Wert führt zu unnötigem Failover. Die Vorgabe ist 20 Sekunden.

hbgenmethod *Methode*
: Methode, mit der die Versionsnummer der internen Datenbank erzeugt wird. Im Normalfall sollte diese Option nicht geändert werden. Die Vorgabe ist time.

realtime on|off
: An-/Abschalten der Priorisierung der heartbeat-Prozesse im Betriebssystem.

debug on|off
: Eine ausführliche Ausgabe hilft bei der Fehlersuche.

msgfmt classic|netstring
: Format der Kommunikation zwischen den Knoten.

use_logd yes|no
: Mit dieser Option wird festgelegt, ob der eigene Logdaemon von heartbeat genutzt werden soll oder ob die Informationen direkt an die Files (logfile, debugfile, logfacility) weitergegeben werden sollen. Der Logdaemon von heartbeat hat den Vorteil, dass keine Einträge verloren gehen sollten. Falls doch einmal ein Eintrag nicht geschrieben werden kann, wird beim nächsten Schreiben vermerkt, dass N Einträge nicht geschrieben werden konnten.

  Die Entwickler empfehlen, den Logdaemon von heartbeat zu verwenden und die Optionen für diesen Dienst in einer gesonderten Konfigurationsdatei *ha_logd.cf* einzustellen.

conn_logd_time *Zeit*
: Zeitintervall einer erneuten Verbindung zum Logdaemon, wenn ein Versuch fehlgeschlagen ist. Die Vorgabe ist 60 Sekunden.

Compression *Methode*
: Gibt die Methode an, mit der die Kommunikation im Cluster komprimiert wird. Möglich sind zlib oder bz2, je nachdem, welche Bibliothek im System installiert ist. Wenn der Wert nicht gesetzt ist, wird keine Kompression verwendet, was auch die Vorgabe ist.

compression_threshold *Schwelle*
: Dieser Wert gibt an, ab welcher Größe eine Nachricht komprimiert wird. Ein Wert von 1 lässt heartbeat alle Nachrichten ab einer Größe von 1 kByte komprimieren. Die Vorgabe ist 2.

`coredumps yes|no`
: Wenn diese Option eingeschaltet ist, kann heartbeat bei einem Absturz Coredumps auf die Festplatte schreiben. Wird im normalen Betrieb nicht benötigt.

`crm on|off|respawn`
: Wenn diese Option eingeschaltet ist, nutzt heartbeat die Konfiguration entsprechend Version 2. Die Vorgabe steht immer noch auf *off*, um alte Clusterkonfigurationen weiterhin zu unterstützen. Falls der Cluster entsprechend Version 2 eingerichtet werden soll, muss explizit *on* eingegeben werden.

An dieser Stelle sei ein kleiner Einschub darüber erlaubt, welche Booleschen Werte Linux-HA versteht. Der Zustand »wahr« kann mit folgenden Werten eingegeben werden: true, yes, on, y oder 1. Entsprechend interpretiert heartbeat die Werte false, no, off, n oder 0 als »falsch«. Diese Spezifikationen gelten nicht nur für die Datei *ha.cf*, sondern immer dort, wo heartbeat einen Booleschen Wert erwartet.

`rtprio N`
: Gibt die Priorität *N* an, mit der heartbeat als Prozess läuft. Diese Option muss nicht angegeben werden, wenn kein anderes Programm ebenfalls die Echtzeitfähigkeiten des Kernels nutzt.

`stonith`
: Die stonith- und stonith_host-Option in der *ha.cf* wird nur für Konfigurationen entsprechend Version 1 genutzt.

`traditional_compression on|off`
: Kontrolliert die Art der Kompression in der Kommunikation zwischen den Knoten. Die Entwickler empfehlen, keine Kompression einzusetzen (*off*), da sonst die Performance der Knoten beeinträchtigt werden kann.

`uuidfrom Datei|Knotenname`
: Normalerweise wird beim ersten Start eine Datei */var/lib/heartbeat/hb_uuid* angelegt, falls diese noch nicht vorhanden ist. In dieser Datei wird die neu erzeugte UUID des Knotens gespeichert, und der Knoten kann in Zukunft im Cluster über diese UUID identifiziert werden.

In einigen Spezialfällen kann diese Datei nicht angelegt werden, wenn zum Beispiel eine Live-CD genutzt wird. In solchen Fällen kann mit der zweiten Form dieser Option (*Knotenname*) vorgegeben werden, dass heartbeat den Namen des Knotens als UUID nutzt.

> Wenn virtuelle Server als Knoten verwendet werden, ist es relativ einfach, einen schon konfigurierten Knoten zu klonen und als zweiten Knoten zu verwenden. Der Administrator ändert die üblichen Parameter, also den Hostnamen und die IP-Adresse des kopierten Systems. Bei Clustern muss aber zusätzlich noch die Datei mit der UUID des Systems gelöscht werden, da sonst zwei Knoten mit derselben UUID im Cluster vorhanden wären was zu Problemen führen würde.

Die Konfiguration von OpenAIS

Die Konfiguration von OpenAIS wird in der Datei *openais.conf* festgelegt, die sich im Verzeichnis */etc/ais* befindet. Wenn für die Kommunikation schon corosync, anstelle des kompletten OpenAIS eingesetzt wird, heißt die Konfigurationsdatei *corosync.conf*. Die Optionen sind aber gleich geblieben.

Grundsätzlich besteht die Datei aus Abschnitten, die von geschweiften Klammern zusammengehalten werden. Im ersten Abschnitt aisexec{} legt der Administrator fest, mit welchen Benutzerrechten der Prozess selbst gestartet wird:

```
aisexec {
    user     root
    group    root
}
```

Diese Berechtigungen sind notwendig und sollten nicht geändert werden. Der Cluster-Manager muss Prozesse als *root* starten und wieder anhalten können.

Mit dem nächsten Abschnitt service{} bestimmt der Administrator, welche Programme OpenAIS aufrufen und auf ihre Funktion überwachen soll:

```
service {
    ver:         0
    name:        pacemaker
    use_mgmtd:   yes
    use_logd:    yes
}
```

Der Abschnitt totem{} legt die Art fest, die die Knoten des Clusters für die Kommunikation untereinander benutzen. Alle Vorgaben sind getestet und sollten nur dann geändert werden, wenn man genau weiß, welche Folgen der neue Wert hat. Die Optionen des Abschnitts im Einzelnen:

version *Version*
: Version für die Konfigurationsdatei. Zurzeit ist die einzig gültige Option 2.

nodeid *ID*
: Die ID des Knotens. In IPv4-Netzen muss diese Option nicht angegeben werden. In diesem Fall wird die IP-Adresse der Schnittstelle als ID genutzt. In IPv6-Netzen muss die ID angegeben werden. Die ID 0 ist nicht zulässig.

clear_node_high_bit on|off
: Dieser Parameter ist optional und nur notwendig, wenn keine ID angegeben wird. Manche Versionen von OpenAIS interpretieren die ID als 32-Bit-Ganzzahl. Diese ID kann auch aus der IP-Adresse des Knotens errechnet werden. Dann sollte das höchste Bit automatisch gelöscht werden, damit keine Probleme mit eventuell negativen Zahlen auftreten können.

secauth on|off
: Wird diese Option auf on belassen, verschlüsselt und signiert der Knoten jedes ausgehende Paket. Die Verschlüsselung hat ihren Preis, denn sie braucht entsprechend mehr Performance vom Prozessor. Als Faustformel geben die Entwickler einen viermal so hohen Rechenaufwand an, wenn diese Option eingeschaltet ist, gegenüber keiner Verschlüsselung.

rrp_mode none|active|passive
: Wenn nur eine Schnittstelle konfiguriert ist, ist diese Option none, da die Kommunikation über keine redundanten Wege geführt werden kann. Eine aktive Redundanz entdeckt Fehler schneller, verursacht aber auch eine höhere Last, sowohl bei der CPU als auch auf dem Netzwerk.

netmtu MTU
: MTU im Netzwerk. Der Wert sollte nur dann höher als die Vorgabe von 1500 gewählt werden, wenn alle Komponenten im Netzwerk wirklich diese sogenannten Jumboframes unterstützen.

threads Anzahl
: Diese Option bestimmt, wie viele Threads geöffnet werden, um die Nachrichten zu verschlüsseln und zu versenden. Mehrere Threads werden nur geöffnet, wenn secauth auf on gestellt ist. Die Vorgabe ist 0, also nur ein Thread.

vsftype ykd|none
: Festlegung des Filters, um eine primäre Komponente im Cluster zu identifizieren. Die Vorgabe ist brauchbar in kleinen Clustern bis 32 Knoten. Auch SUSE nutzt none als Vorgabe.

token Zeit
: Die Zeit, nach der eine Nachricht (token) als verloren gilt. Die Vorgabe ist 1000 Millisekunden. Die Entwickler von SUSE haben in ihren Produkten den Wert auf 5000 festgelegt.

token_retransmit Zeit
: Die Zeit, nach der eine Nachricht noch mal an einen anderen Knoten geschickt wird, wenn keine Antwort zurückgekommen ist. Die Vorgabe ist 238 Millisekunden.

hold
: Die Zeit, die ein Knoten wartet, bevor er eine Nachricht zurückschickt. Die Vorgabe ist 100 Millisekunden.

retransmits_before_loss
: Dieser Wert gibt an, wie viele Versuche ein Knoten starten soll, eine Nachricht zu senden, bevor er eine neue Konfiguration errechnet. Wenn dieser Wert gesetzt ist, werden retransmit und hold automatisch aus dem Wert und token errechnet. Die Vorgabe ist 4.

join
: Die Zeit, die der Knoten auf join-Nachrichten für die Clusterzugehörigkeit warten soll. Die Vorgabe ist 100 Millisekunden. Der Vorgabewert von SUSE ist 1000 Millisekunden.

send_join
: Der Wert gibt eine obere Grenze an, bis eine send_join-Nachricht an das Netzwerk gesendet wird. Die Streuung der Nachrichten soll eine Überflutung des Netzes bei vielen Knoten verhindern. Bei kleinen Clustern bis 32 Knoten ist diese Option nicht notwendig. SUSE setzt den Wert auf 45 ms.

consensus
: Der Knoten wartet diese Zeit, bis Übereinstimmung über die Mitgliedschaft im Cluster herrscht und in einer neuen Runde abgestimmt wird. Die Vorgabe ist 200 ms. SUSE erhöht diesen Wert auf 2500 ms.

merge
: Diese Zeit bestimmt, wie lange eine Knoten warten soll, bis er die anderen Knoten überprüft, wenn er in dieser Zeit keinen Verkehr der anderen Knoten gesehen hat. Die Vorgabe ist 200 ms.

downcheck
: Angabe, wie lange der Knoten damit warten soll, eine Schnittstelle zu überprüfen, nachdem diese abgeschaltet wurde (down). Die Vorgabe ist 1000 ms.

fail_to_recv_const
: Mit dieser Option bestimmt der Administrator, wie viele Runden von Nachrichten der Knoten abwartet, wenn diese ausbleiben, bis er eine neue Konfiguration errechnet. Die Vorgabe ist 50.

seqno_inchanged_const
: Diese Option gibt an, wie viele Runden von Nachrichten ausbleiben können, bevor der Knoten die merge-Funktion auslöst. Die Vorgabe ist 30.

heartbeat_failures_allowed
: Zur schnelleren Erkennung von Fehlern kann zusätzlich ein heartbeat-Mechanismus eingesetzt werden. Dieser Mechanismus kann aber auf fehleranfälligen Leitungen zu Fehlalarmen führen. Man kann diesen Mechanismus auf schnellen und wenig belasteten Leitungen einsetzen. Der Parameter gibt an, nach wie vielen verlorenen Paketen der Knoten den Fehlerfall ausruft. Die Vorgabe ist 0, also wird der Mechanismus nicht genutzt.

max_network_delay
: Die Verzögerung im Netzwerk für den Transport eines Pakets von einem Knoten zum anderen für den heartbeat-Mechanismus. Die Vorgabe ist 50 ms.

window_size
: Der Parameter gibt die maximale Anzahl von Paketen an, die während einer Runde von Nachrichten versandt werden. Die Vorgabe ist 50 und muss nur in Clustern mit vielen Knoten (>50) oder Clustern mit Knoten unterschiedlicher Prozessorleistung angepasst werden.

max_messages
: Diese Option legt die maximale Anzahl von Paketen fest, die ein Prozessor nach Erhalt einer Nachricht aussenden darf. Die Vorgabe ist 17. SUSE hat diese Option auf 20 eingestellt.

rrp_problem_count_timeout
: Die Zeit, nach der der Fehlerzähler für einen Ring um 1 herabgesetzt wird. Dieser Mechanismus wird eingesetzt, damit Probleme in instabilen Netzen nicht automatisch zu einer Abschaltung des Rings führen. Die Vorgabe ist 1000 ms.

rrp_problem_count_threshold
: Der Grenzwert für den Fehlerzähler, bevor ein Ring als »fehlerhaft« (faulty) markiert wird. Wenn das geschieht, werden keine weiteren Daten mehr übertragen, und der Fehlerzähler wird auch nicht mehr selbstständig heruntergezählt. Die Vorgabe ist 20.

  Ein Fehler tritt dann auf, wenn ein Knoten nicht alle Nachrichten des vorangegangenen Knotens im Ring innerhalb von rrp_token_expired_time erhalten hat. Die Werte der beiden Parameter rrp_problem_count_threshold und rrp_token_expired_timeout müssen so angepasst werden, dass ihr Produkt mindestens 50 ms kleiner ist als die Zeit für token. Ansonsten kann eine ungewollte Neukonfiguration angestoßen werden.

rrp_token_expired_timeout
: Die Zeit, die ein Knoten wartet, bevor er den Fehlerzähler für einen Ring erhöht, wenn er die Nachrichten eines Knotens nicht auf allen Ringen erhalten hat. Die Vorgabe ist 47 ms.

Innerhalb des totem{}-Abschnitts gibt es einen oder mehrere interface{}-Abschnitte, die genau festlegen, welche Schnittstellen für die Kommunikation benutzt werden. Die Optionen sind:

ringnumber
: Diese Option bestimmt die Ringnummer, unter der diese Schnittstelle geführt werden soll. Unterschiedliche Schnittstellen sollten immer unterschiedliche Ringnummern haben. Die Vorgabe für die erste Schnittstelle ist 0.

bindnetaddr
: Mithilfe dieses Parameters bestimmt OpenAIS die tatsächliche Schnittstelle (eth0 usw.), die genutzt werden soll. Eingegeben wird die Netzwerkadresse der Schnittstelle, also die IP-Adresse, verknüpft mit einem logischen AND mit der Netzwerkmaske. Diese Operation löscht den kompletten Hostanteil der Adresse. Aus 192.168.188.105/24 wird so zum Beispiel 192.168.188.0. Diese Art der Konfiguration hat den Vorteil, dass die

Konfigurationsdatei unabhängig von jedem einzelnen Rechner bleibt, also von einem Master auf die Knoten ohne Änderungen kopiert werden kann.

mcastaddr
: Die Multicast-Adresse, die der Cluster für die Kommunikation nutzt. Die Vorgabe ist `226.94.1.1`.

mcastport
: Die Portnummer, die der Cluster für die Kommunikation nutzt. Die Vorgabe ist `5405`.

Der nächste Abschnitt `logging{}` der Konfiguration bestimmt, wie der Dienst Meldungen in die Logdateien schreibt. Die Optionen sind:

`to_stderr, to_file, to_syslog: on|off`
: Die Angaben legen das Ziel der Logmeldungen fest. Jeder Kombination der Optionen ist erlaubt.

`logfile` *Dateiname*
: Diese Option bestimmt die Zieldatei von Einträgen, wenn diese in eine Logdatei geschrieben werden. Die Vorgabe ist *syslog*.

`debug on|off`
: Mit dieser Option schaltet der Administrator die ausführliche Ausgabe aller Debug-Meldungen ein. Diese Option sollte der Administrator nur dann nutzen, wenn er ein spezifisches Problem sucht.

`timestamp on|off`
: Diese Option fügt einen extra Zeitstempel in die Meldungen ein.

`fileline on|off`
: Anstelle des Namens werden in den Meldungen Datei und Zeilennummer ausgegeben.

`syslog_facility daemon|local0...local7`
: Diese Option bestimmt die Herkunft für die Einträge in `syslog`.

Die anderen möglichen Abschnitte dürfen bei einem pacemaker-Cluster nicht verändert werden. Ein Abschnitt `event{}` taucht gar nicht auf, und

```
amf {
    mode: disabled
}
```

muss ebenfalls unverändert aus der Vorlage übernommen werden.

Index

Symbole
#health 106

A
AFR (Annual Failure Rate) 8
Agenten *siehe* Resource Agents
agentx 323
ais-keygen 58
Anfangskonfiguration 52
Annual Failure Rate (AFR) 8
Anordnung 81, 93
AoEtarget 201
Apache 202
apcmaster 247
apcmastersnmp 248
apcsmart 248
apiauth 337
apphbd 186
arp_announce 314
arp_ignore 315
ARP-Reply 30
attrd_updater 140
Attribute 74
AudibleAlarm 203
Ausdruck 84
authkeys (Datei) 55
autojoin 341

B
BasicSanityCheck 170
batch-limit 70
Baytech 248

bcast 54, 339
Bedingungen 80
    Erreichbarkeit 102
    Knoten-Attribute 97
    komplexe 93
    Multi-State-Ressourcen 96
    zeitliche Vorgaben 98
Befehle 126
Beispiele 259
    DRBD 260
    hochverfügbare Firewall 292
    hochverfügbarer NFS-Server 274
    iSCSI-Targets 280
    Virtuelle Rechner 284
    zwei Master 269
Betrieb 173
bond-Schnittstelle 163

C
CCM 34
check_multi 329
CIB *siehe* Cluster Information Base (CIB)
cibadmin 129
Cluster
    Aktiv/Aktiv 29
    Aktiv/Passiv 18
    Aufbau 29
Cluster Information Base (CIB) 33
Cluster Resource Manager (CRM) 33, 151
Cluster Test Suite 171
Cluster Testing System (CTS) 35
cluster-delay 70
cluster-glue 25

ClusterMon 204
cluster-recheck-interval 72
Clustersoftware, Fähigkeiten 27
Co-Lokation 83
conntrackd 300
Consensus Cluster Membership 34
corosync
    Anfangskonfiguration 59
    Start 61
crm 67
CRM *siehe* Cluster Resource Manager 33, 151
crm_attribute 141
crm_diff 142
crm_failcount 138
crm_master 144
crm_mon 126
crm_resource 134
crm_shadow 145
crm_standby 139
crm_verify 133
crmadmin 137
CTS 171
cyclades 248

D

Data Sharing 21
Daten-Replikation 21
DB2-Datenbank 204
dc-deadtime 72
default-action-timeout 70
default-resource-stickiness 68
Delay 205
Designated Coordinator (DC) 31
Director 10, 309
direktes Routing 12
Distributed Redundant Block Devices (DRBD)
    21, 90, 205, 260
dpdaction 305
dpddelay 305
dpdtimeout 305
drac3 248
drbd 205, 260
Dummy 207

E

eDir88 207
Evmsd 208
EvmsSCC 208

expected-quorum-votes 72
expression 84
Extended Markup Language 65
external/drac5 249
external/hmchttp 249
external/ibmrsa 249
external/ibmrsa-telnet 250
external/ipmi 250
external/kdumpcheck 250
external/rackpdu 250
external/riloe 251
external/sbd 251
external/ssh 251
external/vmware 252
external/xen0 252
external/xen0-ha 252

F

Failover 104, 178
failure-timeout 75
Fehlersuche 174
Fencing 20, 70
Filesystem 208
Firewall 292
fwbuilder 297

G

Gemeinsame Daten 21
globale Einstellungen 67
Gruppe 86
GUI 110
    Anordnungen 122
    Bedingungen 122
    Co-Lokationen 123
    Gruppe 120
    Klone 120
    Knoten 113
    Linbit 160
    Management 113
    Multistate-Ressourcen 120
    Platzierungen 123
    Ressourcen 116
    Übersicht 112

H

ha.cf 53
Hardware 162
haresources 55

hb_report 190
hbaping 342
health 106
heartbeat
    Anfangskonfiguration 52
    Start 60
Hochverfügbarkeit 1
hopfudge 342

I

ibmhmc 253
ICP 209
ids 209
-INFINITY 81
INFINITY 81
init-Skripte 196
Installation
    CentOS 47
    Debian Lenny 48
    Fedora 46
    openSUSE 42
    RHEL 47
    SLES 47
    Ubuntu 48
ip_vs 310
IPaddr 210
IPaddr2 211
ipmilan 253
IPsec 304
IPsrcaddr 214
IP-Tunnel 12
IPv6 300
ipvsadm 312
IQN 216, 281
iscsi 214
iSCSI Enterprise Target 281
iSCSI Qualified Name 216, 281
iSCSI-Initiator 283
iSCSILogicalUnit 215
iSCSI-Target 215–216, 280
is-managed-default 69

K

keepalive 306
Kerberos 279
Klasse (Agenten) 74
Klone 88
Knoten 17, 31, 72

Konfiguration, Synchronisation 279
Kopplung
    Parallel 6
    Seriell 5
KVM 284
    Installation 285

L

ldirectord 217, 310, 316
libvirt 284
Linux Standard Base (LSB) 34, 195–196
Linux Virtual Server (LVS) 10, 309
Linux-HA 15
    Version 1 22
    Version 2 23
LinuxSCSI 217
Live-Migration 289
Load-Sharing 212
Local Resource Manager (LRM) 34
location 84
Logical Unit (LUN) 215
Logical Volume Manager (LVM) 218
Löschen von Knoten 181

M

MailTo 218
maintenance-mode 69
ManageRAID 218
ManageVE 219
mcast 54, 339
Mean Time Between Failures, 3
Mean Time To Repair 2
meatware 253
Migration von Ressourcen 92
Migration von Version 1 167
migration-threshold 75
MTBF 3
MTTR 2
multiple-active 75
Multi-State-Ressourcen 90
mysql 220
mysql-proxy 221

N

nagios 325
NAS 22
NAT 11
Netzwerk-Management 321

NFS-Server 222, 274
NFSv4 275
node-health-green 72
node-health-red 72
node-health-strategy 71
node-health-yellow 72
no-quorum-policy 67
ntp (Zeitabgleich) 53
null (Agent) 254
nw_rpc100s 254

O

OCF-Agenten 197
    controld 242
    eigene 243
    pacemaker 242
    pingd 243
OCFS2 272
ocf-tester 193
op_defaults 77
OpenAIS 25
    Anfangskonfiguration 57
    Start 61
OpenIPMI 42
OpenS/WAN 304
open-scsi 280
OpenSUSE Build-Service (OSBS) 43
OpenVPN 306
Operationen 77
Operator 84
oracle (Resource Agent) 222
oralsnr (Oracle-Listener) 224
ordering 81

P

pacemaker 32
    Historie 24
Persistent Connection 11
pgsql 224
ping_group 342
pingd 185, 225
Pingnodes 55
Planung 165
Platzierung 84
Policy Engine 33
portblock 226
priority 75
ptest 147
Pure-FTPd 226

Q

Quelltext 49
Quorum 19, 32

R

RAID 7
Raid1 227
rcd_serial 254
Red Hat Enterprise Linux (RHEL) 47
Redundant Array of Inexpensive Disks 7
Redundanz 6
Regeln 84
remove-after-stop 71
Resource Agent 31
respawn 342
Ressourcen 17–18, 31, 65
    einfache 73
    komplexe 86
Route 227
rps10 254
rsc_colocation 83
rsc_defaults 77
rsc_location 84
rsc_order 81
rsyncd 228

S

SAN 22
SAPDatabase 231
SAPInstance 228
scsi2reservation 233
SendArp 233
ServeRAID 233
Service Level Agreement 2
sfex 234
showscores 189
shutdown-escalation 72
Sicherheit 333
Single Point of Failure (SPoF) 7
SLA 2
SNMP 322
SNMP-Subagent 323
SNMP-Trap 332
Software 164
SphinxSearchDaemon 235
Split Brain 19, 31
Squid 235
ssh 255

start-failure-is-fatal 69
startup-fencing 70
Stateful 236
STONITH 31, 182
    Beispiele 255
    stonith 246
    stonith-action 70
    STONITH-Agenten 245
    stonith-enabled 69
    stonith-timeout 70
stop-all-resources 71
stop-orphan-actions 71
stop-orphan-resources 71
Subshell 151
suicide 255
symmetric-cluster 68
SysInfo 79, 236
Systemgesundheit 106

T

target-role 75
Test 170
Tomcat 237
Transition Engine (TE) 33
Traps 332

U

Überwachung 321
    Fehlerzähler 326
ucast 340
udpport 339
Upgrade 177
    Disconnect und Reattach 180
    Fliegender Wechsel 180
    Herunterfahren 179
uuidfrom 344

V

Verbindungstabellen 300
Verfügbarkeit 4
Vergleichsoperatoren 84
Verwaltung 109
VIPArip 238
VirtualDomain 239
Virtuelle Rechner 284
    Überwachung 288

vmware 239
Vorbereitung des Systems 164
VPN 304

W

WAS 240
WAS6 240
Webserver 79
WinPopup 240
wti_nps 255

X

Xen 240
Xinetd 241
XML 65

Z

Zeitabgleich 53, 164

Über den Autor

Dr. Michael Schwartzkopff wuchs in München auf und hat dort auch seine Ausbildung bis zur Promotion in Physik an der TU München absolviert. Das Interesse für Computer wurde schon früh mit einem Commodore 3032 geweckt und hielt über den ersten eigenen Apple][bis zum jetzigen Tag an. Mit dem Linux-Virus wurde er als Administrator in der Universität 1994 infiziert.

Nach einem kurzen beruflichen Intermezzo im Kaukasus machte er sein Hobby zum Beruf und arbeitet jetzt als Berater bei der Firma MultiNET Services GmbH zu allen Themen rund um Linux, IT-Sicherheit, Netzwerk-Management und Hochverfügbarkeit. Er bringt sein Wissen über diese Themen auch gerne in Projekten ein und gibt es in Seminaren weiter.

Kolophon

Das Cover dieses Buchs zeigt einen Werkzeugschleifer. Die Motividee stammt von Marcia Friedman und wurde von Michael Oreal zur Gestaltung des Covers weiter verwendet.

Der Autor hätte als Covermotiv gerne eine Hydra gesehen, die vom SysAdmin bezwungen wird. Richtlinien des Verlags verlangen für Bücher aus dem Linux-Umfeld allerdings nun einmal Westernmotive.

Als Textschrift verwenden wir die Linotype Birka, die Überschriftenschrift ist die Adobe Myriad Condensed und die Nichtproportionalschrift für Codes ist LucasFont's TheSans Mono Condensed. Die in diesem Buch enthaltenen Abbildungen stammen von Michael Oreal.

Linux

Umsatteln auf Linux, 2. Auflage

Dieter Thalmayr
832 Seiten, inklusive 2 DVDs
2008, 34,90 €
ISBN 9787-3-89721-472-9

Wer von Windows auf Linux umsteigt, hat in diesem Buch einen kompetenten und verständlichen Begleiter. Es gibt nichts, wovor man Angst haben müsste, aber vieles zu entdecken! Neu in der zweiten Auflage sind u.a. die Ein-richtung von DSL- und Wifi-Verbindungen und OpenOffice 2.0. Das Buch enthält 2 DVDs mit Linux-Distributionen!

Linux lernen mit Ubuntu, 2. Auflage

Jörg Kreß, Julian Zeidler & Karsten Günther
336 Seiten, inkl. DVD, 2008, 24,90 €
ISBN 978-3-89721-759-1

Linux lernen mit Ubuntu begleitet den Leser bei den ersten Schritten mit Ubuntu, gibt dabei vertiefende Einblicke in die faszinierende Linux-Welt und steht mit Rat zur Seite, wenn mal etwas anders aussieht als in der vertrauten Windows-Welt. Gleichzeitig ist das Buch eine Einführung in die wichtigsten Open Source-Programme, die mit der Ubuntu-Version mitgeliefert werden.

Einführung in die bash-Shell

Cameron Newham
368 Seiten, 2005, 34,- €
ISBN 978-3-89721-424-8

Die »Bourne Again Shell« der Free Software Foundation ist die Shell für Linux und Mac OS X und auch für andere Unix-Systeme frei verfügbar. Mit diesem Buch erfahren Sie, wie Sie zum einen die umfangreichen Befehlszeilen-Features der bash nutzen, z.B. die History, die Befehlsergänzung und vieles mehr, und wie Sie zum anderen Shell-Skripte schreiben – etwas, was jeder echte Unixer können sollte!
Das Lob für die englischen Vorgänger-Auflagen war immens. Endlich gibt es diesen Klassiker auch auf deutsch! Die aktuelle Auflage behandelt bash 3.0, ist aber auch auf die älteren Versionen anwendbar. Das Buch richtet sich an bash-Anfänger, wird jedoch selbst erfahreneren Unixern noch das ein oder andere Aha-Erlebnis bescheren.

»It's a must-have for anyone using Linux/UNIX.«
– USA Linux Users Group, Januar 2004

Linux – Schnellkurs für Administratoren

Tom Adelstein & Bill Lubanovic
352 Seiten, 2007, 39,90 €
gebundene Ausgabe
ISBN 978-3-89721-722-5

Solide Kenntnisse der Linux-Systemadministration sind gefragter denn je. Egal, ob Sie ein Unix-Veteran, ein erfahrener MCSE oder ein fortgeschrittener Linux-Anwender sind – größere Linux-Systeme aufbauen und verwalten zu können, ist ein Pfund, mit dem sich wuchern lässt. Dieser Linux-Schnellkurs für Administratoren fasst die Schritte zusammen, die nötig sind, um die verschiedensten Systeme aufbauen zu können, angefangen von alleinstehenden SOHO-Rechnern, Web- und LAN-Servern bis hin zu lastverteilten Clustern und Servern, die per Virtualisierung konsolidiert wurden. Sie werden hier auch alles Notwendige über die Werkzeuge lernen, die Sie für die Einrichtung und Pflege dieser produktiven Systemumgebungen benötigen.

Linux – kurz & gut

Daniel J. Barrett, 204 Seiten, 2004, 9,90 €
ISBN 978-3-89721-501-6

Linux – kurz & gut ist eine praktische, anwenderorientierte Kurzreferenz, die auf engstem Raum alle wichtigen Konzepte, Befehle und Optionen unter Linux vorstellt. Linux-Neulingen dient sie hervorragend als unkomplizierter Einstieg ins »Alltags-Linux«, wobei die intelligente, thematische Gliederung und ein zusätzlicher Index das schnelle Auffinden der benötigten Befehle ermöglichen. Aber auch Profis können sich freuen: Das prall mit essenziellem Linux-Wissen gefüllte Bändchen leistet ihnen auf diese Weise gute Dienste als Nachschlagewerk. Das Buch ist auf SUSE 9 zugeschnitten, lässt sich aber im Wesentlichen auf alle gängigen Linux-Distributionen übertragen.

Bash – kurz & gut

Karsten Günther
144 Seiten, 2007, 9,90 €
ISBN 978-3-89721-533-7

Die »Bourne Again Shell«, kurz Bash, ist die meistgenutzte Anwenderschnittstelle unter Unix/Linux. *Bash – kurz & gut* beschreibt die wichtigsten Features der Version 3.2.
Die Kompaktreferenz ist in zwei Teile aufgeteilt: Bash im interaktiven Einsatz – oft als Login-Shell – und als Befehlszeileninterpreter. Aus dem Inhalt: Befehlszeilenbearbeitung, Redirections, Quoting, Expandierungen, Befehlszeilen interaktiv bearbeiten, Variablen, Spezielle Bash-Modi, Builtins und Reserved Words, Sonderzeichen und Glossar.

O'REILLY®

anfragen@oreilly.de • http://www.oreilly.de • +49 (0)221-97 31 60-0

Linux

Linux-Schnellkurs für Administratoren

Tom Adelstein, Bill Lubanovic
352 Seiten, 2007, 39,90 €
gebundene Ausgabe
ISBN 978-3-89721-722-5

Solide Kenntnisse der Linux-Systemadministration sind gefragter denn je. Egal, ob Sie ein Unix-Veteran, ein erfahrener MCSE oder ein fortgeschrittener Linux-Anwender sind – größere Linux-Systeme aufbauen und verwalten zu können, ist ein Pfund, mit dem sich wuchern lässt. Dieser *Linux-Schnellkurs für Administratoren* fasst die Schritte zusammen, die nötig sind, um die verschiedensten Systeme aufbauen zu können, angefangen von alleinstehenden SOHO-Rechnern, Web- und LAN-Servern bis hin zu lastverteilten Clustern und Servern, die per Virtualisierung konsolidiert wurden. Sie werden hier auch alles Notwendige über die Werkzeuge lernen, die Sie für die Einrichtung und Pflege dieser produktiven Systemumgebungen benötigen.

Linux in a Nutshell, 4. Auflage

Ellen Siever, Stephen Figgins & Aaron Weber
960 Seiten, 2005, 40,- €
ISBN 978-3-89721-426-2

Seit Jahren ist *Linux in a Nutshell* das beliebteste Nachschlagewerk für alle, die mit Linux arbeiten. In seiner Vollständigkeit unübertroffen, versammelt es auf dichtem Raum alles, was der Linuxer im Arbeitsalltag immer wieder vergisst. Nicht nur werden alle wichtigen Kommandozeilenbefehle samt Optionen aufgeführt, auch eine große Zahl unverzichtbarer Werkzeuge für den Programmierer und den Administrator werden ausführlich dargestellt. Unabhängig von der Distribution hat man in diesem Buch den richtigen Begleiter für jede Arbeitssituation. Die aktuelle Auflage wurde komplett überarbeitet und entspricht der fünften amerikanischen Auflage.

Arduino – Physical Computing für Bastler, Designer und Geeks

Manuel Odendahl, Julian Finn & Alex Wenger, 400 Seiten, 2009, 24,90 €
ISBN 978-3-89721-893-2

»Physical Computing« bezeichnet den Vorgang, die digitale Welt mit realen Objekten (Kleidung, Musikerzeugung, Nutz- und Kunstgegenstände) zu kombinieren. Arduino ist eine Bastel-Plattform, die neuartige Interfaces und Hardware-Experimente ermöglicht. Sie besteht aus einem Microcontroller-Board und einer offenen Entwicklungsumgebung. Die Autoren führen in die Microcontroller-Programmierung ein, erklären die Einbindung von zahlreichen Sensoren sowie Ausgabegeräten und zeigen anhand von Praxisworkshops, wie anspruchsvolle Prototypen in den Bereichen Musikerzeugung, Robotik und Wearable Computing erstellt werden.

Clusterbau: Hochverfügbarkeit mit pacemarker, OpenAIS, heartbeat und LVS, 2. Auflage

Michael Schwartzkopff
384 Seiten, 2009, 39,90 €
gebundene Ausgabe
ISBN 978-3-89721-919-9

Von modernen IT-Diensten wird erwartet, dass sie ohne wahrnehmbare Ausfallzeit kontinuierlich zur Verfügung stehen. Wie Sysadmins dies mit Hilfe der intelligenten Clustersoftware Linux-HA in Version 3 erreichen können, zeigt Michael Schwartzkopff in diesem kompakten Handbuch. Er beleuchtet, was Hochverfügbarkeit eigentlich bedeutet, führt in die Grundlagen von Clustern ein und erklärt dann die Arbeitsweise von Linux-HA. Nach der Installation geht es um die Einrichtung und Verwaltung der Ressourcen. Neben den Tipps und Tricks zu Planung und Betrieb werden Sysadmins vor allem von den Erläuterungen typischer Szenarien wie einer hochverfügbaren Firewall und einem zentralen Fileserver, der Plattenplatz mittels iSCSI vergibt, profitieren. In dieser durchgehend aktualisierten zweiten Auflage wird die Konfiguration mithilfe von heartbeat, pacemaker und OpenAIS vorgestellt.

Das XEN-Kochbuch

Hans-Joachim Picht
488 Seiten, 2009, 39,90 €
gebundene Ausgabe
ISBN 978-3-89721-729-4

XEN hat sich als intelligente Virtualisierungstechnik bewährt, bei der I/O-APIs, ein zentraler Hypervisor und ein Dömänensystem für hohe Geschwindigkeit und hervorragende Isolation der Gastsysteme sorgen. Im nützlichen Rezeptformat aus Aufgabe, Lösung und Erläuterung erfahren Leser in diesem Kochbuch, wie sie XEN 3 installieren, booten und konfigurieren, welche Administrationstools wie genutzt werden können, welche Sicherheitsaspekte zu beachten sind, und vieles mehr. wie's geht.

Linux – kurz & gut

Daniel J. Barrett, 204 Seiten, 2004, 9,90 €
ISBN 978-3-89721-501-6

Eine praktische, anwenderorientierte Kurzreferenz, die auf engstem Raum alle wichtigen Konzepte, Befehle und Optionen vorstellt. Die Referenz ist auf SUSE 9 zugeschnitten, lässt sich aber im Wesentlichen auf alle gängigen Linux-Distributionen übertragen.

O'REILLY®

anfragen@oreilly.de • http://www.oreilly.de • +49 (0)221-97 31 60-0